2부

학교에서 부치는 편지

2012학년도 서곡초등학교
4학년 2반

저자 **우길주**

차 례

29주 • 한글날 단상 ① - 젊은 날의 독서 편력　　　　　4

30주 • 한글날 단상 ② - 한글! 세상의 문자　　　　　39

31주 • 한글날 단상 ③ - 고독을 잃어버린 시간　　　　　56

32주 • 현대의 묵시록(黙示錄)　　　　　70

33주 • 좀비 전성시대　　　　　88

34주 • 시간의 미망(迷妄)　　　　　114

35주 • 구름보다 빨리 사라지는 사람들　　　　　141

36주 · 양식화(樣式化)의 슬픈 자화상　　　　　　　　182

37주 · 잃어버린 원본(原本) – 우리들의 초상　　　　　211

38주 · 소비. 그 본원적인 프로파간다(propaganda)　　229

39주 · 치매. 생명에 대한 부채　　　　　　　　　　　294

40주 · 당신은 모든 생각과 행동의 뒤쪽으로 가세요　　326

41주 · 귀거래사 – 歸去來辭　　　　　　　　　　　　332

42주 · 사랑의 선물　　　　　　　　　　　　　　　　336

제(29)주 학습지도 계획안

(2012년 10월 8일 ~ 10월 12일)   4학년 2반

한글날 단상 ① - 젊은 날의 독서 편력

≡ 다음 주 화, 수요일에는 〈현장체험학습〉을 갑니다. 기장 청소년 수련관에서 일박하고 수요일엔 수산과학관을 둘러보는. Out-Door 체험활동(오리엔티어링, 페인트볼 게임)과 장기 자랑 및 레크리에이션, 그리고 캠프파이어도. 어린 시절의 활동은 미래에까지 이어져 삶의 미소로 다가오지요. 아이들에게 좋은 추억이 한 겹 새겨졌으면 좋겠습니다. 지도안에 적혀있듯 준비물이나 주의점 등을 잘 살펴보시기 바랍니다.

저번 어느 소설가의 트위터 글에 대한 비판을 적은 바 있습니다. 언어에 대한 통찰(洞察)과 겸손에 더욱 진지해야 할 작가가 문법과 진술 형식과 논리가 없는 일률적 아집(我執)에 사로잡힌 발악적인 글 수준이어서 저 역시 하나하나 자세히 지적한.

- 허접한백 : 띄어쓰길 함부로 하면 〈시베리아 유형〉보다 더 혹독한 벌을 받는다.

거기서 갑자기 〈시베리아 유형〉이란 말이 나와 혹자는 당혹했을 수도 있을 겁니다. 웬 유형(流刑)?
이 말은 세계에서 가장 위대한 작가로 꼽히는 '도스토예프스키(Fyodor

Dostoevsky)'와 관련한 이야기에서 나왔지요. 그는 인간과 삶에 대한 궁극적(窮極的)인 문제를 주로 다루었는데 인간 심리의 내면을 비상할 정도로 극한까지 파헤쳐 들어가 예리하게 묘사함으로써 현대인의 사상과 문학에 깊은 영향을 끼친 작갑니다. 『죄(罪)와 벌(罰)』, 『까라마조프家의 형제』라는 작품이 저절로 떠오르는군요. 그가 그런 인간 본연에 대한 처절한 고통과 방황, 초월의 작품들로 다른 소설가들과 확연히 구별 짓도록 만든 것은 그가 28세 되던 해에 겪었던 참담한 체험의 탓이 크리라 생각합니다.

그는 혼란스럽던 제정(帝政) 러시아에서 유토피아 사회주의자 단체에 참여하여 정치 토론을 벌이다 당국에 발각되어 농민반란을 선동했다는 혐의로 사형선고를 받았습니다. 자세한 사실은 모릅니다만 〈짜르(황제, 皇帝) 니콜라이 1세〉는 그의 재주를 높이 사서 그를 사형시키지 않고 대신 시베리아로 유형을 보내고 싶어했지요. 그러나 다른 사람들과의 형평성이라든가, 반대파 관리들의 끈질긴 주청(奏請)으로 사형을 선고하지 않을 수 없었다고 합니다.

1849년 12월 그는 상트페테르부르크(공산당 시절의 레닌그라드) 광장 사형대에서 두건(頭巾)을 뒤집어쓴 채 병사들의 총알을 마주하고 있을 때였습니다. 이미 두 사람은 머리에 총을 맞고 피투성이로 죽어갔지요. 한 명 한 명 총소리와 함께 죽어가는 소리에 그는 아마도 눈앞이 캄캄하고 온몸이 조여들어오는 소름끼치는 공포에 빠졌을 겁니다.

그런데, 아아! 그때 놀라운 일이 벌어졌습니다. 마차 한 대가 광장을 가로질러오더니 관리가 급히 뛰어내리며 크게 소리쳤습니다.

"사형을 중지하라. 황제의 명이다. 사형을 중지하라."

사람의 삶은 참으로 요지경(瑤池鏡) 같습니다. 니콜라이 1세의 파발마

(擺撥馬)가 1초만 늦었어도 우리는 미래에 태어날 위대한 그의 작품 이름들을 들어보지도 못했을 겁니다. 물론 10여 년에 걸친 시베리아 유형에서 고통스런 삶을 살았지만 대신 자신에 대한 성찰과 삶에 대한 강렬한 희망의 끈을 놓지 않았기에 인간 정신에 대한 심오한 천착(穿鑿)을 할 수 있었지요. 덕분에 인류의 고전이랄 수 있는 대작들이 태어나게 됐습니다.

우리나라에도 그렇게 역사를 바꾸게 된 기막힌 예가 있습니다. 독립운동가 백범 김구(金九) 선생이 명성황후(明成皇后) 살해와 관련된 일본 군인을 처단하여 인천 감옥소에서 사형을 앞두고 있을 때 고종황제(高宗皇帝)의 전화 한 통화로 살아날 수 있었습니다. 바로 그 직전 인천과 서울 사이에 장거리 전화가 개통되었는데 하루만, 아니 몇 시간만 늦었어도 우리가 아는 김구 선생 역시 존재하지 못할 뻔했습니다. 당시 일본은 김구 선생을 사형시키지 않았지만 석방하지도 않았지요. 하지만 결국 인천 감옥을 탈출하여 공주 마곡사(麻谷寺?)의 스님이 되어 암자를 전전(展轉)하는 피신 생활을 하기도 했습니다. 그런 요지경으로라도 민족의 사표(師表)를 지켜낼 수 있어 얼마나 다행인지 모르겠습니다. 역사는 순간의 서스펜스(suspense)로 아슬아슬한 곡예를 타는군요.

그런데 오늘 제가 하고 싶은 이야기는 정작 그게 아니라 다른 말입니다. 같은 이야기지만 언어나 부호 하나도 얼마나 중요한지 일깨우기 위해 사람들이 만들어낸.

다음 두 문장에서 관리가 한 말은 어떤 것일까요?

- 사형 중지, 시베리아 유형!
- 사형, 중지 시베리아 유형!

그렇지요. 첫 번째 말은 사형을 중지하고 시베리아로 유형(流刑)을 보내란 뜻이고, 두 번째 말은 시베리아 유형을 중지하고 대신 사형시키란 뜻입니다. 앞뒤 같은 자격을 가진 말이 이어질 때 쓰는 휴지부(休止符)에 불과한 반점(反點-쉼표) 하나로 뜻이 완전히 반대로 변했습니다. 그것도 인류 역사상 가장 뛰어난 성찰을 보인 미래 대작가의 목숨을 담보로.

그에 비하면 〈아버지∨가방에∨들어가신다〉라는 예문은 직접적으로 아이들을 가르치는 몫으로 이야기되고 있습니다.

언어는 인간을 한정(限定)하고 동시에 표상(表象)하는 수단입니다. 언어로 생각을 나타내고, 집단의 가치가 생성되며, 현상을 해석합니다. 삶에 필요한 수단으로서 채택한 약정(約定)의 총체로 그 가치에서 삶이 영위되지요. 그게 언어의 기의성(記意性)입니다. 기의는 그 자체로 끝나는 게 아니라 수많은 또 다른 기의로 분화되어 세상을 거미줄처럼 섬세한 질서로 영위되게 합니다. 그러나 기의성이 상실되면 인간은 펄럭이는 낡은 깃발처럼 의미 없는 기표(記表)의 맹목으로 살게 될, 아니 기표도 사라지고 동물처럼 행위만, 아니아니 바람처럼 자연의 덧없는 움직임만 남을 겁니다.

인간의 정신과 삶은 언어에 병합(倂合)되어야만 존재할 수 있습니다. 전에 언젠가 언급했는데 철학자 '하이데거(Martin Heidegger)'는 언어를 〈존재의 집〉이라고 하는 유명한 말을 했습니다. 이 말은 언어의 기의와 함께 그런 한정(限定)이라는 또 다른 의미에서 한 말인 것 같군요. 집이 없으면 삶과 정신이 해체되기 때문이지요.

저는 어릴 때부터 책을 좋아했습니다. 천마산(天馬山) 절벽 밑 어두운 학교 도서실에서 본 그 반들반들하고 가지런히 제본된 책들의 촉감과 무게가 무척 좋았습니다. 지은이의 생각을 느껴보고, 이야기를 따라가며 그 내용을 상상 속에 새겨보고, 나와는 전혀 관련 없는 세상을 온전히 나의 시선 안에 편입(編入)시킬 수 있는 마법의 효능에 감탄했습니다. 『신데렐라-Cinderella』를 읽고 유리 구두를 신고 호박마차를 타는 아름다운 환상을 떠올렸고, 「이순신 장군」의 배에 올라 적군을 물리치는 용감한 군인이 되어 고양(高揚)된 흥분에 빠지기도 했고, 『노인과 바다-The Old Man and the Sea』에서 사투를 벌이고 피곤으로 잠든 '산티아고(Santiago)' 노인처럼 사자 꿈을 꾸고 싶어했습니다. 언어가 무지개처럼 세상의 온갖 기의(記意)로 제 생각 속으로 들어왔고, 그래서 모든 것을 얼마든지 추체험할 수 있었습니다.

그러나….

세상에 책은 많고, 돈은 부족했습니다. 신기한 마법의 책 속으로 마음대로 여행할 수 없는 형편이 무척 아쉬웠습니다. 그래서 소풍 갈 때 받은 돈으로 쫄쫄 굶고 대신 책을 사기도 했지요. 국민학교 때 도서실에서 늦도록 책을 읽은 탓에 눈이 나빠져 안경점에서 눈에 맞는 렌즈 조각을 얻어 칠판의 글을 공책에 옮겨 적었단 이야기는 저번 주 이야기했지요.

중학교 시절이 생각나는군요. 금요일(?) 저녁 부산진역에 가면 열차로 타블로이드(tabloid)판 신문 형태의 「주간 한국(週刊 韓國)」이 배송되어왔습니다. 아마 50년 가까이 지난 지금도 5·7배판(倍判)인가의 책자 형태로 발행(?)되는 걸로 알고 있습니다. 다른 아이들과 함께 그걸 사서 사람들이 많이 모이는 남포동에서 '주간 한국 사려' 소리치며 팔았지요. 2~30부에서 많게는 50부까지 팔아봤는데 군것질을 하고도 책 한두 권쯤을 살 수 있는 벌이였습니다.

그때 남포동은 입구 쪽인 충무(忠武)극장(뒤에 왕자극장)에서 명성(明星)극장(역시 뒤에 국도극장)을 거쳐 국제시장 길 건너편 제일극장을 지나 부산극장까지 밤만 되면 넓은 길 양쪽으로 야시장(夜市場)이 열려 줄지은 칸데라(candela) 불빛으로 제법 화려하기까지 했습니다. 그 돈으로 그곳 책 노점상에서 봐뒀던 책을 샀을 때의 기분은 지금도 짜릿합니다. 제 서가(書架)에는 어느새 책이 차곡차곡 쌓였습니다.「장화홍련전」,「흙」,「동백꽃」,「벙어리 냉가슴」,「이방인」…. 대개 5, 60년대 초 단기력(檀紀曆) 시절 4•6판의, 그래도 나중 국내 굴지의 출판사가 되는 을유문화사(乙酉文化社), 일조각(一潮閣) 등등에서 펴낸 초기 출판물들의 전성시대였습니다. 아, 그러니까 이젠 새삼 가물가물한 추억으로 남았는데 당시 책들 맨 뒷장엔 〈우리의 맹세〉라는 글이 꼭 실려 있었지요.(일부 맞춤법과 띄어쓰기가 지금과 다른.)

    1. 우리는 대한민국의 아들 딸 / 죽음으로써 나라를 지키자.
    2. 우리는 강철같이 단결하여 / 공산 침략자를 처 부수자.
    3. 우리는 백두산 영봉에 태극기를 날리고 / 남북통일을 완수하자.

지금 사람들에게는 웬 엉뚱한 맹세(원래는 맹서-盟誓)라며 의아해하겠지만 반공(反共)을 국시(國是)의 제 일의(一意)로 하던 까마득한 시절 이야기였습니다. 태극기를 〈태죽기〉로, '알베르 까뮤'의 〈뮤〉자가 왼쪽으로 드러누운 〈먀〉로 인쇄되기도 한 것들은 식자공(植字工)들의 애교로 볼 수도 있던.

고등학교 들어갈 무렵 국제시장 끝 보수동(寶水洞) 책골목까지 진출했

습니다. 지금은 초량 산복도로 쪽으로 올라가는 입구를 확장하며 그쪽 언덕에 있던 열댓 개의 책방들이 모두 없어져버렸습니다만.(아마 지금 젊은 사람들은 대부분 잘 모르리란 생각도) 그 시절 그곳은 삶에서 받아들일 수 있는 모든 지식이 한꺼번에 살아 움직이는 신기한 마을이었습니다. 뱃일, 부두 매립 등등의 여러 가지 잡일을 하며 번 용돈으로 필요한 책들을 하나씩 샀습니다. 나중에는 그 책방 주인들과도 친해져 책을 바꾸기도 하고, 외상으로 구입하기도 했습니다. 군대 다녀온 후 자주 드나들며 주인이 바쁠 땐 잠시 점원이 되어 책을 버젓이(?) 팔기도 했지요. 일명 〈나까마(なかま(중개인-仲介人)〉이라고 누가 필요한 책이 있을 땐 어느 서점에, 얼마면 살 수 있다는 착한 브로커(?) 노릇까지도.(하긴 책방 주인들은 어떤 책이 몇 번 책장 몇 번째 칸에 있는지 귀신같이 알아냅니다만.) 실제 청록서점(?)인가를 운영하던 키 작은 아주머니가 책방을 제게 싸게 넘겨주겠다고 했는데 돈이 부족한 이유 등등으로 책방을 운영하지 못한 점은 아직도 조금 아쉬운 생각이 들기도 하군요. 지금 같으면 다른 방식으로도 인수해서 운영할 수 있을 텐데 말입니다.

아무튼 당시 본격적으로 세계문학전집이 나오기 시작했는데 전통 깊은 〈정음사(正音社)〉에서 60년대 중반 펴낸 「세계문학전집」과 70년대 〈을유문화사(乙酉文化社)〉에서 발간한 「세계문학전집」이 가장 유명했습니다. 둘 다 4·6판 우철(右綴) 세로 2단의 호화로운 양장본(洋裝本)이었지요. 뭉크(Edvard Munch)의 『절규』 같은 유명 미술가들의 그림-원본은커녕 쉽게 구경도 할 수 없는 전설적인 작품-들로 꾸민 반질반질한 커버를 초록색 두꺼운 표지에 두르고, 그걸 또 단단한 케이스에 담았는데 5~600페이지를 넘는 중후하고 꽉 짜인 장정(裝幀)이 참 볼만했습니다. 을유판은 제가 전편을 가지고 있어 모두 100권이 출판된 걸 알고 있지만, 정음판은 뒤 페이지에 안내 소개된 50권을 모두 갖고 있지만 그게 전편(全篇)인지는 확실히 알 수 없습니다. 아무튼 세계문학에 대해 거의 무지하다시피 한 저로선 그 현황이나 흐름, 특징을 대강이나마 이해할 수 있었던 건 그 두 전집 때문이었다고 할 수 있지만 대신 그 탄탄한 내용과 묵직한 장정, 그리고 만만찮은 무게에 압도되어 쉽게 접근할 수 없었습니다. 제대로 읽어보지 못한 채 책장에 자석처럼 짝 달라붙어 꼼짝 못하고 있었습니다. 몇 년 전 이젠 아무래도 시력이 따라주지 못하고, 견고한 제책(製冊)의 무게에 압도되어 더 이상 집중하여 감당할 수 없을 것 같아 다른 책들과 함께 정리해버렸습니다. '강봉식(康鳳植)'편역(編譯)의 『그리샤·로오마 신화』, '귄터 그라스(Gunter Grass)'의 『양철북(Die Blechtrommel)』, '호우머(Homer)'의 『일리아드(The Iliad)와 오딧세이(Odyssée)』,『일본단편문학선』 등등 몇 권만 호적처럼 남겨두고 다른 책들과 함께 골목 담벼락에 뒀더니 동네 폐지 줍는 할머니가 가져갔습니다. 이것저것 포함해 3~400권이 넘는 책들이라 엄청나게(?) 횡재한 셈인데도 더 없느냐고 해서 웃어주었지요.

군대 제대하고 드나들며 제 또래로 친하게 지내던 명문당(名文堂) 주인에게서 제대 기념으로 아주아주 싼 값(?)에-사실은 강제(?)로 구입했던-대양서적(大洋書籍)에서 펴낸 전 30권의 〈세계 사상 대전집-世界 思想 大全集〉은 당시 쉽게 접할 수 없던 세계의 정신(精神)들과 만날 수 있었던 유일한 기회였는데 살기 바빴고, 크라운판(crown判) 세로 2단에 500페이지를 훌쩍 넘는 그 엄청난 부피가 주는 마음의 부담으로 역시 제대로 읽어보지 못했습니다. 이사 다니며 벌써부터 버리려고 했는데 제대로 읽은 책이 거의 없는 것 같아 끝까지 다 읽고 말겠다는 미련으로 아직 책장을 지키는. 이젠 틈을 봐서 굿바이 해야 할 것 같군요. '칼 라일(Car lisle)'의 『英雄崇拜論』, '래스키(H.J.Laski)'의 『主權의 기초』, '에라스무스(Erasmus)'의 『바보신

(愚神) 예찬』, '헤겔(Hegel)'의 『역사철학』, '페스탈로치(Pestalozzi)'의 『은자(隱者)의 황혼』, '프뢰벨(Friedrich Fröbel)'의 『인간의 교육』…. 명색이 교육자라면서 이런 교육학의 고전들조차 읽어보지 못한, 그저 붉은 볼펜으로 밑줄이나 함부로 그은, '열자(列子)' '관자(管子)' 등등 도가(道家)들의 생생함이 살아 숨 쉬는…. 근현대 지식과 사유(思惟)의 원천이랄 수 있는 이런 고전들이건만 거의 아마추어적인 상식에 머물고 있는 저로선 생각만 해도 골이 지글거려지는군요. 과문한 탓이겠지만 아직 국내에 단행본으로 제대로 소개되지 않은 듯한(?) 귀한 명저들도 꽤 되는 것 같은데 이젠 열정마저 꺼져 재만 남은. 그래선지 책은 번지레한 전집으로서보다는 단행본이라야 읽을 수 있다는 생각을 하기도 했습니다. 6~70년대 거실을 가득 채우며 유행한 장식품으로 전락해버린!

　아무튼 이젠 그곳에 가본 지도 오래되어 아는 사람이 하나도 없지만 보수동 책골목이 전국적인 유명세를 얻어 찾아오는 사람들로 북적인다는 소식을 듣고 청춘 시절 추억의 한 자락을 들춰보는 감회가 남다릅니다.

　그렇군요. 고등학교 2학년 때 「月刊 中央」이 창간된다는 소식을 알고 바로 연간(年刊) 정기구독을 한 생각도 나는군요. 어떻게 미리 소식을 알고 재빨리 신청해서 아마도 제가 제 1호 정기구독 회원이('첫 정기구독 회원이 되어 주셔서~'라는 감사의 글이 있었던 것 같은데?) 아닐까 하는 생각도 듭니다만 푸른색과 흰색의 겹친 말 그림이 화려했던(그 전까지 그렇게 반질반질하면서도 원색이 뚜렷했던 표지의 책을 본 적이 없는 것 같은) 묵직한 창간호를 받아들고 세상이 저에게만 은혜와 구원을 베푼 것 같아 감격했던 기억이 뚜렷합니다. 아마도 학생들의 영원한 베스트셀러 「학원(學園)」은 상식, 흥미 등등의 잡다한 내용(?)들에 얼마 안가 관심이 떠나기 시작했던 모양입니다. 본격적인 세상과의 교류는 뇌리에 깊이 새겨진 그 청백(淸白)의 말이 펼쳐내는 화려한 질주와, 학원 등의 책과는 다른 견고하고 세련된 변형고딕체(?)에서부터 시작된 게 틀림없을. 지금도 잃어버린 그 창간호가 못내 아쉽군요.

그 즈음 월간 중앙의 창간과 관련하여 기존에 발간되던 「新東亞」, 「世代」지 등과의 경쟁이 꽤 치열하게 벌어지기도 했습니다. 당시 「思想界」는 60년대 말부터 읽어보긴 했는데 미처 제대로 이해하지도, 접해보지도 못한 채 폐간되었고, 월간 「知性」을 개제(改題)하여 1963년 6월에 창간된 「世代」지 등은 그 후 간간이 읽은 기억은 있지만 대체로 글자로만 꾸민 밋밋한 표지와 함께 내용 자체를 이해하지 못한, 흐릿한 기억만으로 남았을 뿐입니다.(월간 「知性」은 본래의 타이틀로 71년 11월에 재창간된 걸로 압니다만.) 아마도 화려한 표지의 신동아와 월간 중앙 위주로 읽어서 그 가치를 제대로 이해하지 못한 탓인지도. 아무튼 그 시절에 고급스런(?) 월간지에 대한 지적 호승심(好勝心)을 달래줄 매체에 대한 욕구가 꽤 많았던 것 같습니다. 물론 「野談과 實話」, 「아리랑」, 「明朗」 등등의 잡지도 있었지만 그건 대중 월간지로서 연예, 사건, 오락, 정치, 또는 통속적인 읽을거리로 채워져 있었습니다. 연예인 위주의 화보가 갱지가 아닌 깔끔한 도화지로 표지와 앞 페이지 몇 장을 장식하고 있었는데 지금 생각해보면 오히려 단정하고 수수하기까지 보이지만 당시엔 괜히 부끄러워 눈길을 돌렸던 기억이 생생합니다. 아무튼 짧은 만남 이후로 멀어져버렸습니다.

또한 거기 연재된 몇 편들과 함께 엉뚱하게 '김내성(金來城)', '허문영(許文寧)', '방인근(方仁根)' 등등의 이름도 이리저리 기억에 새겨져 있습니다. 초창기 대중, 탐정, 통속소설들처럼 흥미 위주의 내용이란 생각이 강해서 당시 제 건방진 기준과는 꽤 떨어져 있었다고 생각합니다만, 그러나 어쩌면… 지금 와서 보면 5~60년대 대중의 취향과 시대적 요청에 무척 부합했던, 아니, 무엇보다 지금까지도 익숙한 제목의 작품들을 대부분 읽어 보지 못한 점은 무척 안타깝기도 하군요. 김내성의 「청춘극장(靑春劇場)」, 「마인(魔人)」, 허문영의 「청춘교실(靑春敎室)」, 「방랑(放浪)의 귀객(鬼客)」, 방인근의 「마도(魔都)의 향불」, 「방랑(放浪)의 가인(歌人)」 등등의 제목이 아직 뇌리에 깊이 새겨져 있는데 이제와선 거의 전설적인 위치를 차지하고 있는 것 같아 현대의 소설들보다 훨씬 마력적인 욕망으로 존재하는 듯합니다. 아, 그러니까 갑자기 섬광(閃光)처럼 어떤 이름이 떠오르는군요. 오랜 세월 까맣게 잊고 있던. 분명히 위의 어느 작품(?)에선가 한 시대 명성을 드날린 유명한 탐정 '유불란(劉不亂?)'이란 프랑스 분위기를 풍기는 유려한 이름도 희미하게나마 기억에 겹쳐 나오는. 어쩌면, '김종래(金鍾來)'나 '서정철(徐正鐵)' 등의 만화에서 주인공으로 등장한 인물인지도 모르지만 온전히 잊고 있었던 추억의 이름! 유불란! 연세 드신 분 중엔 저처럼 아직도 기억하고 있는 분도!

아무튼 그 후 〈청춘극장〉 등은 뒤에 영화나 드라마로 만들어져 당시 사람들에게 인기를 끌기도 했습니다.

그렇군요. 당대 최고의 베스트셀러였던 '김말봉(金末峰)' 여사의 장편소설 「찔레꽃」을 읽고 여주인공의 이름을 본떠 유행가로 만든 「정순의 노래」는 아직 제 가장 강력한 애창곡으로 자리 잡고 있습니다.

    누구를 위하여 흘린 눈물인가
    누구를 위하여 맺은 사랑인가
    가시덤불 헝클어진 언덕길 위에
    한 떨기 외로운 찔레꽃만 피었네
    아름답게, 아름답게 호~올로 피었네.

청순하고 지적(知的)인 여성 '안정순'이 부호 은행장 집에 가정교사로 들어가면서부터 벌어지는 오해와 갈등, 그리고 실연과 고뇌의 4각 관계를 통해 암울한 일제 말기 청춘의 애증(愛憎)을 밀도 짙게 묘사하여 폭풍(?) 같은 인기를 얻은 소설이었습니다, 통속적 주제와 군데군데 성긴 구성이 좀 거슬렸지만, 그러나 주제가는 정통 순수 가곡에도 절대 뒤지지 않는 높은 품격을 보인. 주인공 삶의 자취를 따라가며 부르다 보면 1~3절을 관통하는 견고한 고독(孤獨) 속에서 신성한 승화(昇華)의 눈물이 샘솟는 듯한 감동도. 어쩌면 소설보다 주제가가 더욱 돋보인. 아무튼 1957년 혜성영화사에서 '신경균(申敬均)' 감독이 동명의 영화로 만들기도 했습니다. '신성일(申星一)'과 '최무룡(崔戊龍)' 등의 스타들 이전에 벌써 한국영화 최초로 〈청춘의 표상〉으로까지 불리던 '이민(李敏)'과 주제가도 직접 부른 '이경희(李景姬)' 주연으로. 물론 책과 노래는 제가 가지고 있습니다만 영화는 아쉽게도 아직! 해방 전부터 조선일보에 연재해왔는데 6·25 전쟁으로 부산 좌천동 산골짜기에 피난을 왔다 부산역(지금은 부산진역이란 이름으로 흔적만 남았지만)에서 열차편으로 소설을 그때그때 조선일보로 부치면 신문사에서 받아 연재하곤 했다는 전설 같은 이야기가 전해 내려오는. 모두 한 시절 신문 연재소설의 폭발적 붐을 몰고 온 까마득한 시절 이야깁니다만.

당시 앞에 언급한 책들과 함께 교양 월간지의 경쟁이 심해져선지 매해 1월 신년호는 굉장히(?) 묵직한 〈별책부록〉을 경쟁적으로 펴냈는데 본책보다 오히려 인기가 훨씬 많았습니다. 부록을 보려고 월간지를 산다는 이들도 많았거든요. 월간 중앙(中央)에선 「60년대를 움직인 名著들」, 「人物로 본 韓國史」, 「現代의 大課題 50選」, 「現代의 苦惱를 宗教에 묻는다」, 「광복 50년 한국을 바꾼 100인」 등등을 펴냈지만, 저뿐만 아니라 대체로 신동아(新東亞) 부록이 화려하고 견고한 장정과 내용으로 더욱 인기가 많았던 걸로 알고 있습니다. 제가 알기론 65년 신동아에서「光復 20年 紀念 年表·主要文獻集」이란 제목으로 100페이지 안팎의 자료집 수준의 얇은 책이 처음 부록이란 이름으로 나온 걸로 알고 있는데 68년 월간 중앙이라는 강력한 경쟁지가 나온다고 해선지 그해부터 갑자기 굉장히 화려한 표지와 두툼한 제본으로 나오기 시작했습니다. 예전 미술 잡지 등에서 가끔 볼 수 있었던 '윤명로(尹明老)' 화백의 판화(版畫)로 붉은 바탕에 무슨 열반(涅槃)의 성수(聖樹) 분위기를 풍기는 동그란 나무로 표지를 화려하게 꾸민「세계를 움직인 百卷의 책」을 필두로, 69년「韓國의 古典 百選」, 70년「韓國近代人物 百人選」, 71년「現代의 思想 77人」 등으로 새해의 화제를 온통 휩쓴 부록들이 참 볼만했습니다. 정기구독하며 본책 보다 부록을 기다릴 정도였거든요. 워낙 방대한 내용이라서 모두 세로 3단으로 조판했지만 그래도 300쪽을 훌쩍 넘을 정도로 만만찮은 무게감이었습니다. 어린 저로서도 본책을 잡아먹을 정도로 이렇게 화려하고 두툼한 부록을 계속 만들다가는 얼마 가지 못해 망하지나 않을까 싶은. 그 후로도「現代 世界의 藝術家 129人」,「中國의 古典 百選」,「역사를 움직인 100권의 철학책」,「현대 한국의 名著 100권」,「世界를 움직인 100人 그 人間과 行動哲學」 등등 백과사전처럼 정신없을 정도로 세상을 촘촘하게 편집한(?) 현란한 부록으로 압도했습니다. 저뿐만 아니라 다른 사람들에게도 부록이 굉장한 화제여서 새해 부록에 대해 궁금한 이야기들을 나누기도 할 정도였지요. 지금은 신동아, 월간 중앙, 월간 朝鮮 등이 발간되고 있는지도 모를 정도로 마음이 함께 늙어버렸지만. 여하튼 앞에 열거한 부록들뿐만 아니라 다른 부록도 포함해 40년을 훌쩍 넘긴 여태까지 초창기 종합월간지 부록 전성시대의 책들을 꽤 많이 가지고 있다는 자부심은 저만의 기쁨임에 틀림없을 겁니다. 물론「中國百科」(신동아),「日制 治下의 禁書 ○○卷」(신동아),「80년대 민족·민주 운동」(?),「中國의 祕密 300문답」(?),「세계의 민속 사전」(?) 등등 8~90년대 나온 부록들이 있었는데(제목이 올바른지 모르겠군요) 그 시절엔 이미 20대의 열망이 사그라져선지, 아니면 제대 후 사회생활을 시작하며 왠지 쉽게 접근하지 못한 것 같습니다. 구입했는지 안했는지? 그저 시간의 골짜기에서 멋대로 흘러가게 내버려둔 것 같군요. 이번에 새삼 찾아보니 86년 「오늘의 思想 100인 100권」, 87년 「세계를 움직이는 100人 그 人間과 行動哲學」, 88년 「현대 한국을 뒤흔든 60대사건」. 90년 「80년대 韓國사회 大논쟁집」, 95년 「광복 50년 한국을 바꾼 100인」 등등 훨씬 뒤에 나온 부록들도 몇 권 보이는데 왠지 미련퉁이의 고집 같은 느낌도 드는군요. 한때 젊음의 열정이었지만 그만큼 시간의 망각에 흐릿해진 것 같습니다.

예전부터 이 부록들에 대해 이야기하거나 찾는 사람들이 많이 있었고, 몇몇 분들이 생각보다 엄청 비싼 값으로 구입하겠다는 이야기도 했지만 돈보다도 소장(所藏)한다는 의미가 그보다 훨씬 더 강했지요. 낡아서 실로 묶고, 본드를 칠해 단단히 고정시켰지만 그런대로 상태가 좋아 나중 때가 되면 지금 우리 학구에 있는 〈서동 도서관〉에 기증할 생각입니다. 아무튼 전무후무한, 한 시대 일진광풍(一陣狂風)처럼 불어 닥친 월간지 부록 전성시대가 지금은 아련한 추억으로 자리 잡은.

종합월간지 이야기를 하다 보니 갑자기 기억 속에 뚜렷이 떠오르는 내용이 있는데 아주아주(?) 먼 옛날(70년대 초?) 신동아에서 '앙리 샤리에르(henri charrière)'란 사람이 남미에 있는 프랑스령 '기아나(Guiana)'의 감옥에서 탈출을 거듭하다 결국 성공했다는 『죽음의 섬에서의 탈출』이란 제목의 자서전을 읽고 그 불굴의 집념에 감탄한 기억이 아직도 생생합니다. 훨씬 뒤 '스티브 매퀸(Steve McQueen)' 주연으로 『빠삐용-Papillon』이란 제목의 영화로 나왔을 때 눈앞에서 펼쳐지는 생생한 화면에 새삼 고개를 끄덕인 기억도. 기타 독립운동과 관련하여 북간도의 〈明東학교〉, 만주 〈신한촌(新韓村)〉 같은 르뽀(reportage) 이야기 등등도 이제와선 흐릿한 기억으로나마 새겨져있습니다.

아무튼 이 글을 쓰며 이 부록들에서 몇몇 내용이나 좋은 문장 등을 참고하기도 해서 무척 기분이 좋습니다.

군대 가면서 영도 태종대 근처 하리(下里) 바닷가 자취방에 어렵게 구한 귀한 책 7~800여 권을 맡기고 갔는데 일 년 만에 휴가 나오니 개발로 동네 자체가 몽땅 사라져버려 얼마나 아쉬웠던지. 마치 그 앞의 생이 아무런 의미도 없이 삭제된 것 같아 미칠 것 같았습니다. 마침 그 휴가 때 제 첫사랑의 플라토닉(platonic)도 끝나버린 걸 확인하고 마치 청춘이 〈굿바이〉하며 절 내동댕이친 것 같아 실제 휴가 동안 심각한 자학으로 끙끙 앓아눕기도 했습니다. 무슨 영화처럼(?) 안타까운 장면도 있어 어머님과 누님이 혹 무슨 일이 있을까봐 절 단단히 감시하기도. 결코 잊을 수 없는 순연(純然)한 첫사랑의 기억에다 하나하나 사연들이 깃든 책들의 이미지가 강하게 치고 들어오며 모두 되돌릴 수 없다는, 그리고 이제 삶을 예전처럼 바라볼 수 없겠다는 예감으로 귀대하면서 '아, 이제 〈청춘의 문〉을 통과하고 있구나' 하는 무슨 드라마의 애틋한 별리(別離)의 주인공을 떠올리기도.(제 작은 누님과 함께 찍은 사진이 있습니다만.)

제대 후 사회생활을 시작하며 예전부터 드나들었던 서면 〈부전(釜田)도서관〉에서 살다시피 했습니다. 아마 부산 최초의 도서관으로 기억되는데, 거기서 모두 다 하는 취업공부는 제쳐두고 엉뚱하게 문학과 철학, 사회과학 책을 주로 보며 비슷한 취향의 선후배들과 〈라이브러리(library) 학파〉

를 결성(?)하여 각자의 원고를 일일이 손으로 쓴 등사판(謄寫板) 회보를 내기도 했습니다. 밤늦게 도서관 뒤 골목 포장마차에 둘러앉아 술을 마시며 어쭙잖은 사자후(獅子吼)를 토하던 그 젊은 날이 지금 생각하면 논리와 감성의 융합(融合)으로 새로운 탐험처럼, 인생에서 다시는 맛보지 못할 아름다운 낭만이 감정교육으로 팍팍 꽂히던 황금기가 아니었나 싶은. 진작 잃어버렸지만 당시 등사판 회보에 청춘의 여러 아이러니한 장면들과 그 인상을 점묘(點描)식으로 표현한 「청춘은 백화만발(百花滿發)」, 男과 女의 연애 줄다리기 끝에 우연찮은 사건으로 제각각 엉뚱한 사람들과 결혼하게 되는 내용의 「지상(地上)의 비극은 또 다른 인생 희극(戱劇)」 등의 어설픈 낭만주의자를 자처하는 글을 써서 모두의 칭찬에 머리를 긁적이며 한턱 내던 기억도. 아마도 제가 가장 먼저 유명한 문인(文人)이 될 거라고 추어주던 그 친구들은 지금 모두 어떻게 되었는지, 한때 제 곁으로 다가와 시와 인생에 대해 많은 이야기를 나눴던 참한 시인 지망 여대생은 꿈을 이루었는지! 저처럼 생활의 최전선에서 허덕이며 살아가는 모습으로는 아니었으면 합니다만.

부산 시내의 책방이란 책방은 다 돌아다녔습니다. 조방(朝鮮紡織) 앞, 대신동, 부산대, 괴정…. 부산의 유명서점은 물론 조그만 책방들도 대부분 알았습니다. 책방 이름만 대면 어디에 있는 책방인지, 주인이 누군지 달달 외우고 있을 정도지요. 심지어 어느 책방, 어디 쪽 진열대, 위에서 몇 번째 줄, 왼쪽에서 몇 번째 칸에 무슨 책이 있는지도. 꼭 갖고 싶은 책이 있는데 주인이 적정가격보다 훨씬 비싸게 부른다 싶으면 한참 지난 후 비슷한 크기의 빈 책 케이스를(그때 전집은 올박스(all box)에다 각 권마다 단단한 케이스에 들어있었지요.) 신문으로 포장하여 별로 필요없다싶은 책을 넣어 옆구리에 끼고 구경하는 체하다 슬쩍 바꿔 나오며 바가지에 대한 응징(膺懲)(?)을 한 적도 있었고, 〈동보서적〉과 함께 부산에서 가장 커다란 책방으로 유명한 서면 〈영광도서〉에서 책을 훔치다 들켜 매 맞는 학생을 위해 대신 돈을 지불하기도 했습니다. 책 서리는 그렇게 크게 야단치지 않는다고 생각할 수 있겠지만 아마 주식회사고, 대형서점이다 보니 책 서리가 워낙 많아서 그렇게 모질게 한 것 같기도. 제 경험과 매치시켜 그랬는지는 모르지만 지금도 그 학생이 훌륭한 교양인으로 성장했기를 그려봅니다.

거금(?)을 주고 명함 반쪽 크기의 동그란 장서인(藏書印)을 만들어서 책을 구입할 때마다 찍어 일일이 〈한소-254〉, 〈서철-전-38〉 등등 나름의 분류번호와 구입일, 〈대신서점〉, 〈친구○○○〉 등의 구입 장소와 사람 이름 등을 기록했습니다. 한소→한국소설, 서철→서양철학, 전→전집 등등. 반딧불 반짝이는 선명한 그림이 있는 붉은 장서인! 세상에 나만의 책을 가지고 있다는 그 증표는 가장 큰 행복이었습니다. 지금의 아이들이 갖고 싶은 화려한 전자기기 모두를 다 얻는다 하더라도 그때의 행복에는 한참 미치지 못할. 몇백, 몇천만 원을 준다고 해도. 젊은 날 추억의 선명한 문신(文身)과 같으니까요. 그러나 이사 다니다 일찍 그 도장을 잃어버린 후 대신 선생님들에게 〈참 잘했어요〉 같은 숙제 도장을 만들어 파는 분에게 특별히 주문해 만든 네모난 장서인은 크게 마음에 들진 않았지만 그런대로 사용하고 있었는데 한참 잊고 있다 5~6년 전 어느 날 보니 고무 부분이 찐빵처럼 부풀어 올라 사용할 수 없어져버렸습니다. 버리지는 않은 것 같은데 어디 있는지? 그리고 〈소장 도서목록〉이란 이름의 대학노트 2권도 언제부턴가 보이지 않는. 지금은 힘과 열정이 사그라진 탓인지 관심마저도 함께 사라져버렸군요.

파손되거나 낡은 책을 깨끗이 복원하는 일도 즐거움 중의 하나였습니다. 65년 진문사(眞文社)에서 간행한 '김일호(金一湖)' 편역(編譯)의 「방랑시인 金笠(김삿갓)詩集」이나, 58년 정음사(正音社) 刊(간) 전 서울대 교수로 철학자였던 '김준섭(金俊燮)' 선생의 「實存哲學」 등등은 4·6판의 얇고 작은 〈딱지본(딱紙本)〉 시절 수준의 제책으로 너무 낡아 버릴까 하다 그래도 책의 저자, 그리고 역사적 의미나 존재가치(?)를 대강 알고 있었기 때문에 비슷한 종이로 덧대고, 종이풀로 단단히 붙여 그런대로 되살린 것 같아 내내 만지며 흡족해했습니다. 뒤에 제본이 헐거워진 다른 책과 함께 파이프처럼 속이 뻥 뚫린 송곳으로 일일이 뚫어 실로 단단히 고정시켰지요. 표지가 없는 책은 두꺼운 종이를 덧댄 후 제 멋진(?) 디자인 솜씨로 제목과 그림을 채워 넣었습니다. 요즘은 우드락 본드로 폐기처분될 책까지 단단히 복원할 수 있을 정도로 책 복원은 제 전문이었습니다.

    책이 넘치다보니 제대로 된 책장이 필요했습니다. 쉽게 구석에 쌓다 보니 간수(저장·貯藏)하기가 여간 성가시지 않았고, 때에 따라 곰팡이가 피거나 종이가 달라붙는 경우도 있었지요. 하지만 무엇보다 커다란 책장에 책들을 정리해놓고 싶은 사치(?)한 마음이 앞섰습니다. 남들은 번듯한 살림살이나 웅장한 오디오세트, 트로피, 식물, 고가의 서화(書畵)와 양주 등으로 거실을 꾸미거나 전시한다고 했지만 전 무엇보다 책이 가득 찬 책장에 더욱 끌렸습니다. 82년 무렵 보수동 책골목에서 산 쪽으로 조금 더 올라간 방 두 개짜리 집에 혼자 세 들어 살면서 이왕이면 이 기회에 마련하자 싶은 생각을 했습니다. 하지만 가구점의 책장들은 겉모습만 잘 꾸며놓았을 뿐 튼튼하지 못했습니다. 전 천년을 견뎌 낼 정도로 튼튼하고 묵직한 저만의 원목 책장으로 꾸미고 싶었거든요.
    근처 목재소에 가서 제가 심혈(?)을 기울여 설계한 책장을 보였더니 사장님이 고개를 저으며 말하더군요. 3㎝ 굵기의 원목 통나무 책장은 나무를 단단히 말려 제작해야 하는데 시간이 많이 걸리고, 무엇보다 엄청 무겁고, 그리고 돈이 많이 들어 쉽지 않다고 하더군요. 하더라도 가구 전문회사에서는 다양한 장식으로 예쁘게 꾸밀 수 있지만 〈목재소〉에서는 그렇게 할 수 없고 그저 통나무를 잘라 못질하여 니스를 칠하는 수준으로 제작할 수밖에 없다고 했습니다. 저는 책을 담는 책장은 그 기능만으로 충분하니까 해달라고 했습니다(2024년 지금도 작은 방에 떡하니 책들을 가득 품고 있는). 특별히 7단으로 제 키보다 더 크고, 거실이나 부엌의 장식장, 찬장들과 비교해도 못지않을 정도로 여닫이 유리창 테두리 부분은 곡선으로 마감해서 고급스런 느낌이 나는 책장 2조와, 아랫단은 큰 책도 진열할 수 있도록 칸을 높게 하고 그 위쪽 3단 전체를 유리로 밀고 당길 수 있도록 미닫이를 달고, 맨 아래는 물건 등을 넣을 수 있도록 2단 높이에 앞쪽으로 돌출되도록 한 후 여닫이 나무문 2개로 개폐할 수 있도록 만든-, 투박하지만 나름 견고한 느낌이 나는 책장 3조를 주문했습니다. 돈은 생각보다 많이 들었지만 이것저것 화려한 장식을 없애고 오랫동안 상상만 하던 근사한 책장을 가지게 되어 비로소 번듯한 서재를 가진 듯한 만족감으로 행복해했지요. 그동안 이사를 많이 다녀 니스도, 황토색 칠도 많이 벗겨지고(제가 덧칠을 하다 힘들어 그만두기도 했습니다만), 유리가 깨진 건 물론 군데군데 상처투성이로 고물처럼 변했지만 말입니다. 장식장으로도 멋진 화려한 책장 2조는 새것처럼 깔끔했지만 사정상 이곳저곳 떠돌아다닐 때 크기나 무게가 감당하기 힘들어 벌써 전에 버렸습니다. 고급스럽고 무엇보다 단단한 원목이라서 백년이 지나면 그야말로 보물대접을 받을 수 있으리라 싶은데 골목에 뒀더니 그날 당장 누군가 포터에 싣고 가버렸다고 해서 밤새 얼마나 아쉬웠던지! 그만큼 멋지고 천년을 갈 정도로 튼튼했습니다. 제 아이들이 어릴 때 그 앞에서 찍은 사진과 비디오가 있어 대신 달래고 있지만. 아마 책을 좋아하는 어느 분 서재나 안방에서 제게 마저 받지 못한 사랑을 듬뿍.

그러나 역시 책이 많아지니까 짐이 되기도 했습니다. 그럴 땐 꼭 필요하다고 생각한 것만 빼고 팔거나 고물로 버리기도 했습니다. 그리고는 또 다시 모으고, 이사 갈 때 또 버리고···.

나름으로 귀하게 생각한 책들도 와중에 많이 없어져버렸습니다. 「現代文學」과 「思想界」, 「월간 中央」 등의 창간호, '손창섭(孫昌涉)'의 4·6판 소설집 「비오는 날」, 일신사(日新社) 간 '까뮈(Albert Camus)'의 『반항적 인간』, 또는 '사르트르(Jean-Paul Sartre)'의 『유물론과 혁명』. 89년 해외여행이 자유화되기 전 벌써 세계여행을 하며 신기한 세상의 여러 모습들을 소개하여 큰 인기를 끈 '김찬삼(金燦三)'의 해외여행 전집, 을유판 〈진단학회(震檀學會)〉에서 펴낸 전 5권의 「韓國史」. 정음사(正音社) 크라운판 600쪽 안팎으로 전 4권으로 나온 『셰익스피어 전집』과 역시 정음사간 정봉화(鄭鳳和) 譯의 버어튼판 전 4권의 『아라비언 나이트』 전집 등등···.

반항적 인간이나 유물론과 혁명 등의 문고본은 그리 어렵지 않게 보수동 책골목에서 얻다시피 새로 마련했지만. 훨씬 나중 지인에게 빌려줬던 셰익스피어, 아라비안나이트 등의 전집은 지인이 소식도 없이 어느 순간 타지로 이사 가버려 찾을 수 없었습니다. 도대체 그 무거운 책들이 한국 최초의 완역본(完譯本)으로서 그 화려했던 인기와 가치를 휘날렸음을 알기나 했는지? 내 그 아쉬움은 생각해봤는지?(나중 그 지인을 만나 이살 다니다보니 미처 돌려주지 못했다면서 사과와 함께 돌려받았습니다.) 또한 을유문화사(乙酉文化史)에서 발간한 진단학회(震檀學會)의 한국사전집(韓國史全集) 전5권은 그 가치가 만만찮은 책이지만 언제 없어졌는지 알 수 없었는데 뒤에 큰누님 집에서 발견했습니다. 아마도 90년대 말 어머니와 함께 떠돌아다니며 마침 빈집으로 있던 시골 큰누님 집에 들어가 살 때 두고 온 듯. 김찬삼의 해외여행 전집은 보수동 책골목에서 비슷한 나이의 새파란 젊은 사장이 서점을 확장할 때 망치를 들고 며칠 도와줬더니 한창 인기 있는 책이라며 일부러 주던데 전 별로 관심이 없어 작은누님에게 줬지요. 근데 나중 물어보니 벌써 전에 읽고 남에게 줬다고 하더군요.

　어느 책방 주인에게서 누가 1953년 4월에 발간된 「사상계(思想界)」 창간호를 가지고 있다는 이야기를 들었는데 예전 구입할 때에 비해 금액이 너무 과하다 싶어 조금 뜸을 들이고 있었습니다. 그런데 어느 날 나이 지긋한 중년의 남자가 먼저 사갔다는 이야기를 듣고 그 사람도 책을 사랑하는 사람이구나 싶어 안심하기도 했습니다. 부디 잘 간직하기를 빌며.
　그런데 기막히게도 잃어버렸던 '손창섭(孫昌涉)'의 소설집 「비오는 날」은 십여 년 전 엉뚱하게 현장체험학습으로 을숙도(乙淑島)를 다녀오다 사하 버스 정류장 앞 헌책방에서 되찾았습니다. 일신사(日新社)에서 4·6판으로 출간한, 짙은 초록 바탕에 붉은 금붕어 그림이 그려진 표지는 사라져 버렸지만 제가 이별에 관한 단상으로 쓴 낙서와, 제가 소장하기 이전의 원주인인 〈高麗大學校〉라는 푸른 장서인이 속표지에 그대로 있고 맨 뒷장에 제 주소와 이름이 세로로 적힌. 만약 제가 그때 교육연수원에 일이 있어 다른 선생님에게 아이들을 부탁하고, 그래서 그 책방 앞에서 버스를 기다리고, 그리고 책방을 기웃거리다 들어가지 않았더라면 영원히 만나지 못했을 겁니다. 지금은 워낙 귀한 책이라서 어디서도 찾을 수 없거든요. 제 신분증을 보고 주인도 신기한 듯 그냥 주겠다고 했지만 무난한 값을 치르고 되찾았습니다. 제 젊은 날과 같이 방황의 시절을 보내고 운명처럼 돌아온 탕자를 맞는 부모처럼 표지를 새로 꾸미고 구멍을 뚫어 실로 단단히 묶었습니다. 손창섭과 함께 마치 한 시대 우울한 실존의 표상처럼 빠졌던 '장용학(張龍鶴)'이나 '김성한(金聲翰)' 등과 직접 마주한 듯 뿌듯했습니다. 재작년 그가 일본에서 죽었다는 구름 같은 이야기를 듣고 자학과 희롱. 실존의 부재를 살았던 그에 대한 우울한 조종(弔鐘)을 가슴에 새겨보기도.

단기(檀紀) 4291년(서기 1958년) 동국문화사(東國文化社)에서 발행된 '이선규(李善圭)'역 '해롤드 디 라스웰(Harold D. Lasswell)'의 『權力과 人間 -Power and personality』은 (훨씬 뒤 80년대 중반까지 우철(右綴) 4·6판에 그것도 2단 세로읽기가 대부분이었는데 놀랍게도 단기력을 쓰던 50여 년 전 그 시절에 벌써 현대적인 좌철 5·7판에 280쪽의 <가로읽기>로 출판되었으니 얼마나 최첨단 고급 출판물인지 알 수 있지요. 혹 학회나 출판문화의 역사에서 어떤 의미가 있는 책인지 모르겠습니다만.) 20여 년 전부터 보이지 않아 잃어버렸다고 아예 잊고 살았는데 믿을 수 없게도 5~6년전 어느 날 매일 눈앞에서 보던 책장에서 타임머신을 타고 나타난 듯 홀연 눈에 띄어 참 놀랐던 기억도. (근데 지금 책장에서 또 보이지 않는군요. 가슴이 철렁합니다. 자주 이사 다니느라 박스에 담겨 있으리라 생각은 하지만. 아마도 본격적으로 접한 외국의 철학, 사회과학 분야의 책이 아닌가 생각되는데 그의 정치와 권력, 선전(宣傳), 상징 등 매체(媒體)의 효과와 관련하여 어지러운 단상들도 누렇게 변한 책과 함께. 그런대로 깔끔한 상태지만 전체적으로 너무 낡아서 아마도 출판사와 원고 자체도 사라져버렸겠지만 재출간 되었으면 하는 생각이 특히 간절한. 그가 아직도 국내에 제대로 알려지지 않은 학자이기 때문에라도-나이가 많은 듯한데 생사도 불명한!- 그의 다른 저작들과 함께 새롭게 번역되어 나왔으면 하는 욕망도.)

기타 단기(檀紀) 4288년 민중서관(民衆書館)판 '이희승(李熙昇)' 선생의 「國語學 槪說」과 89년 일조각(一潮閣)판 「벙어리 냉가슴」, 94년 경문사(耕文社)에서 발간한 유명한 원예학자 '유달영(柳達永)' 선생의 「素心錄」, 정음사 刊 한글학자 '허웅(許雄)' 선생의 「國語音韻論」, 시인 '박목월(朴木月)' 선생의 「구름에 달 가듯이」, 국문학자 '조윤제(趙潤濟)' 선생의 「國文學史 槪說」, 의학박사이자 수필가로 활발한 활동을 하던 '최신해(崔臣海)' 선생의 「文庫版 人生」 등등 작고 낡은 책들이 부끄럽다는 듯 지금도 책장 구석에 먼지를 뒤집어쓰고 숨어있군요. 대부분 5~60년대 세간에 많이 회자(膾炙) 되던, 시대의 전면에서 활발한 활동으로 화제를 몰고 다녔던 분들이지만 지금은 시대를 잃어버리고 대부분 돌아보지도 않는. 아니 살아계시는 지도 의심스러운. 아무튼 살기 바빠, 혹은 어려서 잘 읽어보지 못했던 책들이 거의 대부분이었지만 쳐다보는 것만으로도 배가 불렀던 책들이었습니다. 지금은 다 없어지고 몇 권 남아있지 않지만 말입니다. 해군 군가(軍歌)에 〈c'est la vie 쎄라비-이렇게 사는 것도 인생인가 하노라〉라는 마지막 구절이 있다고 알고 있는데 지금은 그렇게 아쉬운 마음을 흐르는 인생에 비유하며 자위하고, 그리고 신나게 부르며 살고자 했던 건 아닌지.

그런데 다 같은 책이라지만 나라와 역사, 그리고 거기서 생성되는 문화의 자존심이라는 가치로 생각할 때는 을유(乙酉)문화사를 통해 47년부터 57년에 걸쳐 조선어학회에서 순차적으로 발간한 전 6권의 「조선말 큰 사전-일명 말모이 사전」은 제가 가지고 있는 모든 책들 중 가장 가치 있는 책이 아닐까 생각합니다. '주시경(周時經)' 선생 필생의 소원이었지만 애통하게도 너무 일찍 돌아가시는 바람에 안타까워하던 후배 학자들의 손으로 만들어져 나온 우리나라 첫 국어사전이었으니까요. 일본제국주의가 〈조선어학회 사건〉을 일으켜 회원들이 모두 구속당하고, 그 과정에서 옥중에서의 죽음, 또는 분개(憤慨)한 동지의 자결 등 많은 사연들을 겪었고, 작업중이던 원고 뭉치를 압수당한 후 사라져버려 모든 희망이 물거품이 되었을 때 서울역(당시 京城驛) 운송부 창고에서 극적으로 발견되어 다시 출판할 수 있게 된 일, 6·25 때의 황급한 피난으로 원고를 땅에 파묻어 보존한 점 등등…, 기막힌 사연을 가진 사전입니다.(뒤에 3판부터는 「한글학회 지은 큰사전」이란 이름으로 발간되었지요.) 초판은 아예 구할 수 없고, 재판, 3, 4판 등 오랜 시간 한 권씩 따로따로 구입한다고 꽤 고생했지요. 50년대 낡은 책인데다 《판도라의- 궤(Pandora-櫃)【이】【종】 유피터르(Jupiter) 신이 판도라에게 인간의 모든 죄악과 재화를 싸서 넣어 준 궤》라고 지금과 다른 표현과 글자체로 인쇄되어 무척 낯설고 낡았지만 아마 금액으로도 십만 원은 거뜬히 넘기리라 생각합니다. 우리말과 글과 정신이 깃들 수 있는 최초의. 누군가의 말처럼 주시경 선생이 뿌린 씨앗은 〈썩지 않는 한 알의 보리가 되어 광복 후 민족 교육 부흥의 씨앗〉이 되었던 겁니다.

좀 다른 경우로 고등학교 입학 무렵 이미 은퇴한 유행가수 '고복수(高福壽)'가 책 외판원으로 우리가 세 들어 살고 있던 용대 공장 옆 넓은 공터를 방문했을 때 '백수사(白水社)'에서 간행한 전 5권의 베스트셀러인 「韓國短篇文學全集」을 구입한 점입니다.(그때는 무슨 전집이 유행이어서 거실을 전집으로 꾸미는 가정이 많았지요. 사람이 직접 무거운 책을 등에 지고 할부로 팔러 다니거나 주렁주렁 무슨 상자처럼 커다란 라디오를 가득 메고 팔러 다니는 사람도.) 표지 왼쪽 위 구석에 단순히 선으로만 그린, 날개를 펄럭이며 솟아오르는 사람의 윤곽선이 인상적이었고, 그 전까지 각 시대별 한국 단편문학의 정수(精髓)들을 작가별로 선별, 게재한 전집이 아마도 없었던(?) 때문인지 참신했던 기획이 돋보여 10년 넘도록 엄청난 히트를 했는데(58년 全 3권으로 초판이 발행된 걸로 압니다만.) 월부지만 고등학생인 제가 맘 크게 먹고 구입한 비싼 책이었습니다. 맨 뒷장에 지금도 고등학교와 학년, 학반, 그리고 제 이름이 자랑스럽게 적혀있는. 한국문학에 대해 대강이나마 이해할 수 있게 된 것도 이 책 덕분이라고 할 수 있습니다. 「레디·메이드 인생」이니 「쇼리·킴」, 「미해결의 장(未解決의 章)」, 「실비명(失碑銘)」, 「광염(狂炎) 소나타」 등등의 멋있는 말들을 한동안 되뇌기도. 그 후 숱하게 나온 문학 전집들의 원본적인 의미로 깊이 새겨져 있습니다.

그때 기웃거리던 작은 누님은 삼성출판사에서 전 5권으로 간행된 월탄(月灘) '박종화(朴鍾和)'의 베스트셀러 「자고가는 저 구름아」를 구입했습니다. 4년여 동안 조선일보에 연재되어 그야말로 유례없는 절찬(絶讚)을 독점했던. 이조 당쟁(黨爭)의 추악한 참상(慘狀)을 배경으로 송강 '정철(鄭澈)'의 기구한 행로와 그를 연모한 절세가인 강아(江娥)의 애절한 삶, 참담하고 굴욕적인 왜란(倭亂)과 당쟁에 휩쓸린 궁중비극에 취해 두 전집을 돌려가며 재미있게 읽은 기억이 생생합니다. 가끔 작은 누님과 그때의 이야기를 나누며 까마득히 떠나보낸 청춘 시절을 되돌아보기도 하지요. 당시 저는 가수(歌手) 고복수와 그의 노래들을 잘 알고 있었지만 실제로 본 적이 없었는데 같이 있던 큰형과 인사하며 그 홀쭉하게 키가 큰 외판원이 바로 고복수라는 걸 알았습니다. 지금도 그 책을 보며 무거운 전집 박스를 등에 지고 안경을 쓴 큰 키의 구부정한 모습과 「타향」이나 「사막의 한」, 「짝사랑」같이 가늘고 처량한 바이브레이션(vibration)이 두드러진 그의 히트곡들처럼 삶은 꿈처럼 열광과 화려, 젊음과 이별하고 엉뚱한 곳을 헤매는, 수수께끼처럼 이해할 수도, 알 수도 없는 운명의 힘에 휘둘리는 부분도 있구나란 생각을 하며 어쩌면 저도 그렇게 꿈처럼 흐를지도 모른다는 예감으로 밤에 잠들지 못하고 뒤척였던 기억도.(결국 저도 그렇게 먼 곳을 떠돌다 여기까지 왔지만 말입니다.) 훨씬 뒤 장마 때 1, 3, 4권이 빗물에 잠겨 거의 버려야 할 지경까지 갔지만 한 장 한 장 일일이 선풍기와 헤어드라이로 말린 후 며칠 무거운 쇳덩이로 꽉 눌러 반듯하게 되살려냈습니다. 아쉽게 첫째 권은 너무 훼손이 심해 버렸지만 나중 표지가 다른 판본으로 채워(역시 많이 낡았습니다.) 제 책장을 아직도 고리타분하게 지키고 있습니다. 어쩌면 제가 알고 있는 한국 소설문학의 알파와 오메가(Alpha와 Omega)에 틀림없을. 고등학교 때부터니까 50년 가까운 동안 정말 저와 끈질긴 인연으로 얽힌 책이군요.

책은 인류가 만든 가장 찬란한 발명품입니다. 자그마한 책 한 권에 신묘한 이야기가 마법처럼 펼쳐지기도 하고, 내가 전혀 이해할 수 없었던 정교한 정신과 사상을 요술처럼 머리에 새겨놓기도 합니다. 극미(極微)의 세계에서부터 광활한 우주까지, 태초(太初)에서부터 미래까지, 원시에서부터 매트릭스(matrix)까지…. 『천체(天體)의 회전』에서 『상대성원리』, 『일리아드(Iliad)와 오딧세이(Odyssey)』에서 『닥터 지바고』, 「황조가(黃鳥歌)」에서 「진달래꽃」, 『베다(Veda)』, 『대장경(大藏經)』에서 『존재와 무』까지…. 시대와 학문과 예술과 사상에 이르기까지 모든 것이 다 담겨 있습니다. 책을 통해 알 수도, 상상할 수도 없는 상황과 생각들을 추체험(追體驗)할 수 있다는 것은 달나라에 착륙한 것만큼이나 강력한 흡인력을 지니고 있습니다. 글자 하나하나에 〈신의 의지〉에 버금가는 인간의 찬란함과 원대함을 심어놓은. 누군가가 말했다지요? 〈돈 많은 백만장자보다 책을 가진 거지가 되겠다〉라고. 당장 돈 1억을 줄 테니 바꾸자고 하더라도 제가 모르는 신비한 세상을 출입할 수 있게 해 주는 책의 마법을 포기할 순 없지요. 책은 손오공처럼 저를 분신(分身)시켜 그 수만큼 세상의 맨얼굴을 맛보게 하는 마법의. 그야말로 인류의 총화가 내장된 초초초고밀도 집적회로(集積回路)가 아닐 수 없습니다.

　그 책들은 주로 도서관에 모여 있습니다. 개인이 모든 책들을 다 일일이 소유하고 읽을 수 없기 때문입니다. 초읍 시민도서관을 비롯해서 각 구별로 도서관이 세워져 있습니다. 금정도서관, 서동도서관, 구덕, 다대…. 웬만한 대학에도 도서관은 물론 〈민속학〉 등 다양한 도서관들도 있더군요. 아직도 제 서랍 속에는 그 옛날 금정과 시민도서관 등의 회원증과 도서 복사증이 남아있습니다. 출입한 기억도 까마득하지만. 이번 여름방학 때 학교 밑 서동도서관에서 개최한 독서교실에 아이들 데리고 참석했을 때 생각나서 물어보니 놀랍게도 제 이름이 여태 남아있더군요. 이십여 년 전 아날로그 시대의 호적이 엉뚱한 도서관에서. 그래서 다시 만들었습니다. 대한민국 어느 도서관이나 마음대로 출입과 대출, 그리고 복사를 한 번에 할 수 있는 산뜻한 통합도서 카드를.

　기원전 4세기 그리스 학문과 문화가 활짝 핀 시대 정복자 알렉산더 대왕의 후예들이 지중해를 굽어보는 이집트에 건설해 그의 이름을 따 만든 〈알렉산드리아(Alexandria) 도서관〉은 세상의 모든 지식을 다 가지고 있다는 말이 돌아다닐 정도로 웅장한 도서관이었다고 합니다. 그림으로 본 도서관은 신전 등에서 볼 수 있는 거대한 돌기둥이 받쳐주는 3~4층 높이의 거대 고딕(Gothic) 건물과 부속 건물들이 바다를 내려다보는 웅장한 자태로 지금과 비교해도 놀랄 만한 장관이었습니다. 그 시대에 도서관이라니! 정복과 파괴와 약탈이 미덕인 시대에 지금으로서도 첨단을 달릴 도서관을 지었다는 것은 학문과 문화가 인간의 삶에 가장 절실하게 기반 되고 있음을 잘 이해하고 있었다는 뜻이지요. 아마도 역사상 가장 많은 돈을 투입하여 건설한 도서관이 틀림없을. 현대 수학의 출발이 된 '유클리드(Euclid)'의 『기하학 원본』, 그리스 제일의 수학자이자 철학자인 '피타고라스(Pythagoras)'의 『정리』를 비롯하여, 르네상스 시대 미술가 '라파엘로(Raffaello)'의 유명한 그림 『아테네 학당(School of Athens)』에 나오는 유일한 여성으로 〈오직 진리(眞理)하고만 결혼하겠다〉는 말을 남긴 단호한 성품의 '히파티아(Hypatia), 인문과 과학을 넘나든 저작물들, 그리고 구약성서, 시, 희곡, 과학, 공학, 의학, 역사서…. 그때의 왕들은 전쟁에서 전리품으로 도서를 수집하고, 도서관을 통째로 옮겨왔다는 보고도 있고, 책을 수집하는 병사들도 있었다는 이야기로 보아 책이 보물 대접을 받고, 도서관이 주요 공공기반 시설의 하나로 인정받은 게 분명한 것 같습니다. 당장 프랑스가 병인양요(丙寅洋擾) 때 규장각 도서를 가져가서 아직 반환하지 않고 있는 걸 보면.

그때 도서관은 양피지(羊皮紙)나 파피루스(papyrus) 등으로 만든 두루마기 문헌들은 물론 고전 필사본(筆寫本) 등등을 보관만 한 것이 아니라 낡은 걸 교정, 복원하고, 주해(註解)와 번역, 도서목록 작성까지 한 걸로 보아 일종의 출판과 연구소 역할도 한 것 같습니다. 그래서 알렉산드리아 도서관은 헬레니즘 시대 지식의 산실로 불리며 '지혜의 배꼽(omphalos)'이란 별명을 얻었다고 합니다. 시중에 운행되는 어느 차에 '옴파로스'란 이름이 있다고 하던데 다 그런 지혜에 대한 경외심을 엉뚱한 상술로 과장되게 대입한 것이 아닌가 합니다만.

아이들이 도서관을 다니기는 참 어렵습니다. 부모님의 관심과 아이의 적성, 그리고 필요에 따라 일주일에 겨우 한 번쯤이나 가능할까요? 학원이나 체육관 등을 순례하고 나면 지쳐 학교 숙제 등을 할 시간도 부족할 테니까요. 더욱이 텔레비전과 컴퓨터, 스마트폰 등의 기기를 이용한 다양하고 화려한 놀이(?)가 넘치는데 당장 별로 도움도 되지 않는 도서관은 언감생심(焉敢生心)에 틀림없습니다.

사람들의 도서관 이용률이나 독서량이 현저히 줄어드는 건 시대의 변화에 따른 어쩔 수 없는 일이겠지만, 그렇다고 마냥 그대로 둘 수는 없습니다. 이런 시대일수록 사람들 가까이 다양한 도서관을 더욱 많이 짓고, 독서와 관련한 여러 행사를 벌여야 할 겁니다. 현대 사회는 물질문명에 질식당한 계층 간의 분리가 심화 되고, 바쁜 일상에서 쳇바퀴 돌듯 갇혀버린 사고, 일률로 구성된 사회의 강제된 가치, 어쩌면 현실에 매몰되어 현실 자체만으로 존재하는 고집들로 채워진 것 같습니다. 그럴수록 더욱 책을 가까이하여 정신을 확산시키고, 현실의 함정을 깨닫고, 새 세상에의 의지를 길러나가야 하겠습니다.

문화부는 독서 인구를 획기적으로 확대하고 침체에 빠진 출판계를 구하고자 올해를 '독서의 해'로 선언하고 3월에 선포식까지 한 걸로 알고 있습니다. '하루 20분, 일년에 12권'이란 슬로건은 올해가 2012년인 점에 착안한 것으로. 그러나 그간의 독서와 관련한 행보는 거의 잠행(潛行)에 가깝습니다. 아무도 관심을 두지 않고. 그런 선포식이 있었는지 모를 정도입니다. 국민들의 의식을 일깨울 수 있는 새로운 방향을 찾아봐야 할 것입니다.

저는 고학년 담임을 할 때 아이들에게 다양한 글을 찾아 읽게 하고, 그 내용을 발표시켰습니다. 「태산이 높다하되~」에서부터 「동창이 밝았느냐」, 「이 몸이 죽고 죽어」, 「梨花에 月白하고」 등의 시조, 「구운몽」이나 「홍길동전」, 「토끼전」, 「심청전」 등의 고전소설, 「황조가(黃鳥歌)」, 「헌화가(獻花歌)」, 「서동요(薯童謠)」와 「제망매가(祭亡妹歌)」 등의 시가들뿐만 아니라 「木馬와 淑女」, 「진달래꽃」, 「국화 옆에서」, 「모란이 피기까지는」, 그리고 「무녀도(巫女圖)」, 「메밀꽃 필 무렵」, 「소나기」, 「갯마을」 등의 현대시와 소설, 「데미안(Demian)」, 「검정고양이」, 「마지막 수업」, 「정글북(The Jungle Book)」 등의 외국 명작…. 비록 바쁜 학교생활이어서 듬성듬성 읽거나, 인터넷에서 뽑아오기도 했지만 개의치 않았습니다. 그 나이가 지나면 〈교양〉의 경험과 기억을 가질 시간이 별로 없습니다. 그런 과정을 거치는 것 자체가 삶에 대한 깊숙한 시선을 키울 수 있고, 자기 삶을 좀 더 풍성하게 하는 방법론이라고 생각했습니다. 부모님과 함께 다양한 교양의 대화를 자주 가지면 정겨운 혈육의 끈도 더욱 깊어질 거라는 생각도. 아마도 학부모님들도 학창 시절 읽은 작품이나 명언 등을 가슴 속에 깊이 새겨놓은 분들도 계시겠군요. 『검정고양이』를 주제로 줄 때 '에드가 앨런 포우(Edgar

Allan Poe)'가 아내인 '버지니아 클렘(Virginia Clemm)'의 죽음에 매일 밤 무덤을 찾아다녔다는 가십(gossip) 같은 작품의 배경에서부터 그의 불행한 죽음 등 중요한 특징 등을 짚어주면 아이들이 흥미를 느끼고 적극적으로 덤벼들기도. 학년말쯤 되니까 제가 만들어 복사해준 두터운 독서록만큼 수준(?)이 꽤 높아졌다는 생각이 들더군요. 아니, 제 생각보다 훨씬 다양한 반응을 보이기도. 「난장이가 쏘아올린 작은 공」을 일주일쯤 모둠별 주제로 주었더니 짧지만 놀라울 정도로 다양한 의견들을 글이나 만화, 짧은 극, 혹은 토의로 나타내어 보람을 느끼기도 했습니다. 아이들 마음은 무엇을 담느냐에 따라 인생이 완전히 달라질 거라는 생각도. 한번 이야기를 나눠보고 격려해주시면 아이들 마음 깊은 곳에 보물 같은 이야기들이 수줍게 자리 잡고 있음을 느낄 수 있으리라 생각합니다. 평생을 함께할 굳건한 교양의 왕국이.

독서의 기초는 낱말입니다. 우리 반 아이처럼 3~4학년쯤 되면 학습이 탄력을 받아 낱말이 폭발적으로 분화되고, 확장되는 시기입니다. 언어에 한해서 말한다면 〈골든타임(golden time)〉이라고 할 수 있지요. 유아기처럼 본능적으로, 단어로 분절(分節)하여 제각각 기억되는 게 아니라 각각의 낱말이 문장 속에서 가지는 구조와 의미를 이해하고 새기기 때문입니다. 그러면 생각이 그만큼 명확해지고, 언어 선택과 사용이 다양해지며, 동시에 정신도 올바르게, 폭넓게 발달합니다. 지금은 또래 친구들과의 편차를 크게 느끼기 어렵겠지만 아마도 고등학생쯤 되면 어휘력 차이가 그 어떤 요인보다 훨씬 강하게 학업에 영향을 미치지 않을까 생각합니다. 언어가 표상하는 의미와 이미지, 파생되는 분화와 상징, 그리고 변화…. 언어의 확산은 정신의 시냅스(Synapse)를 끝없이 이어주며 방대한 세상의 지도를 새겨놓을 겁니다. 어쩌면 대학 입시라는 평생의 삶을 가르는 굳건한 바탕이 될 거란 생각도. 그래서 재미없어 힘들어하는 글씨 쓰기 대신 5월부터 본격적으로 〈사전〉을 이용한 낱말 찾기 시간을 가지고 있습니다.

조금 다른 이야깁니다만 인터넷 포털에 사전이 있고, 지식이나 위키 백과(Wikipedia) 등등을 통해 다양한 검색을 할 수 있더군요. 전 대강 알고는 있었지만 본격적으로 이용하기 시작한 건 겨우 1~2년 전부터였습니다. 아주 편리하더군요. 낱말은 물론 뭐든지 알고 싶은 건 검색을 통해 해결할 수 있다는 것이 참 신기했습니다. 그러나 그 검색이란 게 결국은 기계적인 일률에 지나지 않고, 기억에 남지도 않으며, 단편적 짜깁기밖에 되지 않았습니다. 온전히 가슴 속 깊은 울림으로 새겨놓을 수 없는. 지금 쓰는 이 글도 어쩔 수 없이 그런 짜깁기에서 많은 것을 채워 넣곤 하지요. 필요한 자료 하나 찾기 위해 온밤을 새우며 뒤지고, 그래도 부족하면 도서관이나 대학도서실을 찾아 하루 종일 책들을 탐험하고, 필요한 책이 서울에 있다면 방학 때 차나 열차를 타고 가서 며칠 동안 4×6배판, 5×7배판으로 양면을 통째로 복사하여(도서관에서 발급받은 복사증의 위력을 실감할 수 있는) 펀치(?)로 구멍을 뚫어 실로 단단히 묶거나 동글동글한 비닐 스프링을 돌려 끼워 제책(製冊)까지…. (그러려면 직원들과 안면도 꽤 익혀놔야 하는 사교술도.) 얼마 전까지 그렇게 글을 썼는데 어느새 저도 짜깁기 글에 익숙해져서 안타깝기만 합니다. 그런 글은 조금만 지나도 기억에 잘 저장되지 않더군요. 예전처럼 진중한 글을 쓸 수 있다면 다시 그렇게 쓰고 싶은 게 제 솔직한 마음입니다. 지금의 제 글들이 제법 화려(?)해보이지만 사실은 살아 움직이는 진솔한 문장이 되지 못하며, 자연스런 흐름이 끊길 때가 많음을 잘 알고 있습니다만 아무튼 낱말은 직접 사전으로 찾아야 머릿속에 깊게 각인되고 자기주도적 학습의 바탕이 될 거라는.

처음 아이들은 한글 자모의 이름과 순서도 잘 몰랐습니다. 〈디귿〉을 〈디글〉로, 〈시옷〉을 〈시읏〉으로 읽거나, 〈ㅊ〉에서부터 뒷 순서를 제대로 알지 못하는 건 물론, 〈ㄲ〉, 〈ㅍ〉 등의 된소리, 거센소리들이 어느 순서에 속하는지도 몰랐습니다. (하긴 저도 <기윽>을 <**기역**>으로, <디읃>은 <**디귿**>, <시읏>도 <**시옷**>으로 바꿔 읽어야 한다는 게 새삼 의아하군요. 대강 이해는 하고 있지만,) 그리고 만약 〈왜〉 같은 글자를 찾는다면 우선 〈ㅇ〉을 찾고 다음 〈ㅗ〉, 〈ㅏ〉, 〈ㅣ〉의 순서로 끈기 있게 잘 찾지 못합니다. 순서대로 찾는다 하더라도 자모 사이의 빈도라든가, 또는 〈ㅐ〉 등의 결합으로 유추하여 사전 어디쯤에서 찾으면 된다는 나름의 감각이 없다보니 똑똑한 아이들도 잘 찾아내지 못하더군요. 십여 분 찾아도 도저히 찾지 못하는데 제가 10초도 되지 않아 찾아내니까 신기해하기도.

그런데 한달도 못돼 잘 찾아내는군요. 빠른 아이는 저와 비슷하거나 오히려 빠르고, 전체적으로 속도가 10초 이상 빨라져 여기저기서 번쩍번쩍 손을 드는 모습을 보는 게 흐뭇하기만 합니다. 그리고 단어에 따라 몇 가지 뜻풀이가 있어도 문장의 전후 사정을 따져 어울리는 풀이를 곧잘 지적하기도. 나중에는 찾은 단어로 끝말잇기나 빙고(bingo) 같은 놀이도 병행했더니 지금은 다양한 짧은 글짓기까지 하는 정도로 발전했지요. 그걸 길게 자른 종이에 낱말과 함께 풀이를 매직펜으로 적어 뒤 그림판에 울긋불긋한 수염처럼 붙여 몇 번이나 낭독하도록 했더니 문장력이 엄청 발전하는 것 같아···. 〈나는 생각나는 대로 '막무가내'로 말하는 버릇이 있다〉, 〈누나가 '어질러 논' 옷들을 어머니가 '주섬주섬' 모아 정리했다.〉 그리고 〈**막무가내, 어지르다. 주섬주섬**〉 등을 몇 번씩 읽고 쓰면서 발음과 문장변화, 확실한 의미를 새길 수 있도록 하기도. 아마 우리 반 아이들은 언어 회로의 확장 면으로는 모르긴 몰라도 고학년이나 심지어 중학 1학년 수준에서도 크게 떨어지지 않을 것 같다는 건방까지도. 요즘도 시도 때도 없이 모둠별 빙고 게임을 하자고 졸라 차라리 귀찮을 정도입니다. 아마 아이들 책과 사전을 뒤져보면 곳곳에 제 붉은 콩도장 인(印)이 낱말 위에 찍혀있을 겁니다. 그건 아이들 머리에 평생 잊히지 않는 단어들이 보석으로 꾸민 왕관처럼 박혀있다는 뜻이지요. 매일매일 새롭게 탄생 되는 붉은 보석들!

인터넷 시대에도 도서관은 살아있고, 오히려 확대된다는 건 상징적 의미를 가지고 있습니다. 〈사형 중지, 시베리아 유형.〉, 〈아버지가∨방에 들어가신다.〉처럼 자신의 언어생활을 명확히 할 수 있다면 정신도 그렇게 명확해질 것으로 생각합니다.

도서실 사서 봉사를 해주시는 동네 어르신께서 더 이상 사전을 빌려주기 힘들다고 하는군요. 제가 가진 사전 6개와 도서실 큰사전을 포함한 11개를 더해도 모자라 몽땅 가져가는 바람에 다른 아이들에게 엉뚱한 피해가. 우리 반 아이들에게는 아마도 이 세상에서 가장 값진 선물이 반짝이는 새 사전이 아닐까요? 속표지에 〈아빠 자랑 우리 딸, 한글나라 여왕이랍니다!〉, 〈우리 아들이 낱말박사가 되면 엄마와 춤을!〉 같은 글귀와 함께. 아마 사전과 함께 아이의 마음에 영원한 추억으로 새겨지겠지요. 사전을 이리저리 넘기며 글 속에 담긴 수수께끼 같은 삶의 비밀들을 하나씩 알아가는 모습을 보는 건 참으로 기쁜 일입니다. 뻔히 학부모님들의 어려운 사정을 잘 알지만 그래도 이번에 사전이 없는 자녀에게 원하는 국어사전과 영어사전 등을 꼭 사주시기 바랍니다. 학년이 계속 올라갈 테니까 미리 두툼하고, 꽤 괜찮은 걸로. 죄송합니다.

> 덧붙이는 글

　이번에 글을 다듬다 까마득한 기억 속에서 되살아난 '유불란(劉不亂)'이란 이름에 자꾸 신경이 쓰여 일부러 인터넷으로 찾아봤습니다. 알고 보니 김내성의 작품 「마인(魔人)」에 등장한 민완 탐정 이름이었군요. '아르센 루팡(Arsène Lupin)'이란 괴도를 창조해낸 작가 '모리스 르블랑(Maurice Leblanc)'이란 사람의 이름을 본 떠 만들었다는. 그래선지 발음이 닮았다는 생각도. 그래도 새삼 유불란은 괴도 루팡은 물론 '코난 도일(Conan Doyle)'이 창조해낸 유명한 탐정 '셜록 홈즈(Sherlock Holmes)'에도 절대 뒤지지 않는 한국의 자존심으로 남은 명탐정이었다는 생각입니다. 비록 50년대 피폐(疲弊)했던 대중의 파편화(破片化)한 이미지 속에서였지만. 만약 루팡과 홈즈의 흥미진진한 머리싸움에 유불란이 함께 해도 절대 뒤지지 않는다는. 덧붙여 마인 자체도 '정비석(鄭飛石)' 원작으로 춤바람 때문에 사회적 파장이 컸던 영화 「自由夫人」을 만들었던 '한형모(韓瀅模)' 감독 연출로 1957년 이미 영화로 만들어졌군요. 그 무렵에 발간되던 「희망」이란 사진 잡지에 포스터가 실려 있는데 〈傀才 韓瀅模의 메카폰으로 名作 金來成 原作 探偵小說「魔人」드디어 映畫化!!〉라는 선전 문안도.

　그런데, 그런데 지금이라도 알게 됐다는 긍정보다는 어째 온전히 모르는 사람이나, 저처럼 까마득한 기억 속 흑백의 흐릿한 추억으로만 간직한 사람들에게는 인터넷 시대의 밝은 서치라이트 속에서 벌써 〈익숙한 이름〉으로 자리 잡아버려 여태까지의 신비한 이미지가 사라져버린 것 같다는 투정(?)도 없잖아 있는.

　아무튼 김내성의 작품들이 대중들에겐 무척 가깝게 다가간 모양입니다. 그의 작품 「실락원(失樂園)의 별」도 58년 여배우 '김지미(金芝美)'의 첫남편이었던 '홍성기(洪性麒)' 감독이 동명의 영화로 이미 만든 걸 보면.

　아, 그리고 앞에 언급한 「정순의 노래」를 부른 '이경희(李璟嬉)'도 2018년 말에 돌아가셨군요. 인생의 화려 뒤엔 멸망의 독촉장이 언제나 함께 준비되어있는.

　오늘은 '반야월(半夜月)'이 고급스레 작시하고, '박시춘(朴是春)'이 그에 걸맞은 장

중(莊重)한 클래식으로 작곡한 이 노래 「정순의 노래」를-이미 영화 「찔레꽃」의 주제가로 널리 알려진-오랜만에 실컷 들어봐야겠습니다.

〈누구를 위하여 흘린 눈물인가? 누구를 위하여 맺은 사랑인가~〉

노래! 그렇지요. 앞에 언급한 시인 박목월의 책 「구름에 달 가듯이」를 읽고 그의 아픈 피난 시절 삶과 거기 실려 있던 「이별의 노래」를(그게 목월의 시였음을 처음 알게 된) 3절까지 처량하게 부르던 기억도 납니다. 잔잔한 마음 위에 한 점 바람이 불어 일렁이는 물결처럼, 아니 어찌할 수 없는 인생의 숙명 같은 이미지로 목이 메는!

    기러기 울어예는 하늘 구만리
    바람은 싸늘 불어 가을은 깊었네
    아~ 아~ 너도 가고 나도 가야지

제(30)주 학습지도 계획안

(2012년 10월 15일 ~ 10월 19일)　　　　　　　　　　　4학년 2반

≡ 〈교원평가 학부모만족도 조사〉가 10월 15(월)~10월 21(일)까지 실시됩니다. 학부모님들의 참여는 학교의 발전과 최선을 다하는 선생님들의 사기 향상에 중요한 역할을 하니, 여러 가지 일로 바쁘고 힘들겠지만 배부해드리는 가정통신문을 참고해서서 기간 내에 꼭 참여해 주시길 부탁드립니다.

저번 주에 제 청춘의 독서 편력(遍歷)에 대해 이야기해봤습니다. 돌아보면 한 인생에서 가장 아름다운 추억의 시절이었습니다. 그러나… 책 1권의 무게가 점점 힘에 부치기 시작하는군요. 거기에 사상전집이라든가 큰 사전, 과학 잡지 합본집이나 해방 20년사, 리더스 다이제스트 등의 두툼한 4×6배판 단행본이나 전집 등등은 크기와 무게뿐만 아니라 이젠 그 내용이나 줄거리 등을 따라가기도 부담되는군요. 그러다 보니 얼마 전까지 저에게 당연히 복종하고 순진한 태도로 절 쳐다보던 책들이었는데 어느 순간부터 정색(正色)을 하고는 크기로, 무게로, 파손과 변색으로, 담고 있는 의미로 저에게 적의(敵意)를 드러내며 앞으로는 저를 거부하겠다는 말을 하는 듯한 인상을 받았습니다. 여태 저와 다정한 이야기를 주고받았지만 이젠 그만 저에게서 떠나고픈. 사실은 저에게 체포되어 꼼짝 못하고 갇혀있었다는 듯. 아마 나이가 들면서 사람들은 그렇게 책과 이별하는 것 같군요. 정신과 육체의 부담은 나이 들면 급격히 견뎌낼 수 없어지는 건 아닌지. 뭐라고요? 자식들이 있다고요? 후후! 재미있고 싱싱한 활력이 넘쳐나는 세상에 아버지의 그런 낡은 고물 같은 짐을 대신 질 턱이 없지요. 풀풀 넘쳐나는 고리타분한 냄새에 코를 막고 도망갈 게 틀림없습니다. 전에

자주 이사를 다니며 수백 권의 책들을 버릴 때 마지막을 지켜본다는 생각 때문이었는지 한번 고물상까지 따라가 봤는데 온갖 쓰레기들과 함께 버려진 제 책들이 중장비인 〈페이로더(payloader)〉 밑에서 폭격을 맞은 잔해처럼 온통 너덜너덜 바람에 펄럭이더군요. 제 눈에는 마치 책이, 아니 인간의 역사가 익사 직전에서 구원의 손길을 바라고 흔드는 것처럼, 어제까지 저의 총애를 받으며 호강하다 갑자기 배반당해 팔려가는 강아지처럼…. 그렇게 각각의 존재들은 시간 속으로 사라져갑니다. 낡은 유전자처럼 모서리가 너덜너덜 닳아 수명을 다해가는 책들! 아니 옷이나 비디오 등 제 손길이 자주 갔던 모든 것들도 퇴직 후 어느 시점에서 조금씩 회색 풍경을 남겨두고 쓸쓸히 퇴장하겠군요. 아쉽지만 그게 받아들여야 할 숙명이고, 인생이라면…. 멸망의 선순환(善循環)으로 받아들이겠습니다. 아마도 이 어쭙잖은 글을 마칠 때쯤 되면 더욱 많은 책들과 이별해야 하리라는 생각도 해봤습니다. 마지막 몸부림처럼 몇몇 생각해둔 것들을 위한 책들만 빼고. 책장이 휑해지기 전에 책장 자체마저도.

> 덧붙이는 글

　퇴직하고도 만 8년이 지난 아직까지도 2천여 권의 책들을 계속 가지고 있습니다. 이별의 순간을 자꾸 지연시키며. 이사를 많이 다녀 잘 아는 전담 이삿짐센터(?) 사장님이 제발 버리라고 야단을 쳤지만 칠순을 넘기고 보니 이젠 정말로 이별을 받아들여야겠습니다. 몇몇 책들은 집 앞길에 두면 어느 집에서 대접을 받고 여생을 보내겠지만 나머지 대부분은 고물상 바닥에서 온통 바람에 휘날리며 비명을 지르던 책들처럼. 아니, 벌써 삭아 부서지기도.

한글날 단상 ② - 한글! 세상의 문자

요즘 〈차칸남자〉란 말이 많이 떠돌더군요. 무슨 방송드라마 제목인 것 같던데 아마도 〈착한 남자〉의 〈의도적〉인 오기(誤氣)인 것 같습니다. '착한'을 모르는 사람은 없고, 쓰기 어려운 '칸' 자를 정확히 쓰는 걸 보면 일부러 그렇게 썼다라고 밖에는 달리 생각 들지 않는군요. 〈나쁜 남자〉에 대한 풍자의 의미와 함께 이중의 반어법(反語法)이 담긴 제목이 아닐까 합니다.

일상에서 벌어지는 시답잖은 일이나 텔레비전 드라마들엔 아예 관심 자체도 없어 알아보려고 하지 않았지만 아이들이 조잘조잘 하는 이야기로는 주인공이 기억상실(?) 상태에서 쓴 글이라던데 그럴 경우 모순을 의심하지 않을 수 없습니다. 왜냐하면 '차칸'이라고 격음(거센소리)으로 발음했을 때는 '착한'이란 말의 기의성(記意性)을 잘 이해하고 있다는 전제 하에서 쓸 수 있는 말이고, 그걸 알면서도 연음(連音)시켜 썼다는 건 일부러 거센소리로 바꾼 후 연음을 한 것 같아 내용의 진실성보다는 시청자의 눈길을 끌기 위한 작가의 의도적인 기교가 그야말로 거세게(?) 다가오는 느낌입니다. 물론 꼭 그렇다는 건 아니지만 그냥 '차간'으로 썼다면 기교 쪽으로 생각하지 않았을 수도 있었을. 하긴 요즘 드라마가 진실성보다는 시청률에 목이 매여 잘 빠진 형식과 기교가 대세인 것 같다는 이야기가 떠도는 점으로 보면, 우리 삶의 모범을 보여주는 건 고사하고 우려의 비판을 받으면서도 계속 고집하는 건 좀 우려스럽긴 하군요.

그와 관련하여 연전에 〈말아톤〉이란 말도 많이 쓰였지요. 영화는 보지 않았지만 제가 마라톤을 하는 관계로 알게 된 내용이어선지 대강의 줄거리를 아는 편입니다.

　말아톤도 〈마라톤〉의 오기인 것 같습니다. 왜 그렇게 오기가 일어났는지는 모르지만 그 말이 가진 무기교성과 순수함이 사람들에게 흥미와 함께 호감을 주었던 것 같습니다. 어쩌면 순진무구한 주인공의 마라톤에 대한 진정성과 뚝뚝 끊어 단속(斷續)으로 말하는 순진함, 그래서 시청자에게 다가오는 아련한 울림까지 더해져서 오히려 더욱 거부감이 강했을 역연음(逆連音)임에도 불구하고 아무런 문제가 불거지지 않았습니다.

　하지만 자연스런 순연음인 〈차칸남자〉는 독자와 작가 사이에 그런 교감으로 다가오지 않습니다. 비록 작품 속 상황을 효과적으로 드러내는 표현이고, 그게 드라마를 관통하는 주제로 가장 적절하게 표현될 수 있는 개연(蓋然)에도 불구하고 사람들에게는 작가와 방송의 교묘한 상업성이 결합해 만들어낸 의도적인 비틀기 냄새가 무척 강하게 작용하여 편안한 마음으로 받아들여지지 않는 것 같군요. 창작의 자유라는 크나큰 원칙에도 불구하고 오히려 〈국어기본법(國語基本法)〉과 〈한글맞춤법〉을 무시한 한글파괴의 의미로 고착되지 않느냐란 느낌을 지울 수 없습니다. 말이란 사회적 약속임과 동시에 사회 구성원 전체가 받아들일 수 있는 한계 안에서 존재 가치가 매겨지는데 이 경우는 그 임계치(臨界值)를 벗어나고, 오히려 위협하는 느낌마저 준다고 할 수 있는 것 같기도. 러시아나 프랑스는 자국어에 대한 자존심과 사랑이 끔찍할 정도라고 하던데 우리는 반대로 인류 최고의 말과 글을 희롱의 대상으로까지 만들어버리는군요. 차칸 남자는 (엄밀히는 말아톤까지 포함해서) 표현의 자유라는 권리를 빙자하여 그 스스로의 터전인 한글을 파괴하는 〈존속살인(尊屬殺人)〉의 모순으로 다가온다고 할 수 있을 정도인 것 같습니다. 한글 단체들이 우리말을 파괴하는 표현이라 비판하며 KBS에 항의하며 시정을 촉구한다는 말도 들려오는군요.

 하지만 요즘 무성하게 들려오는 이상한 말들은 의도적인 왜곡을 넘어 희화화(戱化化)까지 하는 점에서 더욱 불편함이 앞서는군요. 〈멋있다〉가 〈머쉬땅〉, 〈머쉰닝?〉으로. 어쩌면 일본 분위기로, 그리고 소녀 특유의 감각적 발음으로 현대인의 심리에 매끈하게 다가와서 그런 걸까요? 절음(絶音)은 배척되고 무조건적인 〈연음〉과 〈경음〉, 그리고 〈첨가〉에서 편리라는 이기(利己)만이 최고선처럼 난무하는 듯함을 느끼는 건 저뿐인가요? 〈했슴돠〉! 도대체 〈ㅏ〉가 첨가될 이유가 있는지. 하긴 슬쩍 높임말의 이미지를 입히는 심리적 굴절(屈折)을 어말(語末)에 대입한 것 같습니다만. 머쉬땅, 머쉰닝…. 그런 것들로 개체가 변이를 일으키고, 나아가 '찰스 다윈(Charles Darwin)'의 진화와 발전이 언어에서도 발현되고 있다고 말할 수 있겠지만 대한민국이라는 국가 자체가 이상한 언어 위에 성기게 구성되는 건 아닐까 염려스럽기도 합니다. 하긴 진화(進化)는 그 어떤 경우라도, 설혹 멸망이 다가오더라도 자연의 법칙처럼 존중되어야겠지만. 그렇더라도 과연 〈소돔과 고모라(Sodom And Gomorrah)〉의 심판 같은 것들도 그런 변이의 결과로 봐야하는지.
 〈글자는 그림 같고 말은 노래 같다〉는 말이 있던데 언어라는 기호에서 확실히 자연스런 조형미의 응집(凝集-그림)과 운율의 리듬에 따른 귀납(歸納-노래)이 개입되는 느낌이 드는 걸 보면 언어의 다양한 의미들을 잘 드러내고 있는 말이라고 생각됩니다만, 그렇다고 언어의 무분별한 의도적 변조를 무조건 긍정으로만 받아들이는 것도 좀 불편함이 앞서는 건 어쩔 수 없군요. 이중으로 어울림의 성찰이 담겨있다는 걸 생각한다면 더욱. 하긴 제 생각은 도도한 흐름에서 볼 땐 개인의, 아니 한때의 자그마한 반동이라 할 수 있지만 말입니다.

우리나라는 저번에도 말씀드렸듯 이집트, 중국, 그리스 등과 함께 세계에서도 몇 안되는 오랜 역사를 자랑하는 나라입니다. 작은 땅과 이민족의 침략, 그리고 내부의 많은 충돌과 고비 등을 겪어오면서도 멸망하지 않고 단일민족이란 거대한 흐름을 이어온 걸 생각하면 참 장하다는 생각입니다. 더욱 그런 국난 속에서도 세계적인 뛰어난 문화와 사상을 발전시켜 온 것은 거의 유례가 없는-, 오늘날에도 자존심을 한껏 고양시켜주는 자랑스런 우리 조국입니다. 이게 말로서는 쉬운 것 같지만 한때 세상을 호령하던 아시아(Asia)의 중심에서부터 끊임없는 위협과 침략을 받아온 걸 생각한다면 더욱. 당나라, 거란, 몽골, 청나라, 일본, 그리고 근대 서양 열강들의 침략과 할거(割據)는 우리를 거의 질식할 정도까지 몰아갔지만, 그러나 끈질긴 우리의 생명력은 끝내 나라를 지켜내고, 오늘날 근대화의 기적이란 소리를 들으며 화려하게 되살아났지요. 그러나 우리나라가 근대 열강의 침략으로 어려움을 겪으며 세계에 약하고 못사는 나라로 비쳐온 걸 생각하면 그 역사의 화려함은 아직 제대로 알려지지 않은 편입니다. 역사의 장대함과 뛰어난 문화와 질긴 국민성 등은 아직도 제대로 알려지지 않았지요. 그저 산업의 발전에 따른 신흥강국의 이미지로만 굳어져온 건 아닌지.

우리나라는 세상에 자랑할 만한 것들이 많습니다. 동방의 한 귀퉁이에 있는 나라지만 그 문화의 질과 깊이는 단연 세계 속에 우뚝 솟은 거인의 모습이 틀림없습니다. 그러나 아프리카 어느 작은 나라가 우리처럼 역사와 문화의 폭이 높고 깊다고 하더라도 세상 누구도 관심 없는 것처럼 우리나라의 역사와 문화에 아직도 관심이 적은 형편이지요. 그동안의 경제발전에 의해 어느 정도 알려졌지만, 그마저도 인터넷이나 휴대폰, TV와 조선(造船) 등등 IT와 전자, 과학 계통의 수준에 머물 뿐 대체적으로 거의 피상적 인식에서 벗어나지 않습니다.

근래 우리 역사와 문화가 조금씩 알려지며 세계인의 관심을 받기 시작하고 있는 것 같습니다. 한복의 아름다운 곡선과 조화, 한옥의 조형미와 과학적인 구조 등이 새롭게 해석되고 있으며, 한식(韓食)의 맛과 아름다움, 그리고 뛰어난 영양학적 분석까지 바야흐로 세계화의 첨병 역할을 하고 있는 것 같습니다. 그중에서도….

저번 주 화요일인 10월 9일이 566돌 한글날이었군요. 지나버렸지만 그때 우리 '한글'에 대해 써보고 싶었는데 결국 독서와 '낱말찾기'라는 주제에서 끝나버려 조금 아쉬웠습니다.

한글날은 일제 시대 〈한글학회〉의 전신인 〈조선어연구회(朝鮮語研究會)〉가 주축이 되어 기념일로 만들 때 음력 9월 29일에 '가갸날'이라 부르며 시작되었다고 합니다. 곧이어 주시경(周時經)선생의 의견에 따라 오늘날의 '한글날'이란 이름으로 바뀌었고. 그리고 날짜도 율리우스력(Julian 曆)으로 바뀌면서 10월 29일로 변경했다가, 또다시 그레고리력(Gregory曆)으로 환산하여 10월 28일로 정했습니다. 오늘날의 10월 9일은 「훈민정음 해례본(解例本)」이 발견되면서 9월 상순에 훈민정음을 펴낸다는 내용에 따라 해방 이후부터 기념일 및 공휴일로 삼았다는군요.

한글은 세상 그 어느 문자보다, 아니 그 모든 문자를 다 합쳐도 따라올 수 없을 정도로 독야(獨也)하고 고아(古雅)한 글자입니다. 우선 간단히 시각적으로 보더라도 붓으로 쓴 글이나 디자인을 살린 글, 또는 인쇄글을 막론하고 자음과 모음이 아기자기하게 어울리는 모습은 다른 나라 글자들이 감히 따라올 수 없는 최상의 미학적 〈조형미(造形美)〉로 다가옵니다. 앞서 언급했듯 〈글자는 그림 같고 말은 노래 같다〉라는 말처럼 한글은 문자가 아니라 회화(繪畫)라고 생각될 때가 많더군요. 언젠가 패션쇼에서 모델들이 한글로 디자인한 한복을 입은 모습을 본 적이 있는데 디자인으로서의 가치가 보통 아니었습니다. 화려하기가 마치 궁중의 왕비처럼 고고하게 빛났고, 아름답기는 현대 어느 디자이너가 따라 할 수 없을 정도로 독창적이었습니다. 문자가 그렇게 언어를 뛰어넘어 조형의 가치까지 드러낼 수 있다는 것은 〈한국 美〉의 심오함이 깊다는 말입니다. 영어처럼 오직 가로로만 펼쳐서는 그런 다양한 디자인이 나올 수 없지요.

한글은 비록 나라의 힘이 없어 세상으로 뻗어나가지 못했지만 글자 자체만으로는 세상을 정복하고도 남을 정도라고 생각합니다. 오늘날 영어가 그쪽 사람들의 기계문명을 앞세워 세상을 지배하고 있지만, 음소를 성형시키는 방식은 한글에 비해 무척 뒤떨어진 글자입니다. ABCD 식으로 파자(破字)시켜 가로로 나열하는 방식은 읽기의 속도나 기술(記述)의 조화에서 우리 한글을 따라올 수 없습니다. 나열에서는 조화(調和), 조음(調音)이란 음성학적인 차원이 제대로 일어날 수 없습니다. 자음과 모음이 어울려 하나의 글자로 독립시키고, 그리고 그런 개개들을 조합하여 낱말을 만들면 조음과 조화를 구성하여 형이상학적으로 의미를 완성하게 되지요. 다른 나라 글에서는 그런 입체적인 구조를 발견할 수 없습니다. 제 생각을 말한다면 악화(惡貨-英語. 기타)가 양화(良貨-한글)를 구축(構築)한다는 〈그래샴(Gresham)의 법칙〉이 역사에서 재현된 가장 안타까운 예라고 할 수 있지요.

영어도 한글처럼 소리를 기호로 나타내는 글자지만 단순한 〈소리의 나열〉로 연결되었을 뿐입니다. 그에 비해 한글은 훈민정음 창제 원리에도 나타나 있듯 〈소리의 원리〉를 정확히 파악해 만들었기 때문에 〈조음(調音)〉에서부터 격이 달라집니다. 혀의 위치나 입술 모양, 인간이 소리를 낼 때 어떤 기관이 막히고 열리는 것까지 모두 분석하여 만들었지요.

한글 자음은 조음의 위치를 정확하게 파악하여 아(牙-어금니), 설(舌-혀), 순(脣-입술), 치(齒-이), 후(喉-목구멍)로 나누고 그 원리로 글자를 만들었다고 알고 있습니다. 〈ㄱ〉은 기역으로 발음할 때 목구멍을 막는 혀뿌리의 모습을 본떠 만든 글자이며, 〈ㄴ〉은 반대로 입천장으로 구부러지는 혀의 모습을 본 뜬 소리입니다. 소리가 만들어지는 위치나 방법이 정확했기 때문에, 처음 듣는 단어라 할지라도 어떤 소린지 알기 쉽고, 바로 한글로 옮겨 적을 수 있습니다. 현대의 정밀한 조음 원리가 그대로 적용된 과학성이 놀라울 따름입니다.

또한 한글은 중국어나 일본어와 같은 음절 문자가 아니라 음소(音素) 문자로 되어있다는 점도 표기의 의미에서 뛰어납니다. 물론 영어와도 달리 초, 중, 종성의 음소를 모아쓰는 한글의 표기 체계는 세상의 그 어떤 소리도 문자로 만들어 낼 수 있다고 하더군요. 동물의 소리는 물론 화성에 우주선이 착륙하며 내는 소리, 원시인의 기침 소리에서부터 하느님이 사람을 만들 때 내뱉는 한숨 소리까지 나타내지 못하는 소리가 없다고 합니다. 영어나 일본어는 약 300개, 중국어는 400개 정도 소리를 나타낼 수 있다고 하는데 한글은 적어도 1만 개 이상을 표현할 수 있다고 알고 있습니다. 아니, 훈민정음의 창제 원리에 따르면 약 400억 개의 문자를 만들 수 있다고 누가 말하던데 의심스럽지만 적어도 많은 수의 소리를 나타낼 수 있다는 의미로 쓴 말임은 분명하겠군요. 지구상에서 한글로 만들 수 있는 문자의 총수가 몇 개인지는 하느님만 알 수 있다고 하겠습니다.

이 경우 문자가 없는 나라나 지역 주민들이 우리 한글을 가져가 그들의 문자로 표현할 수 있습니다. 인도네시아의 소수민족인 〈찌아찌아〉족이 그들의 말을 표기할 글자로 우리 한글을 채택했다는 소식은 이미 다 알고 있는 사실이지요. 비록 근래 서로 다른 문화와 행정적인 문제들로 한글 교사와 관계자 등이 철수한다는 우울한 소식도 들려오지만. 그래도 그곳에서는 아직도 한글을 배우려는 사람들의 관심이 대단하다고 합니다. 근래 한류라는 일견 대중문화의 확산으로 세계에서 우리나라를 동경하고 직접 접하기 위해 한글을 배우려는 사람들이 덩달아 많이 늘어나고 있다고 하더군요. 한글이 세상에 널리 전파된다면 아마 우리나라 역사상 최상의 자부심으로 매김될 수 있을 겁니다. 그런데 영악(靈惡)한 위정자들은 우선 당장 성과가 나지 않는 일에는 관심이 없는 것 같습니다. 자신들의 이익을 앞세우기도 바쁜데 그런 한가한(?) 일에 매달릴 리 없겠지요. 그게 사실은 일류국가의 위상을 알리는 무척 중요한 일인데도.

그런 면으로도 한글은 장점이 무척 많다고 생각합니다. 무엇보다 쉽게 깨우칠 수 있습니다. 예(例)가 정확한지 애매하긴 하지만 알파벳의 경우 똑같은 글자지만 어떤 때는 〈ㅔ〉로, 어떤 때는 〈ㅣ〉로 발음되는 유명한 예가 있습니다. 물론 원어 발음으로서보다는 우리가 들었을 때를 가정하고 하는 말이지만. 가령 알파벳 〈E〉의 경우 〈error〉라는 단어에서는 〈에〉로 발음되지만 〈english〉라는 단어에서는 〈이〉로 발음되기도 합니다. 〈SC〉도 뒤 자모 탓이겠지만 〈science〉에서는 〈사〉로, 〈school〉에서는 〈스〉로 발음되는군요. 그렇지요. 한때 미국에 유명한 여배우가 있었는데 이름이 'Kim Basinger'입니다. 보통 〈킴 베신저〉로 알려졌는데 요즘은 〈킴 베이싱어〉로 굳어진 것 같더군요. 그러니까 문득 생각나는 단어가 있는데, 미국 GM사의 자동차에 〈Chevrolet〉란 차종(車種)인지 로고(logo)인지가 있습니다. 예전에는 〈시보레〉로 불렸는데 요즘 한국에서는 〈쉐보레〉로 부르더군요. 저는 지금도 혼란스럽지만 얼마 전까지 〈체브로레트〉란 제법 멋진(?) 발음으로 읽었습니다. 시보레와는 전혀 관계없는 차로서 따로 있는 걸로 알았는데 그게 바로 〈시보레〉임을 알고는 기가 막혔습니다. 어떻게 그렇게 발음되는지 신기하기도 했지만 도무지 요령부득이어서 난감해하던 기억이 선연합니다. 영어가 서툴다보니 제가 이렇게 세련되고 샤프(sharp)하지 못해 스스로도 참 답답할 때가 많습니다.

하긴 외국사람도 우리나라 말의 발음이 어렵기는 마찬가집니다. 예를 들면 〈ㅐ〉와 〈ㅔ〉같은 경우 우리나라 사람도 정확히 발음하는 사람들이 점점 줄어드는 형편이지요. 〈ㅐ〉는 〈ㅏ+ㅣ〉의 결합으로 입을 크게 벌려 둥글게 하여 혀 끝을 아랫입술 안쪽에 붙여 숨을 내쉬며 발음하고, 〈ㅔ〉는 〈ㅓ+ㅣ〉의 결합으로 입을 가로로 좀 더 타원으로 벌리고 같은 식으로 내쉬며 발음하여야 함에도 불구하고 요즘은 우리나라 사람들도 구별 없이 소리 내는 경향이 강하니까 외국 사람들이야 당연히. 한글 창제 당시의 엄격한 구강과 혀의 위치가 입말의 간편함을 추구하는 경향에 따라 두루뭉술하게 근사(近似)되었기 때문인 것 같군요. 영어의 〈eye〉나 〈style〉의 〈y〉 같은 경우는 반대로 우리가 알 수 없는 발음의 유실(流失)과정을 거쳐 현재 무조건 주어진 〈ai〉로 발음되어 〈y〉만 화석 같은 흔적으로 남은 것 같기도 합니다. (죄송합니다만 제가 언어 언저리도 전공하지 않아 알파벳 음소 사이의 발음 메커니즘을 눈치채지 못하는 아마추어적인 수준으로 유추한 것뿐이니까 이해해주시기 바랍니다).

아무튼 그런 수준으로라도 〈DMZ〉는 저희들이 철원 최전방 철책선에서 군대생활을 할 땐 당연히 〈디엠제트〉라고 해서 지금도 그렇게 발음하는데 요즘은 너나없이 〈디엠지〉로 발음해서 좀 혼란스럽기도 합니다. 뭐 고급스럽지 못하다는 자책, 아니 저도 몰래 함부로 시대가 훌쩍 건너뛴 것 같은 아쉬움 때문에 차라리 안타깝기도. 그런 점은 〈NEIS〉나 〈SEO〉 같은 경우도 〈ㅓ+ㅣ〉가 아닌 엉뚱한 〈ㅏ+ㅣ〉와 〈ㅣ〉로 발음되어 어떡해야 하나 꽤 주저스럽습니다. 저 자신도 〈엔진〉이니 〈세컨드〉 등에선 〈ㅔ〉로 쉽게 발음하면서도 말입니다. 근래엔 누가 뭐라 해도 나 편한 대로 하자 싶어 눈 딱 감고 〈네이스, 세오〉로 시대를 역행(逆行)한 발음을 하고 있습니다. 특히 젊은 여선생님들은 미소와 함께 뜨악한 눈으로 쳐다보던데 동갑인 남자 교감선생님은 빙긋 웃더군요. 우린 전부터 〈네이스〉로 종종 대화를 했거든요. 〈시오〉로 발음하는 사람들에겐 굉장히 이상하게 들리겠지만 〈세오〉로 발음하는 사람(?)에게선 오히려 〈시오〉가 그저 이상할 따름입니다. 그래선지 눈부심을 막기 위해 끼는 안경인 〈Ray-Ban〉을 저를 비롯한 예전 사람들은 〈레이벤〉이라고 하지 않고 〈라이방〉이라고 제법 폼을 잡고 발음했습니다. 마찬가지로 〈매머드-Mammoth〉란 말 대신에 〈맘모스〉로, 〈에너지-Energy〉가 아니라 〈에네르기〉로, 〈몽골-Mongolia〉 대신 〈몽고〉로, 〈스파르타쿠스-Spartacus〉 대신 〈스팔타카스〉, 〈세일렌-Seiren〉 대신 〈사이렌〉, 〈피터 팬-Peter Pan〉 대신 〈피타 판〉, 〈미다스-Midas〉 대신 〈마이다스〉로, 〈티탄-Titan〉 대신 거인이라는 뜻의 〈타이탄〉으로 우리들이 미적거리며 쓴 일기장엔 그렇게 기록되어 있습니다. 하지만 혀 짧은 일본식 발음의 그 말들도 세련된 현대식 영어에 형편없이 패배하고 사라져버린 발음이 되었군요. 저도 이젠 일본식 발음을 거의 버렸지만 역시 우리말 발음에 비하면 훨씬 뒤처진 느낌이 드는 건 어쩔 수 없군요. 그렇더라도 같은 알파벳이 때에 따라 다르게 발음되는 영어는 여전히 어려운 건 마찬가집니다. 미국에선 '마이클 잭슨-Michael Jackson'으로 발음하던데 독일에선 동화작가 '미하엘 엔데-Michael Ende'라고 부르기도 하더군요. 영미권과 유럽식 발음의 차이 같긴 한데, 뭐 그렇더라도 영어는 우리 한글에 비하면 한참 뒤처지지요. 근래 침략군 같은 서양문화의 득세 때문에 턱없이 고급으로 찬양받고 있지만.

하지만 한글에서는 하나의 음소 문자에 하나의 발음만 대입되는 규칙적인 문자이기 때문에, 기본 자음과 모음 24자만 익혀 둔다면 누구나 쉽게 배울 수 있습니다. 훈민정음에서도 〈어리석은 사람은 일주일, 똑똑한 사람은 하루 만에 깨우쳐 읽을 수 있다〉고 할 만큼 쉽게 배우고 쉽게 쓸 수 있는 문자가 바로 한글이라고 합니다. 아니 외국의 어느 언어학자는 대학을 나올 정도의 지적 수준이면 한 시간 안에 배울 수 있다고까지 추켜세웠지요. (괜히 제가 자랑스럽군요.)

한글은 제작(製作)이란 면에서 보더라도 유례없이 뛰어난 문자입니다. 다른 문자들은 대개 자연발생적으로 나타나서 발달해왔지만 한글은 창제자와 시기, 목적과 원리가 정해지고, 그에 따라 빈틈없는 공정(工程)을 거쳐 만들어진 세계 유일의 〈발명품〉입니다. 많은 시간이 지났지만 시대에 따른 몇 가지 음소의 소멸과 낱말의 가감, 언어의 기호성(記號性)과 역사성에 따른 맞춤법 변이 등 일부분에서 달라졌을 뿐 근본정신과 내용은 처음 그대로입니다. 특히 자기 나라 문자를 〈기념〉하는 지구상 유일한 나라입니다. 어떤 나라도 자기들이 사용하는 문자를 국가적인 기념일로 정해 되돌아보지 않습니다. 그야말로 형이상학적인 문화의 선진국이 아닐 수 없습니다. 그렇게 인위적으로 만들어진 우수 제품이니까 당연히 국민 전체가 국어로 사용하고 있으며, 찌아찌아족처럼 세상의 모든 사람들도 얼마든지 구매해서 사용할 수 있습니다. 자기 나라의 말을 그대로 한글로 적어 편히 사용할 수 있는. 한글은 인간이 만든 모든 문자 중에서도 가장 쉽게, 며칠 만에 깨우칠 수 있는 완벽한 글자입니다. 아마 우주가 통합된다 하더라도 한글은 〈표준 우주문자〉로 채택되어 문어를 닮은 화성인(?)처럼 괴상하게 생긴 우주인들도 마음대로 읽을 수 있을 정도지요.

한글은 소리와 문자가 서로 체계적인 연계를 지닌 최첨단 문자로서 우리 문화의 가장 위대한 성취이자 기념비적 사건입니다. 훈민정음에서 보여준 인본주의 정신과 교육에 대한 보편적인 믿음은 지금에서도 유례를 찾기 어려운 문화의 정수(精髓)가 아닐 수 없습니다. 미국의 한 언어학과 교수는 10월 9일이 되면 학생들과 함께 남의 나라 글자인 한글의 창제를 기념하는 파티를 연다고 하는데 과연 우리는 오히려 한글을 홀대하는 건 아닌지.

하지만 그렇더라도 말은 살아있는 유기체라고 할 수 있습니다. 사람이 존재하며 시간에 따라 다양하게 변하듯 그 수단으로서의 말도 생명을 가지고 자꾸 달라지지요. 지역이나 시간이라는 좌표에서 존재할 수밖에 없는 말의 숙명은 그래서 변화이며, 모든 것을 태우고 쉴 새 없이 종착역이 아닌, 오직 간이역(簡易驛)으로만 안내할 뿐입니다. 오늘날 제각각 다른 사투리의 모습은 그런 변화의 간이역을 서성이던 한때의 살아있는 화석이라고 할 수 있을 겁니다.

마찬가지로 한글도 자꾸 변하고 있습니다. 세상의 모든 소리와 말을 다 드러낼 수 있는 한글은 유독 말의 변화에 민감합니다. 국어로서의 한글 정서법(正書法)은 짧은 시간에도 불구하고 초기의 모습이 많이 남아있지 않다고 할 수 있을 정도입니다. 기본 골격만 갖춘 채 국적불명의 외연(外延)들로 치장한 국어는 어쩌면 우리들 난삽(難澁)한 의식의 모습이라고 할 수 있을.

1933년 한글날에 공표된 한글맞춤법은 그 뒤 여러 번 변화의 과정을 겪었습니다. 처음엔 이름 자체가 〈마춤법〉으로, 〈명사〉를 〈이름씨〉 등으로 한 명칭의 변화가 있었으며, 〈두음법칙〉의 사용과, 엉뚱한 〈사이시옷〉 문제 등 지금은 아무렇지도 않은 올바른 듯한 문법이 처음 개정될 때는 사람들에게 언어 체계가 무너지는 듯한 굉장한 당혹감으로 다가왔습니다.

하지만 이 없으면 잇몸이 대신하듯, 한글도 새로운 규칙을 보완하는 논리체계가 세워지고, 무엇보다 사람들에게 익숙해졌지요. 저는 아직도 그 때의 맞춤법이 발음과 조음의 조화에서 가장 완벽하다고 생각하고 있으며 그 아름다움에 향수를 가지고 있습니다.

그러나…. 언어는 대중의 기호 아래서 얌전히 굴종할 수밖에 없습니다. 1988년 4차 수정은 그런 의미로 저에게는 큰 당혹이었습니다. 그때까지 제 마음에 심어졌던 기호(記號)와 대상의 상이(相異)에 정신의 기반이 깨어지는 듯한 느낌이 들 정도였지요. 과연 이렇게 함부로 달라져도 되는지 하는 회의로 오히려 분명한 한글의 후퇴(?)에 안타까운 마음을 가지기도 했습니다. 예를 들면 가장 아름다운 한글의 한 표상이랄 수 있었던 홀소리어울림(모음조화-母音調和)의 깨어짐은 지금도 가장 아쉬운 부분입니다. 〈가까와, 아름다와〉등의 양성모음인 〈ㅘ〉가 음성모음인 〈ㅝ〉로 바뀌어 〈가까+워, 아름다+워〉로 자격변동을 함으로써 명암이 뒤섞인 튀기(hybrid)글이 졸지에 표준말 행세를 하게 되었지요. 또 편리를 내세운 막무가내 연음(連音)의 유행은 지금도 씁쓸한 느낌을 가지고 있습니다. 같은 어휘 안에서 받침 〈ㅅ〉은 대표음 〈ㄷ〉으로 온전히 살아서 절음(切音)되어 〈맛ⅴ있는→맏ⅴ있는→마딘는, 멋ⅴ있는→먼ⅴ있는→머딘는〉으로 연음(連音)해야 하지요. 그런데 요즘은 처음부터 막무가내로 연음시켜 〈맛있는→마있는, 멋있는→머있는〉으로 발음하는 잘못을 그냥 두어버렸습니다. 그건 우리 구강과 혀가 쉽게 연동되기 때문에 그렇다 하더라도 기가 막히게 〈맛없는〉은 같은 식으로 연음하여 〈마섭는〉으로 하지 않고 반대로 〈없다〉라는 의미축을 살리려고 대표음 〈맏ⅴ업는〉으로 착하게(?) 살린 후 연음하여 〈마덥는〉으로 발음하는 등 중구난방이어서 도대체 이런 부조리를 어떻게 참아내야 하는지 머리가 아플 지경입니다. 하긴 아직도 절음하여 발음하는 사람들이 가끔 있더군요. 저번 어느 TV 우리말 안내, 그리고 또 다른 TV 맛집 안내 프로에서 여성 아나운서들이 〈마시서〉로 발음하던데 정작 주름 많은 할머니는 오히려 〈마디서〉로 말해 순간 감전된 듯 짜릿해지더군요. 저도 몰래 일어나서 우와 소리쳤습니다. 할머니에게 존경과 사랑을 듬뿍….

그러나 대중의 끝없는 편리를 향한 관성은 그런 법칙 따위는 아무 필요도 없다는 듯 가볍게 밀어내고 〈맛없는〉도 곧 〈마섭는〉으로 바꿔버릴 겁니다. 그러고 보니 〈마섭는〉도 그렇게 몇 번 되풀이 소리 내보니 〈맛〉이라는 어근(語根)의 의미가 희미해지려는데 따른 저항은 남아있지만 그렇다고 꼭 어려운 것만은 아니군요. 부모의 죽음에 그리 슬피 울어도 곧 받아들이고 잦아들 듯 마지막까지 굳게 지켜져야 할 글이 진중함과 예의 없는 대중들이 함부로 쏟아내는 입말의 간편함에 속절없이 무너지는 것도 다 그런 삶의 보편성에 대한 한 증표인 것 같아 씁쓸한 마음이 들기도. 더하여 복잡하게 허용한 이중 표준어 인정이나 당최 이해하기 어려운 사이시옷, 띄어쓰기 등까지 더해 우리 한글이 야금야금 허물어지는 듯한 우려도. 그러나 관습(慣習)과 항상성(恒常性)은 무섭게도 어느새 그 문법을 당연하게 만들고 〈말았습니다〉. 오! 세상에 〈-습니다〉라니! 그렇게 거부감으로 고개를 절레절레 저었지만 이젠 〈했읍니다〉, 〈없읍니다〉처럼 〈-읍니다〉가 벌써 낯설어질 정도가 되어버렸군요. 그래서 방금 제 책장에서 아무 책이나(?) 꺼내 주욱 소리 내어 읽어보니(月刊 讀書生活-75년 12월 창간호 별책부록으로 나온 現代世界短篇文學選 속 '헤밍웨이'의 낡은 문고판 단편집 속 『살인자』란 소설) 다음과 같이 되어있더군요.

- 지금 말씀드린 음료밖에는 <u>없읍니다</u>.
- 뭐 잘못된 일이 있<u>읍니까</u>?

새삼 집중하여 읽어보려고 했는데 꽤 힘드는군요. 뭐 자유당 시절 정치 깡패 이정재(李丁載)가 조리돌림을 당하는 유명한 장면의 플래카드에도 〈나는 깡패입니다. 국민의 심판을 **받겠읍니다**〉라고 쓰여있으며, 엊그제처럼 익숙한 '이문열(李文列)'의 소설들에서도 보이는 걸 보면서 구강(口腔)에 연동(聯動)되는 면으로는 아무래도 〈습니다〉가 훨씬 어울리는 것 같습니다. 단발령(斷髮令)에 곧 죽을 것처럼 저항했지만 순식간에 단정한 짧은 머리에 모두 적응했듯. 이 간사한 인간의 약삭빠름은!

하지만 기존의 이런 문법 위주의 변화도 요즘 인터넷을 중심으로 젊은 층에 퍼져나가는 줄임말(솔까말-솔직히 까놓고 말하면)이나 변용어(變容語-법신(병신), 또는 기호(^^)나 이모티콘(ミ①˘①ミ-냐옹) 등등 마치 외계언어처럼 알 수 없는 언어로 변화해나가는 모습에 비하면 미미하다고 할 수 있을 정도입니다. 아마 키보드를 이용해 글을 쓰는 경우가 많아지면서 그만큼 스피디한 장면들에 어울리는 나름의 기준이 필요하기 시작했다고 할 수 있겠고, 같은 언어를 사용하는 한정된 공간의 사람들끼리 특유의 유대감 형성 등도 작용했을 겁니다. 연전에 '귀여니'란 젊은 학생의 인터넷 소설 「그놈은 맛있었다」가 이모티콘(Emoticon) 같은 기호를 언어로 사용하면서 유행하기도 했다지요? 읽어볼 생각 자체도 없습니다만. 그들은 기성과는 완전히 다른 환경을 살고 있고, 사고와 행동의 양식들도 기성의 거미줄처럼 얽혀있지 않고 다분히 선으로 연결된 인터넷 세상처럼 일직선으로 진화(?)될 수밖에 없을 겁니다. (길어지는군요. 다음 주에 계속하겠습니다)

제(31)주 학습지도 계획안

(2012년 10월 22일 ~ 10월 26일)   4학년 2반

한글날 단상 ③ - 고독을 잃어버린 시간

- 다음 주는 학부모 상담주간입니다. 23일에는 평소 시간을 낼 수 없어 상담을 할 수 없었던 학부모님들을 위한 야간 특강과 상담이 실시됩니다. 평소 궁금했던 점들에 대해 대화를 나누었으면 합니다.
- 〈교원평가 학부모 만족도 조사〉가 실시되고 있습니다. 현재 참여도가 미흡한 상태입니다. 10월 24일(수요일)까지니까 꼭 참여 부탁드립니다.
- 21년 요즘처럼 모든 게 명확한 시대에도 KBS의 뉴스자막에서 '그러지마라'를 '그르지마라'란 자막으로 나오더군요. 그 외 민방에서도 비슷한 경우가 자주. 물론 완벽이란 허상에 빠져있는 저의 어쭙잖은 시비에 틀림없는.

〈한글날〉을 맞아 저번 주에 이어서 계속 이야기해보겠습니다.

따지고 보면 예전에도 〈아더메치유〉나 〈옥떨메〉, 〈아나바다〉 등의 줄임말이 쓰였고, 〈SKY-서울대·고려대·연세대〉 등은 지금도 자주 사용되고 있습니다. 어쩌면 그 많은 외래어들도 다 그런 범주로 볼 수 있을. 아마도 신세대들의 조어 방식이 특이하고 의미 확장이 일반적인 유추(類推)의 차원을 넘어서는 단어들을 마구잡이로 만든다는 점에서, 그리고 사전에서도 찾을 수 없고 가만히 생각해서는 그 뜻을 도저히 알 수 없는 경우가 많아 〈옥떨메〉류의 순진한 기성(既成)에게는 언어가 파괴되는 수준으로까

지 나아가 걱정을 하는 것 같습니다.

하지만 근래 스마트폰의 폭발적인 확산으로 신세대들은 기존의 얌전한(?) 줄임말이나 변용어(變用語), 기호나 이모티콘(Emoticon) 등의 수준에서 외계인의 언어처럼 전혀 의사소통이 불가능한 상태까지 가지 않았나 생각됩니다. 카카오톡이나 트위터, 페이스북 등의 메신저가 새로운 대화 수단으로 등장하면서 그 틀에 맞는 새로운 말과 축약, 은어, 그리고 비속어 등이 난장판처럼 뒤섞여 그야말로 언어의 아비규환처럼 느껴질 정도지요.

몇 가지 예를 들어보겠습니다. 한번 맞춰보시지요.

- 행쇼, 현질, 밀당, 버정, 흠좀무, 쩌리, 눈화, 닥본사, 안쓰, 젭라, 후 새드, 근자감....

저로선 도저히 알 수 없는 말들이었습니다. 굉장히 고급스럽게(?) 유추해봤지만 알 수 없어 결국 인터넷 검색으로 조사해봤습니다. 흐흥! 알고 보니 〈행쇼〉는 '행복하십쇼'를 줄인 말이더군요. 〈눈화〉는 '누나', 〈닥본사〉는 '닥치고 본방 사수'(? 그래도 처음엔 무슨 뜻인지 몰랐던.), '안구에 쓰나미', '제발', '슬프다', '근거 없는 자신감'…. 다른 것들도 다 비슷비슷했습니다. 〈밀당〉은 밀고 당기기로 어렵잖게 이해됐지만 〈현질〉, 〈버정〉, 〈흠좀무〉, 〈쩌리〉는 알아보려고 한참을 노려봤지만(?) 끝내 알 수 없어 제 머리 속에서 영원히 유배 보낼 생각으로 인터넷으로도 알아보지 않았습니다. 아마 그런 바보 같은 엉터리 말을 고급스럽게 생각해서 그런가 싶어 오히려 제가 비참할 정도였습니다. 아니, 〈개밥에 도토리〉가 바로 저였습니다. 대개 단어를 아주 줄이거나 몇 가지 단어들을 거칠게 조합해 만드는 경우들…, 겨우 그런 정도의 장난말을 만들어내 자기들끼리 유통시키는 청소년들 세계가 참으로 유치해서 불쌍할 정도….

하지만 아이들은 제 동정과 비난을 잽노(잽싸게 거절-방금 제가 만들어봤는데 '잽라'에 대응하여 오히려 더 괜찮은 것 같은데요?)하며 무척 고급스런 외계언어도 멋지게 사용하더군요.

자, 다음 글은 무슨 뜻일까요?

- 모든게 숲으로 돌아갔다. 문안한 권색낭방을 입은 그에는 김에김씨. 사생할치매에 대한 사소한오예로 임신공격을 했다. 명에회손으로 고소하고싶다.
- 애숭모는 실래를무르쓰고 "어떠케 괴자번호를 알려줘? 어의업고 회개망칙한 예기하지마"라고 말했다.
- 그얘는 "어르봉카드 줄께. 다신 내눈에 뛰지마. 그게 네한개다. 권투를빈다"고답 했다.

그야말로 어느 나라 말인지 요령부득이군요. 분명 한글이고, 몇 개 익숙한 낱말들이 있지만 도대체 어떤 뜻으로 사용되는지 알 수 없기는 마찬가집니다. 띄어쓰기는 아예 문전박대 수준이군요. 그런데 두어 번 가만히 읽어보니 그야말로 유치원 아이 수준!

- 모든 게 수포로 돌아갔다. 무난한 곤색 남방을 입은 그 애는 김해김씨. 사생활 침해에 대한 사소한 오해로 인신공격을 했다. 명예훼손으로 고소하고 싶다.
- 외숙모는 실례를 무릅쓰고 "어떻게 계좌번호를 알려줘? 어이없고 해괴망측한 얘기 하지마"라고 말했다.

- 그 애는 "의료보험카드 줄께. 다시는 내 눈에 띄지 마. 그게 네 한계다. 건투를 빈다"고 답했다.

요즘은 글을 보고 그 사람이 대강 어떤 배경의 사람인가 하는 유추(類推)가 불가능해졌습니다. 예전 같으면 이런 글을 쓰는 사람은 겨우 초등학교나 중학교 쯤 졸업한 아직 어린 학생이라고 거의 확신할 수 있었지만 근래 들어 사람들은 대학졸업자나 심지어 회사원도 이렇게 글을 쓰기 때문에 속단할 수 없습니다. 단어 몇 개를 보니 아마도 사회인은 분명한데도 문장을 조악하게 연결하거나 극단적인 축약, 또는 함부로 붙여쓰기를 하는 걸 보면 허탈하군요.

저는 지금도 연필을 칼로 깎아 사용합니다. 제 손과 손가락들은 정교하게 연필과 칼을 조정하고, 힘의 강약과 방향을 달리하며 능숙하게 깎아낼 수 있습니다. 아이들이 깎은 건 마치 장작처럼 함부로 깎여 손가락으로 잡기도 힘들지요. 그래선지 아이들은 제가 칼로 깎은 연필이 기계로 깎은 것처럼 둥글고 일정한 걸 보고는 감탄을 하더군요. 우리 시대의 사람들은 대부분 다 그렇게 깎을 수 있는데도 말입니다. 전에 손톱깎이가 없어 칼로 손발톱을 깎은 적이 있는데 아이들이 보고 신기하게 여기기도 하더군요. 저에겐 별로 어렵지 않은, 어쩌면 간단한 일인데도.

그렇게 깎은 연필로 공책에 한 글자씩 정성 들여 썼습니다. 글자가 마음에 들지 않으면 지우고 몇 번이나 썼지요. 글쓰기 책을 펼쳐놓고 따라 쓰기도 했고, 아니, 예전 신문에 난 영화 포스터의 글을 몇 번이나 흉내 내어 그린(?) 기억도 나는군요. 영화 제목은 글씨뿐만 아니라 그야말로 디자인의 극치였습니다. 지금의 일률적인 폰트(font)로는 도저히 흉내 낼 수 없는 한 글자, 한 단어에 작가의 혼이 투영된 예술이었습니다.

한때 저는 비디오로 유명한 영화(映畵)나 다큐 등을 녹화한다고 들뜬 적이 있었습니다. 필요하다면 밀양 〈성 베네딕트 수도원(St.Benedict 修道院) 등에도 직접 찾아가서 『막시밀리안 콜베-Maximilian Kolbe』, 『단스 신부-Daens』, 『데레사-Therese』 등 시중에서 구하기 어려운 귀한 영화들을 구입하기도. 아마 부산에서, 아니 전국에서 저만큼 많은 영화, 그것도 이름만으로 들어봤던 귀한 영화를 가진 사람이 없을(?) 정도라고 자부하고 있습니다만. 부산의 영화집단인 〈시네마떼끄〉나 〈카톨릭센터〉 등과 연결되어 제 비디오를 빌려가서 〈장 륙 고다르(Jean Luc Godard)〉전이나 〈서부영화의 전설〉, 〈존 휴스턴(John Huston)〉 등등의 주제로 영상축제를 벌이기도 했습니다.

그런데 전 비디오 측면 세로 타이틀을 유성매직펜으로 그냥 쓰지 않고 원본 타이틀, 혹은 제 나름으로 주제와 매치될 수 있는 그림과 글을 컬러로 섬세하게 그려 마치 미술작품처럼 꾸미기도 했습니다. 벽에 전시하면 무슨 미술 작품이나 되듯. 사람들에게서 영화보다 타이틀이 예술이라는 말을 듣기도. 그렇게, 그렇게 글자 하나에도 거기 깃든 생명의 총화(總和)에 경의와 정성을 바쳐 다가갔습니다. (아하! 노골적으로 옆길로 샜군요.)

지금의 아이들은 연필도, 공책도 없습니다. 샤프로 몇 자 쓰는 정도입니다. 학년 초에 글씨쓰기를 강조했는데 좀체 늘지 않더군요. 저번 주에 이야기했듯 다른 중요한 것들에 비해 글씨 같은 덜(?) 중요한 걸 계속 끌고 갈 수 없어 중도에 거의 포기했습니다. 연필과 공책은 없어졌지만 그래도 아이들은 키보드와 스마트폰으로 잘도 글을 쓰고 있습니다. 개성이 없이 누구나 똑같은 글로. 예전 중학생 때까지 제 소원은 제 이름이 인쇄되어 볼 수 있었으면 하는 거였습니다. 필기가 아닌, 활자로 찍어낸. 마치 제가 책을 한 권 쓴 것처럼. 그런데 지금의 아이들은 키보드만 치면 인쇄 글을 좍 쓸 수 있습니다. 맘만 먹으면 멋진 신명조(新明朝)로 자기 이름을 인쇄해 마치 자기가 문서의 저자처럼 만들 수 있지만 이미 설렘이나 감흥은 사라져버렸습니다. 물론 저희 연배들도 지금은 마찬가지가 됐지만.

자기 이름에 대한 신비감이 사라지고 누구나 똑같이 책처럼 함부로 쓸 수 있게 되자 이번에는 문장력이 형편없이 사라져버렸습니다. 애써 좋은 말과 어법으로 문장을 완성하는 의미를 잃어버렸지요. 대강 뜻만 통하면 되는 사이버(cyber) 언어로 하향평준화 됐습니다. 예? 맞춤법? 그야 엿 바꿔 먹은 지 오래됐지요.

제가 예전 글을 쓰던 생각이 납니다. 한때 만고(萬古)의 멋들어진 말을 찾아 연필로 멋진 연애편지를 쓰던. 제가 그런 글을 잘 써서 여학생들에게 인기가 좀 있었습니다. 인물이 못나 본격적인 연애를 하진 못했지만. 한땐 이불을 뒤집어쓰고 호호 입김을 불며 원고지 몇백 장을 쓰기도 했습니다. 그때 다져진 문장력은 제 뜻을 그나마 드러낼 수 있게 도움을 주기도 합니다.

또 옆길로 샌 좀 다른 이야깁니다만 70년대 초 철원 모 사단에서 소총수로 있을 때 제대하는 선배 병사들의 〈추억록〉를 가끔 만들어주기도 했습니다. 3년의 군 생활, 그것도 최전방 철책선과 예비대에서 근무하다 제대를 하는 병사들은 평생에 다시 할 수 없는 군 생활을 마감하며 글과 그림, 사진, 그림 등등으로 추억의 엔솔로지(anthology. 뭐 사화집(詞華集) 비슷한)를 만들곤 했지요. 소대장과 하사관, 또는 제대를 앞둔 고참 병사들도. 커다란 화첩에 유격(遊擊), 특공(特功), 혹한기 연대 합동훈련 등과, 중대별 축구대회, 한가한 휴일 시냇가에서 빨래하던 일상의 모습… 등등의 다양한 개인 활동, 또는 자신이 만든 시나 만화 등의 문예물과 디자인 등 갖가지 사진과 어울리는 멋진 스케치(sketch)를 붙여 재밌게 설명을 붙이고 두터운 표지에 노끈으로 묶어 표지에 기념으로 중대장과 소대장, 전우들 사진, 그리고 덕담을 담은. 까마득한 옛날 일이지만 아마 예전 전방에 근무했던 사람들은 추억으로 고개를 끄덕이는 분들도 계시겠군요. 덕분에 술과 외출 등 편의를 받기도 했습니다.

하지만…. 지금 시대에 연필로 바른 글씨와 올바른 단어와 어법에 맞는 문장으로 제대로 된 글을 쓰는 사람은 찾기 어렵습니다. 요즘 인터넷을 종횡(縱橫)하는 여러 분야의 전문가들도 그렇고, 더욱이 유명 작가들의 글들도 썩 맘에 드는 글을 보기가 힘들더군요.

그렇게 맞춤법은 물론 요령부득의 줄임말과 함부로 붙여 쓴 글, 은어나 비속어, 조립어 등이 난무하는 엉터리 글들이 버젓이 통용되는 근본적인 이유는 시대의 분위기 탓이 크다고 할 수 있겠습니다. 편의성과 간편성이 보편적인 가치로 존재하는 시대에 속도에 뒤처지는 정서법(正書法) 준수는 인터넷 시대와 불화할 수밖에 없습니다. 의미 전달만 대충 되면 맞춤법에 크게 개의치 않으며, 오타(誤打)도 일일이 수정할 필요를 느끼지 못하지요. 차라리 재미로 새로운 자기만의 말을 많이 만들어 남들에게서 인정받고 싶어 하는 심리적 바탕까지 있는 형편입니다.

그런 게 얼마나 사회적 합의로 받아들여졌는지 모르지만 철없는 청소년들이야 그렇다 하더라도 책임 있는 사회인인 연예인, 스포츠맨, 방송인, 유명 작가, 교수, 평론가들도 〈나도 카카오, 트위터, 페이스북을 하고 있소〉라고 선전하듯 맞춤법과는 전혀 관계없는 파편화된 글자들을 함부로 배설하고 있습니다.

- 다녀왔달ㅋㅋㅋㅋ, 넘 맛이셔 까ㅑ!!!

어느 여학생이 쓴 글인데 세종대왕(世宗大王)께서 보셨다면 이게 한글이라고 후손들이 깔깔깔 깨소금처럼 웃으며 썼다는 걸 알면 어떻게 생각할까요? 한글을 도로 회수(回收)하려고 하지 않을까요? 아마도 체포해 치도곤(治盜棍) 10대를 선고할지도. 포괄적으로라도 그런 장난을 위해 세종대왕께서 한글을 만들지 않았을 겁니다. 그러나 그럼에도 이런 글들이 지금 현재 이 사회를 휩쓸고 있으며, 더불어 구석구석 함부로 만들어낸 많은 유행어들이 그들의 부주의와 불순(不純)한 출세 한탕주의, 그리고 매끄러운 혓바닥에서 무한 생성되어 세상을 휩쓰는데 도대체 정신이 온전한 건지 사회의 건강지표가 심히 걱정스러울 정도입니다. 마치 무슨 영웅이나 된 듯, 그리고 그런 말을 쓰지 않으면 뒤처진다는 듯. 몇 년도 지나지 않아 한바탕 소비로 사라질 게 뻔한 그런 유행어들을. 트위터(Twitter)란 말이 새들이 지저귀는 것을 뜻한다고 하더군요. 자판을 쉽게, 함부로, 가볍게 누르며 마치 새들의 지저귐처럼 재잘거리는. 저로서는 구역질을 동반한 가벼움으로, 지렁이가 온몸을 스멀거리는 것처럼 소름이 끼쳐 단 한 글자도 읽고 싶지 않군요. 앞에 예시한 글들-행쇼, 애숭모 등등을 포함해서 도대체 《제 손으로 쓰여졌다》는 것에 손가락을 잘라버리고 싶을 정돕니다.

맞춤법은 읽는 사람이 뜻을 확실히 파악할 수 있게 만드는 하나의 약속이자 배려입니다. 저자의 〈효율적 쓰기〉는 아무런 의미가 없습니다. 오히려 독자의 〈효율적 읽기〉가 한글 맞춤법의 지향하는 목표입니다. 언어의 약속이 깨어지면 그 순간부터 역사는 매몰되고, 인간은 외톨이 존재로 고독에 몸부림치게 됩니다. 말과 글을 잃으면 나라가 망한다고 '주시경(周時經)' 선생이 온몸을 던져 지켜 나왔지요. 평생을 무명 두루마기와 회색 바지저고리라는 확고한 자세를 견지(堅持)한 올곧은 사람이었습니다. 겨레의 말과 삶을 규정지어주는 〈말모이 사전〉을 만들기 위해 온몸을 던졌지만 일찍 돌아가시는 바람에 살아생전 완성하지 못했지요. 나중 후배들에 의해 〈조선말 큰사전〉이 완성된 것은 순전히 그의 덕분이라고 할 수 있습니다. 언제나 우리를 지켜주는 집처럼 우리들의 생각과 소리와 말이 편히 깃들 수 있는. 아마 일찍 돌아가시지 않았다면 한글이 〈세상의 문자〉로 지정되도록 하지 않았을까 하는 생각도 드는군요. 그 선생의 가르침을 잊거나 거부하는 사람, 장난치는 사람들은 배가 불러(?) 그런 것 같다는 생각도.

얼마 전 폴란드 출신의 영국 사회학자 '지그문트 바우만(Zygmunt Bauman)'의 『고독을 잃어버린 시간』이란 책을 구입하여 읽는 중입니다. 편지 형식으로 쓴 글들을 모아놓은.(그러고보니 한 주(週) 단위로 생각나는 대로 쓴 이 글도 이 책의 형식과 닮았음을 부인할 수 없군요.) 그가 이 책을 쓴 때가 2008년입니다. 놀랍게도 80세를 훨씬 넘어, 그것도 간단한 수필류가 아니라 중후하고 독특한 사상을 피력하고 있습니다. 디지털 만능주의, 소비 지상주의가 만연한 현대 사회에서 우리가 박탈당하고, 놓치고, 잃어버린 것들에 대한 성찰을 주제로 하고 있더군요. 패션, 쇼핑, 신용 카드, 성형수술, 프라이버시 등 시대에 뒤처진 저로서도 잘 모르는 세상의 흐름에 대해 벌써 그 시대에 촉각을 곤두세워 관찰하고, 번득이는 통찰력으로 날카롭게 짚어냈습니다. 지금은 구순(九旬)인데도 아직 그런 싱싱한 상상력과 구성력, 그리고 문장력을 가지고 당대 첨단을 가는 최고의 책을 쓴 그의 노익장(老益壯)은 정말 존경받아 마땅합니다. 제가 그 나이가 된다면? 당연히 이 세상에 없겠지요. 기적적으로 살아있다 하더라도 정신줄을 놓아버리고 골골하며 제대로 걷지도 못하는 형편없는 노인으로.

　아무튼 그는 오늘의 세기를 〈유동(流動)하는 액체의 세계〉로 해석했습니다. 지금 이 시기는 예전처럼 견고한 사회 구조나 제도, 도덕이나 풍속 등이 강제되지 못하고 해체되면서 유동성과 불확실성이 증가하는 액체의 상황에 놓여있다는 각성은 유례없는 참신한 개념이 아닐 수 없습니다.

　어제의 문명은 어느새 우리들 곁을 떠나버렸고, 새로운 문명은 미처 깨닫기도 전에 생활 속으로 액체처럼 스며드는 것을 우리는 자주 경험합니다. 저는 사용해 본 기억도 없는데 벌써 필름 카메라가 사라지고 디지털 카메라가, 단정한 사무실 여직원이 앉아 타자기 글자판을 타다닥 두드려 문서를 뽑아주던 시대가 엊그제 같았는데 이젠 교실에서 선생님 개인이 컴퓨터로 맘대로 쓰고, 고치고, 꾸며 프린트까지 끝마치는. 차트(chart) 글씨로 정성껏 쓴, 단순히 글만 적혀 있던 알림 플래카드에서 다양한 모양과 색깔의 글과 사진과 무늬들로 꾸며진 화려한 플래카드로, SP는 물론 LP 레코드까지 전 한 번도 들어본 적 없는데 어느새 MP3 같은 디지털 음원(音源)으로, 동전에서 버스표로, 다시 토큰으로 버스를 타고 다니다 이젠 손톱만한 교통카드가, 필름 대신 비디오(VIDEO)가 엄청난 맹위를 떨치더니 어느새 DVD를 잠시 거친 후 이젠 갖가지 디지털 동영상 파일로, 유선전화기에서 삐삐를 거쳐 휴대폰에 열광하다 어느 순간 몽땅 사라지고 이젠 스마트폰으로, 도서관에서 독서삼매경에 빠졌던 엊그제가 이젠 집과 사무실, 아니 걸어다니면서도 인터넷 삼매경으로, 퇴근하며 동료들과 술 한잔 하는 낭만시대가 대중화된 마이카로 어느덧 우아하게 퇴근하는 자본의 시대로…. 유동하는 액체처럼 스며드는 문명의 모습과 거기서 생성되는 왁자지껄한 소음, 내팽개친 낙서와 횡행(橫行)하는 거짓말, 버려지는 일회용품 같은 폐기물 껍질들이 둥둥 떠다니는 세상으로 변모했습니다.

그중 SNS로 한 달에 3,000여 건의 문자 메시지를 보낸 어느 10대 소녀의 예는 충격이었습니다. 하루로 치면 거의 100여 건, 깨어 있는 동안 10분에 한 번 메시지를 보냈다는 셈인데, 우리 청소년들도 그보다 훨씬 더 한 낙서나 파편 같은 알 수 없는 낱말과 기호, 이미지를 연속으로 날린다고 하더군요. 버스를 타면 그 또래 학생들은 카카오나 트위터로 문자를 날린다고 모두 고개를 숙이고 있지요. 그야말로 허공은 새들이 지저귀는 〈트위터(Twitter)〉의 빵빵거리는 클랙슨 소리로 가득 찼습니다. 아마 아이들 귀엔 하루 종일 트위터 소리가 빵빵거리고, 그에 질려 정신도 지리멸렬 파산되고 있을 것 같습니다. 스마트폰에 트위터, 카카오가 빵빵 울려오는 시대에 무슨 고독을 느껴볼 틈이나 있겠습니까? 인간의 섬세한 감성 이전에 로봇의 전자회로처럼 육체를 꼿꼿이 감전(感電)시키며 반응만으로 존재하는, 아니 SNS라는 문자에 생각이 브레이크 당하고, 조그마한 스마트폰 화면에 체포되어 좀비(zombie)처럼 떠도는 현대인은 유사 이래 창살 없는 네모 감옥에 체포된 비극적인 신인류가 아닌가 생각될 정도입니다. 여과 없는 값싼 감정(感情)만 어지러이 허공을 날아다니고 진지한 지성(知性)은 모조리 학살당한.

어쩌면 인터넷과 컴퓨터, 휴대전화와 아이팟, 스마트폰 등 지구 곳곳의 구석과 틈새를 액체처럼 신속하게 채워줄 수 있는 정보 고속도로는 그러나 현대인의 상쾌한 질주처럼 보이지만 역설적이게도 그 10대 소녀처럼 허공에 매달려 자신을 보여주기 위해 몸부림치는, 그래서 소외(疏外)되지 않고 자신의 존재를 증명하고 싶어 하는 현대인의 허망한 초상에 다름 아닙니다. 인스턴트 섹스, 함부로 쏟아내는 소비, 중독된 묻지마 명품 쇼핑, 유행에 뒤처지지 않으려는 몸짱과 성형수술…. 우리 삶에서 이런 쓰레기 같은 껍데기들을 분리해서 소각해버려야 비로소 고독도 느끼고, 삶의 의미와 현실의 충만한 접속도 되살릴 수 있을 겁니다.

인간과 사회는 엄청난 속도로 발전하고 있습니다. 고루(固陋)한 기존의 사고방식으로는 다양한 문명과 문화의 의미를 해석할 수 없어져버렸습니다. 언어는 시대의 산물로서 가장 빨리, 그리고 정직하게 그 표상을 드러낸다고 할 수 있겠군요. 그들의 언어에서 새로운 구어체(口語體)의 창조를 발견할 수도 있고, 〈빠름 빠름〉이란 속도의 개념으로 삶을 해석할 수도 있습니다. 언어가 생각의 틀이란 관점에서 사회적, 인지적 변화에 대비한 미래학도 필요할 겁니다. 어쩌면 진화의 개념까지도.

언어를 감옥에 가둬 고인 물처럼 한정할 순 없습니다. 〈외국어를 고민 없이 사용하고, 어려운 한자를 사용하면 품위 있어 보인다고 착각하는 저 같은 못난 기성의 자아도취(自我陶醉)〉는 그 반대편에 있는 젊은 청소년들의 발랄하고 재기가 번득이는 우리말 어휘를 백안시(白眼視)하는 오류를 저지르기 쉽지요. 일견 분명히 한글의 파괴에 갈음할 수 있는 그들의 이상한 표현들은 적어도 변화란 측면에서 본다면 파괴가 아니라 창조가 분명하겠군요. 아니, 좀 더 찬찬히 살펴보면 생각보다 많은 아름다운 우리말들도 발견할 수 있더군요. 건늠길(횡단보도), 더덜법(가감법), 다님표(운행표) 등등…. 차라리 순수 우리말을 되살려 활용하는 게 오히려 무분별한 한자말의 확산보다 더욱 좋을 듯합니다. 좀 더 확장의 의미가 첨가된 말들이 많아지면 지금의 한자말을 훌륭히 대체할 수 있을 겁니다. 〈전통〉, 〈괄목상대〉, 〈계좌이체〉…. 이런 한자말보다 의미가 깊고 간단한 우리말이 만들어지면 저처럼 의미의 확장을 한자말로 이용하는 〈엉터리〉들이 사라질 겁니다. 하긴 〈알맞다〉라는 아주 뛰어난 우리말이 있는데도 〈적당-的當〉이란 일본식 한자말 등등이 사라지지 않는 걸 보면 언어에는 견고한 장력(張力)이 단단히 표면을 붙들어 매고 있는 모양입니다만.

다만 아직 언어 체계가 확립되기 전의 어린이들에게는 지도가 필요하고, 불가피하게 비속화할 땐 격의 없는 토론도 필요하겠지요. 어른들과 얘기할 땐 내 스스로 언어를 걸러낼 수 있는 예절도 가르쳐야 할 것입니다.

그러나…. 사회적 약속인 문법을 고리타분하게 여기면 언어가 파괴되고, 그러면 역사도 희미해지고, 존재의 정당성마저 사라집니다. 교실에서 수업도 듣는 둥 마는 둥 하고, 친구들과 스마트폰으로 가상세계에 빠져 가족과 눈도 마주치지 않는 젊은 아이들의 축약과 기호와 붙여쓰기로 일관한 〈외계 언어(外界 言語)〉는 피상적으로 외부와 연결하며 자신의 존재를 확인하고 있는 것 같지만 실제로는 고독의 심연에서 끊임없이 SOS를 쏘아대고 있는 〈불안한 실존의 자화상〉에 다름 아닙니다. 파괴된 문자 속에 속절없이 행방불명된 명료한 정신들의 무덤이 허공을 둥둥 떠다니는 것 같은.

한글은 처음 한자어가 골수에 젖은 사람들의 반대와 천대를 견뎌내며 결국 오늘의 영광된 자리에 섰습니다. 외국의 유명 언어학자는 한글을 〈세상의 알파벳〉이라며 이는 한국만이 아닌 세상에 대한 선물이라고 찬양하기도 했습니다.

한글이 사라지면 문화도, 기억도, 지혜도…, 그리고 인간도 한꺼번에 사라집니다.

덧붙이는 글

스마트폰과 관련하여 예전 어떤 공익광고 하나가 생각나는군요. 〈스마트폰으로 잃어버린 것들에 대한 묵념〉이란 소리와 함께 연인과 데이트에도, 체육경기의 응원에도, 생일을 맞은 가족의 축하에도, 지인의 결혼식에서도 모두 말없이 고개 숙이고 스마트폰만 조작하는 세태에 대해 〈묵념〉 대신 고개를 들고 〈대화와 관심〉을 가지라는. 오랜만의 참신하고 정곡을 찌르는 공익이었습니다.

또한 전에 속된 말로 〈뜨는〉 여자 개그우먼이 시도 때도 없이 「느낌 아니까」라는 유행어를 만들어 퍼뜨리고 있었습니다. (그 여자 개그우먼이 처음 퍼뜨렸는지는 잘 모르지만). 리듬과 멜로디까지 넣어서. 그 강약과 고저의 멋을 살려 따라 하니까 매끄러운 느낌이어서 유행할 것 같다는 생각이. 뭐 다른 사람들도 모두 그렇게 유행어 하나 만들지 못해 안달하는 모습을 보이던데 소위 〈뜨는〉 건 확실한 것 같습니다. 하지만 언어에 대한 진지함도 없이 겉멋에 도취되 함부로 상업화된 〈카피(copy)〉처럼 말한다면 자기 이름은 돋보일지 몰라도 스스로가 〈딴따라〉 수준의 값어치로 매겨지고 있다는 걸 깨달아야 할 겁니다. 찬양으로 착각되고 있는 그 값싼 딴따라 말입니다. 장난은 진정이 아니니까요. 그 말 때문인지 얇은 입술의 그 개그우먼은 벌써 〈얍삽한 감각의 이름〉으로 새겨져버렸고. 풍자 수준은 고사하고 말장난에 불과하다는 생각이. 코미디나 개그는 내용인 풍자가 사라지면 존재가치도 허공 속에 공허하게 사라짐을. 〈과분한 제멋대로 행복〉처럼 무조건적인 향유보다 절제가 앞서야 할 것임을. 하긴 그 말이 새로운 감각의, 좀 더 강조된 의미로 고착(固着)된다면 그 또한 좋은 현대어가 될 수도 있겠군요. 그렇다고 미래의 결과를 미리 예단하여 뭐라고 단정할 순 없겠지만 과연!

제(32)주 학습지도 계획안

(2012년 10월 29일 ~ 11월 2일)   4학년 2반

현대의 묵시록(黙示錄)

저번 여름방학 때 감기로 체중이 많이 빠졌다고 한 적이 있었지요? 거의 10킬로 가까이 빠졌는데 근래 몸이 많이 불었습니다. 요즘 평균 체중은 67~68킬로 근처입니다. 제 키와 비교해 아직은 표준체중에서 벗어나지 않은 것 같지만 여기서 2~3킬로쯤 더 불어나면 예전처럼 순식간에 과체중이 될 수 있어 이제는 조정해야 할 것 같습니다. 그렇지만 아직 예전 입던 옷, 특히 바지는 허리가 한두 치수 이상 커서 여간 불편하지 않습니다. 체중보다 허리는 많이 늘진 않은 것 같군요. 아들 녀석이 입던 한 치수 작은 옷이 있어 근근이 버티지만. 미래의 미용과 건강을 위해서라도 이번 기회에 〈100 사이즈〉로 한 치수 줄여 고정시켜야겠습니다.

계절도 바뀌고 해서 옷을 사러 갔습니다. 학교에서 내려가 시장 입구 근처에 있는 중고 의류 판매점으로. 얼마 전 허리가 꼭 맞는 바지가 있어 샀는데 이번에는 바지에다 긴팔 티와 셔츠 등도. 거긴 쓸 만한 바지나 티셔츠 등 중고 옷들 모두 삼천 원에 판매하니까 무척 싼 편이지요. 젊은이들 옷처럼 제법 핏(fit)도 팽팽하고, 별다른 허물도 없어서 중고품이지만 참 기분이 좋았습니다. 셔츠 세 개와 바지 두 개, 바짓단 길이 수선까지 해서

1만 8천 원이 들었는데 아마 일반 가게에서 그 메이커 수준으로 사려면 못해도 10만 원을 훌쩍 넘으리라 생각합니다.

시장 안에는 제가 한 번씩 가는 가게가 또 있습니다. 각종 견과류와 미숫가루 등을 파는 곳이지요. 전에 체중을 조절하기 위해 아침에 우유와 함께 먹으려고 보름에 한 번쯤 가곤 했습니다. 그런데 문이 닫혔더군요. 휴일이라서 그런가 싶어 평일에 다시 갔는데 역시. 옆 가게에 물어보니 문을 닫았다고 했습니다. 그러고 보니 텅 빈 가게들이 몇 군데 눈에 띄더군요. 그랬구나! 장사가 잘 되지 않아서? 변두리 시장으로 보면 언제나 사람들로 북적여 활기찰 줄 알았는데 구석구석 이렇게 투명하게 사라지는. 할 수 없이 다른 것도 살 것이 있어 석대 다리 근처 반여 농산물 도매시장으로 갔습니다. 거긴 더 싸게 살 수 있지만 조금 멀어서 학교 밑 시장처럼 쉽게 가긴 어려웠습니다.

동료들과 술을 마시고 집에 가다 정류장 옆 가게에서 로또 복권을 샀습니다. 말은 익숙하지만 여태 한 번도 가까이 한 적이 없었는데 술 때문인지 그날따라 저도 모르게 가게로 들어갔습니다. 주인에게 얼마냐고 물어보니 한 장에 천 원이라고 하더군요. 그래 오천 원을 내고 다섯 장 달라니까 노란 종이 한 장을 주며 오천 원이라고 말했습니다. 알고 보니 오천 원어치를 한 장에 팔기도 하더군요. 그런데 이미 번호가 인쇄되어 있어 내가 번호를 선택하는 게 아니냐니까 번호를 체크하라고 했습니다. √표시를 하고 건네니까 절 쳐다보다 자기가 검은 사인펜으로 동그랗게 다시 칠했습니다. 세상에, 로또를 처음 사는 사람도 다 있다는 표정으로.

어쨌거나 복권을 들고 집으로 돌아오며 온갖 근사한 상상을 했습니다. 만약 10억이 당첨되면 형과 누님들에게 각각 1억씩 주고, 새로 지은 멋진 아파트를 사고, 멋진 차도 하나 뽑고…. 당연히 모든 것은 제 상상 속에서만 존재했습니다. 그 행운이 제게 돌아온다면 그야말로 세상이 잠시 한눈 팔았다며. 확률론으로 보면 거의 제로였지만 귀신에 씌웠던 것 같습니다만. 결국 도박이나 카지노, 경마 등과 같은 사행(射倖)에 빠져버린 꼴이었지요.

싼 옷을 산다거나, 가게가 문을 닫았다거나, 로또 복권을 사는 사람들이 많다거나…. 이런 일들은 아마도 제가 특별히 어렵다기보다는 지금의 시대가 살기 힘들고, 불안하고, 미래가 암담하고, 당장 하루하루를 지내기가 어려운 사람들이 많다는 의미일 겁니다. 또는 정당하지 못한 방법으로 부를 축적한 사람들이 펑펑 소비를 함부로 하는데 자신은 당장 먹고사는 문제도 해결하지 못한다는 자괴감의 또 다른 모습을 상징하는지도.

며칠 전 신문에서 오십 대 남성이 딸의 결혼 상견례(相見禮)를 앞두고 스스로 목숨을 끊었다는 기사를 봤습니다. 시각 장애로 눈은 점점 나빠지고, 1억 가까운 빚은 쌓이고…. 살아봤자 자식들에게 부담만 줄 것 같아 자살했다고 합니다. 장례비까지 걱정하며 시신도 찾지 말라며. 가슴 뭉클하더군요. 너나없이 우리 모두 이처럼 감당할 수 없는 무거운 짐을 지고 암담한 마음으로 살아가고 있으니 남의 일 같지 않지요.

당장 하루하루 사는 것도 힘듭니다. 김장철을 앞두고 가뭄과 태풍으로 배추, 무, 대파, 생강 등의 생산량이 줄어 재료값이 급등하고 있다는 소식도 들리는군요. 주부 처지에서는 겨우내 가족이 먹을 수 있는 든든한 밑반찬을 장만하지 못하면 이만저만 걱정이 아닌데. 동네 골목에 구멍가게를 운영하는 분들은 대형 마트의 횡포로 장사가 되지 않아 몇 개뿐인 과자 봉지에 쌓인 먼지를 쓸며 문을 닫아야겠다고 생각하고 있으며, 중소기업은 재료비 상승에다 금융 문턱은 턱없이 높고, 제품은 판매 부진으로 창고에 쌓여 몇 푼 안 되는 직원들 월급 주기도 힘들다고 합니다. 시장 구석에서 좌판을 벌여 알뜰살뜰 모은 돈을 이자 많이 준다는 금융기업에 저금하고 번듯한 가게를 낼 단꿈에 젖었는데 느닷없는 부실로 퇴출되어 단숨에 날려버리거나, 대출받아 평생 처음 집을 장만해 아이들이 무척 좋아라했는데 집값이 폭락하고 금리는 올라 빚이 집값보다 많은 〈깡통아파트〉가 되어 길거리로 쫓겨나야 할 사람들이 엄청 많아져 곧 커다란 사회문제가 될 거라며 야단들입니다. 한 달 내내 오토바이 택배로 벌어봐야 얼마 되지 않는 푼돈인데 무척 크고 고급스런 외제차가 지나가며 순전히 자기가 오토바이를 살짝 스쳐 흠집이 났는데도 오토바이 책임이 30% 있다며 몇백만 원을 배상해야 하는 〈억억!〉하는 현실에 망연자실하여 빌딩 옥상 난간에 올라 선 아저씨, 어쩔 수 없이 사채를 빌려 학비를 냈지만 아르바이트로도 갚을 길이 없어 학교를 그만두고 노동판을 전전하는 꿈 많고 똑똑한 젊은 청년, 시골에서 올라와 지하실 봉제공장에서 일하며 푼푼이 모은 적금으로 미래의 꿈에 부풀었지만 공장이 부도나는 바람에 전락에 전락을 거듭하다 결국 밤거리 여인이 되어 밤마다 술에 취해 따뜻한 어머니 품에 안겨 행복해하던 꿈속으로 달려가는 처녀, 있는 사람 껌값도 되지 못하는 국민연금 보험료마저 내지 못해 노후에 연금을 받지 못하게 된 베이비 부머(baby boomer)들의 암울한 이야기도 들립니다.

　너도나도 〈워킹 푸어(Working Poor)〉, 〈하우스 푸어(House Poor)〉가 되어 어쩔 줄 모르고, 자살은 하루가 멀다하고 신문 지면을 장식하고. 얼마 전에 삼성 자동차에서 명예퇴직 신청을 받는다고 하더니 국내 굴지의 현대 조선에서도 처음으로 명퇴의 칼바람이 불어오고. 제가 아는 분 중에 창원의 어느 조선소에서 열심히 일하던 사람이 있었는데 추락사고로 다리를 다쳤지만 노조에 가입하지 않았다는 이유로 제대로 치료를 받지 못하고, 몇 푼 받은 돈으로 술만 마시며 폐인처럼 지내고 있기도 합니다. 그 집 아이들이 참 착하고 똘똘했는데 뿔뿔이 흩어졌다는 소식만.

    자본이 뒷받침되지 못하는 민주주의는 돼지 목에 진주 목걸이 신셉니다. 자본은 민주주의를 품위 있게 떠받치는 기둥과 같으며, 자본주의와 민주주의는 동전의 양면과 같습니다. 아니 겉으로는 민주주의를 들먹이며 지상의 명제처럼 받들어 모시지만 실제로는 자본주의가 민주주의를 입맛대로 강제하는 형편입니다. 대부분의 서민들은 자본주의가 쌓아 올린 〈황금의 탑〉에 머리를 숙이고 충성을 맹세하기 바쁘지요. 만약 자본주의가 파괴되면 민주주의는 순식간에 전제(專制)의 칼날에 목을 늘어뜨리는 신세가 됩니다. 나치즘(Nazism)과 파시즘(fascism), 그리고 그 요란했던 잘난 코뮤니즘(communism)! 지난 시대 벌어졌던 대결과 학살의 역사가 이를 잘 드러내고 있지요. 동등한 가치가 서로 화합과 협력으로 구성되지 못한 아픔의 역사였습니다.

    그러나 근래 들어서는 그런 정체(政體)들의 강제보다는 자본의 거만한 공습이 직접적으로 그 칼날을 대신하고 있습니다. 근본이랄 수 있는 민주를 교묘하게 부정하고 존재 가치를 형편없이 퇴화(退化)시킵니다. 화려한 집과 차, 명품, 우아한 사교와 주고받는 미소, 그리고 지시와 감독이란 신나고 화려한 뒤쪽에서는 산비탈 다닥다닥 붙은 개미집과 값싼 싸구려 노동, 푸석 꺼진 검은 얼굴, 쓴맛이 아닌, 차라리 토할 것 같은 술과 싸구려 안주, 거의 노예처럼 꾸역꾸역 처리해야 하는 산더미 같은 일… 악성 자본의 공격에 개인은 민주는커녕 함부로 소비되어도 좋은 소비재로 격하되어 존재를 부정당할 따름입니다.

오늘날 우리나라는 민주주의라는 인류 보편적인 체재를 충실히 따르고 있습니다. 개인이 그 무엇보다 우선하고, 그 바탕에서 사회와 집단의 원리가 존재하며, 모두는 행복할 권리를 누리고 있습니다. 그러나 자본이 그 본질만큼이나 욕심을 부리기 시작하면서 우리들 행복한 민주주의는 약육강식이 지배하는 비정한 정글로 변했습니다. 대형 마트는 지역의 강자로 모든 재화를 빨아들이며 지역 주민들을 주인이 아니라 착취의 대상으로 분류하고 있으며, 대기업은 중소기업을 맘대로 주무르고 생사여탈권을 남발하고 있으며, 금융 자본은 사람들을 자신들의 잣대로 등급 매겨 머리를 조아리게 합니다. 그들의 기침 한번으로 집이 날아가고, 사람은 거리로 내몰리거나 자살로 생을 마감합니다. 자본에게는 한 끼 식사보다 못하겠지만 민중에게는 가족의 목숨이 달렸는데도 말입니다. 청년은 일찌감치 밑바닥 인생을 살고, 처녀는 밤거리 여인이 되어 빨간 루즈로 떡칠하고, 노인은 폐휴지 쟁탈전을 벌입니다.

신빈곤층이란 용어가 한국 사회에 처음 등장한 것이 IMF 외환위기 이후인 지난 2000년부터라고 합니다. 이후 노동시장이 신자유주의 방식으로 재편되면서 자본은 기존의 업무를 외부에 하청주거나 해외 공장으로 이전하면서 소위 〈좋은 일자리〉는 줄고 비정규직이 양산되기 시작했지요. 비정규직은 낮은 임금과 불안정한 지위 때문에 일을 하면서도 가난할 수밖에 없습니다. 몰락한 중산층이 새로운 빈곤층으로 편입되고, 젊은이들은 화려한 스펙(specification)을 쌓고도 취업이 되지 않아 고시원을 전전하고, 부부가 함께 일해도 살림이 빠듯하고…. 자살률 1위라는 달갑지 않은 타이틀에 맞게 신빈곤층은 계속 늘어날 겁니다.

그런데도 자본의 시각은 여전히 개인에게 모든 책임을 돌립니다. 개인이 못나서, 능력이 없어서, 노력하지 않아서라고 앵무새처럼 지저귑니다.

그러나 가난은 사회적 원인이 누적된 결과일 뿐입니다. 전쟁이 개인을 함부로 휘둘리듯 그 틀 속에선 아무리 열심히 일을 해도 가난을 벗어날 수 없습니다. 가난은 개인이 감당해야 할 몫이 아니라 국가나 사회가 책임지고 감당해야 할 〈의무〉입니다.

그런 자본의 횡포와 그에 빠져 몰락하는 빈곤층의 모습은 벌써 19세기 '모파상(Guy de Maupassant)'의 매혹적인 소설 『목걸이-La Parure』에서도 적나라하게 드러납니다. 사람들은 흔히 여주인공 '마틸드(Mathilde Loisel)'의 〈허영심과 욕심〉을 주제로 한 소설이라고 간단히 평하지만 그건 너무 즉물적(卽物的)이고, 표피적인, 아니 모든 걸 개인에게 귀착시키는 무책임한 감상록에 다름 아닙니다. 그렇지요. 사람들은 시대 속의 개인으로 존재의 다층 구조와 근거라는 실존적 상황 속에서 살아가는데 면면한 인간의 삶과 시대를 몽땅 삭제하고 오직 개아(個我)의 행위로서 몇 가지 번지레한 말로 모든 책임을 지우는 편협과 오류를 참 쉽게 내리고 있습니다. 문예이론에서 작품은 직접적인 인과(因果)의 사실들에서 의미를 이끌어낼 수도 있지만 때로는 그 인과들의 기반과 역사적 맥락에서 찾아야 표피(表皮)가 아닌 근원적인 의미를 밝혀낼 수도 있다고 알고 있습니다. 이 소설의 출발은 사실의 이면에 숨어있는 당대 상류층의 〈자본 착취〉라는 선명한 바탕에 두고 이해해야 합니다. 어쩌면 작가가 이야기의 극적 결말을 위해 준비한 말과 행동과 근거들을 정교하게 구성한 소설적 얼개를 우선적으로 이해해버린 탓인 듯도 하지만.

유럽의 근대는 16세기 무렵부터 출발했지만 훨씬 뒤 19세기 당대까지 일반 민중들의 삶은 말이 근대시민계급이었지 실제로는 로마 시대 노예보다 못했습니다. 근대 시민으로서의 자부심은 시대의 격랑을 겪으며 발전해왔지만 제도나 과학, 의식과 교육 등이 뒤를 받쳐주지 못해 일반 민중들의 삶은 비참 그 자체였지요. 아마 연전에 책과 영화로 화제가 됐던 '파트리크 쥐스킨트(Patrick Suskind)' 원작의 『향수 : 어느 살인자의 이야기-Perfume : The Story of a Murderer』란 영화를 보셨다면 온통 거리를 가득 채운 악취와 음산한 습기, 학대로 죽어나가는 시체들로 범벅된 〈어둠의 시대〉를 만나보셨으리라 생각합니다. 어쩌면 야만으로 찌든 중세 시대에서부터 출발한 모습이지만 19세기 자본주의가 한껏 발흥하고서도, 아니 그래서 더욱 빛과 어둠 속에서 비참한 생활을 하게 되었습니다. 자본은 중상주의(重商主義)라는 지원군을 등에 업고 더욱 거대한 자본으로 부풀었고, 민중은 그만큼 쪼그라들어 기계보다 못난 소모품으로 전락했습니다. 굶는 조카를 위해 빵 한 조각을 훔친 죄로 19년을 복역한 '장 발장(Jean Valjean)'의 원제(原題) 『레 미제라블-Les Miserables』은 〈비참한 사람들〉이란 뜻이라고 하더군요. 문호 '찰스 디킨스(Charles Dickens)'는 어린 시절 혹독한 가난으로 학교도 가지 못하고 공장이나 가게 사환 등의 일을 하며 겨우 살 수 있을 정도로 어렵게 살아 그 경험을 『올리버 트위스트-Oliver Twist』에 투영하여 폭발적인 인기를 얻었지요. 산업혁명 뒤 경제적 부흥 뒤에 깔린 빈곤과 비인간적인 삶의 환경을 고아 소년 '올리버'의 시선에서 풀어내어 나중 '캐롤 리드(Carol Reed)' 감독이 경쾌한 음악과 춤이 돋보이는 뮤지컬 영화로 만들었습니다. 그럼에도 구빈원(求貧院)에서 너무 배가 고파 멀건 죽 한 그릇을 달라고 했다가 단돈 5파운드에 장의사 집으로 팔려가는 장면은 19세기 하층 민중들의 보편적인 삶의 모습이었습니다. 더럽고 냄새나는 동굴이나 흙과 판재로 얽어 만든 토막집, 질퍽한 길, 하루 종일 일해야 그날그날 겨우 연명할 수 있는 기약 없는 노동, 배움의 기회도 없고 자신을 꾸미고 싶어도 겨우 세수와 빗질이 전부인 꾀죄죄한 여인들, 다섯 살 어린이도 굴뚝 청소부 일을 하다 화상을 입어 흉측

한 얼굴로 평생을 살아가야 했고, 전염병이 돌면 속수무책으로 죽어나고, 시체는 관은 고사하고 낡은 이불로 둘둘 말아 언 땅에 파묻고 막대 십자가 하나 달랑 꽂아놓으면 그나마 다행인 죽음…. 그게 아마도 '빅토르 위고(Victor-Marie Hugo)'나 '찰스 디킨스(Charles John Huffam Dickens)'가 쳐다본 19세기 주변부 민중들의 〈비참한 사람들〉 모습이었을 겁니다. 어쩌면 향수의 주인공은 그런 비참과 야만의 삶을 초월하기 위해 〈구원의 향기〉를 찾아다닌 건 아닌지! 영화에서 주인공이 수집한 향기로 사람들이 꿈속 같은 몽롱한 환상에 빠져든 걸 보면 분명히 느낄 수 있지요. 뭐 '귄터 그라스(Günter Grass)'의 『양철북-The Tin Drum』이나 '가브리엘 마르케스(Gabriel Márquez)'의 『백년 동안의 고독-Cien anos de soledad』 등은 리얼리티가 마술적(魔術的)으로 펼쳐진 멋진 소설이라는 말이 있던데 쥐스킨트의 향수야말로 마술적 환상 속에 구원의 지평을 열지 않았나 생각되기도 합니다.

(아이고, 양철북은 을유판 전집에서 젊은 시절 끙끙거리며 읽었지요, 주인공 오스카의 할머니 '안나 브론스키'는 들판에서 일곱 겹의 치마를 입고 감자를 캐고 있었는데 나중 주인공의 할아버지가 되는 탈주범 '콜야이체크(Koljaiczek)'가 그 치마 속에 숨어 살아남는 장황한 도입부를 읽느라 꽤 고생했던 기억이 생생합니다. 그 때문인지 백년~도 역시 그 묵직한 두께로 쉽게 접근하기 어려워 아직도 대강 줄거리만으로. 아마도 끝내…) 아무튼 근래 가장 인상에 남은 영상이었습니다. 참, 아마도 그런 소설을 읽어서 그런지 그 후 한동안 꽤 자주 꾸었던 꿈도 생각나는군요. 어두운 하늘을 배경으로 제가 팔을 펴고 지느러미처럼 휘저으면 불쑥 하늘을 나는. 나중 꾼 꿈에서는 제 의지(?)가 실려서인지 느리지만 건물 앞에서 방향도 마음대로 바꿀 수 있었지요. 산을 넘고, 바다를 스치며 솟구쳤던 아슬아슬한 장면도. 뭔가 새로운 구원을 바라며 초월하고 싶었던 열망이 담겼던가요? 그 후론 단 한 번도 꾸어보지 못한. 그 꿈을 다시 꿀 수 있기를 간절히 바

랍니다만 그런 청춘의 시대는 벌써 전에!

그에 비해 일부 귀족과 상류층은 지금의 자본가들보다 훨씬 부자였습니다. 화려한 〈파티〉는 상류층의 일상이었고, 그 파티를 위해 소비되는 재화(財貨)는 엄청납니다. 그 시절 남보다 못하다는 소리는 그 사회에서는 바로 죽어야 한다는 의미와 같았습니다. 명예를 위해 목숨을 걸고 결투가 벌어지듯 자신의 계급, 평판, 혼맥, 사업 규모, 땅과 저택, 마차와 하인의 수, 화려한 실내 장식과 고급 옷, 그리고 음식과 초대받은 손님에 따라 자본계급 사회의 등급이 매겨지지요. 청춘남녀가 자신의 계급과 성숙을 확인하는 유일한 길은 그런 파티에 초대받아 사교계로 나가는 길뿐이었습니다. 19세기는 파티를 여는 자와 초대받은 자들이 벌이는 〈허영의 세기〉가 분명했습니다.

마틸드는 그 파티를 위해 친구에게 목걸이를 빌리지만 그만 잃어버리지요. 그리고 잃어버린 목걸이를 위해 십 년이나 비정규직처럼 열심히 일해 돈을 모아 목걸이 때문에 진 빚을 겨우 갚았지만 친구의 목걸이가 가짜였음을 알고는 허탈해합니다. 화려하고 아름답게 꾸민 파티의 〈공작부인〉 못지않았던 그의 아름답던 얼굴과 손은 이미 깊은 주름으로 거칠고 투박하게 변했고, 윤기 나는 머리칼은 허옇게 말라비틀어진 후였습니다. 사람의 추락을 담보로 자본이라는 요술이 부리는 허망을 모파상은 그 시대에 이미 간파하고 극적으로 구성했군요. 오늘날 목걸이로 상징되는 〈자본〉이 마틸드로 대변되는 〈민주〉를 그렇게 몰락으로 밀어뜨리고 있습니다.

'고골(Nikolaj Gogol)'의 『외투(Shinel)』나 '스탕달(Stendhal)'의 『적과 흑-Lerouge et le noir』 등도 따지고 보면 몰락하는 민주의 처참한 모습에 다름 아닙니다. 훨씬 뒤 한 시대를 주름잡은 배우들인 '몽고메리 클리프트(Montgomery Clift)'와 '엘리자베드 테일러(Elizabeth Taylor)' 주연의 영화

『젊은이의 양지-A Place In The Sun』나 '헨리 폰다(Henry Fonda)'가 열연한 '존 포드(Johhn Ford)' 감독의 뛰어난 걸작 『분노의 포도-The Grapes Of Wrath』들이 들려주는 서글픈 생에 대한 만가(輓歌)도 다 그런 자본에 희생당하는 개인의 모습을 뚜렷이 드러낸 《현대의 묵시록(默示錄)》이 아닐 수 없습니다. 아니, 우리의 저 매혹적인 탐미주의자 '김동인(金東仁)'이 지은 사회성 짙은 단편소설 「감자」에서는 죽음마저도 돈으로 거래되는….

자본의 무한한 욕망은 화려한 불꽃놀이와 같습니다. 밤하늘을 화려하게 수놓으며 사람들을 욕망의 군무(群舞)에 초대하지요. 마치 자신들이 그 춤의 주인공이나 된 것처럼 부추기는. 사람들은 불꽃놀이에 들떠 너도나도 즐겁게 참여합니다. 그러나 욕망을 팔아먹고는 스러지는 불꽃처럼 사람들을 허공에 던져놓은 채 슬며시 떠나갑니다. 남겨진 사람들이야 어떻게 되든 상관없지요. 이미 욕망은 다 채웠으니까요. 오늘도 TV에서, 영화에서, 광고에서, 간판에서 욕망은 춤을 춥니다. 사람들에게 특별한 욕망을 채울 기회를 주기 위해 쇼호스트(showhost)는 입에 발린 뻥튀기로 침을 튀기고, 명품〈프라다(Prada)〉원피스를 걸친 여주인공은 붉은 카펫이 깔린 런웨이(runway)와 영화 화면을 종횡(縱橫)하고, 마법처럼 과장된 효능과 그림으로 도배된 광고는 마천루 꼭대기에서 마취제처럼 구석구석 빛을 쏘아대고…. 사람들은 자신이 특별한 사람이나 된 듯 흐뭇해합니다.

저는 여태 백화점을 가본 적이 손꼽을 정도입니다. 어디 손님을 만난다거나 동료 선생님들과 같이 움직일 때 따라가거나 할 때뿐이었습니다. 당연히 거기서 물건을 구입한 건 그야말로 전무(全無)가 아닌가 합니다.

앞에 중고의류점에서 삼천 원짜리 바지를 샀다고 했는데 백화점 물건들은 제 생각엔 너무 비쌉니다. 어떻게 양복 한 벌에 30~40만 원이나 할 수 있는지, 구두 하나에 20~30만 원, 벨트가 15만 원…. 제가 안목이 짧은 탓이겠지만 아마도 싼 게 그럴 겁니다. 진짜 비싼 물건들은 몇백만, 아니 천만까지 하는 걸로 알고(?) 있습니다. 양복 한 벌에 5만 원 이상은 사본 적도 없고(아, 벌써 전에 낡아서 버렸기 때문에 무조건 단정을 못하겠는데 제 기억으로 결혼식 때 입었던 붉은 양복은 그 무렵 구입했던 옷인 걸로 알고 있습니다. 양복점에서 사거나 맞춘 기억이 없기 때문이지요. 아마도 서면 학교 근처에 있는 의류매장에서 할인할 때 낡은 느낌이 들지 않고 몸에도 잘 어울려 보기 좋다 싶어 신혼여행 때 입은 회색 양복과 함께 선택. 화폐 가치로도 그 이상은 아닌 것 같고, 여선생님들이 새신랑이 이리 멋져도(?) 되냐며 추어줘서 무척 기분 좋았던), 티셔츠는 만 원이 가장 알맞으며, 몇백에서 천만 단위까지 한다는 골프채는 거저 줘도 하나도 반갑지 않습니다. 아하! 힘 있는 사람들끼리의 사교로 전락해버린 뻔한 경기-, 저의 지리멸렬한 문화 수용 방식이겠지만 그래서 전혀 모르는 경기규칙은 하품이나 하기 일쑤지요. 현대에 와서 〈대중의 골프〉는 건전한 스포츠로서보다는 과시와 소비와 이권으로 범벅된 냄새가 진동하는 철저히 자본주의의 틀에 맞춰진 공정(工程)으로 자리 잡고 있다는 의심을 버릴 수 없습니다. 물론 IMF 시절 미국 US오픈 골프대회에서 보여준 '朴세리' 선수의 맨발 투혼으로 실의에 빠져있던 국민들에게 할 수 있다는 용기와 희망을 주기도 했고, 그래서 골프에 대한 새롭고 긍정적인 인식을 공유하게 되었으며, 지금도 골프 자체를 지키고 즐기는 사람들이 많지만 역시 우리 같은 사람들은 접근 자체가 어려운 신선놀음에 다름없고, 매스컴에서 자주 언급되듯 그 속에서 벌어지는 힘 있고 가진 자들의 요상한, 부정적인 양태는 여전하리라 생각합니다. 오히려 물 만난 세균처럼 늘어나는 골프장은 위화감만 부추길 뿐이지요. 그물망 밑에 줄지어 선 고급 외제차들…. 명품 시계, 고급 가구, 최신 전자기기, 실내 장식품, 100년 된 양주…. 현대인의 욕망을 상징하는 기호들로 굳어진, 그러나 제가 가지거나, 입거나 마시면 단번에 소름이 쫙 돋을 그런 것들은 제겐 아무 가치도 없습니다. 잠시도 망설이지 않고 망치로 깨부숴 곧바로 쓰레기통으로, 아니 차라리 제가 좋아하는 소주 한 병을 대신 준다면 당장 바꾸겠습니다. 그런 것들은 소주 〈한 병〉보다 못한 허깨비들이니까 그만큼 제게 모욕을 당해도 싸지요. 바보 같다고요? 그렇군요. 참 제가 생각해도. 그러나… 메이커 제품이 품질에서 뛰어나겠지만 비메이커 제품에 비해 그렇게 비쌀 이유가 없습니다. 턱없이 〈과장된 과시〉와 〈도배된 광고〉와 〈마취된 욕망〉과 무슨 사기처럼 엄청 높은 이윤으로 범벅되어 배보다 배꼽이 훨씬 커져버렸지요. 어쩌면 현대인의 마음속에 신화(神話)로까지 고착된 듯. 제 귀엔 차가운 쇠로 된 수갑이 상품과 상품 사이사이에 굳건히 맺어놓은 〈영업규약〉처럼 사람들을 욱죄는 소리로 쩔렁거리는군요.

　백화점이란 곳은 자본주의가 만들어낸 소비의 최전선에서 화려와 허영을 판매하는, 교묘한 전술(戰術)의 마취제를 뿌려대는 견고한 콤포지션(composition)입니다. 저는 사치한(?) 광고로 본래의 가치를 뻥튀기한 가짜(?)들은 꼭 필요하다 하더라도 아예 사지 않습니다. 아니, 공짜로 준다고 해도 이미 오염된 그런 것들은 칼로 잘라버릴망정 결코 제 소유로 만들지 않았습니다. 가진다는 자체가 소름 끼치는군요. 전 제 몸에 맞고, 제 필요에 부합하면 만족합니다. 그래도 메이커 제품을 치렁치렁 걸친 사람들보다 못하지 않으리라 자신합니다. 건방진 생각이지만 솔직히 마라톤과 체력훈련으로 단련된 제 키와 몸매, 인상은 다행히 자본으로 결점을 커버하지 않아도 될 정도는 된다고 자부하니까요. 은근히 중학 시절 근처 고등학교 누님들에게 〈X 동생〉으로 간택(揀擇?)되어 강제로(?) 맛있는 걸 많이 얻어먹은 기억도 있고, 젊은 시절 꽃미남, 또는 조각 미남(?) 선생이라는 소리도 들은 적이 있어(죄송합니다. 가당찮은 표현이지만 사실 처녀 선생님의 대시(?)

도 몇 번 받았는데 '칸트(Immanuel Kant)'류의 엄격으로 무장하고 있는 제 정체를 알고는 모두 발걸음을 돌리더군요.) 아직은 제가 입고 있는 만 원 주고 산 양복 하나로도 몇백만 원 이상을 온몸에 차고, 걸치고, 낀 사람들보다 더 돋보일 수 있다고 생각합니다. 아하! 백화점 〈VIP 고객〉이란 사람들은 사실은 백화점에서 갖가지 프리미엄 서비스란 이름으로 던진 미끼를 덥석 물어버린 인질, 또는 포로가 아닌가 싶기도 하군요. 아니, 제 솔직한 생각으론 백화점에 주는 수익의 크기에 따라 1, 2등급으로 관리되는 한우 갈비쯤으로 취급되는! 참으로… 죄송하긴 한데 제가 만약 VIP로서 그런 대우를 받는다면? 아이쿠! 오싹 소름이 끼치는군요. 단언하지만 백화점을 몽땅 공짜로 준다고 해도 단칼에 거절하겠습니다. 그건 차라리 모욕이니까요.

제가 눈이 부족하다보니 사람들이 소지하고 있는 옷이나 가방, 용품들을 잘 읽어내지 못합니다. 한껏 멋을 낸 여인이 매고 있는 세련된(?) 가방과 누님이 아주 실용적(?)으로 애용하는 낡은 가방이 어떻게 다른지, 크게 맘먹고 5만 원이라는 거금(?)을 주고 구입한 제 도수 높은 안경과 점잖은 신사가 낀 세련된 안경이 얼마나 차이 나는지 눈치채지 못합니다. 10배, 아니 20배 이상 차이 난다는데 그야말로 수수께끼입니다. 물론 명품은 그 이름에 걸맞은 기업 정신이 집약된 상품으로서 철저한 공정과 품질, 자부심과 찬사로 존재하겠지만, 역시 그런 것과 관련 없이 존재하는 저에게는 한낱 수많은 상품의 한 종류에 지나지 않습니다. 학교 밑 시장의 흔한 메이커 제품과 백화점에서 파는 엄청나게 비싼 제품의 이름이 어떻게 다른지, 왜 그렇게 차이 나는지 알고 싶지도 않습니다. 저에게 명품은 철저히 마틸드의 목에 걸린 목걸이일 뿐입니다. 시어머니 혼수 가방이 몇백만 원이나 하는 것은 시어머니 스스로 자신을 모독하는 것 같군요.

마라톤을 하고 있어서 그런지 누군가가 세상에는 딱 두 종류의 사람이 있다고 하던 말이 떠오르는군요. 〈나이키(NIKE)〉를 신은 사람과 그렇지 못한 사람! 승리의 여신인 '니케(Nike)'의 날개를 형상화했다는 엠블럼(emblem)은 그냥 운동화가 아니라 고귀한 신분을 나타내는 상징이라고까지 하더군요. 하지만 전 그렇게 뻥튀기된 나이키 〈반의 반값〉에도 미치지 못하는 우리 지역의 덜 유명한 메이커 운동화를 신고 있지만 스스로를 박빡하고 좀스럽다고 생각하지 않습니다. 몇 년째 해운대 달맞이 고개를, 백양산 산악을 타고 있지만 튼튼하고 다리를 잘 받쳐주고 있어 언젠가 대회에 출전할 때 문득 뽀뽀를 한 적도 있지요. 비싼 유명 스포츠웨어가 아닌, 재래시장에서 파는 만 원짜리 체육복을 입고 있어도 선생님들이 잘 어울린다고 해주셔서 더욱 당당합니다. 아니, 그런 것들 대신 시간을 종횡(縱橫)하는 선각(先覺)들과 교우하며 흐흥흐흥 희롱을 즐기는 놀이에 빠졌다고 착각(?)하기도 합니다. 소득이 늘었다고, 삶을 즐긴다고, 과시한다고 정신이 아닌 물신주의(物神主義)로 치장한 시대의 몰개성적 사치는 그야말로 미개인들의 치졸한 맹신에 다름 아닙니다. 일부 사람들은 이미 마취된 맹신도의 모습을 보이기도. 만약 저에게 그렇게 많은(?) 급여를 받으면서도 〈짠돌이〉처럼 계속 소비를 외면한다면 국가 경제에 하나도 도움 되지 않으니까 정당하지 못하다, 그러니까 급여를 반으로 깎아야 한다고 주장한다면 물론, 당연히, 아니 나서서라도 그렇게 하겠습니다만 그래도 여전히 〈장물(贓物)〉이나 다름없는 것들에 엉터리 소비를 펑펑 하고싶은 맘은 전혀 없습니다.

경제와 소비의 함수관계를 잘 알지는 못하지만 조금은 이해하고 있습니다. '케인즈(Keynes)'가 아니더라도 소비가 경제를 떠받치는 기반임을, 소비가 줄면 저성장의 늪에 빠지고, 그래서 나라 경제가 위축되는 건 물론, 사람들의 삶이 어려워져 팍팍해진다는 기초적 사실을. 오히려 재정을 풀고 세금을 깎아서라도 소비를 진작시켜야 한다는. 로또복권도 그 나름의 기여가 있음은 물론. 그러나 도를 넘은 과소비가 과연 정당한가라는 제 생각도 역시 정당합니다.

요즘 신문이나 TV를 보면 안타까운 일들이 참 많습니다. 집값 폭락에서부터 일가족 자살, 청년 실업, 파업, 노인 학대, 성폭력…. 딸의 결혼 상견례를 앞두고 스스로 목숨을 끊었다는 그 사연은 그런 세상의 부당이 가장 선명하게 투영된 안타까운 사연이 아닐 수 없습니다.

사는 게 왜 이리 힘든지! 희망이 없는 것 같습니다. 십 년 넘도록 한 푼도 허투루 쓰지 않고 아끼고 아껴 내 집 마련의 꿈을 키우다 드디어 24평짜리 아파트를 장만했는데 근래 곤두박질쳐서 몇천만 원이나 폭락하는 걸 보면서 무언가 〈정당한 가치〉들이 비웃음당하고 있는 것 같은 기분이 듭니다. 성실과 노력, 절약과 저축, 신뢰와 긍정의 가치들은 이미 시효가 지나지 않았는가 하는. 이래서야 우리 같은 사람들이 희망을 가지고 산다는 것 자체가 희극일 수밖에.

미래를 위한 준비는 하고 계십니까? 7~80년대 소시민들의 재산목록 1호였던 손때 묻은 저금, 적금통장을 잊어버린 건 아닌지요? 〈티끌모아 태산〉이란 구호를 되뇌며 배곯으면서도 푼돈을 모아 저축왕이 되어 국민훈장을 목에 건 앙상한 여공(女工)과 버스안내양의 사진이 신문에 났을 때 우리는 부러워하면서도 눈물을 흘렸습니다. 너도나도 그렇게 살았기 때문에. 저축은 미덕이었고, 오늘의 한국을 일궈낸 밑천이었습니다. 그런데 IMF(외환위기) 이후 경기 회복을 위해 소비 진작(振作)이 정부 중요시책 과제가 되면서 찬밥 신세가 되더니 이젠 빚을 내서라도 소비에 동참하라고 야단입니다. 저축이 차지하던 미덕의 자리는 소비가 대신하고 있습니다.

그야말로 〈빚 권하는 사회〉가 도래한 것 같습니다.

지금은 풍성한 〈잔치의 시대〉가 아닙니다. 대형 마트에 갔더니 카트가 가득 넘칠 정도의 상품을 구입하는 사람들도 있지만 천 원짜리 물건도 망설이며 몇 가지 꼭 필요한 만큼만 구입하는 사람들도 많았습니다. 그것마저 돈이 부족해 아쉬운 눈으로 쳐다만 보는 사람들을 보고는 따라온 그 집 아이의 눈에 세상이 어떻게 비칠까 안타까워 대신 사줄 수 있다면 얼마나 좋을까 생각하고 순간 눈물이 핑 돌기도 했습니다. 분노는 아이의 마음에 주홍(朱紅)글씨로 낙인 찍혀 평생을 강박(强迫)으로 물들일 테니까요. 잔치는 섬세하게 바라본 시대의 정의와 합리는커녕 세뇌와 부추김이 만들고 꾸민 허상일 뿐입니다.

단순 소박하게(?) 말한다면 '케인즈'의 잔치는 아직 멀었습니다. 누가 말하더군요. 저축을 해야 경제가 성장한다는 '스미스(Adam Smith)'의 『국부론(國富論)』을 아직은 금과옥조(金科玉條)로 새길 때라고. 현대의 거대하고 치열한, 조밀한 자본주의 사회에서 국부론은 시대에 뒤떨어진 낡은 시대의 유령에 지나지 않으며 케인즈의 경제학을 바탕으로 재정립해야 한다는 의견에 따를 수밖에 없겠지만, 그러나 우리 사회의 아직 미성숙한 자화자찬과 풍성한 〈묻지마 잔치〉는 스미스를 현실에 되살려 그에게서 일부러라도 혹독한 질책을 들어야 할 겁니다. 지금처럼 후대의 곶감을 미리 빼먹는 우리 도둑(?)들의 전성시대는 조급한 시대가 만들어낸 허상, 가불인생에 다름 아닙니다. 당신의 아들 손자가 당신에게 원망이 가득한 손가락질 하는 그림이 저에겐 선명히 보이는데도….

요즘 은퇴 후 20년 이상의 수명을 평균 수준으로 살기 위해서는 매달 200만 원 이상이 필요하다고 하더군요, 집이 없다면 7억 이상이 있어야 한다는 이야기도. 뭐라구요? 당장 아이들 학원비에다 대출금 이자 내기도 힘든데 무슨 행복한 소리냐구요? 그렇지요? 미래는 고사하고 대출금이다, 학자금이다, 인상된 전세금이다… 생각하면 불안으로 잠을 잘 수 없는데 미래는 언감생심(焉敢生心)이지요. 지금 상태에서 병이라도 난다면…? 정말 끔찍한 일이 아닐 수 없습니다.

  그래도 미래 준비는 꼭 하셔야 합니다. 자녀들을 믿을 수 있는 세월이 아닙니다. 공부만 시켜주고 나머지는 스스로 해결할 수 있도록 해야 합니다. 저도 그렇게 하려고 하지만 두 녀석을 서울로, 해외로 유학 보내며 어쩔 수 없이 재산을 털어 넣고 있습니다. 이 나이에 아직 집도 없는데 말입니다. 이러다 자식은 고사하고 제 미래가 암울하지 않을까 하는 생각마저 듭니다. 자주 아픈데…. 아니, 졸지에 신빈곤층으로 떨어지는 건 아닌지…?

  악착같이 살아야 합니다. 나중 후회해도 때는 이미 늦습니다. 미래 준비는 빠를수록 좋고 수월합니다. 당장 생활 주변에 돈이 줄줄 빠져나가는 구멍부터 냉정하게 살펴보시기 바랍니다.

  (어쩌면 이 글을 읽으시는 분들이 모든 죄악(?)과 책임을 자본(資本)에 두는 편협된 마음으로 이해할 수도 있겠다는 생각이 문득 드는군요. 우선은 그런 시선에서 쓰다 보니 일방으로 흘렀다는 생각은 드는데 물론 세상을 칼날처럼 단절하는 건 어리석은 자의 미망일 뿐이지요. 저는 자본주의에, 특히 우리나라의 경우 그 반대의 시선도 당연하다는 생각입니다. 저는 누구처럼 일방에서 소리치는 어리석은 사람이 되고 싶지 않습니다. 진실은, 삶은 수많은 인과(因果)와 그 조합에서 이루어지고 있으니까요.)

제(33)주 학습지도 계획안

(2012년 11월 5일 ~ 11월 9일)   4학년 2반

≡ 11월 8일(목)은 수능시험이 있습니다. 09 : 40까지 등교하면 되니까 조금 천천히 등교 하도록 합니다.

좀비 전성시대

　가수 '싸이'의 〈강남스타일〉 열풍이 부는군요. 어느 날 아침 일어나보 니 세상이 뒤집힌 것처럼 그렇게 휩쓸며 무슨 조회수 1위니 빌보드 차트 (Billboard Charts) 2위니 하는 말들이 이전부터 당연히 볼 수 있었던 쉬운 일로 여겨질 정도로 폭풍처럼 세상을 강타하고 있습니다. 수갑을 찬 듯 두 손을 앞으로 내밀고 막춤을 추는 모습을 쉽게 볼 수 있고, 그 춤을 못 추는 사람이 없다는 듯 세상 모든 사람들이 로봇처럼 똑같이 추는 팬덤(fandom) 현상을 보면 오히려 공포스럽기까지 합니다. 세상 모든 것이 일률로 도배 된 현대의 초상처럼.

　예전에도 그 비슷한 노래와 춤이 유행을 탄 적이 있었지요. 〈세상은 요 지경〉이라며 어느 여자 연예인이 신나게 춤추며 부르는 모습을 사람들이 흉내 내기도 했고, 〈서울 대전 대구 부산 찍고〉라는 경쾌한 노래(?)도, 그 리고 아직도 선명하게 들려오는 〈마카레나(Macarena)〉라는 스페인 분위 기를 풍기는 노래와 춤, 보기에도 경쾌하고 리듬감이 살아 절로 따라 추고 싶었던 무슨 세모꼴(?) 댄서라든가 하는 춤 등이 우리 사회를 풍미(風靡)하

기도 했습니다. 그러나 그 춤들은 사실 모두 현대의 무의미한 일상에서 작은 반란처럼 한때 불어 닥친 소용돌이에 불과했지만 강남스타일은 그런 수준을 훨씬 뛰어넘는 전지구적인 메가트랜드(mega trends)가 아닐 수 없군요.

그런데 사실로 말하면 저는 요지경도 모르고, 서울 부산을 어떻게 찍는지, 마카레나와 세모꼴 댄스는 어떻게 시작되는지도 모릅니다. 모든 사람들이 당연히 알고 있는 강남스타일이 노랜지 춤인지도 모릅니다. 노래를 5초 이상 들어보지 않았고, 더욱이 춤은 수갑을 찬 듯한 손으로 다리를 들썩이는 그 한 동작만 알 뿐 전혀 따라 할 수 없습니다. 그저 TV를, 컴퓨터를, 신문을 보면 사진이 눈에 함부로 쳐들어왔고, 아이들이 〈오빤 강남스타일〉이라고 하니까 알게 된 수준이지요. 도대체 가사가 있는 노랜지, 두 손을 모은 모습의 막춤이 어떻게 변화되기나 하는지. 어쩌면 요즘 뜻 모를 가사 몇 줄과 '얼씨구, 좋다, 허어, 얼쑤' 같은 추임새 흥에 단순한 리듬으로 구성된 노래인지도 모르겠습니다. 보름 전 금정구민 축제에 참석했을 때도 어느 여성 세 분이 단상에 올라가 강남스타일을 동요 식으로 바꿔 예의 그 춤과 함께 공연하며 흥을 돋우더군요. 동요 식으로 변형했다는 말은 이미 온 세상이 다 알고 있고, 거기서 더 나아가 수많은 모습으로 분화, 발전되고 있었다는 말입니다. 그런데도 전…. 그 노랜지 무용인지에 대해 지구상에서 단 한 명도 거부하는 듯한 반응이 없다는 게 그저 놀라울 뿐입니다. 〈모두모두 대중문화에 손을 조아리고 찬양할지어다!〉인가요?

근래 연예인의 자살이 많아졌다고 합니다. '최진실'로부터 이름도 모르는. 그들의 고통과 절망과 아픔이 얼마나 심했기에! 그렇게 자연인으로서 그들을 동정하면서도 저는 그들의 이름이나 얼굴, 혹은 작품 등에 대해 아

좀비 전성시대 89

는 게 전혀 없습니다. 아니, 솔직히 알고 싶지도 않았지요. 최진실은 하도 이름이 많이 들려서 저절로 알고 있다는 생각이 드는데, 그래도 그가 어떤 사람인지는 역시 모릅니다. 영화나 드라마 등을 하나도 보지 않았으니까 어떤 이미지로 비치는지도 전혀 모르지요. 그래도 얼굴은 알고 있습니다(?). 야구 선수와 결혼했다 이혼했다는 이야기도 아는데 연예인이 그럼 그렇지 뭐 새삼스런 것도 아닌데… 라며 아무렇지도 않게 매정하게 관심을 끊어버렸습니다.

뭐라고요? 모두 다 아는 〈유명인사〉를 모른다니 이상하다고요? 호호! 연예인이 유명인사라는 말은 참 동의하기 어렵군요. 제가 쳐다보고 생각하는 세상에서 바라보면 그런 말 자체가 치욕이며 세상의 저급을 스스로 드러내는 상투어(常套語)가 아닐 수 없습니다. 연예인은 세상을 오늘도 굳건하게 운영되도록 만든 사람이 아닙니다. 유명인사는 인간 무리가 모여 살아가는 오늘의 세상을 만든 사람들이 들어야 하는 말입니다. 국가의 위난(危難)을 헤치며 자신을 희생한 독립운동가를 비롯한 그 모든 영웅적인 사람, 국민들의 삶을 향상시키기 위해 각 분야에서 헌신해온 사람, 또는 질병으로부터 사람들의 생명을 지키기 위해 연구해온 분들, 가슴이 터지는 극한 속에서도 조국을 위해 끝까지 투쟁해온 스포츠인, 한국문화의 심오한 모습을 만들고 지켜온 장인, 가난한 나라에 가서 의술과 교육으로 국위선양과 인류애를 펼치는 분들, 오늘도 밤새워 연구실에서 잠도 제대로 자지 못하고 수백 번 실험에 매달리는 과학자, 각자의 터전에서 맡은 바 일을 열심히 하며 사회에 공헌하는 사람들…. 그들은 오늘의 대한민국을 만들고 지켜낸 위대한 영웅들입니다. 아니, 이름 없이 그 과정에서 사라져 간 사람들이 더욱 위대한지도.

그런 세상에 태어나 무료로 편승하여 덕분에 행복하게 살아가면서도 더욱 이름을 팔아먹는 사람들은 그저 쓰레기… 아니, 차라리 역적이라는 생각이 강하군요. 그들은 아무짝에도 쓸모없습니다. 제법 일가를 이루었다고 흐뭇한 미소를 짓는 다른 많은 유명 인사(?)들도 대부분 제 속에서 내치는데 쓰잘데 없는, 아니 사람들의 의식을 갉아먹는 저질(低質)로 존재하면서도 유명인사라니 진짜 유명인사들이 저승에서 통탄할 일이군요.(죄송합니다. 꼭 그런 것만은 아닌데 제 생각을 강조하다보니 이렇게 진술되는군요.)

저와 성(姓)과 본(本)이 같은 '우장춘(禹長春)' 박사는 평생을 흰고무신으로 지냈지요. 대통령을 만나는 장면에서 본 흰고무신은 참 볼만했습니다. 세상의 유명은 그의 귀에 전혀 들려오지 않고 오직 우리나라 식물의 육종(育種)에만 평생을 바쳤습니다. 그저 바친 것이 아니라 세상이 놀랄 정도로 엄청난 업적을 쌓았지요. 오늘날 우리들이 당연하게 먹는 음식들은 대부분 그가 새롭게 육종시킨 종자들이었습니다. 감자, 배추, 무 등의 채소에서 감귤, 끈질긴 생명력의 꽃씨, 쌀과 그리고 대량생산… 굶기를 밥 먹듯 하던 그 시절 국민들 배를 든든하게 한 어머니 같은 사람이었습니다. 세상이 자기 아버지의 원죄를 비난해도 묵묵히 일에만 몰두하여 굶어 죽지 않게 한. 그는 자신뿐만 아니라 어쩌면 아버지마저 지켜낸 근대 한국, 아니, 당대 세계 최고의 〈유명인사〉입니다. 그러면서도 세상에 자신을 드러내기를 한사코 거부한.

당신은 그 사람 〈고무신〉 근처라도 따라가고 있습니까? 국민 모두를 배부르게 해줬습니까? 무엇으로 유명합니까? 자신의 유명을 위해 노력하지 않았다고 자부합니까? 제가 당신을 쓰레기라고 불러도 인정하고 참회할 정도로 훌륭한 사람이라고 자부할 수 있습니까? 참 씁쓸하군요. 말로서야 멋진 언어와 포즈로 분식(粉飾)하며 찬사와 추앙, 환호와 경애를 받지만, 그건 끼리끼리 상부상조하는 엄청난 과찬의 사교술임을. 그냥 가만히 있으면 오히려 찬사를 받을 수 있을 텐데도 거기서 더 나아가 온통 얼굴과 몸뚱이와 이름과, 그리고 거의 난도질 수준의 저질…. 그런 면으로 저 자신도 먼저 쓰레기라고 할 수 있지만 그렇다고 신이 아닌 인간이란 조건을 들이대며 엉뚱하게 호도할 필요는 없지요.

하긴 막무가내식인 제 생각이 올바르지 않다는 건 스스로도 잘 알고 있습니다. 전 강박이나 이념, 편집, 논리 등의 사항들을 내적으로 충만한 이성을 지렛대 삼아 균형을 잡고 제법 잘 제어하고 있으니까요. 다만 각 개인으로서의 존재는 긍정적인 부분들이 많은 사람들이겠지만, 그러나 사회에 비쳐지는 특성에 따라 새겨놓은 제 마음의 회로(回路)가 그렇게 흘러간다는 말입니다. 어느 누구 하나 그렇게 생각하지 않는다는 걸 또한 생각한다면 더욱. 어쨌든 강한 언어로 특정인을 질책해선지 마음이 편치만은 않군요.(자연인으로서 그녀의 불행한 죽음에 조의를 표합니다.)

유명 인사와 연예 전체의 존재 자체를 부정하진 않습니다. 삶은 다양한 모습을 하고 있고, 그게 우리들에게 재미와 위로, 웃음과 평안, 대화와 결속, 보상과 표상… 등을 주고 있음을 애써 부정하지 않습니다. 각종 대회나 행사들도 그런 삶의 한 부분으로 우리들 곁을 지키고 있지요. 스포츠와 노래와 영화, 유행과 패션과 화장, 음식과 여행과 자동차…. 모든 대중을 상대로 한 카테고리(category)들은 삶의 한 부분으로 우리들 곁을 굳건히 지켜나가고 있고, 삶의 방향을 결정하기도 합니다. 사람들은 그 대중의 첨병 문화를 통해 도약과 활력을 얻음을 부정하지 않습니다. 젊음의 약동과 청춘의 표상, 또는 몸의 문화적 코드로도. 그렇지요. 그건 바로 인생 자체이기도 합니다. 본질적으로 말한다면 대중문화는 인간의 거대한 본능과 관련하여 가장 최전선에서 혈기왕성하게 생산되고 유통, 소비되고 있군요. 제가 무슨 말을 해도 그건 트집, 또는 바위에 계란치기 같은 무모한.

어제도 오늘도 내일도 대중문화는 도도하게 영위될 것이며, 엄청난 에너지로 인간을 휘어잡을 것이며, 그래서 정당성과, 오히려 추앙까지 받으며 불멸의 가치로 이어질 겁니다. 아무도 그 문화를, 존재하는 자체를 부정하지 않는데…. 그런 면으로 저는 반역적인, 반사회적인 폭력범으로까지 매김될 지도.

그러나 삶의 충실(?)한 다른 문화를 압도적으로 내리누르며 사회의 모든 통로를 점령하고 온통 난도질해대는 엔터테인먼트(entertainment) 위주의 대중문화는 결코 제 속에서 용납할 수 없습니다. 제왕적인 무소불위의 권력적 형태로 세상사 곳곳을 장악하고 국민들에게 머릴 조아려 복종을 강제하는 현대에 와서는 더욱. TV를 켜면 유선 채널 전체가 엔터테인먼트와 그 형식의 프로가 온통 차지하고 있습니다. 요즘은 도를 넘은 엽기적인 프로들로 채널 생존의 곡예 속에서 춤추고 있더군요. 마치 복합 엔터테인먼트 전용 몰(Mall)을 작정한 것처럼. 저에게는 다 쓰레기일 뿐입니다. 인간 정신을 좀먹고, 철저히 일률로 타락시키고, 헛된 망상을 심어주고…. 아니 인간의 심오한 정신과 상상력을 일률적인 쾌락 가치로 몰아가는 코드들로 범벅된 엔터테인먼트, 아니 〈딴따라〉는 그 타당한 존재 이유와 은유, 상징, 그리고 많은 이론가, 비평가들의 정당한 해석과 격려와 비판에도 불구하고 결코 받아들일 수 없습니다. 예전 고된 삶과 현실을 따스하게 보듬고 위로해주며 긍정적 의미를 좀 더 많이 가지고 있던 〈연예(演藝)〉 근처에서 훌쩍 떠나 현대의 자본과 첨단 감각과 무조건적인 향유에 영합 되어 저 멀리서도 자체발광으로 빛나는 현대의 엔터테인먼트는 의미 자체도 고급스럽게(?) 치장된 권력의 화신으로 변했는데 긍정적인 의미를 애써 찾는다는 것 자체가 이만저만한 난센스가 아닙니다. 〈군림〉과 〈과시〉와 〈사치〉와 〈차별〉과 〈섹시〉로 치장한 딴따라는 우리를 하인처럼 부리려고만

할 뿐 더 이상 사랑을 필요로 하지 않습니다. 얼굴과 이름을 무한정, 무료로 판매하고, 황금과 권력은 빠짐없이 낱낱이 긁어모으는. 그렇지요. 삶의 위로와 응원으로 존재했어야 할 〈연예(演藝)〉가 오히려 거대한 권력의 주인공으로 뻥튀기되어 마법처럼 대중의 두뇌를 지리멸렬 해체시켜버렸으며, 예언적인 성찰까지도 줄 수 있었던 함축적인 형식을 잘못 이해하여 온통 난장판으로 만들어 대중을 좀비로, 로봇으로 변신시켜버렸습니다. 아이들을 가르치는 교사로선 아이들 유전자에 함부로 새겨지는 대중문화의 그릇된 메시지를 아무 비판 없이 수용할 수 없습니다. 거스를 수 없는 압도적 물결이지만 그렇다고 같이 휩쓸리지는 않겠다는 생각입니다. 물론 제 비판이 다른 교사, 사람들의 다른 생각들까지 간섭한다는 뜻은 아닙니다. 세상 사람들의 생각도. 그건 단지 제 개인이라는 특별한 조건과 반사 속에서 그렇다는 말이지요.

〈혁명은 TV에서 나오지 않는다〉란 책을 동네 주민센터에서 발견하고 제목이 특이해서 빌려 읽은 적이 있습니다. 게을러 다 읽지 못하고 기한이 되어 반납했지만 흥미로운 점이 많더군요. 일상성과 보편성에 가려진 문화의 의미와 문법에 대한 해석이 자못 재미있었습니다.
    그 책의 작가가 내리는 비평은 조금 급진적(急進的)이었습니다. 문화의 정치적 보수화에 대한 비판을 하고 있었기 때문이지요. 아마도 우리들이 무의식적으로 놓치고 있는 엔터테인먼트의 〈정치적 의미〉들을 애써 사람들에게 강요하기 때문인지.
    〈무한도전〉은 신자유주의 시대 한국의 일상과 노동의 모습에서 각자의 선택에 따라 갈라지고, 분할되는 노동자들의 이기적 모습을 통해 비정규직과 계약직으로 대표되는 노동의 형태가 주어질 수밖에 없고, 그 본질적 모순 때문에 자본의 하수인, 또는 권력에 소외되는 아이러니를 보여주고 있다는 해석을 하더군요. 〈나는 꼼수다〉는 트위터나 카카오톡 등을 통한 개인의 행위로 정치를 만들고, 유통하고, 비판하는 스마트한 현대인의 행동에서 성찰(省察)이 아니라 스쳐가는 개인적 직관들에 둘러싸여 체제의 매끄러운 표면을 살짝 스치는 특성으로 자본주의가 이용하기 좋은 성향을 가진 개인들로 분류되고, 그래서 마음대로 조립하거나, 필요에 따라 재분배할 수 있는 인간형으로 만들 수 있으며, 〈슈퍼스타 K〉, 〈위대한 탄생〉, 〈나는 가수다〉 같은 서바이벌(survival) 엔터테인먼트 프로(?)는 전국민을 오디션장으로 몰아넣은 후 다수의 실패를 딛고 하나의 성공신화 판타지를 보여줌으로써 〈만인의 만인에 대한 투쟁〉이란 자본주의 이데올로기 속으로 치환시켜버리지요. 패배자는 못잖은, 아니 더 뛰어난 능력에도 불구하고 철저히 외면되며, 승자는 과분하게 모든 찬양을 독차지하는 집중을 보여줌으로써 은근히 삶을 투쟁이란 난장판으로 몰아갑니다. 모든 엔터테인먼트들의 내부에서 누군가가 시니컬하게 웃는 모습을 잡아내는 저자의 솜씨는 참 훌륭하고 통쾌하기까지 했습니다.

그런데 전에 말했듯 저는 이 프로그램들을 아직 한 번도 본 적이 없습니다. 전국민이 열광하며 본다는 국민 예능을 말입니다. 〈나꼼수, 슈스케, 위탄, 나가수〉 등등의 말이 이 프로그램들의 줄임말이란 것도 일부는 이 글을 시작하면서 알았습니다. 대강으로는 눈치 채고 있었지만.

그런데, 그런데 말입니다. 지은이의 참신한 해석과 시니컬한 태도에 비슷한 비판 의식으로 박수를 보내면서도 〈엔터테인먼트〉라는 연예적 본질 따위를 소재로 삼았다는 죄 아닌 원죄(?) 때문에 차라리 적의를 드러내고 싶을 정도더군요.(사실은 그래서 책을 읽다 띄엄띄엄 그만두기도 했지요.) 물론 그가 선택한 소재와 그 해석이 무조건 잘못됐다는 이야기가 아니라 그저 일견 정당한 면도 있지만 결국은 편협한 제 생각 안에서 받아들일 수 없는 〈

형편없는 것〉들에 대한 관심과 과잉, 친절과 숭배, 그리고 가벼운 〈살짝〉 비평과 해설이 과연 정당한가라는 엉뚱한(?) 생각이 들었습니다. 좀 더 〈치열한 정신이 깃든 문화 양식〉에 집중할 수는 없나, 본래부터 쓸 데 없는 잡담 부스러기 같은 것들을 잡고 왜 그렇게 고생하며 해석해내어야 했으며, 어쩌면 더욱 즐기고 있으면서도 부정적 이미지를 생성해내어 〈비판적인 환호〉를 이끌어내는, 그래서 결국은 대중문화에 대한 사람들의 관심을 고양시켜 적절히 아부하는 행위로 자신을 덩달아 선전하는 게 아닌가란 괜한 억지와 트집을 잡기도 했습니다. 모든 프로그램 제작자들이 그렇게 깊은 상상력과 의미와 파장을 생각하며 만들지 않았을 텐데 말입니다. 아니지요. 겉으로는 현대 사회에 대한 메타포와 비판으로 해석할 수 있는 여지를 새겨놓고 있다고 생각합니다만 사실은 그런 외연의 뜬구름 같은 〈주제〉는 명목상의 과대포장이고 그 속의 〈줄거리〉에서는 교묘하게 더욱 철저히 감각적인 쾌락을 즐기겠다는 음흉한 욕망을 숨겨두고 있지요. 뒷골목에 흉하게 내던져진 쓰레기더미처럼 〈주제〉는 대접받지 못하고 있습니다. 오늘날 작가나 독자 모두 주제는 건성으로, 진지하게 쳐다보지 않습니다. 저는 지금의 시대가 주제는 휘발되고 거미줄처럼 번진 스토리와 그 사이사이에 숨겨둔 육체와 쾌락이 풍성하게 번성하는 〈감각(感覺)의 시대〉라고 생각합니다. 주제는 명목상 걸어놓은 그럴듯한 문패일 뿐, 아니 그마저도 요즘은 거추장스러운 듯 아예 내팽개치고 쓰나미처럼 단도직입적으로 눈과 귀로 벌거벗은 오르가즘을 콸콸 쏟아내는 것 같더군요. 너도나도 직설적으로 쳐들어오는 화면과 일체가 되어 어디로 흘러가는지도 모른 채 감각의 제국 속으로 오늘도 내일도 빠져듭니다. 도대체 뭘 봤는지 설명이나 할 수 있을까요? 그래도 예전엔 「아리랑」, 「명랑」 같은 대중잡지에 연재된 삼류 소설, 또는 TV나 라디오 코미디 프로에서도 자신을 낮춘 절도(?)있는 몸짓과 소리로 사람들에게 다가가 겸손하게 나름으로 진지(?)한 주제를 좀 더 이야기하고 있었지만 이젠 그럴 필요가 없어졌다는 듯 맛보기도 없이 곧바로 난장판으로 쏟아붓더군요. 딴은 〈감동〉과 〈진지(眞摯)〉와 〈삶의 투영〉 등등 꾸며낸 끼리끼리 엉터리 수사학을 협찬까지 받으며. 길거리 똥개가 눈 것보다 더 못한 것들이 화려라는 옷까지 입고 첨단을 뽐내는 당당함으로 존재한다는 것 자체가 뻔뻔하고 천박한 시대의 자화상이 아닌가 합니다. 그런 형편에 주제는 무슨!

견고한 이성은 세상에서 추방되고 온통 본능적인 감각과 어디로 떠내려가는지도 모르고 그저 흘러가는 무의미에 중독된 이 비참한 시대! 그렇게 단 한 번도 보지 않았어도 충분히 느낄 수 있음에도 불구하고 무슨 의미가 있는 듯 폼을 잡고 심층적으로 분석하며 양념을 치는 건 돼지 목에 진주목걸이를 걸어주려는 과분한 해석이 아닌가 싶은 생각이 들었습니다. 우리 사회의 부정직한 현상을 자신의 목소리로 멋지게 평결하여 〈과시〉하고는 또 다시 다른 먹이를 찾아 나서는. 아니 지분(持分)을 쌓아놓았다는 〈경력〉, 또는 자신의 독특한 문화 해석에 자아도취하고 있는 일부 사람들처럼. 읽는 내내 검정 양복 윗도리를 입은 사람이 통 넓고 화려한 자수가 새겨진 치마를 입은 것 같이 부조리하다는 생각이 계속 떠나지 않았습니다. 나는 아예 쳐다볼 생각 자체도 않는데 어쩌면 그는 이런 뻔한 엔터테인먼트 프로를 보며 온통 웃기 바쁜 사람은 아닌가라는 쓸데없는 의심까지 더해서, 어쩌면 동료끼리 짜고 치는 고스톱일지도 모른다는. 이런 식의 얄팍한 대중 기호를 소재로 한 비평서는 동시에 그 대중들을 상대로 선전을 하고 있다는 매명의 저의가 뚜렷이 드러나고, 그렇다면 저도 얼마든지 값싸고 시의적절한 가벼운 책 몇 권을 만들 수 있겠다는 근거 없는 자만심도. 물론 대중문화의 압도적 쾌락성에 트집 잡는 제 생각이 전적으로 옳다는 것과는 다르지만. 2천년대 전후로 갑자기 여기저기서 보이기 시작한 〈문화비평가〉인가 뭔가라는 일부의 사람들은 대개 비평가라기보다는 비평을 핑계 삼아 자신을 과시하여 매명하려는 부류로 비쳐지는 건 저 만의 생각은 아닐 겁니다. 그들이 문화비평가라는 타이틀을 달고 출발하던 시대부터 뭘 하는 사람들인가 유심히 살펴봤는데 역시나 〈대중문화〉, 또는 〈섹스〉, 〈정치〉, 〈스포츠〉 같이 논란이 될 만한 것들만 찾아 요리조리 그럴듯한 멋진(?) 언어로 조립하여 최종(?) 평결을 내리고는 또 다른 먹이를 찾아…. 그래서 지금은 그렇게 이미 세상에 지분을 차지했다고 딴은 착각에 빠진 또 다른 ○○○군, △△△양들-, 논리는 국외자인 제가 봐도 참 민망한 수준에서 머물고 온통 얼굴을 팔아먹기 바쁜. 누가 말했던가요? 〈먹잇감에 덤벼드는 똥파리들!〉

(아, 이 책의 저자는 이름마저 벌써 잊어버린 전혀 모르는 사람이고, 내용도 많이 잊어버린…. 사실은 다른 모든 부류를 빙자하여 말하고 있으며, 앞서 예를 든 ○군, △양들에 비해 자신만의 사고와 논리와 비판이 읽는 중에도 꽤나, 아니 매우 보기 좋은. 특히나 연예, 엔터테인먼트가 현대 사회 조직 속에서 획득할 수밖에 없는 정당한 근거라든가, 그 존재 방식의 틀로서의 의미 등등 당연히 세밀한 분석과 판단을 거친 논리로서보다 저처럼 즉각적인 〈감각〉과 〈호불호(好不好)〉로 존재가치마저 재단해버리는 오류 등에 비해서는 월등한).

오늘날 엔터테인먼트 문화의 본질을 꿰뚫는 의미 축(軸)의 일부를 저는 〈육질문화(肉質文化)〉라는 두터운 지방질로 이해하고 있습니다. 누가 그렇게 이야기한 사람이 있는지는 모르지만.

전통적인 문화는 사람들의 눈으로 이해되기보다 머리로 그려내는 본질을 가지고 있지요. 음과 선, 형과 색체…. 사유(思惟)와 고독, 치밀(緻密)과 정태(靜態)…. 이미지와 상상력, 직관과 감각의 세계에서 문화의 폭과 깊이를 아우르고, 그리하여 인간 정신의 깊은 울림과 자기 초월, 그리고 단아한 형식미를 확장 시켜왔습니다. 얼마 전까지 우리는 그런 문화의 향기를 음미할 줄 아는 〈文化人〉이었습니다. '서정주(徐廷柱)'의 「국화 옆에서」를 읽으며 언어의 음영 깊은 곳에 심어진 심미(審美)와 윤회(輪廻)의 간극 사이에서 울리는 이미지를 건져 올려 마음결에 정갈하게 새겨놓을 줄 알았고, 아이들이 진지하게 부르는 동요 「꽃밭에서」를 들으며 그 단순한 구조 속 깊은 바닥에 어쩌면 전쟁터에서 죽은(?) 아빠에 대한 절제된 원망이 6/8박자 느린 음의 고저 깊은 곳에 침윤(浸潤)되어 있음을 눈치채고 아릿한 아픔에 눈꺼풀을 파르르 떨기도 했습니다. 뿐만 아니라 대중문화에서도 우리는 그렇게 마음 속 깊은 곳에서 감동을 찾아낼 수 있었습니다. 영화감독 '캐롤 리드(Carol Reed)'의 『제3의 사나이-The Third Man』를 보며 엇나간 이별(離別)의 정감을 그 극한까지 끌고 가는 롱 쇼트(Long Short)의 라스트씬이 사실은 전후 오스트리아의 암울한 시대상을 흑백의 영상 언어로 풀어내고 있음을 눈치채고 역사와 운명의 아이러니에 무겁게 가라앉는 심상을 지켜볼 수 있었으며, 백 년에 한 번 나올까 말까 한다는 미성(美聲)의 가요황제(歌謠皇帝) '남인수(南仁樹)'의 「山有花」를 들으며 무덤가에 핀 한 송이 꽃 위에 핏자국처럼 선연히 물든 청춘의 아픈 통곡을 발견하고 그 가파른 소릿결 사이마다 새빨간 핏물을 새겨보기도 했습니다. 그렇게 사람들은 문화의 유적지에서 제각기 조각한 인생의 파편들을 건져 올려 아름답게 가슴 속에 담아두고 감동할 수 있었던 〈文化人〉이었습니다.

그러나 오늘날의 문화는 눈으로 바로 보이는 세상 앞에서 즉각적으로 쾌락 세포를 감전시킵니다. 물론 제 편협한 감각과 취향, 과도한 엄숙과 진실 등을 가볍게 누르며 긍정의 고개를 끄덕이게 하는 현대의 전설적 이미지나 메시지들도 보입니다만 대개는 오감(五感)을 매개로 소리와 동작, 현장과 직설(直說), 투쟁과 승패, 즉물(卽物)과 표면, 이벤트와 퍼포먼스…. 다이렉트로 눈앞에서 토해지는 육체(肉體) 언어와 동태(動態) 언어는 현장성을 테마로 삼아 내 몸과 치열한 열교환을 하며 활활 타오릅니다. 이미지는 타버렸고, 메시지는 소음으로, 상상력은 현장성에 재가 되어버렸지요. 모두들 눈앞에서 당장 변화무쌍한 소리와 현란한 파노라마에 강제로 넋을 빼앗겨버렸습니다. K-POP의 쾌락과 맹목(?)으로 엮은, 비유나 상징이 없는 사설(辭說) 같은 소리와(절대로 듣고 싶지 않아 멀리서 침략군처럼 달려오는 소리를 스치듯 한두 번 흘려들은 제 느낌으로지만), 거의 벌거벗은 엉덩이와 허벅지를 틱, 톡 반동시키는 도전적인 포즈에, TV 드라마의 한결같은 미모(美貌) 지상주의와 비현실적으로 정형화되어 반짝반짝 헛돌고 있는 스토리텔링(storytelling)에, 풍자에 미치지 못하는 무의미한 일회용 유행어와 피에로(pierrot) 같은 몸짓을 마약처럼 쏟아붓는 개그에, 정치(精緻)한 마음결 대신 가벼운 일과(一過)성 고발과 거친 문법, 적나라한 모션의 이미지로 범벅된 영화에, 섹스와 배설과 가벼움과 과소비로 무장한 인터넷에, 평균으로 도배된 우민(愚民)과 잡담과 언어오염을 공중에 마구 뿌려대는 방송에, 고뇌 없는 직설(直說)과 단문의 트위터, 카카오가 사람들의 상상력을 깔아뭉개고 순간의 욕망을 속사포처럼 쏘아대는 스마트폰에, 〈나꼼수〉의 (아마도) 거침없는 말과 풍자와 조롱에, 승부와 흥행, 자본이라는 화려한 퍼포먼스에 깔려버려 이마를 흐르는 땀방울의 순수한 열정을 왜소하게 만든 스포츠에…. 그런 기름기 두터운 육질(肉質)문화는 스스로를 한갓 값싼 소비재로 격하시키고, 언제든 하인처럼 부려먹을 수 있는 하위개념으로 정의해버렸습니다. 바야흐로 문화는 그 어떤 고상한 영역이라도 재미, 오락, 유머, 섹시… 들과 결합하지 않고선 대중의 호응을 받을 수 없게 됐으며, 호황을 누릴 수도 없습니다. 도처에서 〈이벤트(event)〉라는 명목으로 벌거벗은 욕망이 질주하고 있고, 하도 우려먹어 식상한 〈패러디(parody)〉를 아무런 의미 없는 행위에도 접목시켜 마치 어떤 의미가 있는 것처럼 정신없는 요란으로 압박하고 있으며, 주제넘게도 간교한 마음을 숨긴 채 욕망의 그물을 끌어들이는 〈퍼포먼스〉가 설익고 조악하고 풍성한 육덕(肉德)만큼이나 짜릿한 전압으로 피곤과 폭력을 감전시키며 일상을 습격하고 있습니다. 어제의 문화인은 오늘날 바쁜 〈일상인〉이 되어 그 모든 문화를 섭렵한다고 잠시도 쉬지 못합니다. 정관(靜觀)은 비효율적인 구태가 됐고, 장인(匠人)은 무대에서 내려온 삼류 배우보다 못한 기성으로 찍혔고, 청정(淸淨)은 마구 쏟아내는 원색의 배설물에 익사해버리고 말았습니다. 문화는 시대를 잃어버리고 모두 박물관이나 기억 속으로 이장되고, 〈일상(日常)〉이 그 자리를 차지하고는 대중들을 선도하기 위해 호화찬란한 물량과, 직설적인 언어와, 즉물적인 행동으로 오늘도 시끌벅적, 야단법석, 박장대소, 백가쟁명, 부화뇌동, 요절복통, 자화자찬, 적반하장, 방약무인, 좌충우돌… 그야말로 점입가경이군요. 엔터테인먼트들의 〈肉質文化〉에서는 썩은 악취가 진동합니다.

요즘 신기한 공익광고 하나를 발견했습니다. 현대모비스에서 제작한 〈노벨프로젝트〉란 이름의 공익 캠페인 광고인데 주제가 〈아이들에게 과학을 돌려주자〉입니다. 콧물 흐르는 아이들이 높은 담벼락에서 낙하산을 매단 달걀을 떨어뜨리는 화면 위로 〈예전에는 많은 아이들이 과학자를 꿈꾸었는데〉란 소리가 나오다 곧바로 화려한 사이키 조명 아래 현란한 무대 옷을 입은 소녀와 소년이 나와 멋진 춤과 기타를 치는 화면으로 바뀌며 《그런데 언제부턴가 아이들이 같은 꿈을 꾸게 되었습니다. '아이돌'도 필요하지만 우리에겐 더 많은 '과학자'가 있어야 합니다》란 말로 끝맺는. 그야말로 아이돌로 대표되는 엔터테인먼트의 압도적 공격에 시들어가는 과학-, 학문과 문화를 되살려야 한다는 은근 화법이 탱크처럼 꾸짖는 질책으로 자꾸 눈에 들어왔습니다. 힘든 삶에 대한 긍정과 위로 같은 순기능에도 불구하고 전염병처럼 세상을 뒤덮어 군림하는 그 역기능으로 말미암아 개개인이 가진 본래의 원대한 정신들을 갉아먹고, 가두어버리고, 폐기해버린 것 같아 그런 부드러운 역공을 한 것이 분명하지요. 근래 소위 부모와 손을 잡고 뜰 기회를 노리는 어린 늑대와 여우(?)들의 전성시대를 정면으로 비판한 최고의 공익광고인 것 같습니다.

현대의 엔터테인먼트는 질책과 비판을 외면하고, 겸손과 분수를 망각하고, 소리가 너무 커지고, 움직임이 거침없이 도전적으로…. 그래서 까지고 건방져버렸군요. 〈호강에 겨워 요강에 똥 싸는〉 이 육질 가득한 불량품들의 난장판은.

싸이의 강남스타일과 막춤도 물론 필요합니다. '김태희'도 필요하고, 〈무한도전〉과 〈도전 골든벨〉, 한류와 스마트폰, 미국 드라마와 세상의 모든 엔터테인먼트도 다 필요합니다. 대중이 모두 학문적 창조나 드높은 인간 정신의 고양에 매달릴 순 없습니다. 마치 모든 국민이 독립투사가 되어서는 안 되듯. 농부, 전기공, 보부상(褓負商), 뱃사공, 주물공장 직원, 카페 여급…. 그런 이름 없는 국민들이 자기 자리를 단단히 지켜야 나라를 지킬 힘도 생기고, 그래서 독립투사의 희생이 더욱 숭고해지고….

그렇지만 미래의 과학, 정치, 예술, 학문, 연구 등의 재능을 펼칠 뛰어난 개인들이 현실에 함몰하여 그렇게 일률적으로 저급한 삶을 소비하는 걸 보면 아쉬울 뿐입니다. 얼마든지 개인의 존엄과 가치를 상승시킬 수 있는데도 불구하고 현실과 일상에 주저앉아 오늘도 내일도 밥만 먹으면 그저 TV 앞으로 가는, 오로지 연예인이 되기 위해 자신을 죽이는 변함없는 생물적 삶을 살아가는 것을 보노라면. 현대는 그렇게 사람들의 정신을 질식시켜야 하는 속성으로 구성되어 있는가요?

⟨생활의 달인⟩이나 ⟨세상에 이런 일이⟩ 같은 프로를 보면 그저 시중의 흔한 사람에 다름 아닌데도 엄청난 집념과 노력으로 상상도 할 수 없는 능력을 보이거나 작품(?)을 만들어내는 사람들을 볼 수 있습니다. 일부러 공중에서 떨어뜨리는 차량의 시선으로 땅바닥에 붙어있는 종이에 쓰인 벼룩만 한 글자를 순간적으로 읽어낸다거나, 시각장애를 가졌지만 부단한 노력으로 전문가 못지않은 연주 능력을 가지게 된 시각장애인 오케스트라 단원들, 폐품과 다름없는 나무뿌리들을 다듬어 멋진 산수화(山水畵)를 만드는 주름 가득한 할아버지의 모습에서 긍정과 함께 인간의 능력이 무한하다는 각성을 일깨워주고 있습니다. 비록 삶의 한 장면에서 단련된 기술로 치부할 수 있겠지만 그 사람들에게는 삶의 정수(精髓)가 직접(集積)된. 단언하지만 모든 사람은 누구나 칸트나 아인슈타인, 원효, 피카소, 주시경, 헤밍웨이, 세종대왕, 베토벤, 장영실…, 전문가나 장인이 될 수 있습니다. 누구나 다 정교한 이성과 합리적인 논리, 섬세한 색과 언어와 음들이 피워내는 마법 같은 감성의 파노라마를 제어할 수 있습니다.

특히 우리나라 사람들은 개개인 모두 뛰어난 이성과 감성을 가지고 있으며, 더하여 끈기와 부지런함과 창의력이 특별하다고 생각합니다. 세상을 살아오며, 사회적 관계 속에서 접해본 개개인은 거의 성자(聖者), 혹은 석학(碩學), 아니 달관한 도인(道人)이나 지사(志士)에 버금갈 정도의 수준을 보이더군요. 비록 이름을 떨치지는 못했지만 방외(方外)엔 엄청난 초인들이 가득합니다. 차라리 유명한 사람들이 그들의 자리를 뺏은 게 아닌가 생각될 정도지요. 얼핏 조금 단순하달 수도 있는 배구나 테니스, 마라톤을 하며 만나본 많은 사람들에서도 도대체 저런 뛰어난 능력을 지닌 사람이 어떻게 이런 곳을 기웃거리고 있나 싶은 경우도 많더군요. 노동판에서도, 문화계에서도. 이름을 떨치지 못해서 그렇지 방외엔 엄청난 지사, 초인,

성자들이 가득했습니다. 오히려 우리 사회 유명인들의 저력은 상대도 되지 않는. 어쩌면 우리의 저변에 산재(散在)한-, 거대한 저수지처럼 잠재(潛在)된 이성과 감성의 전문가들!

자화자찬이겠지만 아마 세상 그 어느 나라도 우리 국민들만큼의 능력을 타고나지 못했다는 생각이 강하게 드는군요. 실제 나라를 잃고, 전쟁의 참화를 거치며 저처럼 옥수수로 만든 멀건 죽 따위나 원조를 받던 세계 최빈국이었던 우리나라가 단기간에 세상을 선도하는 첨단 산업부국이 되어 모든 세상의 부러움을 한몸에 받고 있는 기저(基底)에는 우리나라 국민들의 뛰어난 능력과 도전 정신이 바탕으로 하고 있기 때문입니다. 만약 외국의 침입으로 나라에 큰일이 생긴다면 우리 국민 모두는 전쟁의 배경과 피아(彼我)의 장단점(長短點)을 정확히 진단하고 그에 따른 치밀하고 압도적인 과단성으로 준비하여 극복해낼 수 있을 겁니다. 세상 모두가 머릴 조아려도 모자랄 이순신 장군이나 세종대왕이 따로 있는 게 아닙니다. 미리 자신을 소심하고 용기 없는 소시민으로, 예술적 감성이나 재주가 없다는 자격지심으로, 새롭게 도전할 만한 여건이나 추진력이 없다는 패배주의로 언감생심 꿈도 꾸지 않기 때문에 현실에 함몰되어버리곤 합니다. 자신을 완성한 훌륭한 사람들은 지리멸렬한 나와 하나도 다르지 않습니다. 인간은 놀랍게도 모두 우주의 차원을 바꿀 수 있는 초인(超人)입니다. 세상은 초인으로 가득 차 있습니다. 지금 바로 당신의 머릿속에는 초인의 뇌관이 스파크(spark)를 일으키기만 기다리고 있습니다.

그러나 시각장애인이나 손가락 없는 사람이 악기를 자유자재로 다루기 위해서는 그야말로 엄청난 고난과 눈물의 과정이 있어야 합니다. 인생의 성패는 그런 자기 초월의 열정에 달려있습니다. 연예인 이름이나 알고, 싸이의 막춤을 잘 춘다고 그런 완성이 오지 않습니다. 아니, 좀 더 강하게 말한다면 그런 것들은 꿈과 열정을 포기해버린 기성의 안일과 고집과 무례가 만들어낸 그림자 같은 유령극이며 마취제를 흩뿌리는 장송곡일 뿐입니다.

　그렇군요. 혹자는 지금의 우리나라가 새로운 문화융성기를 맞이하고 있다고 부추기고도 있습니다. 과연 그 말이 맞군요. 근래 경제발전과 관련하여 우리나라에서 나타나는 괄목할 만한 현상들을 보면 이전에는 꿈도 꿀 수 없던 일들이 일상처럼 벌어지고 있습니다. 거의 폭발적이라고 해도 틀리지 않을. 역시 우리 국민들의 뛰어난 능력의 일단이겠지만.
　우리의 가요는 출발부터 비극적인 정한(情恨)에 사로잡혀 유랑과 눈물, 절망과 자학(自虐)의 감상주의에 매몰되어 왔지만 근래 자신만만한 우리 젊음들의 도전과 결합하여 〈K-팝〉이란 국가적 트렌드로 성장하여 세상을 휩쓸고 있습니다. 유럽 화려한 클럽에선 오늘도 우리 아이돌 가수들의 노래가 스피커가 터질 듯 빵빵 울려오는 가운데 흥겨운 춤과 함성으로 가득하고, 사람들이 노래를 배우려고 한글을 배운다는 말이 있을 정도입니다.
　값싼 자본으로 짧은 시간에 뚝딱 만들어낸 영화 속에서 〈사랑에 속고 돈에 우는〉 정형화된 화면만 보여주던 우리 영화계가 2천 년대로 접어들며 새로운 감성으로 무장한 스토리텔링(storytelling)과, 정교한 촬영기술과, 시대의 관심을 정확히 포착해낸 시점으로 흥미진진한 화면을 펼치며 꿈도 꾸지 못하고 부러워만 하던 헐리우드(Hollywood)의 대작들을 밀어내는 기적을 일으키고 있습니다. 「겨울여자」가 60만 관객으로, 「서편제」가 100만 관객을 돌파했다고 화제를 일으키던 때가 오래지 않았는데 이젠 1000만을 쉽게 넘기는 작품들이 여럿 나오고 있지요. 외화 쿼터(Quota)에 목매던 게 엊그젠데 이젠 할리우드 거대 제작자들이 만든 초호화 대작들도 스크린 확보가 쉽지 않다고 푸념할 정도니까 얼마나 그 저변이 넓어졌는지 확실히 알 수 있습니다.

TV 드라마는 국내에서 방송되자마자 외국 TV에서 바로 방영되고, 더하여 비디오나 DVD로 무한 복제되어 아프리카 밀림이나 시베리아 유목민 천막에서까지 사람들이 둘러앉아 장동건과 이영애의 상큼한 사랑 놀음에 정신을 놓고 있습니다. 한류(韓流)란 이름으로 우리의 가수, 배우, 탤런트들을 보기 위해 패키지 해외여행으로 우리나라를 찾는 사람이 부지기수며, 덩달아 한국문화를 공부하려는 사람들이 밀려들고 있습니다. 외국 유명대학에 한국학, 한국문화 강좌가 속속 들어서고 있으며 한국 관련 논문이 넘쳐난다는 이야기도.

꾀죄죄한 의료 시설로 겨우 피부에 난 상처나 치료하던 우리의 뒤떨어진 의료계는 오늘날 최첨단 시설과 기술로 무장하고 밀려들어오는 외국의 유명 인사들을 차례 세워 진료하고 있는 형편입니다. 외국에서는 포기해야 했던 환자도 우리나라에서는 거뜬히 치료하기도 하지요. 신묘한 의술이 아닐 수 없습니다. 그래서 외국 의사들의 필수 이수 코스로 우리나라에 부지기수로 연수하러 오고 있다고 합니다.

미로 같은 도심을 빈틈없이 경유하는 지하철은 외국에서 그 슈퍼 시스템을 서로 배워가려고 다투며, 의료보험 서비스는 부럽다 못해 몰래 불법으로라도 들어와서 치료하려고 안달이며, 시내버스 정류장 안내 모니터, 인터넷, 첨단 전자기기, 성형, 그리고 새롭게 조명되는 한옥과 한식과 한복…. 사회 각 분야에서 우리나라의 질 높은 문화는 상상을 초월할 정도로 세상에 잘 알려져 있습니다. 그야말로 한류 열풍이 세상을 집어삼키고 있지요. 이 조그만 나라에서 말입니다.

우리 역사에서 우리의 문화가 이렇게 세상을 휩쓸던 적이 있었던가요?

그러나 그렇더라도 역시 한류는 대부분이 소비적인 부문에 편중된 〈대중문화〉임이 틀림없습니다. 그걸로 세상을 정복한 듯 착각하고 있지요. 아니, 건방이 넘친다고 할까요? 세상에는 그런 것에는 전혀 관심을 두지 않는 사람들이 많습니다. 당장 저처럼 영화배우나 가수 몇 명밖에 이름도 모르는 사람들이 많습니다. 제가 가장 존경하는 사람은 연구실에서 오직 자기 일에만 몰두하는 사람입니다. 그렇군요. '마리 퀴리(Marie Curie)'! 예전 교과서에 러시아 장학관이 학교로 시찰을 나오면 재빨리 폴란드 교과서를 러시아 교과서로 바꾸고, 장학관 앞에서 역대 러시아 황제의 이름과 황실의 인명, 지위를 줄줄 외웠다는 이야기가 있었지요. 장학관이 돌아가면 서럽게 울었던 주인공이 마리 퀴리였다고 알고 있습니다. 세상이 모두 개인의 행복한 삶에 가치를 두고 있던 시절 퀴리 부인은 방사선이 자기 몸을 파괴하고 있음을 알면서도 부실한 환경에 굴하지 않고 방사선에 파고들었습니다. 오히려 목숨을 주고라도 대신 눈으로 볼 수 없는 신비한 방사선의 맨얼굴을 보려고 했습니다. 노벨상을 두 번이나 받았을 정도로 역사상 여성으로서는 아마도 최고의 슈퍼우먼이 틀림없을. 퀴리 자신은 방사선에 의한 백혈병으로 죽어가면서도 《머리가 어지럽다… 라듐과 메스트륨을 섞으면 요쿠르트를 만들 수 있을 거야. 아마 38°로 가열하면 성공할 듯한데… 물을 마시고싶구나!》라는 최후의 말을 남겼다고 합니다. 그렇군요. 오늘날 우리는 그의 목숨과 바꾼 원자력과 X선을 실컷 향유하고 있군요. 그렇게 선각의 영웅들은 죽음을 뛰어넘는 《불굴의 정신》으로 살았습니다. 아니, 자신은 몸의 껍데기를 벗어버린 대신 사람들을 미래로 초월시킨 신(神)적인 존재였다고 할 수 있습니다. 그러나 현대의 유명한 사람들이 그렇게 살고 있다는 소리는 단 한 번도 들어본 적이 없습니다. 건강진단으로 X-레이는 열심히 찍으면서도 누가 외국의 유명한 고급차를 소유하고 있다는 처참한 이야기들만. 그야말로 《불구의 정신》들이 세상을 가득 채우고 있군요.. (저는 1943년 미국 MGM사에서 제작한 '마빈 르로이(Mervyn LeRoy)' 감독의 흑백영화 『퀴리부인-Madame Curie』을 소장하고 있습니다. 퀴리 부인을 연기한 '그레아 가슨(Greer Garson)'의 불굴의 정신과 죽음을 지켜보며 눈가가 벌겋도록 눈물을 흘린.)

오늘날 우리 시대의 퀴리들은 가정을, 국가를 위해 삶의 현장에서 고단한 땀을 흘리고 있습니다. 그들은 유명을 바라지도 않고, 풍족을 위하지도 않습니다. 겨우 가족을 위해 몇 평의 집과, 음식을 구할 뿐입니다. 그게 인류의 발전에 헌신하는 올바른 방식이지요. 그 이름 없는 영웅들은 제 목숨을 바쳐서라도 받들어 모시고 싶습니다. 극단적으로 말해 배가 난파되어 이름을 드날리는 유명 문화인, 정치가, 예술가, 교수, 배우, 가수, 작가, 재벌 등등이 죽을 처지에 놓였다면 전 그들은 제쳐놓고, 아니 고귀한(?) 얼굴을 짓밟고서라도 단번에 꾀죄죄한 옷을 입은 단 한 명의 연구원을 구하겠습니다. 저를 포함하여 나머지 사람들은 자신의 이익과 명성과 행복을 위해 엄청난 에너지를 함부로 빨아들이는 지구의 소비자에 머물 뿐 인류의 발전에는 눈곱만큼도 헌신하지 않는 참으로 요란한 악화들로 새겨져 있을 뿐입니다. 말로서야 다양한 찬사 속에 존재하지만.

무척 불쾌하지요? 그렇게 말하는 저 스스로도 불편한데 말입니다. 천박하고 표피적인 한류가 아닌 진정한 한국의 문화와 역사 등을 세계화해야지 그저 철저한 소비와 찰나적 만족, 저급하고 하향적인 《쾌락정신》을 팔아먹는 게 뭐 그리 대단하다고 융성이니 하며 희희낙락까지 하는 모습은 정말! 괜히 〈딴따라〉란 말이 만들어진 게 아닙니다. 프랑스는 예술, 독일하면 철학이 떠오르는데 우리나라는? 아, 아쉽게도 〈한류〉라는 미명으로 팔아먹는 〈딴따라〉와 〈저질〉이라는 투톱(two-top)뿐이군요. 하긴 이 조그만 나라에서 세계를 주름잡는 노래와 드라마 등의 한류(?)가 번성하고 국위선양(?)까지 하는 걸 보면 참으로 대단하고, 그리고 현재는 그걸로 먹고살지만. 그러나 제가 생각하기엔 〈K-팝〉이나 벌거벗은 〈걸그룹〉의 춤 등등으로 대표되는 한류는 그야말로 유통기한이 정해져 있는 한때의 짧은 유령극(Ghost Play)일 뿐입니다. 언젠가는, 아니 몇 년도 지나지 않아 모두 다 떠난 불 꺼진 무대에서 엉거주춤 탄식할 게 뻔한. 은근하고 속 깊은 한류가 아닌 지금의 〈발딱 쇼〉 같은 3류 쾌락 문화로 영원히 호가호위(狐假虎威)할 수는.

우리 아이들은 연예와 패션과 만화와 스포츠와 드라마와 스마트폰… 등 오직 화려하고 자체발광으로 빛나는 소비적인 범주에 온전히 빠져있습니다. 그 나이에 당연한 일이고, 얼마든지 그럴 수도 있겠지만, 소비적 감각만 발달된 불균형은 아쉽기만 합니다. 통상 재주 많은 아이들과 관련하여 많이 쓰이는 〈-끼〉, 〈-꾼〉, 〈-둥이〉란 소리를 듣는 아이들은 모조리 연예적인 재주를 가진 아이들을 가리키는 말로 굳어진 것 같군요. 왜 과학과 예술과 학문과는 관계없는 말로 한정되어버렸는지. 그렇군요. '피카소(Pablo Picasso)'는 〈모든 어린이는 타고난 예술가다. 그러나 미래는 어찌 될지 알 수 없다〉고 했습니다. 누가 책임져야 할까요? 당연하지요. 모두 유령처럼 죽어버린 어른들의 무책임이 일찍부터 아이들을 화려한, 아니 섬뜩한 《딴따라 새끼 좀비》로 만들었습니다.

미래를 창조해나갈 인재들은 지금 이 순간에도 그런 어리석은 생각들을 비웃고 각자의 터전에서 자신을 혹독하게 연마하고 있습니다. 초등학교 아이의 과학탐구 수상논문을 보면 전문 학자에 못지않을 정도로 정교하고, 운동에서 강세를 보이는 아이를 보면 허약한 어른은 꿈도 꿀 수 없을 정도로 엄청난 기능을 보이고 있고, 현란한 악기 솜씨를 가진 아이의 연주는 신의 숨결처럼 느껴질 정도입니다. 그 나이에 벌써 몇백 권 책을 읽은 아이는 속이 얼마나 깊은지 얕은 정신으로 살아가는 우리 어른들마저 한없이 부끄럽게 하고 있습니다. 그런데도 우리의 아이들은 비참할 정도로 초보적인 글쓰기조차 되지 못하고, 겨우 운동장 5바퀴에도 지쳐 쓰러집니다. 아니, 자기의 재능이 무언지도 모릅니다. 모두 스마트폰으로 잡담과 게임, 만화와 동영상, 가요와 연예, 사진과 노래…. 휴식과 충전이란 미명으로 마구 소비재를 빨아들이는 일률적인 행태를 보이며, 창조와 노력과 성취와 습득이란 부분에서 조금이라도 남들보다 앞서는 아이가 아예 없이 하향평준화된 것을 보면 미래의 모습을 예감할 수 있을 것 같기도.

전에도 말했듯 '레오나르도 다빈치'는 넘치는 인간의 에너지를 쏟아 세상을 탐험한 진정한 영웅이었습니다. 물리학과 의학, 천문학, 공학 등의 과학과 철학, 음악. 미술, 시 등의 예술…에 자신의 에너지를 융합시킨. 우리나라에도 그에 못잖은 영웅들이 많습니다. 정조임금 시대 목민심서(牧民心書), 경세유표(經世遺表)를 비롯한 뛰어난 저작물과 거중기, 천연두 치료법 등의 과학과 실용기술의 발명, 발견으로 오늘날 다산학(茶山學)이란 이름으로 세계의 관심을 받을 정도로 크나큰 업적을 쌓은 '정약용(丁若鏞)', 양반 시대와 천민 출신이란 벗어날 수 없는 족쇄를 뛰어넘고 혼천의, 자격루, 측우기 등 시대를 앞선 발명품을 만들어 그 시대 조선의 위상을 한껏 떨친 '장영실(蔣英實)'! 어쩌면 그들은 우리 역사에서 초극(超克)의 정점을 보여준 가장 장쾌한 상징이 아닐 수 없습니다. 조선이란 폐쇄적인 나라에서 어떻게 그런 사람들이 등장할 수 있었는지! 통찰력이 뛰어났던 '스티브 잡스(Steve Jobs)'는 〈언제나 죽음을 생각해야한다〉고 했지요. 그래서 더욱 심오한 통찰을 할 수 있었던가요? 시시각각 다가오는 무서운 멸망의 전주곡을 들으며 주어진 시간이 바늘 끝처럼 짧아지고 있었지만 대중들처럼 한순간도 허비하지 않았습니다. 컴퓨터와 아이팟과 스마트폰….

결국 그들은 꿈에서나 가능할 법한 일들을 가능하게 해준 마법의 삶을 산 사람들이었습니다. 시간을 정복한 고대와 근대, 현대의 영웅들입니다.

그러나 우리 대중문화의 화려한(?) 유명인사들은 흡혈귀처럼 빨대를 우리 뇌에 깊숙이 박아 맛있게 빨아먹으며 시간의 변두리에서 헤매는 〈허깨비〉로 만들었을 뿐입니다. 좀비가 따로 없습니다. 세상 사람들은 그렇게 허망하게 재능을 강탈당하며 오늘도 내일도….

인간과 인생, 그리고 자연스런 삶을 거스르며까지 무모할 정도로 대중문화에 대한 부정과 외면과 질책을 이야기했군요. 어쩌면 막말까지도. 이야기가 길어지니까 그렇게 제 논리도 점점 뒤죽박죽 억지와 고집으로 흐르는 것 같습니다. 그러나 분명히 그런 점을 내포하고 있음도 사실이기 때문에, 그래서 당연히 절대(絶代)는 강요할 수 없지만, 그러나 절도(節度)는 이 경우 거의 강제되어야겠다는 생각까지도.

자본주의에 마취된, 아니 솔직히 말한다면 《최적화》된 현대인들의 민낯에 대해 불편하지만 이야기하는 사람이 과연?

그런데 최적화라니까 갑자기 어떤 〈풍경〉이 떠오르는군요. 생뚱맞은 것 같기도 하지만….

우리의 저 '이상(李箱)'이 모든 것을 빼앗긴 일제(日帝)라는 시대에 맞서 장난과 유희, 현학(玄學)과 조립(組立), 피곤과 충동으로 세상을 모멸(侮蔑)시키다 레몬 향기를 맡으며 스스로를 위로하고 죽어갈 때, 아니 창백한 얼굴의 '카프카(Frantz Kafka)'가 우울한 프라하의 하늘을 쳐다보며 성(城)에도 들어가지 못하고, 비참한 벌레처럼 변신(變身)하다 끝내 모멸에 가득 찬 심판(審判)을 받고 내면의 지하실에 갇혀 칼로 심장을 찔려 죽어갈 때 배부른 흡혈귀들은 카페에서 술을 마시며 브라보를 외치는. 모두들 사교와, 편리와, 과식(過食)과, 향유(享有)와…. 너무 많이 〈당연〉으로 만들어버린 것들의 사용허가증을 가진 듯 온통 휘두르며 저를 포위하고 구토를 유발시키는 것 같습니다. 자신이 세련되고 화려한 현대인 자격증을 소유한 듯 트위터, 카카오로 파편화된 기호들을 기관총처럼 허공으로 〈타타타타〉 하루 종일 쏘아대고, 너나없이 무한정 만들어내 온통 인플레된 화려한 컬러 사진들이 눈을 찌르듯 〈차르르〉 허공을 날아다니고, 게임 속 정신없이 번쩍이는 광선총의 귀를 찢는 폭발 소리와 강렬한 원색이 천둥 폭포처럼 사람들 머리 위에서 〈번쩍번쩍 반짝반짝〉 어지러이 휘날리고, 무슨 파노라마 화면처럼 멋대로, 함부로 만들어진 동영상들이 숨을 곳이 없다는 듯 〈구석구석 가득가득〉 아니, 〈호화찬란〉하게 영사되고 있습니다. 오늘날 도처에서 고양된 감각들은 넘치고 홍수를 이루며 《실존의 환희》에 흠뻑 젖어있는데 역설적으로 무위로 떠나간 창백한 얼굴의 이상과 카프카! 그들이 그 모든 현대인의 〈가득한 당연〉에 대한 대가로 《실존의 부정》을 흠뻑 뒤집어쓰고 학살당한 것 같다는 생각을 아무래도 떨쳐버릴 수 없습니다. 그들에게 아무도, 단 한 명도 책임을 통감하고 돌아보지 않는데 말입니다. 어쩌면 〈하나도 당연하지 못한〉 정신이어서 위험인물로 사형선고를 받은 건 아닌지. 날개를 달고 탈출과 해방을 꿈꾸는 '나'처럼, 갑충(甲蟲)의 껍질을 벗고 그저 햇빛 비치는 거리를 소풍 가고픈 '그레고르 잠자(Gregor Samsa)'처럼 그렇게 순교할 수밖에 없는, 그래서 아무도 모르게 새겨놓은 이상과 카프카의 〈계시록〉은 아닌지. 아무래도 저 혼자라도 대신 그들의 순교(?)를 위로해야 할 것 같습니다. 가득한 《당연》에 대한 대가는 우리들에게도 언젠가 절대적인 《냉정》으로 돌아올.

　삶이 어쩌면 이토록 허상에 빠져 모독으로 가득차버렸는지!

카르페 디엠(carpe diem)! 현대 문화의 교묘한 사탕발림에 속아 넘어가 함부로 시간을 죽이고, 세상과 역사의 수많은 기미(幾微)들을 외면하고 신나는 강남스타일만 죽어도 고집하는 오빠처럼 세월을 소비하는 사람들을 보며 영화 『죽은 시인의 사회-Dead Poets Society』에서 키팅 선생님이 들려준 《지금의 순간에 충실(充實)하라》는 명구가 새삼 떠오른 게 과장만은 아니란 생각이 드는군요. 어쩌면 충실마저도 〈enjoy-즐겨라〉로 모조리 바꿔치기해버린 이 악랄한!

※ 현대의 모든 사람들이 접하고, 소비하고, 추앙하는 신앙들이 얼마나 허망한 마약에 다름 아닌지 다음에 좀 더 깊숙이 천착해보고 싶군요.

제(34)주 학습지도 계획안

(2012년 11월 12일 ~ 11월 16일)　　　　　　　　　　　　4학년 2반

≡　금요일인 15일 오전에는 서동도서관에서 〈독서교실〉을 실시합니다. 각자 도서관의 역할을 알아보고, 유인물로 나눠준 읽고 싶은 책 목록에 따라 읽어보는 기회를 가졌으면 합니다.

시간의 미망(迷妄)

날이 무척 차가워졌습니다. 제 감각으로는 낮의 따스함이 교실을 답답하게 하고 있어 아직도 반소매 옷의 유통기한이 남아있다고 생각하는데 갑자기 두툼한 패딩 점퍼나 오리털 파커를 입고 다니는 게 자연스러워졌군요. 가게에서는 부쩍 등산복과 전기 매트가 많이 보이고. 계절은 명확한 경계가 없는 탓인가 합니다.

저번 주 목요일은 조금 추운 날이었는데 어느 모임에서 술을 많이 마시고 집에 늦게 돌아와 취한 그대로 바닥에 쓰러져 잤습니다. 그런데 새벽부터 온몸이 떨리고 힘이 빠지며 정신이 어질어질하더군요. 틀림없이 감기, 몸살에 걸린 것 같았습니다. 출근은 했는데 1교시를 겨우 마치고는 도저히 견딜 수 없어 아이들에게 학습과제를 일러주고 보건실에서 전기 매트를 켠 채 오전 내내 비몽사몽 헤맸습니다. 보건 선생님에게서 빨리 병원에 가라는 야단을 듣기도. 점심도 먹지 않은 채 계속 누워 아이들과 전화로

연락만 하다 수업 마칠 무렵 교실로 올라가 집으로 돌려보내고 시장 안 현대병원에 가서 진찰받고 생전 처음 링거주사를 맞은 후 병실에서 저녁까지 누워있었습니다. 그랬더니 감기 기운이 잦아들며 힘이 나더군요.

그날 저녁 당장 어지럽게 널린 집안을 정리했습니다. 이리저리 널려 있는 반소매나 얇은 옷들을 몽땅 거두어 세탁기에 집어넣고 장롱 속에서 잠자던 겨울옷들을 꺼냈습니다. 얇은 여름 홑이불들도 좀 두툼한 이불로 바꾸어 깔고.

십여 년 전 병으로 고생하던 어머니가 세상을 떠난 후 혼자 살다 환절기만 되면 타이밍을 맞춰 생활의 모습을 바꾸는 게 참 어려웠습니다. 봄가을만 되면 겨울 살림과 여름 살림이 뒤섞여 좀체 적응할 수 없더군요. 게을러선지 쉽게 얇은 옷으로 다니다 갑자기 추워지면 겨울옷들을 어떻게 조합해서 입어야 하는지, 겉옷과 속옷의 매칭과 색상의 조합도 겨울과 여름 동안 죄다 잊어버리곤 하지요.

이번 주 화요일까지만 해도 자동차 좌석이 나무구슬로 된 낡은 여름 방석으로 덮여있었는데 그날 저녁 두터운 겨울 방석으로 바꿔 깔았습니다. 작년엔 차가운 핸들에 섬뜩하며 빨리 바꿔야지 하면서도 자꾸 미루다 새해가 돼서야 비로소 바꾸기도.

얼마 전 아직 어둠이 채 가시지 않은 새벽에 온천천을 걸어 출근한 적이 있습니다. 새벽의 싱싱한 공기는 찌든 정신에 벽력처럼 꾸짖는 느낌이 들기도 하거든요. 그런데 한 무리의 자전거 행렬이 제 곁을 추월하며 지나갔습니다. 미명 속에서도 가로등 빛을 받아 반짝이는 열댓 개의 은색 바퀴들이 쌩쌩 힘차게 돌아가는 모습을 한참 쳐다보다 문득 바퀴가 〈시간〉을 상징한다는 걸 깨달았습니다. 끝없이 돌고 돌며 내뿜는 회전의 소용돌이가 현재를 과거로 밀어내고 미래를 향해 굴러가는. 우리는 시간의 마법에 얽매인 존재임을.

   계절이 바뀌듯 시간은 우리들 곁을 한결같은 흐름으로 둘러싸고 있습니다. 그리고 결코 그 흐름을 벗어날 수 없지요. 그것을 벗어날 수 있는 단 하나의 방법-, 그것은 무(無)로 돌아가는 것뿐입니다. 시간은 〈있음〉의 고리 속에서는 압도적으로 드리워져 있지만 〈없음〉에서는 〈막막〉과 〈먹먹〉이라는 무한대의 함장(陷場) 속에서 아무런 힘도 휘두르지 못합니다. 〈수억 년〉이라 하더라도 그야말로 아무것도 아닌, 〈순간〉에도 미치지 못합니다. 끈질기게 제 어머니의 생명을 위협하다 결국에는 승리의 나팔을 불며 무(無)로 거두어갔던 시간은 일견 승리한 듯 의기양양해 했지만 이젠 반대로 〈없음〉으로 달려간 어머니에게 시간 따위는 이미 아무런 힘도 발휘할 수 없게 됐지요. 하지만 생명과 그 육신을 가진 상태에서는 시간의 수갑을 결코 벗겨내지 못합니다. 슬픈 일이지만 존재하고 있는 모든 것들이 어쩔 수 없이 받아들여야 하는 숙명이지요.

   어린 시절부터 저는 시간과 그것이 깃들고 있는 세상에 관심을 많이 주었습니다. 왜 세상은 시간이라는 마법 속에 한정되어 있는지, 시간의 지평은 우주 너머 과연 어디까지 펼쳐져 있는지…. 시간의 무대인 광대한 우주, 달과 태양, '코페르니쿠스(Nicolaus Copernicus)'와 '뉴턴(Isaac Newton)'… 우리들 작은 인간의 눈높이를 떠나 신과 함께 우주를 종횡(縱橫)하며 거대담론을 주고받는 과학의 세상에 빠져들었습니다. 그에 비하면 인간의 이야기는 깊고 깊은 산 속 외딴 마을의 작은 이야기였습니다. 중학교 때부터 「전파과학」지 등을 탐독하며 미래의 로켓 조종사 꿈을 꾸기도 했지요. 지구 밖에서 지구를 굽어보고 우주를 조망하는.

중학교 때 학생들의 로망이었던 '학원'사에서 4·6배판 특별 단행본으로 펴낸 「20世紀 科學의 오늘과 내일」이란 두툼한 책은 제 좁은 사고의 지평을 넓혀준 보물 같은 책이었는데 군에 갈 때부터 없어져 50년 가까운 지금도 생각나면 찾는다고 열병이 도지곤 하는, 두고두고 아쉬움이 남는 책이었습니다. 지금 보면 기껏 최신(?) 과학계의 동향에 대한 어설픈 해설서 수준이었지만. (그 책을 기억하는 사람이 과연 있을지!) 특히 우주에 관한 이야기들은 글자 하나하나를 달달 외울 정도로 읽고 또 읽었습니다.

그리고 한때나마-대부분 무책임한 속임수(?)로 범벅된-SF소설들을 밤새워 읽기도 했습니다. 은하계 외곽 거대 우주선들의 무덤, 빛조차 빠져나올 수 없는 초중성자 별이나 블랙홀, 존재가 없는 검은 영(靈)의 기운이 지배하는 차가운 성간구름…. 일찍 그런 환상에서 깨어난 뒤에도 「사이언스(science)」지나 「과학 東亞」, 「월간 科學」-지금도 발간되고 있다고 알고 있습니다-등을 정기구독하며 우주와 시간과 인간의 스펙터클을 만났습니다. 그러니까 60년대 나온 「전파과학」과 「과학과 공작」 창간호(創刊號)는 누렇게 낡았지만 아직도 책장을 지키고 있군요. 80년대 초에 창간된 「사이언스」와 중반에 나온 「월간 科學」은 각각 잡지사에서 제공한 바인더(binder)에 몇 권씩 합본하여 지금도 책장 맨 아래쪽을 무거운 行星(예전엔 일본식 명칭인 혹성-惑星으로 불렸습니다만)처럼 차지하고 있습니다. 우주에 관한 영화와 「2020년 우주의 원더키디(2020 Space Wonder Kiddy)」 같은 만화영화도 전편을 녹화하여 아이들에게 보여주기도 했습니다.

아마도 현실에서 패배하고 위축되면서 제 몸을 덕지덕지 감싸고 있는 현실의 허깨비들을 명료한 과학의 칼로 단번에 베어내고 싶은 욕망의 심리학이 숨어 있는 건 아닌지. 사람들의 제각각 다양한 인식을 올바르게 이어주고 해석하려는 철학적 시선, 그리고 현실을 오도(誤導)하는 그릇된 인간사에 함부로 휩쓸리지 않기 위해 정교한 과학으로 무장하려는 두 가지 마음이 이루어낸 이중주는 아닌지. 결국 모든 건 압도적인 생활에 매몰되어 떠내려가버렸고 지금은 허깨비처럼 빈털터리로 남았지만 말입니다. 전에도 말씀드렸지만 단언컨데 과학과 철학은 고고(孤高)한 학문의 씨줄과 날줄로 존재합니다.

인간이 이해할 수 없는, 그래서 영원히 계속되는 질문이 있습니다. 즉 《시간(時間)》이지요. 생각하면 할수록 너무나 아득하고 먹먹한 관념이라서 어림할 수조차 없습니다. 도대체 시간이란 무언가? 시간의 시작과 끝은 있는가? 시간은 거꾸로 흐를 수도 있는지? 시간 여행은 가능키나 한 일인가? 시간은 가당찮은 관념일 뿐인가? 수없는 질문에 대답하기 위해 고대부터 철학자, 과학자, 탐험가… 많은 선철(先哲)들이 나름으로 설명을 했지만, 그렇다고 정확하게 답을 내린 사람은 없습니다. 천재 '뉴턴(Isaac Newton)'도, '아인슈타인(Albert Einstein)'과 '호킹(Stephen Hawking)'도. 시간은 오늘도 변함없이 굳건히….

시간에 대한 가장 오래된 기록은 '플라톤(Platon)'이 우주에 관해 쓴 『티마에우스-Timaeus』라고 합니다. 뭐 〈조물주가 태고의 혼돈에 형태와 질서를 부여할 때 시간이 탄생했다〉라고 기술되어 있다고 하더군요. 화려한 언어의 기술(記述)로서는 그럴듯하지만 그야말로 과학이 없던 자연철학 시대의 전설에 불과한 수사학이지요. 기원전 120년경 고대 漢나라 유안(劉安)이 지은 이색적인 책 『회남자(淮南子)』에는 〈상하사방을 우(宇)라 하고, 고금왕래를 주(宙)라 한다〉고 적혀있다고도 합니다. 즉 시간과 함께 공간도 언급하고 있는 점에서 플라톤보다 훨씬 변증적, 형이상학적입니다.

생각나는 게 있어 그리스 신화의 '크로노스(Kronos)' 이야기를 찾아봤습니다. 널리 알려진 대로 신들의 탄생설화입니다. 천공(天空·하늘)의 신 '우라노스(Uranus)'가 대지의 여신 '가이아(Gaia)'와 결혼하여 아들과 딸인 '티탄(Titan)'족을 낳았다고 합니다. 그런데 우라노스가 자식들인 티탄들이 자신을 유배하리라는 운명을 알고 죽이려고 하다 도리어 작은아들 '크로노스'에게 추방을 당하고 맙니다. 그 크로노스는 누이동생 '레아(Rhea)'와 결혼하여 자녀들을 얻는데 자신도 아버지처럼 자식들에게서 추방당하는 신세가 될 운명임을 알고 자식들을 집어삼키기 시작했습니다. 레아가 '제우스(Zeus)'를 낳고 대신 돌덩이를 주자 자식으로 알고 집어삼키고, 뒤로 빼돌린 제우스가 성장하여 크로노스를 추방합니다. 아버지에 이어 그 자신도 운명의 그물을 빠져나올 수 없었지요. 그 후 그의 자식들인 제우스는 하늘을 지배하고, '하데스(Hades)'가 지옥, '포세이돈(Poseidon)'이 바다를 다스렸다는.

그리스어인 크로노스는 보통명사로서 〈시간〉을 뜻한다고 합니다. 대개 신화는 상징을 바탕에 깔고 있는데 이 신화에서 나타나는 〈아버지 추방〉은 시간이 한순간도 머물지 않고 흘러 앞의 것이 뒤의 것에 밀려나는 것을 상징한 것입니다. 마치 굴러가는 은빛 자전거 바퀴처럼. 그러니까 태초부터 시간은 필연적으로 앞을 보고 흐른다는 걸 이 신화가 설명하고 있습니다. 현대의 시간 개념은 벌써 신화시대에서부터 출발함을 알 수 있지요.

동양에서도 시간은 신화 속에서 뚜렷이 존재합니다. 시간을 영겁(永劫)과 파괴의 순환으로 보는 힌두교에서는 최고신(神)이 셋 있는데 그 중 '브라마-Brahma'는 우주를 창조하고, '비슈누-Vishnu'는 우주를 유지하는데 반해 '시바-Siva'는 우주를 파괴한다고 하는군요. 시바는 시간과 동일시되는 신인데 파괴와 소멸이라는 면에서 불가에서 말하는 제행무상(諸行

無常)이란 현세를 덧없이 여기는 태도가 반영되고 있습니다.

결국 시간은 〈추방〉과 〈파괴〉와 〈소멸〉이라는 결정론으로 무게 중심을 두어야만 이해되는 것 같습니다. '라이너 마리아 릴케(Rainer Maria Rilke)'가 그의 시에서

> 한 소년이 가져다준 노란 장미를
> 오늘 그 소년의 무덤에 조화로 가져갔네
> 어제 그 빛나는 소년의 눈은 눈물이 되었네.

라고 표현한 것이나, '두보(杜甫)'가 『옥화궁(玉華宮)』이란 시에서 덧없는 '양귀비(楊貴妃)'의 삶을

> …
> 미인위황토(美人慰黃土)-미인은 황토가 되었거니와
> 황내분대가(況乃粉黛假)-하물며 연지곤지랴
> 당시시금여(當時侍金輿)-황금마차로 모시던 건 옛적
> 고물독석마(故物獨石馬)-남은 거라곤 돌덩이뿐이로다.
> …

라고 노래한 것도 따지고 보면 동서양을 막론하고 시간 속에 깃든 그런 추방과 파괴와 소멸의 정서를 읽었기 때문임이 틀림없습니다.

그런 소멸의 숙명을 초월하기 위해 많은 사람들이 시간의 본질에 대해

탐험의 길을 달려갔습니다. 적을 알면 백전백승한다는 말처럼. 실제로는 백전백패했지만.

본격적으로 시간에 대해 최초로 언급한 사람은 나무에서 떨어지는 사과를 보고 〈만유인력(萬有引力)〉이라는 우주의 근본적(根本的) 힘의 비밀을 밝힌 천재 '아이작 뉴턴(Isaac Newton)'입니다. 그는 외부변화에 관계없이 독립적(獨立的)으로 시간이 존재한다는 〈절대시간〉의 개념을 내놓았지요. 절대시간은 인간이 이해할 수 없는, 신(神)이 내려준 계율이며, 모든 것에 우선해 존재한다고 했습니다. 그리고 그 시간의 품 안에서 운행되는 우주는 변하지 않고 영원히 현재 상태를 유지한다고 믿었습니다. 중세 미망(迷妄)의 껍데기를 차례차례 깨뜨리며 〈미적분학(微積分學)〉, 〈중력론(重力論)〉 등을 주창하여 역사상 최고의 천재로 자리매김한 뉴턴이었지만 그러나 그 마지막 껍데기를 깨뜨리지 못하고 시간은 시작도 없으며 영원하다는 그 자신이 믿는 신(神) 본위적인 생각에 사로잡혀있군요. 시간은 천재 뉴턴을 통해 가볍게 인간을 창피 주려는 모양입니다.

과학의 정교한 이성주의로 우주의 얼개를 짜 맞추었다는 찬사를 듣는 20세기 최고의 과학자 '아인슈타인'마저도 시간에 대해서는 뉴턴과 별반 다르지 않군요. 우주는 한정(限定)이고 시간은 불변(不變)이라고 어정쩡하고 고답적인 해석을 했는데 '에드윈 허블(Edwin Powell Hubble)'이 (업적의 파급력 자체만으로는 오히려 뉴턴이나 아인슈타인보다 더 커다란, 인류역사상 우주의 근본구조를 밝혀낸 최고의 우주 과학자가 아닌가 싶은) 우주에서 오는 빛이 적방편이 (赤方偏移-예전 5~60년대 쓰이던 말인데 요즘은 '적색이동'이라고 쉽게 말하더군요) 되는 걸 보고 우주가 지금도 확장되고 있다는 〈우주팽창론〉을 들고나오자 갑자기 확장되는 우주와 그에 깃든 시간의 재해석을 두고 자신의 실수를 후회했다고 합니다. 물론 그가 그 후 시간을 〈상대성(相對性)〉이라는 개념으로 새롭게 분석하여 문명의 의식을 바꾸긴 했지만 역시 시간은 본래 그대로 변함없이 흐르는 건 마찬가지지요. 인류역사상 가장 뛰어났던 두 천재도 시간이란 무지막지한 괴물을 상대하기가 버거웠던 모양입니다. 어쩌면 시간은 그 문을 열어젖힌 신 자신도 어쩔 수 없어져버린 〈망나니〉가 분명한 것 같기도.

그런데 우주라는 공간이 어떻게 시간과 연결되기에 뉴턴도, 아인슈타인도 우주를 연구했을까요? 사실 시간과 공간은 따로 구성되어있지 않다고 합니다. 우리가 〈시공간(視空間)〉이란 단어로 그 속성을 묶는 이유는 광대한 우주 공간 자체가 바로 시간이란 괴물이 똬리를 틀고 있는 껍데기와 같기 때문입니다.

예를 들면-, 우주의 가장 빠른 속도는 광속(光速)입니다. 빛은 〈질량〉이 없는 파동의 성질로도 설명되고 있는데 초속 〈30만km〉라는 극한의 속도를 가지고 있습니다. 간단히 말하면 지구와 달까지의 거리가 거기서 조금 더 되니까 빛은 1초 만에 갈 수 있겠군요. 지구라면 8바퀴 가까이 돌 수 있는. 그러나 질량을 가진 것들은 그 질량의 크기만큼이나 공간 속에서 받아들이는 저항계수(抵抗係數)로 인해 속도가 떨어지게 됩니다. 우리 인간이 만든 최상의 속도는 우주에서는 대략 초속 25km로 볼 수 있다고 하더군요. 지상처럼 중력이라든가 공기 같은 저항이 없기 때문에 로켓의 순수한 추력 그대로의 속도로 날아갈 수 있습니다. 흔히 총알 같다고 하는 탄환은 지상에서는 겨우 초속 1km를 넘지 않지만 우주에서는 그 고유의 속도가 100km라면 그대로의 속도로 〈한없이〉 날아갈 수 있지요. 성간(星間) 우주를 날아간다면 어떤 항성에 가까워진다든지, 혜성과의 충돌 등 여러 요소를 생각해봐야겠지만 별다른 변수가 없다면 아마도 몇백만, 몇억 년이 흐르더라도 그 속도 그대로일 겁니다. 중력을 거스르고 우주로 탈출하는 거대한 로켓이 아무리 발전해도 겨우 빛의 15,000분의 1에도 미치지 못한다고 하더군요. 빛의 속도가 되려면 〈질량이 없는 빛〉이 되어야 하기 때문입니다. 존재가 없어지고 빛이라는 파동(波動)으로 변해버린다는 말이지요.(파동과 함께 입자(粒子-光子)라는 이야기도 언급되고 있습니다만.)

빛의 속도는 만유인력처럼 우주가 엄중하게 정해놓은 〈절대속도(絶代速度)〉입니다. 우주는 빛으로 요동치는 신비한 세상입니다.

그런데 그 빛의 빠르기로도 우리 〈태양〉까지 가는 데 8분 12초가 걸립니다. (계산이 복잡해서 다른 사람의 글을 인용했는데) 시속 100㎞의 자동차로 밤낮없이 달려도 170년 이상이 걸린다니까 얼마나 먼 거리인지 알 수 있습니다. 그런데도 한여름 태양빛에 노출된 피부가 벌겋게 타는 걸 보면 그 태양이 얼마나 커다란, 엄청난 불덩이인지 알 수 있지요. 태양계에선 완전히 절대적인. 아마도 태양은 1초 동안에도 핵폭발을 수천, 수만 개씩 터뜨리고 있다고 할 수 있을 겁니다. 태양 이외에 지구와 가장 가까운 항성으로 알려진 '프록시마 켄타우르스(Proxima Centauri)' 별은 4.3광년, 그러니까 빛으로도 대략 4년 4개월이 걸립니다. 지금의 최신 우주선으로(서울과 부산까지 20초 정도?) 간다고 하더라도 〈8만년〉 이상 걸린다고 하더군요. 인간의 한 세대를 단순히 〈100년〉으로 보더라도 손자의, 손자의, 손자의, 손자의… 〈800세대〉가 지나야 겨우 태양계 바로 곁에 붙어 있는 항성에 갈 수 있다니! 그러나 밤하늘에 보이는 별들은 거의 대부분 몇십만 년에서 몇백만, 몇억 광년 이상 떨어져 있습니다. 우리 태양계가 속한 〈은하계〉만큼 우리에게 친숙한 〈안드로메다(Andromeda)〉 은하는 300만 광년에 가깝지요. 빛으로 300만 년이면 우리 우주선으로는… 계산할 필요 없이 그냥 무한대라고 해야겠군요. 심지어 퀘이사(Quasar)라고 우주 초기 때 형성된

십억, 백억 광년 이상 떨어져 있는 은하들에 비하면 안드로메다도 지구 바로 곁에 〈껍딱지〉처럼 단단히(?) 붙어있는 것과 같습니다. 그래서 우리 은하계와 안드로메다 등등의 가까운(??) 은하들을 모두 묶어 또 한 무리의 〈은하단(銀河團)〉으로 부르고 있습니다. 그렇게 국부(局部)은하단들이 또 점점이 섬처럼 우주의 바다에 떠 있는. 그래서 지금 이 순간 우리가 보는 별은 제각각 8분, 4년, 몇만, 몇백만, 아니 몇백억 년 전의 별이란 이야깁니다. 어쩌면 공룡이 어슬렁거렸던 일억 년 전에 그 중 어느 별이 초신성이 되어 폭발하고 없어졌을지도 모르지만, 아니 무수히 그런 과정들을 거쳤겠지만 그 빛이 지구에 도달하기 전까지 일억 년이 지나기 전이라면 우리는 계속 그 별을 있는 것처럼 보고 있다는 모순을 안고 사는 지도. 하늘의 별들은 결국 〈지금의 실재〉가 아니라 몇십만, 몇억 년 전이란 〈과거의 실재〉로, 아니 유령(?)으로 존재하고 있습니다.

또한 은하, 성운들은 제각각 다양한 모습을 보이고 있습니다. 그 중 그리스 신화에 나오는 사냥꾼 〈오리온(Orion)〉에서 유래했다는 〈오리온자리〉는 겨울철 밤하늘에서 국자 모양의 〈북두칠성〉과 함께 구성되는 별들이 가장 화려하고 아름답게 어울린 모습으로 별자리의 왕좌를 차지하고 있습니다. 그 왼쪽 위에 지름이 우리 태양의 500배가 넘는 엄청난, 하지만 우주에서는 평균적인 크기에도 미치지 못하는(?) 적색 거성(巨星) 〈베델큐스〉와 반대쪽 〈리켈〉을 대각선으로 하고 그 반대쪽 대각선을 이루는 2등성 2개로 이루어진, 허리가 잘록한 모래시계 모습으로 그 한가운데 늘어선 2등성 세 별 삼태성(三台星)의 균형은 한번 보면 그 매혹적인 모습을 잊을 수 없을 정도로 아름다운 별자리입니다. 삼태성 왼쪽에 검은 밤하늘을 배경으로 검붉은 빛을 띠는 희미한 성운이 있는데(물론 형편없는 근시인 제 눈은 물론 망원경처럼 밝은 사람의 눈으로도 당연히 보이지 않고 거대한 고성능 우주망원경으로나 탐지할 수 있을.) 그 속에 말의 머리처럼 불쑥 솟아오른 〈마두(馬頭)암흑성운〉은(무슨 기괴한 우주영화 속 괴물처럼 딱딱한 이름인데 요즘은 <말머리성운>이라는 적절한 이름으로 부릅니다만.) 우리에겐 예전부터 지금까지 조금도 변하지 않고 말의 머리 형태를 한 구름 덩어리처럼 보이지만(지금부터는 제 생각을 조금 덧입혀서) 아마 지금 이 순간에도 빛에 가까운 엄청난 속도로 폭발(?)하고 있는 중입니다. 은하 크기의 성운이 그런 엄청난 폭발을 계속하고 있는, 그래서 인류가 한 번도 경험한 적 없는. 그러나 그 폭발은 지구에서 〈너무나×너무나×너무나…〉 멀리 떨어져 있어 사람들에게는 원시시대에서부터 지금이나 말머리 모습 그대로 보입니다. 워낙 멀리 떨어져 있어서 그 엄청난 부풀음이 지구에서 몇십만 년(?)을 보더라도 마치 정지된 거나 마찬가지란 말이지요. 〈뱀자리〉에 있는 M-16이란 성운에도 말머리성운과 꼭 닮은 세로로 된 검은 구름 같은 성운 3개가 보인다고 하더군요. 지금 당장 머리를 들어보면 우주는 그렇게 역동적인 확산을 거듭하고 있습니다. 아마 몇천, 몇억 년 후 지구가 그대로 존재한다면 우리의 후손들은 위치가 달라져 변형된 오리온 별자리를 엉뚱하게 〈거북별자리〉로 부를지도. 아니, 우주 자체가 온전히 달라져버린. 마치 유령을 보듯 시간과 거리라는 무한 속에서 벌어지는 실존의 거대한 운행에 갑자기 먹먹해지고 인간이 너무나 왜소(矮小)한 존재로 다가오는군요. 개미보다도 못한! 실제로 우리 은하계, 또는 국부은하단 자체도 현재 폭발을 하며 부풀고 있다고도 할 수 있겠습니다. 거대 존재(?) 또는 신이 몇백억 년이라는 시간을 조망하고 있다면 우리가 속한 은하계 자체가 〈폭발의 한 단계〉이며 우리 인류와 지구는 말머리성운처럼 폭발 속 찰나적인 〈현재〉로 존재하는지도 모릅니다. 갑자기 〈막막〉과 〈먹먹〉이 인간을 가볍게 만들어버리는군요. 인간의 지성이란 그야말로 개미보다, 원자보다 못한 수준의 섬광(閃光)은 아닌지! 아마도 거대 우주의 운행은 모두 그렇게 인간의 지성과 다른 차원에서 별

시간의 미망(迷妄) 125

쳐지고 있다고 할 수 있겠습니다. 깨알 같은 자잘한 시간은 우리가 인지할 수 있지만 진정한 시간은 단언하지만 인간, 지구에 있지 않고 우주에서만 존재한다고 할 수 있는.

우리 백 년 수명의 인간이 손톱만큼 가까운 켄타우르스까지 가는 데도 8만 년 남짓이니까 상상도 할 수 없는 거리와 시간이군요. 하물며 몇십만 광년 멀리 떨어져 있는 별들을 방문하겠다는 건 상상만으로도 불경스런 도발에 다름 아닙니다. 하늘의 별들은 대부분 몇십만에서 몇백만, 아니 몇억 광년 이상 떨어져 있으니까요. 옛이야기 속 견우성(Altair)과 직녀성(Vega)이 은하수를 건너 한번 만나려면 〈1년〉이 아니라 인간의 시간으로 〈무한대에 또 무한무한대〉가 지나야 합니다. 그 별들은 사랑과는 아무 관계 없는, 서로 무한의 거리에 떨어져 있는데 사람들이 낭만적인 아름다운 전설로 만들었지요. 결국 공간-우주는 시간이 겹쳐있는, 서로가 다르지 않고 같다는 의미가 되지요.

그런 면으로 소위 외계인이라든가 UFO, 우주전쟁 류의 흥미로운 이야기들은 몇백억 단위의 우주적 시간으로 볼 때 천만, 1억분의 1초 단위의 아주 짧은 순간으로 존재해온 인류의 우주에 대한 무지, 혹은 성급한 바람과 자신, 아니 경외(境外)의 상상력이 투영된 허상이나 기껏 미신에 지나지 않습니다. 어쩌면 인간의 상상력을 부풀려주려는 우쭐한 선민의식의 시혜에 불과할지도. 우주 전체를 관통하는 신(神)이 있어 우주를 내려다본다면 여기저기 무수한 별들에서(지구처럼 항성 주변을 도는 행성들이 있다면.) 엄청나게 뛰어난 문명들이 들끓는 거품처럼 나타났다 순간적으로 사라지는 곰탕처럼 보일 겁니다. 그 거품 하나하나마다 몇억, 몇십억, 아니 몇백억 년이라는 시간이 갇혀있는데도. 우리 지구, 아니 태양계도 그런 순간의 거품, 아니 거품 속의 또 다른 거품 속, 거품 속… 찰나적인 거품과 다르지 않습니다. 태양계를 포함해 은하계 속 억만 개의 항성들 모두 수억 년 이상의 거품으로, 그러나 신의 시선에서는 순간적인 곰탕의 거품으로 존재할 뿐입니다. 안드로메다도, 다른 계(系)의 무수한 은하들도 역시. 마찬가지로 여러 요인들의 가능값들을 고려해 만든 〈드레이크 방정식(Drake Equation)〉에서 유추할 수 있는 것처럼 무한의 우주에서 지성을 가진 외계인은 거품처럼 〈얼마든지〉 존재할 수 있지만, 아니 『스타워즈(Star Wars)』속 어느 행성처럼 괴상하게 생긴 외계인(?)들이 엄청나게 득시글거린다고 〈분명히〉 말할 수 있지만, 그러나 고립된 지구처럼 제각기 무한의 거리에서 고독한 섬처럼 떨어져 존재하기 때문에 같은 곳에서 득시글거릴 수는 없습니다. 더욱이 지구에 쳐들어온다든가 하는 설정은 그야말로 미개인의 가십이 만들어낸 지구적 상상에 머물 뿐입니다. 1947년 미국 로스웰(Roswell)에서 추락한 비행접시 잔해와 외계인 사체를 미군이 수거했다는 이야기 등의 끈질긴 〈UFO 이야기〉나 미항공우주국 나사(NASA)가 일부러 외계인과의 만남을 발표하지 않고 있다, 또는 지금까지도 의심을 버리지 못하고 있는 〈달 착륙 조작설〉 등등은 그 자체로 〈합리적 의심〉이었지만, 그러나 〈상식적인 비전문가〉들의 의심일 뿐입니다. 세상 속에서 벌어지는 조작과 거짓, 혼돈과 착각 등에 기초하여 그야말로 합리적인 의심을 제기했지만 정교한 과학의 진실로서는 아니었습니다. 물론 저도 〈합리적 과학〉의 세상을 모르기 때문에 주장할 수는 없지만, 그러나 그런 조작들로는 달 착륙과 태양계 탐사가 보편과 당연으로 된 현대의 우주과학이 존재할 수 없다는 비합리에 빠지죠. 물론 우리들 지구에서 볼 때 아직 완벽히 해명되지 못한 부분들이 얼마든지 있을 수 있는데 그건 우리의 우주과학 수준이 아직 발전되지 못한 탓일 뿐, 지금의 우주는 우리가 무슨 의심을 하든 말든 그 자체로 〈합리적〉입니다. 우주는 지구, 아니 인간의 상상과 스토리로 존재하기에는 거리와 시간이라는 견고한 코어(core)로 수백억 년 이상 존재해왔습니다. 하루살이의 꿈보다 짧은 인류의 상상과 무지는 가장 비합리적(非合理的)입니다. '스티븐 스필버그(Steven Spielberg)' 감독이 번득이는 영상 감각으로 신비와 환상, 그리고 모험이 가득한 동화(童話)로 만들어낸 영화 『ET-The Extra Terrestrial』는 그 아름다운 영상과 순진무구한 동심(童心)이 어우러진 명작 중의 명작이라고 생각합니다만, 그러나 역시 사람들이 꾸며낸 상상, 아니 온전히 거짓으로 범벅된 〈잔혹 동화〉일 뿐입니다. 인간의 상상력이 지구 타입의 이야기로 범벅하여 꾸며낸 거짓 이야기지요. 그 영화가 정말 사실이 되려면 〈몇십, 몇백억 년〉이 지난 뒤가 되어야 합니다. 예전 언뜻 들어봤던 〈가이아의 것은 가이아에게 돌려줘야 한다〉는 말이 문득 떠오르는데 고대 그리스의 모신(母神) 가이아(Gaea)를 인간의 상상으로 이야기할 수는 없다는 뜻인 것 같고, 그래서 우리들 상식적인 비전문가들에게 들려주는 이야기가 아닌가 싶군요.

아인슈타인의 상대성 이론으로 속도에 따라 시간이 느려진다는 지체(遲滯) 현상을 이야기하는 사람들이 있고, 그에 따라 우주여행과 전쟁 등의 이야기들이 무성한데 너무 성급하고 엄청나게 과장시키는군요. 그것도 태양계처럼 손가락 마디처럼 짧은 거리와 시간이라면 〈10만분의 1초〉쯤 영향을 미칠 수 있겠지만, 우리 은하계 소용돌이 한쪽 팔에서 다른 쪽 팔까지 아주 가까운(?) 수억 년에서도 혹시 시간이 늦게 가니까 찾아갈 수 있다고 생각할지 모르지만 워낙 멀어 만 년의 수명으로 산다고 하더라도 역시나 사라지고, 사라지고…. 자신의 생명을 수십, 수백만, 수억 년으로 확장하여 건너뛴다 하더라도 그래도 먼지로 흔적도 없이 사라질 뿐입니다. 그러니까 항성간, 은하간 우주여행은 여행 자체가 아닌 찰나의 꿈으로서 전혀 고려할 사안이 아니지요. 영화 〈스타트랙-Star Trek〉의 우주선 〈엔터프라이즈호〉에는 시간과 장소를 뛰어넘는 기계가 있던데 역시 상상일 뿐 신(神)도 그렇게 할 수 없습니다. 육체가, 세포가, 분자를, 아니 원자를 다시 원래 모습으로 환원시켜 다른 시공간으로 보낸다는 건 신도 불가능합니다. 그 어떤 경우라도 〈거리〉는 〈시간〉이 감당할 수 없어 내팽개친 사생아에 불과할 따름입니다. 실제 우주 건너편에서 영화 속 슈퍼맨보다 몇천 배 더 뛰어난 능력을 지닌 〈초초초초초… 울트라(ultra) 슈퍼맨〉이 지구로 오는 상황이 사실이라고 해도 그는 물론 우주선에서 태어난(?) 그의 아들의, 손자의, 손자의, 손자의… 들도 모두 바짝 마른 미라(Mummy)가 되어 멸망한 그의 항성계를 조금도 벗어나지 못하고 그 자리(?)에서 맴돌 뿐만 아니라, 또는 지구처럼 바로 곁에 있는 다른 위성계에 추락해 한줌 불꽃으로 사라졌을(?) 뿐입니다. 극도로 발달한 외계 문명이 존재해서 《백만 년 전》 비행접시를 타고 지구로 쳐들어오려고 출발한 상황이 사실이라고 하더라도 지구에 도달하려면 아직 《몇억(億), 몇조(兆) 년》이 지나야 하며, 그래서 그 문명 자체가 시간에 포박되어 원자들로 분해되어 《백만 년 전》에 벌써 사라져버렸지요. 또 다른 우주인들이 10억 년 전 계속해서 지구 여행을 떠났더라도 모두 〈출발점 근처〉를 벗어나지도 못했을 뿐만 아니라 이미 《10억 년》 전에 소멸(?)되어버렸습니다. 질량은 속도에 종속된 비극적 운명을 절대로 벗어날 수 없습니다. 외계인이나 UFO는 실제 한다 하더라도(앞에서 분명히 말했듯 저는 이 우주에 원시생명 뿐만 아니라 인간과 대등하거나 슈퍼맨 같은 우주인들이 놀랄 정도로 가득하다고 생각합니다. 우리 인류가 바로 그 <우주인>의 하나이며, 하등 생명에 비하면 엄청난 <슈퍼맨>임을 증명하고 있지요.) 〈우주인의 침략〉은 거품 속 찰나로 존재한 인간이 만들어낸 소설 속 상상력일 뿐입니다. 아니 우리 지구 자체도 몇억, 몇십억 년 후 다른 항성이나 은하들에 흡수되어 사라져버릴 확률이, 아니 분명히 그렇게 되지요. 그때쯤 지구가 존재한다 하더라도 인간은 현재의 인간과 완전히 달라진, 그야말로 상상 속의 〈우주인〉으로 진화되었(?)을까요? 아니지요. 역시나 인간 자체도 태양계와 함께 몇억, 몇십억 년 후 우주에 흔적도 없이 이미(?) 사라져버렸습니다. 생명의 진화보다 차라리 새로운 생명의 창조가 오히려 훨씬 간단한 일이거든요.

우주는 한없이 거대하지만 제각각의 별들은 깨알보다 작은, 순간이란 시간 속의 티끌에 다름 아닙니다. 우주는 절대 탈출할 수 없는, 신도 꼼짝 못하고 갇혀버린 〈감옥〉입니다. UFO 사진을 찍었다든가 외계인과 만났다는 등의 뉴스는 반대로 지구인의 미개성(未開性)를 증명하는 것과 다르지 않습니다. 물론 그 사진이나 뉴스들은 충분히 존중받아야겠지만, 그러나 역시 UFO와는 관련 없는 〈이상한〉 사진과 이야기일 뿐입니다. 기막히게도 어느 우주비행사마저도 지구 궤도에서 UFO를 봤다며 마치 영화처럼 신비한 현상을 이야기하더군요. 한때 한국인도 열광하며 봤던 TV 시리즈 『The X-Files』은 그런 우주인에 대한 상상과 이해할 수 없는 신비한 현상들, 그리고 주인공 '멀더'와 '스컬리'가 엮어내는 흥미진진한 이야기로 충실한(?) 팬 그룹이 만들어졌을 정도로 화제가 되기도 했지요. 하지만 제겐 대중에 영합한 정교한 스토리로 꾸며낸, 그러나 거짓으로 범벅된 이야기의 하나일 뿐입니다. 신비한 이야기로 구성하여 시청자들을 만족시키며, 마치 실제로 있을 수 있는 이야기처럼 꾸민. 그 뒤에서 은근히 미소 지으며 만족해하는 〈작가〉의 모습이 뚜렷이 떠오르는군요. 그래선지 〈작용반작용의 법칙〉대로 저 역시 그의 미소에 대해 무슨 영화 제목처럼 〈나는 비밀을 안다〉는 말을 그 작가에게 강력하게 들려주고 싶은 심술로 입속이 자꾸 들썩이는군요. 자신이 무슨 황당한 거짓 이야기를 했는지 깨닫지 못하고, 아니 일부러 꾸며서 세상에 영합한 미소를 말입니다. 아무튼 UFO 이야기가 사람들에게 얼마나 널리 받아들여지고 있는지를 알 수 있습니다만 그러나 만약 〈원자〉처럼 가까운 우리 태양계에 지구처럼 문명이 발달한 지성체가 존재한다면(화성인 등등) 가능하겠지만, 우리는 자신의 확증편집(분명한 UFO 사진)에 사로잡힌 미개한 원시인(?)에 불과합니다. 천둥번개에 놀라 하늘에 제사 지내는 것과 다름없는. 어쩌면 일부 조작된(?) 부분도 있는.

  70여 년 전인 1938년 미국 CBS 라디오에서 엄청난 소리가 급박하게 들려왔습니다. 훈련이 아니라 실제 사건이라면서 "오늘 밤 조지아주의 농가에 착륙한 화성 침략군이 살인광선으로 도시를 파괴하고 있으며, 미 공군기들이 맥을 추지 못한 채 모조리 피격당하고, 사람들이 엄청나게 죽어간다"며 긴급 대피해달라는 절규에 가까운 뉴스가. 놀란 사람들이 급히 피난 간다고 도시는 아수라장이 되었고, 지구가 방금 멸망할 것처럼 공포에 떨었지요. 사실은 나중 천재적인 영화감독으로 불려지는 '오손 웰즈(Orson Welles)'가 라디오 방송국 프로듀스 시절 내보낸 한 프로그램을 실제 사건으로 오인한 소동이었습니다. 외계인은 있고, 언젠가는 지구로 쳐들어올 거라는 잠재된 공포를 이용한 해프닝이었지요. 뭐 『인디펜던스 데이-Independence Day』나 『화성 침공-Mars Attacks』, 『우주 전쟁-War of the Worlds』 같은 영화도 외계인이 지구인을 무차별 살육하는 황당한 내용으로 외계인에 대한 본능적인 공포를 담보로 한다는 점에서는 오손 웰즈의 화성인 침공과 똑같습니다만 모든 것은 지구를 중심으로 그저 우리들 머릿속에서 스파크(Spark) 되는 원시적 상상을 현실처럼 꾸민 허상일 뿐이지요. 아니, 어쩌면 우리 인류가 우주인의 자격으로 다른 별의 미개인들을 공격하는 상상을 역설적으로 표현한 건지도. 대체로 대중 매체는 우리에게 사실을 알려주는 게 아니라 믿음을 강요하고 있을 뿐입니다.

그러나, 그러나… 무한 속에서 벌어지는 세상은 정말로 《神의 꿈》인지도 모릅니다. 우리는 존재가 아니라 신의 꿈속에서 현현(顯現)하는 허상은 아닌지! 앞에서 〈막막〉과 〈먹먹〉이란 말을 했는데 현대 과학이 파악하고 있는 무한의 우주도 기껏 거품이란 허상에 불과하며 막막과 먹먹을 초월한 우주의 끝은 또 다른 대등한 거품으로 영속되고 있는지도. 예전 80년대 한동안 정기구독했던「월간 과학」이란 책에서 〈프랙탈(fractal) 기하학〉이란 신묘한 수학 분야에 대해 해설한 글을 읽은 적이 있는데 거기에 컴퓨터로 구현해낸 〈망델브로(Mandelbrot) 집합도형〉에서 드러난 도형을 보면 선인장처럼 그 테두리에 본래 모양과 똑같은 작은 도형들이 돋아나고, 그 작은 도형을 또 계속 확대해보면 축소 카피한 것처럼 처음 도형과 모양이 똑같은 작은 도형이 테두리에 되풀이해서 계속 나타나더군요. 자기상사성(自己相似性)이란 성질이라고 하는데 컴퓨터 그래픽으로 표현된 환상적인 도형의 신비는 우주 속에 또 다른 아기 우주가 무한 계속된다는 의미를 나타내는 것 같았습니다. 그런 의미로 볼 때 앞에 거론한『화성 침공』보다 더욱 형편없는, 역사상 최악(最惡?)의 영화임이 분명한『맨 인 블랙-Men in Black』이 뜻밖에 그런 우주의 보편성, 대등성, 상사성을 드러내고 있는 게 아닌가 싶은 생각도 들더군요. 그저 만화적 스토리의 확장으로 간편하게(?) 차용한 상상이었지만 말입니다. 그 영화 속 우주는 고양이 〈딸랑이 방울〉 속에도, 마트의 〈물품 보관소〉 속에도 존재했습니다. 그 엄청난 은하가 방울 속에서 운행되고 있었으며, 물품 보관소 안에서도 갖가지 우주인들의 세상이 펼쳐져 있었지요. 우주는 보편이며 방울처럼 우리들 미시의 세상 속에서도 무한히 존재한다는 〈다층우주론(多層宇宙論)〉은 놀라우면서도 일견 아주 간편한(?) 생각이었습니다. 우리가 속한 무한의 거리와 무한의 시간 속에 운행되는 우주는 또 다른 차원의 대(大)우주 속 지구 같은 세상에서 누군가 기침하며 뱉어낸 〈침 속 분자 속에 들어있는 우주〉

일지도. 아니 제 피부 세포 하나하나 속에는 우리처럼 또 다른 〈우주〉들이 가득 운행되고 있고, 또 다른 세상의 〈나〉가 존재하는지도. 아니아니, 그래서 아주 짧은 순간 수명을 다한 제 세포 껍질이 지금 〈3초〉 동안 피부에서 떨어져나가고 있는 중에도 그 껍질 속 3초간에 지구와 태양, 또는 북두칠성 같은 망델브로 우주가 만들어져 〈백억 년〉 동안 운행되고 있었는지도. 그 껍질 속에서 '조지 루카스(George Lucas)'의 『스타 워즈-Star Wars』가 와자하게 펼쳐지고 있는지도. 무한소(無限小) 속에 그렇게 무한대(無限大)가 영원한 굴레로 되풀이되고 있는지도. …정말로 호킹의 말처럼 우주는 호두 껍질에 불과한지도.

그러나 그럼에도 불구하고 그 절대성을 깨뜨리기 위해 사람들은 끊임없는 노력을 계속해왔습니다. 〈시간의 원형〉을 보려는 인간의 어리석음은 신이 혼자 있기 무료해서 심심파적으로, 아니 우리 인간을 희롱하기 위해 일부러 마련해둔 한갓 장난일지라도.

원시인들은 하늘의 천둥과 번개가 공포스러웠을 겁니다. 동굴 안에서 벌벌 떨며, 때로는 제물을 바치며 제사를 지내는. 하물며 하늘의 별은 언감생심이었습니다.

탈(脫) 시간의 욕망으로 고대인들은 별을 보며 별자리와 전설, 그리고 점성술을 발전시키기도 했습니다. 철학과 기하학의 아버지로 불리는 '탈레스(Thales of Miletus)'는 별을 관찰하다 우물에 빠졌다고 하고, BC 3세기 신들이 세상을 지배하던 아득한 희랍 시절 이오니아 사람인 '아리스타르코스(Aristarchus)'라는 사람은 놀랍게도 지구가 우주의 중심이 아니라 다른 행성들과 같이 태양 주위를 돈다는 〈지동설〉을 설파했다고 합니다. 아니, 거기서 더 나아가 하늘에 무수하게 반짝이는 별들은 달과 화성 등을 제외하곤 모두 태양과 같은 불덩이(항성)이며 그 거리도 측정할 수 있다는 놀라운 예측을 했지요. 19세기가 되어서야 현대적 의미의 천문학이 발전하면서 비로소 비근한 거리 측정을 하기 시작한 걸 보면 그가 얼마나 시대를 초월한 사람인가를 확인할 수 있습니다. 〈번개처럼 갑자기 세상에 툭 나타난〉, 그야말로 신에 도전한 고대의 파이오니어(pioneer)가 아닐 수 없습니다.

중세(中世, middle age)의 암흑 속에서도 그런 개척자들은 우주의 불빛을 훤히 밝혔습니다. 현대 천문학의 창시자로 불리는 '코페르니쿠스(Copernicus)'는 '프톨레마이오스(Ptolemaeos) 이래 굳게 믿어져온 〈지구중심설〉을 깨뜨리고 〈태양중심설〉을 주창하며 흔히 말하는 〈코페르니쿠스적 전환〉을 이끌어냈지요. 그러나 그도 사실은 아리스타르코스보다 무려 2천 년 가까이 지나서 지동설을 〈부활시켜 확인한 것〉에 다름없었군요. 아니, 코페르니쿠스보다 100년 전에 독일의 '니콜라우스(Nicholaus)'라는 사람도 지동설을 주장했다는 기록이 있는 걸 보면 코페르니쿠스가 살았던 시대 자체가 〈중세의 억압과 미망〉에 갇혀있었던 셈입니다. '갈릴레오'는 법정에서 지동설을 철회하라는 판결을 받고 나오며 〈그래도 지구는 돈다〉라는 유명한 말을 남겼다고 하는데 그렇게 억압과 미망(迷妄)의 시대는 저물어갔습니다. '케플러(Johannes Kepler)'는 세 가지 법칙으로 행성의 운동 법칙을 밝혀냈습니다. 물론 '제논(Xenon)'이나 '아리스토텔레스(Aristoteles)', '아우구스티누스(Augustinus)'와 후대 현상학(現象學)의 아버지 '후설(Edmund Husserl)'이나 '데카르트(René Descartes)', '칸트(Immanuel Kant)' 같은 철학자들도 우주와 시간이란 괴물 같은 주제들을 다루기도 했다고 합니다.

아인슈타인이 『특수상대성이론』을 발표했을 때 사람들은 과거의 시간을 찾아 여행할 수 있다는 희망을 한때 가지기도 했습니다. 그러나 앞에서 말했듯 질량을 가진 우주선이 빛의 속도로 움직일 수는 없지요. 만약 우주의 법칙을 무시하고 빛보다 좀 더 빠른 속도의 우주선이 있어 특정 장소, 특정 순간의 빛과 평행하여 달리거나 조금씩 더 빨리 달린다면 단순하게 말해 거꾸로 가는 과거와 만날 수 있겠지만(청년에서 소년으로) 그 훨씬 전에 우주선 자체가 아예 빛으로 소멸하여 질량이 무(無)로 되어버리니까(쉽게 말해 우주선이 녹아 산소나 수소 등의 원소로 분해되어 없어져버린다는 이야기지요) 과거를 만날 수는 없습니다. 과거는 나와 이별하는 순간 영원의 허공으로 함몰되어버릴 뿐입니다. 우리는 모두 자신을 과거로 밀어내는 (과학적으로는) 엄청난 요술을 아무렇지도 않게 자행하고 있습니다만, 그래서 인간의 기술로도 뒷받침되지 못하는 이론과 상상은 다만 희망에 불과할 뿐입니다. 실제적으로 우주개발 초기에서부터 〈다이달로스(Daedalos)〉 계획이니 〈오리온(Orion)〉, 〈램제트(Ramjet)〉, 〈아폴로(Apollo)〉 계획 같은 초기 지구 주변 프로젝트들은 과학 기술의 발전과 함께 대개는 성공의 과정을 거쳤지만 태양계를 벗어난 항성과 은하들 세상을 이야기할 땐 완전히 상상에서 머물고 있습니다.

1977년 행성간 탐사의 개념으로 발사된 보이저(Voyager)호는 오늘날까지 우주 탐험의 아이콘(icon)처럼 널리 알려져 〈우주의 척후병(斥候兵)〉이란 영광스런 별칭으로 불리고 있습니다. 아폴로 계획처럼 달에 국한된 수준이 아니라 본격적으로 태양계를 탐험하기 위해 시작된. 총알 속도의 17배인 시속 6만 5천㎞라는 엄청난 속도로 우주를 날아 명왕성을 지났지만, 그러나 역시 40년이 가까운 아직까지 탁구공, 아니 구슬(?)만한 태양계를 벗어나지 못하고 있습니다. 빛이라고요? 그야 지금 지구를 출발하여 5시간 남짓이면 40년 먼저 날아간 보이저를 따라잡을 수 있지요. 빛의 속도가 놀랍다고요? 천만에! 좀 전에 말했듯 빛도 우주에서는 느림뱅이 거북 취급을 받고 있습니다. 엄청난 빠르기를 표현하기 위해 〈광년-光年〉이란 속도 개념을 도입했는데 그 빛으로도 〈몇·백·억·년〉을 가도 도달하지 못하는 별이나 은하가 부지기수거든요. 어쩌면 〈느림뱅이〉 빛 때문에 우주가 지금처럼 운행되고 있는지도. 뭐 그래선지 지금은 광년 대신 〈파섹-parsec〉이란 단위를 사용한다는 이야기도 들려오더군요. 3.3광년을 1파섹이라고 한다던데 빛으로 3년 4개월 가야 1파섹이 되니까 어마무시(?)한 속도처럼 들리는데 몇백억 년의 우주에서는 역시 그게 그거나 마찬가지군요. 아마도 실용계산을 위해 도입된 단위인 것 같습니다만.

아무튼 인간의 상상력은 실제와 비교하면 얼마나 과장되었는지를 여실히 느낄 수 있습니다. 보이저호는 곧 태양계 행성 탐사를 마친 후 태양계의 경계면을 벗어나 성간우주(interstellar space)로 날아간다고 합니다. 거기에 금으로 입혀진 〈지구의 소리〉라 이름 붙인 골든 디스크가 동체에 부착되어 있다고 하더군요. 디스크에는 '베토벤(Louis van Beethoven)'의 5번 『운명교향곡』 제1악장 제1테마의 그 유명한 〈따따따 딴~(♪ ♪ ♪ ♩~)〉하는 4음 동기(同起) 소리를 비롯하여 달과 지구, 목성 등의 태양계와 인간의 몸에 대한 정보, 그리고 '루이 암스트롱(Louis Daniel Armstrong)', '바흐(Johann Sebastian Bach)' 등 음악가와 혹등고래가 내뿜는 소리, 인간의 몸에 대한 정보 등등을 실은 사진, "안녕하세요"라는 한국어 인사말도 들어 있다고 합니다. 모두 외계 생명체에게 발견되기를 바라는 지구의 메시지입니다만 모두 다 꿈같은 이야기와 다르지 않습니다. 우리 태양계에 인간 같은 우주인이 존재한다면 가능하겠지만 그야말로 허황된. 태양계를 지나 보이저의 원자력 전원마저 소멸되면 그저 우주의 빈 공간을 흘러가다 최소한 몇천만, 억 년 지나 강력한 인력을 띠는 어느 별에 추락해 사라지는.

어쩌면 외계인에게 발견될 수 있겠지만 그때는 까마득히 멀어진 우리와는 이미 아무 관련도 없어진. 아니, 보이저 자체가 〈벌써〉 원자들로 분해되어 사라져버린. 〈세티-SETI〉라고 은하계에서 오는 외계인의 문명적 신호를 찾아보려는 계획도 아직까지는 하릴없이 세월만 흘러가고 있을 뿐입니다. 솔직히 말해볼까요? 그렇습니다. 〈영원히〉 신호를 포착할 수 없습니다. 실제 가까운 은하에서 누군가가 신호를 보냈다 하더라도 느림뱅이(?) 빛, 또는 전파 때문에 아마 몇백만, 천만년 지나면 포착할 수도 있겠지만 그때는 이미 지구, 아니 태양계 자체도 흩어지는 좁쌀처럼 수천억 개 이상의 태양들 사이 우주 어딘가로 사라져버렸을 게 틀림없을. 하물며 인간이란 그저 먼지처럼…! 아이들 장난 같은 상상력을 혹시나 싶어 실제처럼 과장한, 아니, 착각한! 하긴 미래를 예단한다는 건 논리적이지 않다고 생각되는데 그런 상상력으로라도 가능태(可能態)에서 현실태(現實態)로 실현될 꿈을 간직하고 건설할 수밖에 없습니다만, 그러나 0.000000…%로도 가능성 없는 마뜩잖은 거짓말임을 알면서도 손을 놓아버릴 수는 없는. 오늘날 〈웜홀(wormhole)〉, 〈암흑물질〉, 〈공간 이동〉을 통한 우주여행의 가능성, 또는 빛보다 빠르다는 가설상의 초광속(超光速) 소립자 〈타키온(tachyon)〉의 발견이란 호들갑들도 결국 과학을 빙자한 허망한 희망, 아니 원시적 주술에 다름아닙니다. 그 주술은 SF적인 상상력으로 발휘되어 앞에 언급한 『이티-(ET)』와, 『2001년 스페이스 오딧세이-2001 A Space Odyssey』, 『미지와의 조우-Close Encounters Of The Third Kind』 같은 얌전한(?) 우주영화에서부터 『V』, 『스타트랙-Star Trek』 같은 드라마를 거쳐 『혹성탈출-Planet of the apes』, 『에일리언(Alien)』, 『스타워즈(Star Wars)』, 『우주전쟁(War of the Worlds)』 등 우울한 미래의 모습을 오히려 화려한 영상으로 표현한 영화로까지 발전되어 사람들의 지대한 관심을 끌었습니다. 근래 『아바타(Avatar)』 같은 영화는 컴퓨터그래픽의 발전으로 원색의 생생한 리얼리티(reality)를 눈앞으로 가져와 엄청나게 확장되는 상상력을 대신 달래주고 있지요. 하지만….

　모든 것은 인류의 머릿속에서 스파크(spark) 되는 환상, 아니 뻔뻔한 거짓, 사기일 뿐입니다. UFO도, E·T도, 우주전쟁도…. 인간이 상상하는 그런 것들은 그저 상상일 뿐 〈실재(實在)〉가 되려면 아직 〈몇억 년〉이 지나야 하며, 그건 인간의 시간으로는 그야말로 불경하기 짝이 없는 일이군요. 차가운 우주는 생명이, 아니 티끌보다 못한 지구 따위(?)가 감히…, 절대로…, 영원히… 초월할 수 없는 영역입니다. 그저 무한에 대한 경외(敬畏)만으로! 〈시간은 사물을 먹어버린다〉는 말이 문득 떠오르는데 세상, 아니 무(無) 자체도 그저 시간 속에 아득히 함몰될 뿐! 우리는 지금 〈수백억 년〉 전의 빅뱅(big bang)으로부터 시작된 우주력(宇宙曆)으로 겨우 0.000000… 초에서 그저 있거나 말거나!

　그러나…, 제 몸에는 남들처럼 몇 가지 흉터 같은 것들이 있습니다. 전에 언젠가 이야기했는데 등대 근처 도꾸라미라는 바위에서 다이빙하다 날카로운 암초에 배를 찔려 피와 함께 시커먼 창자가 쏟아져 나와 동네 병원에서 양철 조각으로 배를 기워 생긴 자국처럼 어느 순간 물리적으로 피부에 가해진 흔적들입니다. 〈시간의 흉터〉지요. 그 흉터는 제가 살아있는 한 그대로 있을 것이고, 그 원인이 되는 시간도 심상 속에 존재합니다. 아니, 제가 죽어 사라져도 억겁부터 현재까지 이어지는 〈시간의 띠〉 어딘가에 제 삶의 모습이 분명 새겨져 있을 겁니다. 비록 찰나의 순간으로 찾을 수는 없지만 뚜렷한 흉터처럼.

　남산동 영락원에 가면 제 어머니의 유골이 있습니다. 좁은 봉안당에 고운 가루로 곱게 모셔져 있지요. 한때 자주 찾았는데 흐릿해지는 시간의 방해로 어느덧 가끔 생각으로 대신하곤 하지만.

흉터나 유골은 억겁처럼, 오로라처럼 펼쳐지는 시간의 파노라마 그 어느 띠에선가 그 일이 발생했다는 사실을 말해줍니다. 다시 말하면 시간은 흔적을 남기고 제 몸에, 어머니의 유골에 갇혀있는 걸 뜻합니다. 결국엔 시간의 파괴력이 저를 절대 무화(無化)의 심연으로 가라앉히겠지만 현재는 분명 제가 그 시간을 〈함께〉하고, 그래서 마음대로 〈행동〉, 〈생각〉하고, 심지어 〈희롱〉할 수도 있습니다. 시간은 그래도 부처님처럼 인자한 얼굴로 굽어보겠지만 시간의 노리개였던 개인이 오히려….

파도처럼 밀려왔다 또 밀려가는 일상-, 어제가 그제가 되고, 오늘이 다음 달 오늘이 되는 세월이 쉬지 않고 우리와 함께 흐르는군요. 〈신선놀음에 도끼자루 썩는 줄 모른다〉는 속담은 그래서 만들어진 것 같습니다. 젊은 날은 다른 많은 것들에 관심을 주고, 그것과 가깝게 지내며 열정과 고뇌와 아픔과 희망에 휩쓸리며 대개 시간의 마법을 잘 이해하지 못하지만 나이가 들면서 겹눈처럼 보이지 않던 커다란 시야(視野)가 길러지고, 인생의 법칙 같은 것들이 머릿속에 〈사용설명서〉처럼 들어앉아 객관으로 돌아볼 수 있게 됩니다. 그러나 곧 끝없는 무의 함정 속으로 빨려들어 가지요. 모든 것은 환영처럼 사라져버립니다.

그러나 사람은 제각각 흉터처럼 가두어둔 시간들이 있습니다. 첫사랑의 환희와 절망도, 성공과 실패의 시소도, 꿈과 환상의 젊음도…. 비록 원자보다도 더더욱 보잘것없는 시간의 〈찰나〉겠지만.

다음에는 환영처럼 그렇게 흘러가버린 사람들이 시간의 미망 속에서 제각각 그려왔던 삶의 모습과 그 흉터들을 되살려보고 싶군요. 찰나 속의 삶을 사는 인간의 보잘것없는 존재성을, 그러나 그래서 더욱 사람들이 엮어내는 운명이 애수(哀愁)란 이름의 안타까운 회한으로 가슴을 뒤흔드는, 그리하여 시간 속 돛단배처럼 흘러가는 인간에 대한 안타까운 헌화(獻花)와 경배를!

※ 이번 주는 2001년 현재 서울대학교 철학과 교수를 역임하고 명예교수로 있는 '소광희(蘇光熙)' 선생이 문예출판사에서 펴낸 「시간의 철학적 성찰」에서 몇 가지 좋은 내용들을 인용할 수 있어 글의 짜임을 제대로 꾸밀 수 있었습니다. 예전에 어디선가 비슷한 글들을 읽고 고이 기억에 새겨놓았지만 긴가민가했는데 이 책에서 정확히 확인할 수 있어 얼마나 기뻤던지. 앞으로 그 책을 완독하여 '칸트(Kant, Immanuel)'나 '헤겔(Georg Wilhelm Friedrich Hegel)', '베르그송(Henri-Louis Bergson)', '하이데거(Martin Heidegger)' 등 선철(先哲)들의 철학적 시간론의 의미와 표상, 그리고 변증법(辨證法) 등을 '아인슈타인'이나 '스티븐 호킹(Stephen Hawking)' 등 과학자들의 시간론과 비교하며 좀 더 내재화(內在化)해야겠습니다. 하지만…. 제게 시간이 많이 남아있지 않다는 자각, 그리고 재질과 열정의 부족, 소모되는 생리적 퇴화로 인한 부담과 두려움은 어쩔 수 없군요. 고백하자면 시간에 대해 좀 더 정교한 시선, 철학적인 정신의 확산을 얻기 위해 진작 구입해뒀던 한길사 간행 '후설(Edmund Husserl-1859~1938)'의 『시간의식』도 볼 때마다 그는 물론 제자인 '하이데거(Martin Heidegger)'까지도 정확히 포착해야지 하는 마음만 앞설 뿐 쉽게 다가오지 않는 생경한 언어들에 막혀 여태 처음 몇 페이지 근처에서 헤매며 읽을 엄두를 내지 못하고 있는…. 더 이상 그 언어들을 제 속에 받아들일 틈이 없는 것 같아 마음이 아픕니다. 찰나의 꿈처럼 존재하는 인생이 우주와 삶의 전면을 조망한다는 것 자체가 모순인 것 같은, 겨우 기미만, 그것도 포즈로서.
안타까운 존재의 멸망과 허망은!

제(35)주 학습지도 계획안

(2012년 11월 19일 ~ 11월 23일)   4학년 2반

구름보다 빨리 사라지는 사람들

- 저는 작년까지 9인제 생활체육 배구계에 몸담고 있어서 그쪽 관련 소식들을 꽤 잘 알고 있다고 생각합니다. 배구 경기도 자주 보고 있지요. 그런데 방송에서 〈몰빵배구〉라고 이야기들 하는데 기막히게도 저는 한동안 〈물빵배구〉로 잘못 알고 있었습니다. 워낙 새로운 말들이 함부로 만들어져서 몰아친다는 뜻의 〈沒放〉을 의미론적으로 보지 않고 쉽게 귀에 들어오는 대로 가볍게 스쳐 지나듯 각인한 탓인가 합니다. 몰빵 보다 물빵이 발음상 자연스럽지만 이 경우는 제 섬세함이 부족한.

지난 33주차 주안에서 〈꼭지점 댄스〉를 〈세모꼴 댄스〉라고 잘못 말했군요. 그 춤은 채널을 돌리며 본 기억이 있어 세모라는 동작과 연결 지어 각인한 것 같습니다. 그래도 〈꼭지점 댄스〉라는 시대의 유행어에 대응되는 〈세모꼴 댄스〉라는 새로운 유의어를 만들어낸 것에 스스로가 대견(?)하다는 생각이 들어 씁쓸하기도 하군요. 이만하면 나도 당당한 현대인의 속성을….

그런데 그때 '싸이'의 「강남스타일」에 대해 이야기하며 그 춤도 〈막춤〉이라고 했는데 알고 보니 〈말춤〉이라는 걸 이번에 문득 깨달았습니다. 그러고 보니 말을 모는 동작 같기도 하군요. 〈몰빵〉을 〈물빵〉으로 기억한 경

우와 비슷한 상황인 것 같은데 그보다는 제 눈엔 그냥 〈막〉 추는 것으로 봐서 그렇게 기억한 것 같습니다. 현대인의 말뜻을 재빨리 알아채지 못하는 제 특성 탓이겠지만 그래도 이 경우엔 어째 하나도 부끄럽진 않군요. 이래저래 제겐 아무 뜻도 없는 그야말로 막춤(?)이니까요.

저는 텔레비전을 자주는 아니지만 그래도 조금씩은 봅니다. 신문이나 책 등은 제가 특별히 선택해서 읽어야 하고, 그만큼 마음의 준비와 긴장과 다양한 의미의 판단들을 해야 하지요. 그러나 텔레비전 화면은 그런 준비를 할 필요가 전혀 없습니다. 오히려 머리가 텅 빌수록 좋지요. 그림과 소리들이 제멋대로 눈과 귀에 꽂혔다 뒤통수로 쏙쏙 빠져나갑니다. 저는 스쳐 지나는 회로처럼 그냥 통과시키기만 하면 됩니다. 글자는 심상에 다양한 모습과 그 사이를 떠도는 의미와 상징의 모습들로 두런두런 간섭하며 고문처럼 부침하지만, 화면과 소리는 통과만 하니까 아무런 부담이 없습니다. 어디선가 들은 것 같은데 텔레비전 시청은 〈인간이 깨어나서 하는 가장 정지된 행동〉이라고 하더군요. 그야말로 저는 안테나처럼 그림과 소리가 물처럼 흘러가도록 자동화시켜 놓을 뿐입니다.

대개 그렇게 멋대로 흘려보내거나 멍한 상태(?)로 보지만 그렇다고 아무 프로나 함부로 보진 않습니다. 주로 뉴스를 시청하고, 교육방송의 특집 같은 것도 잘 봅니다. 〈내셔널 지오그래픽(National Geographic)〉, 〈사이언스(science)〉, 〈BBC〉 등에서 볼 수 있는 교양과 다큐, 「동물의 왕국」 같은 가벼운 재미와 자연의 모습을 보여주는 프로그램, 「세상에 이런 일이」나 「인간만세」, 「오지(奧地)」 등등 삶의 기미들을 되새겨볼 수 있는 차분한 기획물, 「한국의 美」, 「러시아 동구의 문학과 예술」, 「12人의 작곡가」, 「차마고도(茶馬古道)」, 「팝스의 고향」, 「실크로드-Silk Road」, 「코스모스-Cosmos」, 「지구대기행」, 「우주의 신비」 등등 삶과 자연의 다양한 모습으로 인간의 보편적 가치나 깊숙한 예지를 일깨워주는 프로들이지요.(물론 이런 프로들도 모두 긍정으로만 볼 수 없는, 고약한 자본주의의 끼워팔기식 습성들이 있습니다. 시간이 나면 그런 면들도 이야기하고 싶습니다만) 또는 한때 저와 관련 맺었던 운동-, 테니스와 배구, 야구, 마라톤 대회 등도 가끔 봅니다. 대한민국 국민 모두가 열광한다는 야구는 젊은 시절까지는 봤는데 40대 무렵부터 발길을 돌려버렸다고 했지요. (야구가 스스로의 순결을 버리고 엔터테인먼트처럼 두툼(?)하게 변해버린 것 같다는 그 심리적 기저를 말씀드린 것 같은데….) 축구도 비슷하지만 이젠 국제대회나 조금 볼까, 예능이나 드라마, 개그, 가요, 퀴즈 등등은 아예 쳐다보지도 않는다고 이미 말씀드렸지요. 돈 준다고 해도 어마, 뜨거라며 단번에 채널을 돌려버릴. 이념과 한 시대적 가치, 또는 퇴폐와 억지, 가볍게 스치는 감각적인, 유행적인 이미지들로 떡칠한 현대의 대다수 프로그램들도. 어쩌다 순간적으로 마주치는 화면이 전부입니다. 가족이나 누구와 함께 있으면, 그리고 때에 따라 특별히 봐야 할 필요가 있을 경우 가끔 보기도 합니다만. 그런 프로들은 돈을 줄 테니 보라고 해도 보지 않습니다. 쳐다보면 엄청난 자본과 시간, 그리고 에너지를 쏟아부어 제작했을 텐데 과연 그럴 가치가 있는지, 아니 시간과 견고한 정신을 잡아먹고 바보로 만드는 역설을 어떻게 견뎌내야 하는지 한두 시간이 여간 고역이 아닙니다. (그런데 새삼 생각해보니 놀랍게도 지난 5~6년 TV 방송을 제대로 시청한 기억이 없군요. 구석에서 먼지를 뒤집어쓴 TV가 무척 낯설기도. 혼자 사는 생활적인 문제도 있었고, 한번 흥미를 잃으니 집이 아니라 가게나 터미널 등에서 스치듯 눈에 들어온 화면이 전붑니다. 아마 하루 TV를 본 시간으로 따진다면 10분 안팎이나 될까요? 제 나이쯤 되면 그 어떤 화려(華麗)와 물량(物量)과 과시(誇示)와 약동(躍動)과 제조된 뻔한 감동들이 아무런 의미도 없다는 것을 잘 알게 되지요. 과연 지금 어떤 프로그램들이 있는지 이 글을 쓰며 제목이나마 알게 된 몇 개 프로를 빼면 도대체 감이 잡히

구름보다 빨리 사라지는 사람들 143

지 않습니다. 한땐 제법 고전영화나 앞서 열거한 멋진 다큐 등등을 녹화한다고 열정에 들 떴던 때도 있었는데 말입니다. 아마도 대부분 쓰레기 프로그램(?)들이 뻔뻔한 얼굴에 빨간 루즈를 요염하게 칠하고는 사람들을 유혹하고 있는 건 아닌지.)

어쨌든 굉장히 까다롭고, 또 꼰대답게 무척 고답적이지요? 누누이 말씀드린 대로 대중문화에 대한 적의(?)로 스스로를 그렇게 단속하는 이유가 있습니다만, 그러나 좀 더 엄밀하게 말하면 저번 주 말씀드린 것처럼 거역할 수 없는 시간의 절대성에 갇힌 인간이 〈속절없이 패배할 수밖에 없는 근원적인 허무〉 때문이라는 게 더욱 정확할 것 같습니다. 자신이 시간이라는 양철지붕 위에서 고통스럽게 몰락해가는 허무한 고양이 신센 줄 모르고 무조건적인 향유와 과시와 포즈와 만끽에….

저희 교실에는 꽤 많은 화분들과 함께 햄스터와 물고기 등이 살고 있습니다. 예전부터 작물 등과 함께 냇가에서 잡아온 송사리나 가재, 새우, 다슬기와 우렁이 등등을 길렀는데 작년 이 학교로 전근 와서 실과 전담을 하며 아이들에게 사육과 재배의 모습을 보여주기 위해 학교를 뒤져 창고 속 먼지를 뒤집어쓴 어항을 찾아 다시 기르기 시작했지요. 3년 전 시골 학교 시절의 어항보다 좀 더 크고 스테인리스로 테두리를 조립했기 때문에 아주 단단하여 금붕어는 물론 변두리 계곡에서 채취한 생물들을 많이 기를 수 있어 횡재했다는 생각이 들 정도로. 저로서는 재배나 청소 등등 여러 모로 신경 쓰이지만 작은 학교여선지 1학년은 물론 6학년 아이들까지 자기 반처럼 수시로 찾아와 쳐다보며 종알거리는 모습이 참 보기 좋습니다. 덕분에 여름방학에도 자주 출근하여 돌보고, 제가 오지 못할 땐 돌봄반 아이들이 돌봐줬지만.

그런데 햄스터의 눈은 우리들과 많이 다르다고 하더군요. 원숭이는 사람처럼 원근, 입체, 색깔까지 볼 수 있지만, 개와 고양이는 흑백으로만 보고 쥐는 윤곽, 원근, 입체감도 뚜렷하지 않다고 합니다. 햄스터는 집 위에서 내려다보는 거대한 저를 잘 인식하지 못하는 것 같습니다. 3차원에서 내려다보는 저를 소리로만 이해하지 당장 눈앞의 명확한 모습으로는 아닌 것 같더군요. 제가 손으로 만지면 아마 햄스터는 하늘에서 갑자기 툭 나타난 거대한 문어발 같은 물체가 자기를 밀어낸다고 당황할 게 틀림없을 것 같습니다. 마치 우리가 4차원의 세계를 모르듯 쥐는 자기 키만큼의 2차원 평면에 머문다고 할 수 있겠군요.

젊을 때는 약동(躍動)하는 에너지가 넘쳐 시간을 가볍게 보게 됩니다. 시간이 가지는 무심과 파괴력은 그저 먼 나라의 이야기일 뿐 젊음에 아무런 흔적도 남기지 않지요. 부모 형제의 죽음이라든가, 주름진 얼굴로 지팡이를 들고 병원 벤치에 앉아 멍하니 지나가는 사람들을 쳐다보는 노인…, 그럴 때 시간이 행사하는 본질적인 폭력성을 얼핏 느끼기도 하지만 눈 앞에 펼쳐진 흥미진진한 삶의 화려함 속으로 또 순식간에 빠져듭니다. 접안렌즈와 대물렌즈가 알맞게 조합되어야 미세한 세균과 까마득히 떨어진 달을 살펴볼 수 있듯 다양한 시간들이 겹쳐져야 그 간극에 새겨지는 인생의 의미도 선명하게 드러납니다. 그냥 젊음의 한 줄기 시선만으로는 수수께끼 같은 사람들의 삶과 운명, 가치와 존재, 현상과 행동의 이면들을 입체적으로 이해하기 어렵습니다. 햄스터처럼 2차원 평면 속에 갇힌 정신으로 존재하는 젊음은 눈앞에 보이는 '현실(現實)'만이 삶의 전부이고 가치 있는 세상이며, 그리고 모든 생각과 판단의 절대기준을 현실이란 잣대로 대입합니다.

젊음의 특권은 얼마든지 찬양받아 마땅합니다. 원대한 꿈은 아름답기 그지없고, 싱그런 미소를 띠면 보는 사람이 행복해집니다. 탄력 있는 탄탄한 몸은 볼수록 황홀하고, 그 움직임은 행복에 충만하며, 오뚝이 같은 도전정신은 그저 부러울 뿐입니다. 거기에… 만약 삶을 이해하려는 시선을 가질 수 있다면 신의 혜안(慧眼)도 부럽지 않을 겁니다.

《그 눈으로 부모가 굵은 주름이 가득한 보잘것없는 늙은 사람으로서가 아니라 자기가 지금 보는 드라마처럼 한때 〈현실〉의 주인공으로 화려한 사랑의 역사를 펼치던 젊음의 주인공으로 존재했음을, 무료 급식소에서 허름한 모습으로 허겁지겁 밥을 먹는 꾀죄죄한 할머니가 그 옛날 대중의 선망 속 화려한 무대에서 사뿐사뿐 춤을 추던 프리마 돈나(prima donna)였음을…. 아니, 공사장에서 모래 질통을 메고 시멘트 먼지가 휘날리는 고층을 오르내리며 땀 범벅된 아주머니에게는 얼마 전 행정고시에 합격한 잘 생긴 아들이 있고, 술 한 잔에 고기 한 근을 사들고 흥얼거리며 걸어가는 작업복 차림의 아저씨 머릿속에는 백 점 맞은 딸아이에게 줄 선물을 고르며 세상에서 가장 행복해하는 사람임을 읽을 수 있다면…. 까마득한 옛날「학도가(學徒歌)」를 부르며 비감과 열정으로 독립의 의지를 다지던 조선 청년의 울분이 남대문역(서울역)에 메아리쳤음을, 〈북만(北滿)의 눈보라와 남항(南港)의 동백꽃〉을 벗 삼아 오늘은 북간도로, 내일은 전라도로 떠돌던 막간(幕間) 가수와 배우들의 신산(辛酸)스런 삶을 알아차린다면…, 그래서 현재 자신이 마음 놓고 실컷 즐기는 현실에 사실은 다른 그림들이 마법처럼 알알이 박혀있으며, 또한 그렇게 사라진 옛날 시간의 파노라마 속에 촘촘히 박혀 외롭게 스러진 타인들의 그림자처럼 곧 그렇게 자신도 보잘것없는 그림들 중 하나로 무화(無化)되어야 하는 섭리를 겸허히 받아들인다면 그야말로 시대를 초월한 현자(賢者)가 될 것입니다.》

햄스터처럼 자신의 차원으로만 보고, 느끼고, 즐기는 에고(ego)의 맹목을 걷어내고 시간의 마법과 그 속에 갇힌 인간의 운명-, 웃음과, 눈물과, 애처로움과, 행복과, 탄생과, 죽음을 함께 할 수 있어야 시간의 폭력을 이

겨낼 수 있을 겁니다.

영화 『백 투 더 퓨처-Back to the Future』나 『박물관이 살아있다-Night at the Museum』, 『흐르는 강물처럼-A River Runs Through It』, 『벤자민 버튼의 시간은 거꾸로 간다-The Curious Case of Benjamin Button』 같은 영화들은 물론 『이상한 나라의 앨리스-Alice in Wonderland』, 『모모-Momo』 같은 동화들은 시간이 현재만으로 이루어진 것이 아니라는 요술을 새삼 펼쳐주지요. 과거와 현재, 미래가 뒤섞여 구분할 수 없을 정도로 시간을 역전시킵니다. 〈박물관이 살아있다(Night at the Museum)〉에서 비행기를 타고 최초로 대서양을 횡단한 여성 파일럿인 '아멜리아 에어하트(Amelia Earhart)'가 단지 역사 속의 이름으로서가 아니라 당대 세계 최고의 화제를 몰고 다니던 화려한 존재로 되살아납니다. 엇나간 시간대의 태평양 밑바닥에 가라앉아 가물가물한 이름만으로 숨죽이고 있다가 지금 당장의 현실과 연결된, 아니 더욱 생생하게 피가 통하는 탄탄한 젊은 육체로 〈나 지금 여기 있소〉라고 강하게 어필하고 있지요. 과거는 더 이상 과거가 아닌 현재성으로 얼마든지 변신 될 수 있다며. 그런 비밀도 모르고 마치 세상이 자기가 살고 있는 현실만으로 이루어져 있고, 그래서 행복한 현실을 무한 폭식하는 젊음들에게 시간은 좀 더 진지한 성찰이 필요함을 가르쳐주고 있습니다.

그런 영화들 중 특히 『시네마 천국-Cinema Paradiso』은 시간의 수수께끼를 극명(克明)하게 돌아보게 하는 신호들이 가득한 영화라고 할 수 있겠군요. 마을 사람들 마음의 안식처 같은 역할을 하던 하나뿐인 극장 〈시네마 파라디소〉가 새로운 시대를 맞아 무참하게 헐릴 때 오랜 세월 극장을 사랑했던 동네 사람들은 시간의 마법에 휩쓸려 떠내려가는 자신의 청춘과 인생에 대한 이별 때문에 울먹였습니다. 추억도, 젊음도, 환희와 수고도 모두 허무하게 무너지는 건물처럼. 마지막 시간의 여정을 찾아 귀향

하는 주인공에게 영사기사가 남겨둔, 흑백의 수많은 〈키스 씬〉은 마치 아름다운 추억을, 그러나 사라진 배우들의 잔영으로 더욱 서글픈 추억들을 모조리 편집해놓은 듯했습니다. 이미 귀향과 만남은 극장처럼 무너져 사라진 젊은 날의 미련일 뿐이지요. 모든 것은 폐허가 되었고, 스크린에 감동하며 울먹이던 이웃들은 시간의 강물에 떠내려간. 시네마 천국은 멀찍이서 아무렇지도 않은 듯, 그러나 아주 자상하게 젊음들에 〈시간의 충고〉를 들려주고 있습니다.

어쩌면 시간을 거스르는 것은 불경(不敬)하며, 그 은밀한 음모에 속아 넘어가면 현실을 잃어버릴 듯 외면하는지도 모릅니다. 기껏 마음속에서 추억의 옷을 입고 〈인자하게 미소 짓는〉 시간대 속에서만 〈멋〉으로 돌아볼 뿐이지요. 그러나 그건 자기만족에 지나지 않습니다. 아무런 겹눈도 없는 현실의 연장에 불과한. 연전에 화제가 됐던 〈엄마 아빠 젊었을 적에〉 같은 기획이나 〈70 80〉이란 주제로 전개되는 드라마, 노래 등등의 문화현상을 보노라면 대개 자신이 충분히 인지하고 잘 알고 있는 젊음의 그림에서 머무는 아쉬움을 느끼게 됩니다. LP 속에서 들려오는 감미로운 포크의 낭만에 엊그제 젊음의 감성에 젖어들고, 앙증맞게 꾸며 놓은 초가와 우물, 지게 등의 인형전에서 지난 시절의 피폐(疲弊)를 확인하며 그 시절 풍경으로 가벼운 추억을 겉멋으로 스쳐 지나고…. 7~80년대 청춘 시절의 감성을 그 뿌리까지 건드리는 안타까운 그림들에 거의 눈물을 흘릴 정도로 추억은, 시간은 화려한 현재를 치장하는 그림에 지나지 않습니다. 아니 시간은 애완용 장난감일 뿐입니다. 이제는 자신과 동떨어진 작은 이미지에 현실을 투사하여 오히려 즐기고 있지요. 아니, 추억이란 사치로 자기만의 단단한 성을 쌓고 그 속에서 위로받고 있는 건 아닌지. 그보다 훨씬 더 안타깝게 사라져가는, 아니 죽어버린 시간들에는 전혀 관심도 없으면서 말입니다.

그렇다고 백년 전이나 그 전의 시간을 말하는 건 아닙니다. 그건 나와 아무런 관련 없는, 이미 역사의 늪으로 깊숙이 잠겨들어 어떤 마음의 그리움이나 풍경으로 남아 있지 않거든요. 사진을 봐도 그저 그랬구나, 신기하다 수준입니다. 하물며 〈사육신〉의 처절한 죽음에 눈물과 분노와 고통의 감정이입은 일어나지 않지요. 그야말로 〈역사의 세상〉이기 때문입니다.

그러나 내가 이해하는 건너편, 아직도 미약하지만 우리들에게 끊임없이 각성을 일깨우는, 우리들이 눈치채지 못하는 시간대의 신호들은 분명 아직 살아있습니다. 삶의 형태와 사람들의 의식이 현실과 분명히 달라지는! 아마도 아버지, 어머니, 혹은 할아버지 연배의 어른들은 그런 신호를 알고 있을 겁니다. 그야말로 망각과 이별의 자장대(磁場帶)를 지나며 우리와 영원히 이별하고 시간의 파노라마 뒤쪽으로 달려가는, 시간이 내뿜는 망각의 마취제에 패배하여 형편없이 사라져간! 그래서 더욱 우리와의 이별이 애처롭고 아쉬운. 〈진정한 추억〉은 그렇게 온전한(?) 이별이어야 한다고 생각합니다. 요즘의 젊은(?) 추억팔이는 아직 그런 이별이 아닌, 그저 엊그제 이별한 생생함을 조급증(躁急症)으로 가불(假拂)해서 보는 얍삽(?)한 〈유행〉에 다름 아닌 것 같더군요. 역사의 당자들이 아직 정정하게 살아있는 짧은 시간대를 추억하며 사진을 마구 찍어대는 인플레로 마치 시간을 정복한 듯…. 제 나이도 그런 풍경을 온전히 풀어내지 않고 아직은 재워두고 있는데도 말입니다. 〈추억은 나이를 먹어야 진정으로 다가갈 수 있다〉고 누군가가 말했다지요. '릴케(Maria Rilke)'였던가? 역사는 감정의 조급으로는 조금도 다가갈 수 없습니다. 당신은 나이가 충분히 들었습니까? 당신은 당신의 부모들이 살아왔던 세상의 그림을 이해하고 있습니까? 혹 당신의 추억은 또래들과 함께 하는 유행의 사치한 〈열차여행〉에서 머물지 않습니까? 예를 들면 친구들과 함께 이미 흘러가버린 학창, 청춘 시절을 수놓은 가수들의 감미로운 가사와 부드러운 멜로디에, 또는 이미 늙어버린, 그래서 더욱 느끼한 열창으로 자극하는 오빠들의〈콘서트〉에서 까르르 눈물까지 흘리며 열광하는 건 아닌지? 추억이 살아있어 오히려 낭만으로 호도한, 아니 오도된 즐거움으로? 그 앞 시대의 추억은 가슴에서 내치지 않았습니까? 3~40년대 당대 민중들의 좌절과 절망과 탄식과 허무에 찌든 절망의 시대를 노래하며 함께 아파했던 일세(一世)의 명곡「애수의 소야곡」과「목포의 눈물」들은 케케묵었다는 듯 온전히 돌아보지 않으면서도 60년대 청년문화의 아픔과 이별과 감성과 질곡에 함께 아파했던, 아니 감미로웠던 기억만은 놓치지 않겠다는 듯 악착같이 눈물과 함께 열광하는. 서구적 감성의 칼날로 마치 절벽처럼 시간을 단절시켜놓고는 자기들 시대의 섬세한 감성만은 천년만년 지켜내야 한다는 듯 성을 쌓는. 당신에게 그 추억은 아직 유효기간이 남은 보편적인 삶의 파노라마인데도? 그렇군요. 추억은 사치한 이기(利己)에 다름없었군요. 단칼에 잘라낸 그 단면에서 들려오는 쓸쓸한 회한은 눈치채지 못하는, 그야말로 너무 쉽게 죽어버려 아무도 찾지 않는 역사의 터널로 잠겨드는 안타깝고 고통스런! 당신과 나는 같은 시간대를 사는데도 이렇게나 달라져야하는지! 하긴 지금은 당신들이 주연인 시대고, 생생한 추억은 무조건 아련한 향수와 안타까운 눈물을 흘리게 하는 것을. 그리하여 저는 그 앞에 이미 까마득히 흘러가버린 화석인 것을! 아니, 당신들의 청년문화도 곧이어 등장할(?) 재기발랄한 디지털 감성들에 형편없이 패배하고 무덤 속으로 끌려가야 할!

   하긴 내 이런 억지는!

   저는 일찍부터 시간에 대해 과도할 정도로 애증(愛憎)의 시선을 보였습니다. 시간의 폭력과 그 무참한 패배, 그래서 사라져간 사람들에 대해 한없는 눈물과 경의(敬意)를 바쳤지요. '박종화(朴鍾和)'와 '이광수(李光洙)'의 역사소설을 읽으며 삶의 아이러니 속에서 무너져가는 인간의 운명을 으슴푸레 느꼈으며, 섬세한 펜 터치로 동양화의 실사(實寫)에 바탕을 둔 '김종래(金鐘來)'의 「엄마 찾아 三萬里」, 세밀하지만 부드러운 삽화로 인기를 끌었던 '박기당(朴基堂)'의 「萬里鐘」 등등 마치 소설을 읽는 것 같은 해설이 들어있던 서사적(敍事的)인 만화들을 보며 일찍부터 역사 속 주인공들의 삶을 생생한 현실로서 받아들였습니다. 어쩌면 처음 단순한 그림으로 접근했지만 차츰 그 이면에서 서사(敍事)와 운명 같은 예언적인 삶의 이미지들이 머릿속으로 치고 들어오며 스스로 풍덩 빠져들었던 것 같습니다. 나만의 젊음과 시간을 즐긴 것이 아니라 다층(多層)의 시간들과 그 미로 속에서 사라져버린 〈젊음〉들을 함께 했습니다.

역사학자 '카(E.H.Carr)'는 그의 저서 『역사는 무엇인가』란 책에서 《역사란 역사가와 사실 사이의 계속적인 상호 작용의 과정이며, 현재와 과거 사이의 끊임없는 대화》라는 아주 유명한 말을 했지요? 이 말은 〈나〉와 〈현재〉만의 절대주의가 아닌 〈나와 너〉, 〈현재〉와 〈과거〉라는 상대주의가 시간과 역사의 주인임을 깨우쳐주고 있습니다. 지금의 추억팔이는 대개 〈너〉가 사리진 〈나〉만의 절대주의로 역사를 옹달샘처럼 작은 장식품으로 가둬 단절시키고 있다는 생각이 강하군요.

그런 시간의 상대주의를 소재로 한 프로그램들이 연전에 꽤 방송되었습니다. 〈EBS 文化史 시리즈〉란 캐치프레이즈(catchphrase)로 만들어진 「동양극장(東洋劇場)」, 「야인시대(野人時代)」, 그리고 「명동백작(明洞伯爵)」 같은 드라마들이었지요. 동양극장은 일제(日帝) 시대 동양극장을 중심으로 활동했던 연극의 주인공들-, '황철(黃澈)', '차홍녀(車紅女)', '박진(朴珍)', '임선규(林仙圭)', '최독견(崔獨鵑)', '심영(沈影)'… 등등의 모습과 그 시절 장안의 최대 히트작 「사랑에 속고 돈에 울고」를 되살려냈습니다. 야인시대는 일제로부터 해방과 전쟁 후까지 이어진 유명한 주먹 황제 '김두한(金斗漢)'과 시라소니, 이정재(李丁載)와 구마적, 하야시, 최동열 대기자, 미야 경부 등등이 출연하여 그 시대 야인(野人)들의 세상과 삶을 호쾌하게 펼쳤지요. 그리고 명동백작은 식민지와 전쟁과 환도, 그리고 60년대 초중반까지 우리나라 문화예술의 중심지로서 화려한 꽃을 피웠던 〈명동시대〉를 재조명했습니다. 물론 「대조영」이나 「왕건」 등의 드라마도 있었지만 이 경우 우리들이 그 인물들의 삶에서 감지할 수 있는 시간의 진폭(振幅)이 너무 광대해져버려 객관적인 사실 수준으로 받아들일 뿐 그렇게 절절한 현실로는 다가오지 않았습니다. 정몽주(鄭夢周)의 피살? 그렇지요. 아무런 감동도 없이 밥을 먹으며 그저 흥미로운 드라마로 쳐다볼 뿐이지요. 역사의 고비를 넘는 순간의 압도적인 현장성은 사라지고 다만 건조(乾燥)한 스토리의 한 페이지로 다가올 뿐입니다. 물론 저보다 더 젊은 사람들은 동양극장과 야인시대와 명동백작의 시간대에서마저 같은 식으로 감성이 휘발되어 화석화된 객관적 사실만을 느끼겠지만.

제 연배를 포함하여 앞선 또래들은 동양극장에서 황철(黃撤)과 차홍녀(車紅女)의 유랑과 월북(越北), 덧없는 죽음 등을 통해 억압의 시대를 예술혼으로 초월하려던 예인(藝人)들의 〈애틋한 현실〉을 아련한 기억이나 책을 통한 뒤늦은 전설로나마 함께 이해했으며, 야인시대에서 주먹들의 우정과 다툼, 시대와의 마찰에서 하나씩 무너져갔던 〈역사와 낭만의 아픔〉을, 명동백작에서 가난과 우정, 열정과 낭만, 실존과 피폐 속에서 역사의 지층으로 떠내려간 문인과 예술가들의 〈패배와 자조〉를 바로 곁에서 느꼈습니다. 특히 저는 제 시간 속에 그런 경계선상(?)의 시간들을 겹쳐 시간을 이겨내고 되살아나는 실존의 심장 소리를 강력하게 담아두었습니다.

꿈결처럼 되살아난 주인공들! 그러나 그들은 현실에서 사라지고 없다는 냉혹한 인식이 언제나 회한을 불러일으킵니다. 그들의 청춘과 사랑, 열정과 고뇌, 피곤과 자살… 을 아무리 되살린들 당장 잠자리에 들 때는 손을 흔들며 어둠 속으로 희미하게 사라져버립니다. 당대에 주고받던 이야기들도 함께 숨 막힐 듯 잦아들지투명해지는 윤곽, 그 속으로 사라지면, 아무도요. 그들은 〈없음〉이란 봉인에 꽁꽁 묶여 다시 시간의 감옥으로 유폐되어버리곤 합니다. 대신 현대를 주름잡는 화려한 젊음들이 시간의 빈틈을 공기처럼 채우고 마치 자신들의 세상은 영원할 것처럼 약동하고 있습니다. 어느 누구도 사라져버린 존재를 깨우치지 않습니다. 그게 곧 자신들의 미래 모습임을. 아니 너무 잘 알아 일부러 더욱 젊음의 현실에 빠져드는 허무주의인가요?

그렇게, 그렇게 사라져간 당대들의 축적이 인생이라면 아마도 시간은 연쇄법의 마법사가 틀림없을 겁니다. 각 시대마다 개인들에게 비슷한 청춘을 부여해 주고, 그리고 빼앗고, 파노라마 같은 사진첩에 재워두고, 가끔 저처럼 어수룩한 사람에게 슬쩍 보여주고…. 역사의 지층은 우리들 젊음의 발밑에서 언제나 마지막 숨을 거두곤 했습니다.

그렇게, 또 그렇게 사라지는 것들은 아름답습니다. 아니, 처절하지요. 시적 문체와 서정이 돋보이는 '황순원(黃順元)'의 단편 「소나기」의 남자 어린이는 죽은 여자 어린이를 영원의 '베아트리체(Beatrice)로 가슴 속에 품고 칠백 년 세월을 건너뛸 후대까지 새겨놓았을까요? '이효석(李孝石)'의 메밀밭에서는 지금도 하얀 달이 뜨고 고단한 여정의 냇가 섶다리 밑엔 장돌뱅이들이 모닥불 앞에 둘러앉아 성서방네 처녀 이야기를 나누고 있는지? '윤심덕(尹心悳)'의 절망은 제비표 라벨의 새까만 SP 레코드 속에서 허무를 탐(耽)하는 「사(死)의 찬미(讚美)」를 지금도 처절하게 절규하고 있으며, 사라진 '나운규(羅雲奎)'의 영화 「아리랑」 속에서는 '영진'이 피워낸 독립의 불길이 사람들 가슴 속을 옮겨 다니며 여전히 활활 타오르고 있을까요?

그렇지요. 모두 음화(陰畵)처럼 아련히 침몰했을 뿐입니다. 괜히 그런 사람들을 오늘에 되살려 운명의 아픔을 맛보게 하는 내 이런 미련이라니!

'제임스 카메론(James Cameron)' 감독의 『타이타닉-Titanic』을 보고 서양 사람들도 그런 회한에 젖을 수 있다는 당연함을 새삼스레 느끼고 감동한 적이 있습니다. 마지막 심해 속 침몰선의 잔해에서 서서히 되살아나는 화려한 샹들리에의 연회장과 마치 살아있는 것처럼 미소 짓는 사람들, 그리고 반대로 마지막엔 살아남았지만, 그러나 곧 어둠의 심연으로 잦아들게 틀림없을 늙어버린 여주인공의 깊은 주름이 병렬시키는 아슬아슬한 시간의 이중주에서 결국 벗어날 수 없는 인생의 아픔이 눈시울을 벌겋게 했지요.

그리하여…, 잘 가거라. 한때 시대의 주인공으로서 흥미진진한 운명을 짜 맞추며 화려한 시간을 보낸 그대들, 그러나 시간 앞에 패배하여 형편없이 사라져간 그대들! 그대들이 떠난 자리엔 또다시 젊어서 철없을 수밖에 없는 일견 멋스런 짧은 낭만이 이 시대를 온통 주인인 양 채운다. 그래, 알고 있다. 우리는 모두 그대들의 도돌이표임을, 젊음이란 그야말로 순간의 환영에 다름 아닌 것을, 우리들도 시간의 옷을 껴입으면 그대들처럼 허망하게 스러질 운명임을, 지금도 목을 치려는 듯 시간의 조리개가 째깍째깍 조여 오는….

거역할 수 없는 시간의 폭력과 허무… 는!

「사랑과 계절」이란 대중가요가 있습니다. 〈사랑하는 마음은 4월의 꽃 피는 마음이지만 이별하는 마음은 찬바람 부는 겨울〉이라는. 시간은 사랑과 이별이라는 서정(抒情)에 얽매여 휘둘리고 있음을 역설적으로 감미롭게 불렀습니다. 인생은 그렇게 4월의 젊음으로만 존재하지 않습니다.

젊음이 영원히 계속될 것처럼 스쳐 지나는 다른 것들에 신경을 주지 않지요. 피고 지는 봄의 꽃처럼 그저 자기들 현실의 〈화려〉와 〈낭만〉과 〈열정〉과 〈고독〉과 〈아픔〉이 전부입니다. 그 앞 세대의 화려와 낭만과 열정과 고독과 아픔이 늙은이의 주름진 얼굴 속에 숨어있음을 눈치채지 못합니다. 자기들의 현재도 또다시 찬바람 부는 겨울처럼 뒤에서 슬쩍 다가오는 새로운 젊음들에 순식간에 밀려나야하는 걸 모르고. 어쩌면 '시지프스(Sisyphus)'의 도로아미타불(헛수고)은 부조리한 숙명처럼 밀리고 밀리는 인간군상에 대한 '크로노스(Cronos)'의 원죄인지도 모릅니다.

그 원죄처럼 당대 자기들에게 배당된 몫을 다 소비하고 시간의 봉인(封印) 속으로 떠나가야 하는 서글픔을 토해낸 책 중에 「明洞」이란 책이 있습니다. 바로 〈명동백작〉으로 자타가 공인하는 소설가인 '이봉구(李鳳九)'가 추억과 회한에 가득 찬 젊음을 회고하는 내용이지요. 10년 전 방송으로 만난 「명동백작」은 그 중 몇몇 중요한 부분들을 발췌해 방송했습니다만.

그 책을 처음 읽은 건 67년 고등학교 때입니다. 도서출판 〈三中堂〉에서 꽤 히트한 기획물인 〈라이온 북스〉의 4·6판 우철(右綴) 세로 1단에 320쪽의 깜찍한 문고본으로 나왔지요. 부제가 「세월따라 바람따라」였습니다. 그때 그 책을 읽으며 왜 그렇게 사람들은 쉽게 죽고, 하나씩 기억 속의 이미지들로 퇴색되기만 하는지 안타까워했던 생각이 납니다. 3~50년대의 폐허와 그 속을 살아간 인간 군상들의 낭만과 청춘과 정열, 그리고 속절없이 구름처럼 떠내려간 삶의 본질들이 이봉구의 회한 속에서 독버섯처럼 피어나서 눈물을 흘린 기억도. 그런 까마득한 전설이 현실로 되살아난다면 내 그 안타까움과 눈물, 그리고 허망함도 어느 정도는 위로를 받을 수 있으리라 생각하며.

거기에 '이상(李箱)' 때문에 술을 마시고, 청춘의 고독 때문에 노래 부르던-, 술에 취해 서른 한살을 일기로 눈뜨고 죽은 '박인환(朴寅煥)'의 명동 샹송「세월이 가면」이 있었지요.

…
나뭇잎은 흙이 되고 나뭇잎에 덮여서
우리들 사랑이 사라진다 해도
지금 그 사람 이름은 잊었지만
그 눈동자 입술은 내 가슴에 있네
내 서늘한 가슴에 있네.

詩「세월이 가면」은 그렇게 사라지는 시간 속의 이름과 눈동자와 입술에 대한 청춘의 만가(輓歌)였습니다. 명동을 살아간 사람들의 안타까운 이야기는 그 시대를 이해하고 있는 우리 연배에게는 서늘하게 살아있지만 오늘의 명동을 화려하게 수놓으며 오가는 젊음들에게는 함부로 사라져도 좋은 역사의 그림자일 뿐입니다. 시대의 주인공으로서 흥미진진한 운명을 짜 맞추며 화려한 시간을 보냈지만 시간에 패배하여 형편없이 사라져간 그들. 어쩌면 빗속에서 노래를 부르고 춤을 추는 그들의 꿈을 꾸기도 한 것 같습니다. 자기들을 기억해줘서 고맙다며 손을 흔드는.

현대 대중문화의 〈비극〉은 시간을 알맞게 잘라내어 항상(恒常)이라는 앰풀(ampoule)주사로 마비, 또는 익사시켜버리는 데에 있습니다. 그것은 사람들에게 생생한 원색의 화면 속에서 너울대는 율동과 웃음, 꿈틀대는 육체와 땀, 꿈결 같은 환상과 터치…, 화려한 〈현대성〉을 주입하며 끊임없이 현대를 이어줍니다. 그러나 그 순간에도 뒤쪽에서는 쉴 새 없이 사람들의 현대를 토막 내어 시간의 함정 속으로 던져버리지요. 〈시간〉이라는 앰풀의 약효가 줄어들면서 사람들은 뒤늦게 세상을 둘러보며 어느새 자기도 몰래 잘려나간 추억에 젖어봅니다만 그마저도 자신을 채색하는 사치로 바꿔버리지요. 아마도 죽을 때가 되어야 진정한 〈과거〉를 보고 깨달을지도 모르겠습니다. 대부분은 그런 깨달음도 알아채지 못하고 사라지기 일쑤겠지요.

앞에서 줄기차게, 여태 고집스레 말씀드린 것처럼 제가 대중문화의 현란한 폭주에 대해 유달리 까탈스럽고 고답적(高踏的)인 태도를 보인 것은 결국 그 자체의 화려함 때문이 아니라 반대로 그런《시간의 절대성이 가지는 허무의 심연(深淵)과 대비되어 멸망의 그림자로 달려가야 할 운명의 에스컬레이터를 강렬하게 느끼기 때문》이라는 게 더욱 정확할 것 같습니다. 두 얼굴의 야누스(Janus)처럼, 타이타닉의 늙어버린 여주인공처럼 우리들 양철지붕 위 신나고 화려한 놀이 뒤에서는 멸망의 시퍼런 칼날이 속살을 파먹고 있는데도….

우리 아이들이 시간에 관심을 가지게 되는 때는 언제가 될까요? 아마 언젠가는, 아니 곧 다가오는 시간의 틈새에서 느끼게 될 겁니다. 어느 날 문득 자신이 왜 여기서 어슬렁거리는지, 고왔던 내 얼굴이 왜 이렇게 변했는지. 아마 그때 자신의 실존을 감지하고 언제든지 원하는 대로 기회를 부여할 것처럼 친절했던 시간이 사실은 뒷전에서 엉큼하게, 화살처럼 재빠르게 내 몸을 갉아먹고, 영혼을 매장시키고 있었음을. 하지만 그때는 이미 늦어버린 것을. 돈과 명품과 자동차와 아파트와 직책과 미모와… 몸에 잔뜩 걸친 온갖 현대의 신화들이 사실은 자신을 사육(飼育)시킨 미끼인 것을. 아비도, 할애비도, 까마득한 선조들도 다 그렇게 시간의 파노라마 속에 박제되어버린 것을. '핑클'과 '소녀시대'는 그렇게 잘 포장된 일회용 뇌물임을 눈치채지 못하고 우리들이 무조건 열광했음을. 아니, 열광하는 현재의 나 자신도 그런 유령 같은 어둠의 씨앗을 조금씩 키우고 있음을. 그래서 너무나 쉽게 〈구름처럼 사라지는 불쌍한 사람들….〉

그 당시 저와 교유하고 있던 몇몇 사람들에게서「명동백작」을 방송한다는 이야기를 듣고 그런 멸망의 안타까움에 떨며 글을 한 편 썼습니다. 사실 그분들의 강권에 따른 셈이었지만, 사람들에게 그런 일상의 뒤편에서 사라져가는 사람들의 안타까운 모습을 알려주고 싶다는 강렬한 욕망도. 그런데 그게 갑자기 정전으로 달아나버려 얼마나 허무하던지! 모두에게 뛰어난 명작(?)을 쓰겠다고 큰소리치며, 그래서 무척 고생하며 쓰고 있었는데 그게 너무 억울해서라도 방송 전날 밤 내내 끙끙거리며 새로 써서 방송사 홈페이지 게시판에 올린 적이 있습니다. 명동에 대한 일종의 만가(輓歌)에 해당되겠지요. 세상에는 아직 이런 그림들도 있다는 것을 사람들에게 강력하게 알려주려는.(어쩌면 명동에 대한 개인적인 해설, 아니 사람들에게 자랑을 하고싶었던 건 아니었을까 싶기도 한. 언젠가 한번 홈페이지를 찾아봤더니 있더군요. 얼굴이 화끈거릴 정도로 엉망인.) 이 자리엔 어울리지 않는다고 생각되지만 지금까지 주제넘은 제 글을 읽어주신 학부모님들께 여태 써왔던 글들의 중심을 관통하는 의미와 관련하여 부합되는 부분들이 많은 것 같고, 어쩌면 쉽게 접할 수 없는 흥미로운 내용들일 수도 있어 새로 손을 봐서 첨부하니까 읽어주시면 감사하겠습니다. 조금 과장이 앞서 주저스럽기도 하지만, 아마 동감하는 분들도 계시리라 생각합니다.

오늘은 시간의 환영 속에 담긴 인간의 아이러니를 느껴보았으면 합니다.

〈첨부〉

명동백작(明洞伯爵)!, 그 사라진 환영들을 만나며…

　인터넷을 돌아다니다 우연히 EBS에서 3~50년대 우리 문화의 한 전형(典型)으로 에포크(epoch)된 애틋하고 그리운 명동 사람들의 삶과 풍경을 주제로 한 드라마 「명동백작」을 시작한다는 소식을 읽었다.
　명동이 어딘가? 우리의 저 선소리꾼 '이봉구(李鳳九)'가 일찍 묘사했듯이 멋과 인정, 예술과 고독, 낭만과 유행, 술과 음악, 사랑과 커피, 그리고 광란과 자살…. 압제와 전쟁으로 피폐해진 세월을 살아낸 문화예술인들의 당대 삶의 체취가 짙게 깔려 있는 곳이 아닌가?
　하지만 너무 쉽게 우리들 감성의 실버타운으로 유폐되어 흔적도 없이 사라진 안타까운 청춘의 엘도라도(El Dorado)일 것이다. 무한질주가 최고선인 시대에 화려한 압구정동에 매몰된 〈銀星〉과 〈東邦싸롱〉을 돌아볼 수 있다는 것은 거의 오르가즘을 일으킨다. 전에 KBS에서 「東洋劇場」을 본 후로 우리들 한 세대 전의 과거로 여행하는 기쁨을 맛보지 못했는데 참으로 감격스런 일이다.

　나는 비록 현대를 살고 있지만 현대를 잘 알지 못한다. 현대가 요구하는 문명의 모습과 그 메커니즘을 어느 정도는 알고 있지만 매우 낯설다. 겉으로는 현대가 요구하는 다양한 장면들과 그 의미, 그리고 기술적으로 필요한 사고와 행위를 무난하게 처리해나가지만 사실 속으로는 식은땀을 흘린다. 현대는 차가운 회로처럼 얼마나 정밀한 곳인가! 예전 어수룩한 인정(人情)과 순수의 세상만 알던 나로선 지금의 칼날 같은 세상에서 행위를 능숙하게 하는 사람들이 거의 경이롭다. 잘 알면서도 따라가지 못하는 서툰 나는 빙하기를 견뎌내지 못하고 얼어붙은 매머드 화석처럼 몰골사나운 죽음의 잔해(殘骸)로만 남은 것 같다.

현대는 내게 절망을 강요한다. 모든 현대적인 것은 내게 소속되어 있지 않다. 현대는 나를 추방한다. 나는 독방에 갇힌 채 대신 역사의 몫으로 선포된 책이라든가 희로애락의 인생이 스며들어 들으면 들을수록 안타까운 신음처럼 감정을 빗질하는 흘러간 옛노래, 빗줄기 흐르는 흑백화면 속에서 무너져가는 인물들의 그림자로 남은 낡은 영화 등의 고색창연한 오브제(objet) 속을 거닌다. 거기서 유령처럼 속이 훤히 보이는 모습의 인간들이 어떻게 반응하는가 살피고 그들과 남몰래 연애를 한다. 아무도 내 행동을 이상하게 보지 않고 당연하게 보아주며, 내 모습도 얼마든지 받아준다. 얼마나 편안한 곳인가! 나는 거기서 그야말로 〈실존(實存)〉할 수 있다. 그런데 현대는….

현대인으로 살아남기 위해 나도 가끔 드라마도 보고, 개그 프로도 본다. 뉴스도, 영화도 보고 가요도 듣는다. 그러면서 웃고, 슬퍼하고, 분노도 터뜨린다. 그러나 기억에 남겨지지 않는다. 보통 사람들의 대화 주제인 드라마나 영화 등은 사실 하나도 보지 않았다. 대한민국 모든 사람들이 시청했다는 「대장금(大長今)」-아직도 제목이 무얼 뜻하는지 모르겠다. 가야금 악단 단장?-이나 「파리의 연인」-제목을 몰라 한참 인터넷을 뒤져 겨우 알아냈다. 아, 내용을 모르니 물어볼 수도 없고-같은 드라마는 물론 관객 동원 신기록을 세웠다는 「태극기 휘날리며」와 무슨 상인가 수상했다는 「올드 보이」 등의 영화들도 하나같이 보지 않았다. 가요로 보면 솔직히 70년대 이후의 노래는 전혀 모른다. 근래 무척 유행했던 「사랑의 미로」나 「옥경이」 등등도 고백하자면 한두 소절밖에 모른다. 게다가 올림픽 역도에서 아쉽게 은메달을 딴 여자 선수(아, 갑자기 이름이 생각나지 않는다. 잘 알았는데. 이 선수에게는 참으로 죄송스런 일이다)가 만나고 싶다던 '권상우'라는 탤런트가 누군가 했더니 요즘 텔레비전 CF에서 가끔 본 젊은 사람임을 겨우 알았다. 여자들이 환호하는 몸짱이라던데 과연 이런 한심한 나를 눈치챈다면 오히려 얼마나 신기하게 생각했겠는가?

내게 현대의 주연들은 아무 가치가 없다. 없어도 하나도 아쉽지 않다. 오히려 철없는 아이들을 딴따라로 유도하는 악화(惡貨)일 뿐이다. 그런 따위 저급이 왜 현대의 첨단으로 행세하는지 이해가 되지 않는다.
아니, 사실은 잘 알고 있다. 근본적인 원인으로는 세상을 받아들이는 방식의 유리(遊離) 때문이리라.

인간을 포함한 모든 생명들의 존재성은 어떤 뜻을 가지고 있는가! 시간은 존재에게 어떤 의미를 가지고 있는가? 시간의 폭력 앞에 파괴되는 생명 일반의 형식은 정당한가? 또는 《역사는 시간이라는 악성(惡性) 코드(code)와 투쟁하며 그려 가는 욕망으로 점철된 존재의 탈주선(脫走線)》인가?
세상과 존재의 의미에 시선을 주고 풀 길 없는 이해에 얽매인 몽매한 인간에게 돌아오는 것은 절망과 허무뿐, 하늘에 휘황찬란하게 물들이다 사라지는 오로라처럼 그저 뜻 없이 화려하게 현현(顯現)하는 현상일 뿐이다. 존재에 의미와 가치를 둔다는 것은 그런 것을 뛰어넘으려는 허망한, 눈물겨운 몸짓이다. 삶은 바로 그런 허무의 바다 위에 그려진 관념이다.

허무의 바다로 떠내려간, 그래서 이제 유령으로 변신한 존재는 눈물겹다. 화려하게 살다 간 사람일수록 허망함의 무게는 더욱 커진다. 존재와 무화(無化)! 그 극단적인 대비는 삶의 수수께끼를 비추는 거울이다. 그 거울 속에서 햇빛과 그늘처럼 화려한 삶과 허망의 경계선은 뚜렷하다.

당대의 화려함은 무슨 뜻을 가지고 있는가? 예술과 인생을 논하고, 청춘의 몸짓으로 젊음의 밤을 보내던 그들은 어디로 갔는가? 그렇게 무(無)로 떠내려갈 운명이라면 차라리 존재하지 않았음이 조리(條理)하지 않는가? 그런데도…. 존재의 유(有)와 무(無)는 부조리(不條理)하다.

하여 불쌍하여라! 있었음의 기억이 있는 데도 저 시간의 지층으로, 억겁의 세월 속으로 흔적도 없이 사라지는 존재들! 그대들 화려했던 당대가 눈물겹다. 그대들 삶의 모습을 돌아볼 수 있다면 차라리 그대들을 내 속에서 다시 만날 수 있으리라. 그리하여 화려(華麗)의 값을 지불하고 사라져간 그대들을 한없이 가여운 눈으로 볼 수 있을 것을.

이른바 내 의고주의(擬古主義)는 그렇게 출발한다.

'권상우'와 '핑클'은 시간의 지층 속에 있지 않다. 그들은 현실의 화려함 속에서 마음껏 존재를 향유(享有)한다. 메탈(metal) 냄새가 진동하는 강력한 언어와 화려한 원색의 옷으로 패션 리더의 역할을 다하는 당대의 아이돌 스타는 자기들이 곧 〈욕망이라는 이름의 전차-A Streetcar Named Desire〉를 타고 허무(虛無)라는 회색의 하데스(Hades)-죽음의 세계로 가야 된다는 걸 모르는 것 같다. 무서운 식욕으로 현실을 마음껏 향유할 뿐 자신을 초월하는 진지함을 만들지 못하는 이들은 그래서 내겐 아무런 의미도 없다. 또 다른 아이돌 스타라는 허무를 좇는 아류들을 열광케 하는, 그야말로 저급한 에피고넨(epigonen-모방자)일 뿐이다. 현대의 화려는 시체의 관을 꾸며주는 꽃의 허망에 다름 아님을.

6~70년대 내 청춘시대를 수놓았던 '이미자(李美子)', '신성일(申星一)', '윤정희(尹靜姬)', '문희(文姬)' 등등은 내 속에서 이제 그런 화려한 시간을 반추하고, 그리고 새삼 주름진 얼굴을 마주 보며 허무를 조우(遭遇)하고 있기도 하리라. 그래, 어쩌면 세상에 비친 자신을 초월하고 쉽게 세상의 욕망에 휩쓸리지 않으려는 견고하고 단아(端雅)한 인생을 꾸미고 있는지도 모르겠다. 아니 조금은 내 의고(擬古)의 경계를 건너고 있기도. 하지만 역시 그들은 아직 욕심꾸러기처럼 〈화려〉란 이름으로 현실에 고집스레 뿌리 내리고 있고, 열광하는 사람들이 여전히 에워싸고 있고, 이름이 사람들의 머리 위에서 떠돌고 있고, 그리고 결정적으로 〈시간의 지층(地層)〉으로 내려가는 전차를 타지 않았다. 누구에게나 그 이름은 아직 당연하게 불리고 있다. 화려와 허망의 경계선 어디에도 두 발을 온전히 담그지 않았다. 그들은 현재도 사라지지 않고 현실에 간섭한다. 그런 사람들은 내게 존재의 페널티(penalty)를 얻지 못한다. 아직은 내 젊음의 추억과 함께 한 현재진행형일 뿐이다. 아직은 아니다. 지난날 향유했던 전성시대(全盛時代)의 먹성으로 본의 아니게 삼켜버렸던 모든 것들에 대한 값으로는. 멸망과는 거리가 멀다. 주름진 늙은 얼굴을 보며 그저 조금 씁쓸해할 뿐.

　하지만 당대의 화려함을 버리고, 세상을 떠돌던 이름도 거둬들이고, 까마득한 함정처럼 먼 시간 속으로 사라지며 이제 그 값을 〈충분히〉 치른 사람들은 내 시간의 파인더(finder) 속에서 전설로 되살아난다. 그들이 살았던 세월은 지금 없다는 것만으로도 존재의 의미를 일깨워주고, 삶의 진정성을 진지하게 말해준다. 그들은 허무의 바다에 잠겼는가? 그래, 그들이 웅얼거리는 눈물겨운 속삭임이 들려온다. 비로소 그들이 없어졌음을 자각한다.

　사라진 전설 속의 사람들은 우리들이 잊고 있는 소중한 것들을 들려준다. 바로 자신들의 삶을. 무(無)의 세계라는 무서운 법칙을 거스르고 자신들의 청춘과 꿈을, 술잔과 낭만을, 편지와 연애를, 절망과 탄식을, 열정과 죽음을, 그리고 시와 노래와 무대를….

그들은 애원한다. 당신만은 우리들이 존재했음을, 결국 시간 속에 마멸되겠지만 그래도 우리들이 어떻게 청춘의 꿈을 꾸었으며, 어떻게 시를 낭송했으며, 어떻게 술잔 속에 절망을 담아냈으며, 어떻게 노랠 불렀는지를. 그래, 우리들이 어떻게 존재의 풍경화(風景畵)를 그려왔는지 당신이 증명해줬으면.

나는 머리를 끄덕인다. 당신들은 사람들에게서 까마득히 떠나고 이미 존재의 증명을 할 수 없는 억겁(億劫)으로 떠난 사람들이 아닌가? 화려의 값을 멸망으로 이미 지불해버린. 그것만으로도 당신들은 눈물겹다. 난 충분히 당신들을 위로하리라. 그래서 현대인들에게 자기들이 사는 현대만이 전부인 것처럼 말하지만 사실 잃어버린 시간 속에 당신들이 있었음을, 그리하여 생생한 피가 도는 당신들의 청춘과, 낭만과, 절망과, 사랑이 전설로 살아있음을 이야기해주리라. 화려했음으로 행복했던 사람들이 존재했음을 각성시켜줄 것이다.

하긴 이것은 마냥 화려한 시대의 키워드(key word)들이 개인에게 반동으로 새겨준 관념이고 퇴행적 사고방식이며 세련된 센티임을 인정한다. 자기 연민이 만들어낸 소화불량일 수도. 아니, 어쩌면 파천황(破天荒)의 밑그림일지도 모른다.

그러나 그렇게 사라져간 사람들은 내게 감격을 준다. 어쩌면 시간의 맨 얼굴을 그들에게서 볼 수 있을지도.

무대에 꿈같은 라임라이트(Limelight)가 쏟아진다. 그러자 어둠 속에서 사람들이 귀화(鬼火)처럼 돋아난다. 낯익은, 그러나 이미 살아서는 볼 수 없는…. 연극 무대처럼 제각기 자리를 잡고 내게 손을 흔든다. 어두운 배경 그림 속 구석에 있는 낡은 책장에서 사람들이 둘러앉아 토론을 하고, 안주 몇 개와 술병이 어지러이 널린 탁자에서 왁자하게 기염을 토하는 소리도 들려온다. 3~50년대 사람들의 가슴 깊이 숨겨둔 서글픈 시대의 미장센(mise en scène)이 어쩌면 그렇게 디테일(detail)하단 말인가? 어둠 속으로 사라지기 전 마지막 자신들의 연극 무대를 펼치려고 하는 모양이다. 문득 환영처럼 화려한 흰색 야회복을 휘날리는 프리마 돈나(prima donna)가 일어나 손을 허공으로 뻗으며 열창을 쏟아낸다. 그 뒤를 빛줄기가 따라가며 비춰준다. 그러자 여기저기서 이젠 자기 차례라는 듯 제각기 연기를 펼친다. 빛 속에서 그들은 되살아난 불꽃처럼, 혜성처럼 찬연한 빛을 발한다. 모두가 주연이 되어 혼신의 연기를 펼친다. 사람들이 박수를 친다. 앙코르 소리가 와르르 쏟아진다. 여기저기 무대가 왁자하고 환하다. 조금 전의 어둠은 어디로 갔는가? 과거는 이미 과거가 아니다. 현실로서 떨어지는 빛 속에서 생생한 축제를 벌인다. 시간의 옷을 껴입은 그들의 축제는 하나도 지겹지 않다. 이 시간이 지나 멸망의 문이 열리면 다시는 기회가 없다. 맘껏 춤춰라. 이 밤이 지나도록. 나는 시간을 파괴하는 호위무사가 되어 그대들을 지켜줄 것을….

누군가가 슬레이트(Slate. 영화 촬영 시작을 알리는 네모난 나무판)를 딱 치는 소리가 나면서 무대 한쪽 구석에 빛이 떨어진다. 명동 다방 낙랑(樂浪)! 은막의 스타요 무대의 모란꽃인 '김연실(金蓮實)'이 싱글벙글한다. 프런트(front) 위에 놓인 나발 축음기에서 가요 초창기인 1930년 〈빅터 레코드〉

에서 취입했던 그녀의 노래 「아리랑」이 흐르는 가운데 촬영기사로 전도가 양양한 '김학성(金學成)'과 수줍고 얌전한 촌색시처럼 흰 저고리와 검정 치마를 입은 여배우 '최은희(崔銀姫)'가 초대된 사람들에게 인사와 함께 술잔을 올린다.

    - 오늘 밤은 내 동생 학성이 결혼을 축하하는 날이야요. 변변찮은 음식이나마 들고 마음껏 축하해주시라우요.

일제 시대 억양을 타고 김연실이 싱글벙글한다.

    - 난 은근히 최은희 양을 짝사랑했는데 이를 어째?
    - 어쩌긴 어째. 오호호! 시시한 기자 노릇 때려치우고 나하구 살문 되지.
    - 에게게! 마누라 알면 난 죽은 목숨이야.

김연실 말에 신문 기자 '최봉식(崔鳳植)'이 손으로 목을 치는 시늉을 하면 무대가 페이드 아웃과 인으로 연결된다. 이번엔 짙은 〈라이방〉을 쓰고 메가폰을 든 '신상옥(申相玉)'의 〈레디 고〉 신호에 따라 미망인 최은희가 피아노 뚜껑을 열고 '쇼팽'의 『즉흥환상곡(Fantaisie Impromptu)』을 치며 사랑방 손님인 '김진규(金振奎)'를 향한 엘레지를 한숨처럼 토한다. 클로즈업되는 최은희의 얼굴은 한국적 리리시즘(lyricism)의 절정을 전설로 풀어낸다. 하지만 어쩌랴! 〈사랑〉은 우리가 어쩔 수 없는, 면면히 속으로 흐르는 강인 걸! 숙명을 그저 감당하고 무겁게 가라앉을 수밖에. 떠나는 김진규의 영상 위로 최은희의 남자들인 김학성과 신상옥의 몽타주가 겹치며 차례로 지나간다. 과거에서 현재, 그리고 미래로 달려가는 운명의 인생선을 타고 최은희가 비로소 삶 자체가 〈꿈〉이었음을 깨달았다는 듯 피아노 뚜껑을 닫고 잠시 날 쳐다본다. 나는 고개를 살짝 끄덕여주었다. 그녀는 나를 한참 쳐다보다 알았다는 듯 쓸쓸히 웃으며 페이드 아웃(fade-out)된다. 인생은 모자이크처럼, 강물처럼 그렇게 모두 품고 흘러가지 않겠는가! 굿바이!

무대 한가운데-, 새하얀 달빛 속 기둥과 기와가 무너져 함부로 뒹구는 성터 뒷전에 봉긋 솟은 무덤 둘! 주변엔 귀뚜라미 소리가 적막에 감염된 듯 처량하다. 그런데 어디선가 〈화자, 화자〉라고 환각처럼 들리는 남자 소리에 뒤이어 여자가 까르르 웃는 꿈결 같은 소리도 들린다. 점점 커지는 소리와 함께 무덤에서 연기가 피어오른다. 괴괴하게 뿜어져 나오는 붉은 연기 속에서 아무렇지도 않다는 듯 살랑살랑 걸어 나오는 여자! 화장 진한 분장과 길게 땋은 머리칼을 찰랑거리는 '이화자(李花子)'가 옷고름을 잡은 왼손을 요염하게 돌리며 외씨버선을 신은 듯 사뿐사뿐 무대를 돈다. 마치 나 잡아봐라! 놀이하듯. 뒤이어 푸른 빛 무덤 속에서 머슴 머리띠를 두른 '김용환(金龍煥)'이 무대로 뛰어들며 두리번거리다 화자를 발견하고 달려간다. 오호호호! 웃는 화자 소리가 무대를 가득 채운다. 화자! 화자! 용환이 애타게 부른다. 한 바퀴 돌면 달빛을 타고 천천히 그네가 떨어진다. 화자가 냉큼 올라탄다. 용환이 올라가는 그넬 잡고 애타는 눈으로 쳐다본다. 자신이 데뷔시켜 만인의 연인으로 만들었지만 이젠 오히려 자신을 하인처럼 마구 부려먹는 화자! 허릴 숙여 용환이 귀에 속삭인다. 아이쿠, 오라바니! 오늘은 단옷날! 홀로 그넬 타는 처량한 날 위해 노랠 불러줄 수 있겠수? 그럼그럼. 외로운 자넬 위해 뭔들 못하리! 용환이 씩씩하게 무대 앞으로 나와 관객에게 투우사처럼 인사하고 「황성옛터(荒城옛터)를 차용한 개사곡(改詞曲)을 열창한다.

- 오월이라 단옷날에 뻐꾹새야 울지 마라.
　능라도 수양버들에 그네를 내가 메고
　내가 뛰면 임이 밀고, 임이 뛰면 내가 밀고.
　얼씨구, 좀도 좋구나, 단옷날의 아가씨야!

막걸리처럼 특유의 털털한 머슴 소리로 화자를 올려보며 열창한다. 화자가 미소 지으며 쳐다보다 문득 고갤 홱 돌리고 그네를 굴린다. 용환이 어쩔 줄 모르고 앞뒤로 돌며 애끓는 눈으로 쳐다본다. 쓸쓸한 화자와 함께할 사람은 자기뿐이라고 호소하듯. 붉고 푸른빛이 등불처럼 비치는 그네 위에서 댕기를 찰랑이며 색기(色氣) 가득한 콧소리가 무대를 가득 채운다.

- 일촌 간장 다 녹이는 고운 밤 달무리
　고요한 깊은 밤에 당신만 생각하오.
　수평선을 흘러가는 무정한 갈매기야
　언제나 임이라고 불러서 살겠나.

노래가 끝나자 객석이 떠나갈 듯 열광한다. 용환과 화자가 손을 잡고 무대 앞으로 나와 인사를 하고 왈츠를 추며 바람처럼 한 바퀴 휘~ 돌다 퇴장한다. 아! 어쩌면…, 그들은 정말로…, 어둠의 심연(深淵)으로 퇴장하려는 건 아닐까? 당대 화려한 가요계를 휘어잡고 온통 화제의 중심을 떠나지 않던 그들이 막간(幕間) 같은 세상과 이별하고 무덤 속으로 떠난다는 게 믿어지지 않는다.

붉은 빛이 새어나오는 어둠의 문을 막 들어가려는 순간 화자가 돌아서 나를 보고 멈칫한다. 나는 엉거주춤 엉덩이를 들고 한 손을 든다. 화자가 살짝 웃으며 마지막 선물처럼 섹시(sexy)한 눈을 찡긋한다. 그리고 곧 흑백영화 화면처럼 색(色)을 버리고 어둡고 투명한 무늬처럼 변해 홀연 무덤 속으로 사라진다. 아아! 난 〈벌떡 일어나서 그들에게 손을 흔들며 왈칵 눈물을 흘렸다. 그림자처럼 공기처럼 투명해지는 윤곽, 그 속으로 사라지면, 아무도 기억하지 못하는…〉

화자! 화자! 잘 가거라!

널찍한 무대 한가운데 짧은 단발머리 보드빌리언(vaudevillian) 박단마(朴丹馬)'가 특유의 꾀꼬리 목소리(黃鶯聲)로 1인 2역이 되어 한창 유행하는 스케치(才談, 漫談)「견우직녀의 결혼생활」을 손가락질까지 하며 과장되게 들려준다.

> 직녀 - 오! 오날이 칠월칠석(七月七夕)! 이 밤이 발거가니 저 닥이 홰를 치면 다시 삼백 예순네 밤을 한숨지며 헤어야 은하작교(銀河鵲橋) 이물가에서 눈물에 어리워 당신을 보겟구려 아이, 나는 실여-. 흐으!
>
> 견우 - 어이구, 좀 그만 좀 우러두, 웬! 예편네 눈 속엔 수통고동이 박혓나바!
>
> 직녀 - 듯기 실어욧! 나는 그래두 남자라고 용단이 잇서 아버지에게 말이라도 할 줄 알엇드니, 아~조 바보 멍텅구리란 말이얏!
>
> 견우 - 멀 엇재? 용단이라니! 공단보다 좀 갑이 싼 거야?

애교가 철철 넘치는 사랑의 티격태격에 객석이 데굴데굴 구른다. 한 바퀴 돌고 퇴장하면 커튼콜(curtain call)이 요란하다. 다시 나와서 이번엔 경쾌한 동작으로 자신의 히트곡 「나는 열일곱살이에요」를 간드러지게 부른다. 손가락으로 나를 가리키며 부채처럼 춤추는 동작이 화려하다.

나는 가슴이 두근거려요.
당신만 아세요 열일곱살이에요.
가만히 가만히 오세요...

그런데 노래 중에 갑자기 총소리가 요란하게 들리며 판초를 뒤집어쓴 위로 커다란 솜브레로(sombrero)를 어깨에 걸치고, 치렁치렁한 노랑머리를 풀어헤친 그대로 진하게 화장한 눈을 치켜뜬 무뢰한 '윤부길(尹富吉)'이 무대로 달려 나온다. 요란한 건맨 흉내와 쌍권총 소리가 무대를 압도한다. 어머, 어머 하며 당황해하는 박단마를 윤부길이 달려와 당대 아메리카 최고의 섹시 가이(Sexy Guy) '루돌프 발렌티노(Rudolph Valentino)'처럼 덥석 껴안는다. 그리고 과장되게 혀를 빼고 해죽 웃으며 영화 속 연인 '빌마 방키(Vilma Banky)'에게 하듯 박단마의 입술에 키스를 하려고 한다. 박단마가 검지로 그의 입술을 막고는 유인하여 무대 한가운데로 나온다. 그리고 날 향해 한쪽 눈을 찡긋한 후 치마를 살짝 들치고 섹시한 허벅지에 차고 있던 총을 꺼내 윤부길의 가슴을 겨눈다. 〈내 나이 아직 어릴 때, 어머니에게 물었어요, What will I be?〉…. 경쾌한 멜로디가 깔린다.

산초! 내 이날을 기~다리며 얼마나 황야를 돌아다녔는지 모른다. 오늘 드디어 그 보답으로 내 사랑의 워~언수를 갖게 됐으니 이제 죽어도 좋아. 내 총을 받아랏!

박단마가 과장된 소리를 내지르며 노랑 머리 왈가닥 총잡이 '컬러미티 제인(Calamity Jane)' 흉내를 내며 빵 쏜다. '도리스 데이(Doris Day)'의 경쾌한 노래 『케 세라 세라-Que sera sera』를 타고 무법자 윤부길이 가슴을 움켜쥐고 흰자위를 내돌리며 코믹하게 무대를 돌다 쓰러진다. 객석의 사람들이 웃다웃다 숨이 막혀 담배며 땅콩을 던진다. 휘파람 소리도.

- Que sera, sera.
 What will be, will be.

어디 불꽃 같은, 혜성 같은 축제가 우리나라뿐이랴!
 반대쪽 무대 구석에서 이별의 왈츠 『올드 랭 사인-Auld Lang Syne』이 무거운 음표를 타고 어둠 속에서 돋아나 무대 한가운데로 달려온다. 왈츠가 멈추는 『워털루 브릿지-Waterloo Bridge』 위에 전화(戰禍)의 꽃 '마일라'는 '로이'와의 이별에 한없이 무너진다. 삶의 여력이 다한 듯 비탄의 얼굴이 강물에 어린다. 애수 짙은 그 눈빛에 가슴이 아릿하다. 허무의 심연을 담은 눈을 본 적이 있는가? 그 눈을 또렷이 뜨고 결심한 듯 찻길로 내려서는 '마일라'. 번쩍이며 가득 달려오는 헤드라이트(Head Light)! 마치 운명의 통곡처럼 달그락거리며 그녀와 함께 아픈 시대를 과거의 문으로 끌고 가버린다. 그 위로 겹쳐지는 '로이'는 아릿한 가슴을 쓰다듬며 흑백의 추억 속에 겹겹이 마일라를 감싸고 있던 고독하고 처절한 운명을 퍼올린다. 삶이 어쩌면 그리…. 속절없이 무너지며 안타까워하던 로이는 마일라의 핏물이 스민 다리 위에서 붙들고 있던 슬픈 추억의 마스코트를 쳐다보다 운명을 떨쳐내듯 몸을 부르르 떤다. 하늘에 걸린 달과 별도 함께 떨고 있음을 문득 쳐다보고는 코트 깃을 세우고 이내 어둠 속으로 사라진다. 그 뒤에서 슬픈 애수(哀愁)의 메아리가 마약처럼 따라온다. 모두 떠나고 남겨진 우리는 그와 함께 차가운 어둠 속에서 오싹 떨며 서럽게 너울대는 올드 랭 사인(Auld Lang Syne)에 감염된 듯 같이 파르르 몸을 떤다. 인간의 아픈 선험(先驗)들을 모두 간직하고 천년을 이어 온, 아아, 애수(哀愁)의 굴레! 인생과 청춘과 사랑은 애수 속에서 익사한다.

야호! 야야호! 〈재담(才談)〉과 〈슬랩스틱(Slapstick)〉과 〈풍자(諷刺-satire)〉라면 빠질 수 없다는 듯 30년대 미국의 아이콘 '마르크스-Marx' 형제는 오늘도 바쁘다. 산적같이 커다랗고 능글맞은 첫째 '치코'는 『고 웨스트-Go West』에서 곰 발바닥 같은 손으로 피아노를 연주한다. 어쩌면 피아니스트의 섬세한 손이 부러워할 정도로. 그러다 디즈니 만화영화처럼 손가락이 제각각 살아있는 듯 온갖 재주를 부리며 신묘한 피아노 솜씨를 보인다.

부풀어 오른 곱슬머리에 중산모를 쓰고 레인코트를 입은 둘째 '하포'는 마임(mime)의 달인답게 한마디 말도 없이 『러브 해피-Love Happy』에서 양쪽 귀로 기차 연기를 로켓처럼 쏴아~ 뿜어낸다. 커다란 눈을 휘둥그레 굴리며. 그리고 옆에 끼고 있던 달님의 악기-, 하프를 켜면 날개 달린 요정이 달빛을 타고 너울거린다. 감미로운 소리에 기대 모두 소녀처럼 손을 턱밑에 모은 채 눈을 감는다. 와우! 천 마디 말보다 더 감동인.

화장용 기름으로 그린 새카맣고 무성한 콧수염과 눈썹, 샌드위치맨(sandwich man) 안경을 낀 채 허리를 숙이고 웅크린 난쟁이 오리걸음으로 걷는 셋째 '그루초'는 냉소적이고 전혀 예측할 수 없는 엉터리 따발총 대사와 추리의 재담으로 견고한 현대 사회조직의 권위와 근엄의 허상을 한껏 비웃는다.

그래, 오늘은 『오페라-A Night At The Opera』가 열리는 날-, 셋이 모여 연희(演戲) 단원인 남녀 가수를 돕기 위해 요절복통(腰折腹痛)을 벌인다.

좁은 선실에 청소원, 엔지니어, 음식 배달원이 몰려 천장까지 층층이 샌드위치가 되어 도대체 말도 되지 않는 요란법석을 벌이는가 하면, 경찰을 만나 이 방에서 저 방으로, 이층에서 바닥으로 유쾌하고 코믹하게 뼁뼁 돌며 시대의 권위(權威)를 놀려먹는다. 이젠 기억 속에서도 까마득히 떠나버렸지만 이렇게 돌아와 여전히 바쁘게 〈뼁뼁〉 도는 걸 보니 눈물겹다. 진정으로 재담과 슬랩스틱과 풍자는 그들에게서 나왔지 싶다.

　어둠 속에서 서서히 조명이 떨어진다. 넓은 무대. 제단엔 나무가 켜켜이 쌓여있고 그 위에 눈을 감은 '툴루즈 로트렉(Henri Toulouse-Lautrec)'이 누워있다. 몽마르트르의 나이트클럽 〈물랭루즈-Moulin Rouge〉를 사랑한 난쟁이 화가! 그를 어찌 아무렇게나 보낼 수 있으랴. 40년 가까운 평생을 무희와 가수와 캉캉만을 사랑하며 그려온.
　무희와 가수와 지배인과 손님들이 제단을 에워싼다. 살아생전 아무도 그를 환영하지 않았지. 이젠 우리들이 그를 떠나보내리.
　악단이 레퀴엠(Requiem)을 연주한다. 모두 손을 잡고 제단을 돈다. 무겁게 가라앉는 소리도 같이 한 바퀴 돈다. 그런데 무대가 갑자기 밝아진다. 악단장이 잠시 멈칫하다 숨을 고르고 단원들에게 눈짓을 한다. 그러자 레퀴엠은 순식간에 화려한 캉캉(Can Can)으로 변해 가쁜 숨을 내뿜기 시작한다. 빨간 풍차가 바람개비처럼 돈다. 가수 '라 글뤼(La Goulue)'가 화려하고 농염한 소리를 속사포로 토해내면 반짝이 의상을 입은 빨강머리 '잔느 아브릴(Jane Avril)'을 중심으로 무희들이 함께 열을 맞춰 무대를 행진하며 희고 붉은, 알록달록한 롱스커트를 들고 흔든다. 드러난 페티코트(petticoat)와 이곳저곳 바느질로 기운 스타킹이 시계추처럼 요란스레 흔들린다. 오직 캉캉만을 사랑한 로트렉을 위해.
　〈♩ ♩ ♪♪♪〉 리듬이 점점 빨라진다. 내뻗는 다리 따라 캉캉이 화르르 쏟아진다. 스커트가 요란한 꽃무더기처럼, 수레바퀴처럼 뒹군다. 검정, 빨강, 노랑 스타킹을 신은 다리를 앞뒤로 벌리고 왼쪽에서 오른쪽으로 이어지는 파도처럼 차례로 무너지면, 이어서 해바라기처럼 둥근 원을 만들어 하늘로 쭈욱 뻗은 한쪽 다리를 모으고 캉캉을 타고 회전목마처럼 빙글빙글 돌며 커다란 모자를 불꽃처럼 화르르 던진다. 열정과 땀과 흥분이 분출하고 관객들은 일어나 일제히 열광을 터뜨린다. 귀가 터질 듯, 숨이 막힐 듯 캉캉이 무대를 온통 뒤흔든다.

어느새 로트렉이 일어나 자신만을 위한 캉캉을 보고 있다. 마치 짧은 다리가 자라나 춤추기라도 하듯. 그 눈에서 눈물이 하염없이 흐른다.

누군가 소리친다.

"로트렉의 짧은 다리를 위하여~!"
"그의 눈물과 고독, 그리고 캉캉과 그림을 위하여~!"

눈물을 가득 머금은 로트렉은 쏟아지는 캉캉의 원색을 화폭에 담는다. 자신을 위한 마지막 축제를.

그런데…. 갑자기 불이 꺼지며 캉캉이 스러진다. 가야 할 시간! 악단과 무희들도 손을 흔들며 어둠 속으로 사라지면 약속한 듯 손님들도 뒤따라 두런두런 소리를 감아 들이며 희미해진다. 풍차는 멈추고 소리도, 빛도 없는 침묵이 무대를 둘러싼다. 아, 이상도 하지. 허공에서 메아리처럼 돋아나는 무희들 소리는!

- 앙리! 서른일곱 당신을 이렇게 먼저 떠나보내게 해서 슬퍼요. 우리들의 화려한, 그러나 치마로 감싼 굵은 허리, 화장으로 감춘 처진 피부와 구멍 뚫린 스타킹처럼 애써 숨겨둔 짙은 애수를 못내 사랑

해준. 당신은 우리들의 진정한 친구였지요. 당신과 함께 했던 캉캉은 당신의 그림 속에서 영원히 춤과 노래를 계속할 거예요. 하지만... 인생은 환영(幻影)! 우리도 방금 당신 뒤를 따라갈 거예요. 먼저 하늘에서 기다려줘요. 굳-바이, 굿-빠이~ 내 사랑! 앙~ 리!

로트렉의 얼굴을 감싸주던 소리가 메아리로 스러지고, 가물거리는 마지막 미소마저 어둠에 잠겨들면 물랭루즈가 심연의 그림자 속으로 풍덩 빠져버린다.
아-, 축제는 끝났는가….

아무렴! 무대 뒤 벽에 흑백의 파노라마가 차르르 영사되며 사라진 시대의 축제는 시네마천국(Cinema Paradiso)으로 연결된다.
〈서울의 로트렉〉으로 불린 곱추 화가 '구본웅(具本雄)'의 기이한 우인상(友人像) 속에서 시대를 맘껏 희롱하던 '이상(李箱)'이 입술에 물고 있던 파이프의 연기를 모멸찬 시대의 한가운데를 향해 시니컬하게 훅 뱉어내면, 관부연락선 덕수환(德壽丸) 갑판에서 비상구를 꿈꾸며 시대를 건너뛴 〈모던 껄(modern girl)〉 '윤심덕(尹心悳)'이 절망에 찌든 피곤한 눈으로 현해탄(玄海灘)의 검푸른 바다를 바라보다 연인 김우진(金祐鎭)의 팔을 잡고 더 이상 시대의 질곡을 짊어지는 게 너무 힘들다는 듯 고개를 끄덕이다 문득 나비처럼 서로 껴안고 뛰어내린다. 뒤이어 화려의 최전선을 살았지만 이념과 사상의 독배에 꺾인 조선의 〈이사도라 던컨-Isadora Duncan〉 '사이쇼키(崔承喜)'가 그의 예술혼을 허공에 던지듯 길고 하얀 천을 휘날리며 파노라마 밖으로 날렵하게 돌아 나오고, '최남선(崔南善)' 보다 앞선 한국 최초의 여류시인에서 〈일체 우주와 절대적 자아의 합일〉이란 무아론(無我論)으로 기독교에서 불가로 귀의한 '김일엽(金一葉)'이 청춘과 사랑의 허무를 산사(山寺)의 고적 속에 묻으며 무연히 눈을 감는다. 가식(假飾)의 삶을 거부한 괴짜 시인 '대한민국 김관식(金冠植)'이 거실에서 익살 넘치는 소리로 미당(未堂)을 위시한 선배 시인들을 향해 "자네 시는 요즘 맹맹한 게 뭔 말을 하는지 모르겠어"라며 한바탕 뻥뻥 내지르는 소리가 들려오고, 한국의 조르쥬 상드(George Sand) '변동림(卞東琳)'은 이상(李箱)에게선 '금홍(金紅)'이란 이름의 퇴폐적(頹廢的)인 상상력으로, '수화(樹話-金煥基)'에게선 '김향안(金鄕岸)'이란 이름으로 뮤즈(Muse)의 여신이 되어 지금쯤 「어디서 무엇이 되어 다시 만나」고 있는지. 인형의 집을 뛰쳐나와 행려병자로 떠돌던 페미니스트(feminist) '나혜석(羅蕙錫)'이 시대와의 불화(不和) 속에서 지쳐버린 몸을 시립병원 무연고자(無緣故者) 침대에 누운 채 한 방울 맺히는 눈물 위로 신음을 흘리다 절친한 동무 김일엽의 환영을 떠올리며 허공으로 천천히 손을 들다 스르르 고개를 꺾고, 검은 눈, 검은 머릿결, 검은 옷과 머플러로 폭발적인 죽음의 신화(神話)를 만들었던 영원한 문학소녀 '전혜린(田惠躪)'은 어두운 가로등 아래서 바싹 말라버린 〈알핀 바이올렛-alpin violet〉을 껴안고, 「그리고 아무 말도 하지 않는」 누군가를 초조히 기다리고….

그리고 명동은 그런 전설들이 화수분(貨水盆)처럼 가득한 시장이다. 그 시장에 가면 물컹 되살아난 사람들이 정겹게 악수를 청한다.
바아 〈바타비아(Batavia)〉의 어두컴컴한 백열등 밑에서 그리움과 회한의 테너 '임만섭(林萬燮)'이 좌중을 둘러보며 한손을 들고 명동 샹송 「세월이 가면」을 잔뜩 감정을 실은 채 부르면, 그 바아 입구에서는 엉뚱하게 낡은 수건으로 머리를 두르고, 한 손엔 콧물로 범벅이 된 아이 손을 잡고, 또 한 아이를 업은 후줄근한 여인이 한창 유행하는 「가거라 삼팔선」으로 당당히 맞불 놓으며 동정을 구걸하는 절망의 그림을 연출한다. 〈스타다방〉

에서는 언제나 말없이 그림자처럼 앉아 있던 스물일곱 젊은 시인 '전봉래(全鳳來)'가 문득 결심했다는 듯 주머니에서 페노발비탈(Phenobarbital)을 꺼내 입 속에 털어 넣고 《다만 정확하고 청백히 살기 위하여/미소로써 죽음을 맞으리다/'바흐'의 음악이 흐르고 있소.》란 유서를 쓴 후 벽에 걸린 모나리자 그림을 한참 쳐다보다 슬로비디오처럼, 영원을 향한 회귀(回歸)처럼 스르르 고개를 꺾고 옆으로 무너진다. 자기 노래에 대한 자부심이 가득했던 시인 '김초향(金草鄕)'은 카페 〈포엠-poem〉에서 게슴츠레 눈을 뜨고 자신이 작시(作詩)한 「달도 하나 해도 하나」를 부르며 명동의 마지막 갈매기를 자처했지만 전쟁 와중에 서울을 빠져나가지 못하고 달도 해도 없는 어둠의 심연 속으로 날개를 접고 떠내려갔으며, 자수를 잘 놓던 이대(李大) 출신의 미녀 '황정란(黃正蘭)'은 소설가 '최태응(崔泰應)'의 애인이었지만 아픈 사랑의 묘약 대신 마약에 빠져 결국 우물 속으로 뛰어들며 삶과 청춘의 고통을 명동 천지에 파문처럼 고(告)한다. 낮에도 어두컴컴한 골목 살롱에선 눈곱에다 부스스한 머리를 한 덩치 큰 공예가 '강창원(姜菖園)'이 자존심 때문에 아침을 굶었으면서도 나비넥타이 '뮷슈 최'를 상대로 마치 자신이 만주 시라무렌(西拉木倫) 강변 찻집의 야화(夜花)라도 되는 양 눈을 가늘게 뜨고 「요이마치쿠사노 야르세 나사(宵待草-달맞이꽃. 밤거리 여인)」을 눈물까지 흘리며 감미롭게 부른다.

〈東邦싸롱〉에선 '이봉구(李鳳九)', '박인환(朴寅煥)'이 진을 쳤고, 〈文藝싸롱〉은 '김동리(金東里)'와 '조연현(趙演鉉)'이 일찍 터를 잡아 문인들과 문학청년들이 뻔질나게 드나들었으며, 〈靑銅다방〉은 터줏대감 '공초 오상순(空超 吳相淳)'이 맛있는 담배 연기 속에 금붕어처럼 뻐끔뻐끔 허무와 폐허를 뿜어냈으며, 클래식만 줄창 틀어대던 〈돌체-dolce〉는 '전혜린(田惠麟)'과 '김수영(金洙暎)'의 감수성을 비틀었고, 〈포엠-Poem〉은 값싼 맥주와 리베라 위스키로 문화예술인들의 사랑방으로 통했다. 그리고 아, 그 유명한 〈은성(銀星)!〉 '최불암(崔佛岩)'의 어머니 '이명숙(李明淑)'이 운영하며 최후까지 명동을 지킨 대표적인 낭만의 술집이었다. 바야흐로 '현인(玄仁)'의 샹송 「베사메무초(Besame Mucho)」가 바람처럼 거리를 휩쓸었고, '나애심(羅愛心)'이 「미사의 종」을 열창하며 화려의 여왕으로 등극했다.

아무렴, 명동은 어느 골목이나 꺾어들어 안으로 들어가면 각박하지 않은 우리 삶의 원형이 향수처럼 가득했다. 순결했던 사람들이 슬픈 전설 속에서 되살아나는!

사라진 환영들을 만나는 건 황홀하다. 멸망으로 떠내려간 그들의 눈물과 절망과 시와 노래와 편지와 술과 죽음이 불꽃 속에서 하나하나 되살아난다. 그리고 동백꽃 창부(娼婦) '마그리트(Marguerite Gautier)'와 그녀에 미친 귀족 청년 '아르망(Armand Duval)'의 슬픈 전설처럼 누선(淚腺)을 자극한다. 운명이 그 면면(綿綿)한 미소 속에 감춰둔 냉정한 무위(無爲)의 미소를 그들의 안타까운 얼굴에 겹치며. 강남이 아무리 현대 서울의 중심으로 화려함을 자랑하지만 그 지하실에는 아직도 은성(銀星)과 동방(東邦)싸롱의 전설이 육질 가득한 날숨처럼 숨 쉬고 있다. 그리고 그 전설을 못 잊어 헤매는 사람들의 꿈도. 어쩌면 당신도 그런 세상의 숨결을 못잊어 하는 건 아닌지?

2004년 9월 11일

※ 내용 중에 시인 전봉래는 사실 부산 피난 시절 광복동 〈스타다방〉에서 자살했습니다. 김동리의 소설 「밀다원시대(蜜茶苑時代)」의 주 테마로 인용되기도 했지요. 그러나 그도 명동이란 자장 속에서 사람들과 어울렸고, 그런 특수한 감상

의 세상에 연결된 사람으로서 오히려 글의 내용을 풍부하게 하는 의미가 있어 소재로 했음을 이해해주시기 바랍니다.

※ 김용환과 이화자, 그리고 박단마는 저의 어쭙잖은 상상력으로 거칠게 조립해낸 한바탕 막간극(幕間劇)입니다. 그러나 실제 악극에서 민족가요의 엘레지(elegy)인 「황성(荒城)옛터」는 그만큼 가장 많이 개사(改辭)되어 불려지기도 했지요. 예를 들면 「효녀 심청」, 「회전의자」 등의 노래로 유명한 김용만(金用萬)이 취입한 「명사백리(明沙百里)」란 노래(일천칠백도 남쪽 바다 갈매기 잠든 밤~)도 황성옛터를 개사하여 새로 취입한 노래 중의 하나입니다만 사람들은 그 노래 자체도 또 개사하여 시중에서 신나게 불려졌지요.

> 일천칠백도 남쪽나라 무궁화 다시 피고
> 삼십육년 압박 끝에 왜놈은 간 곳 없네
> 아~ 한없는 이 설훔을 가삼 속 깊이 품고
> 산을 넘고 물을 건너서 삼팔선 깨뜨리자.

황성옛터는 슬픈 엘레지면서도 민족의 가슴에 절절이 심어진 절망과 고통을 씻어주는 역설적 의미의 씻김굿 소리로 돌아오는군요. 위 김용환과 이화자가 부른 노래는 어릴 적부터 제 마음 속 깊이 각인된 개사곡(改辭曲)입니다. 아마도 어머니, 아니 색시들에게서 들은 것 같기도. 가사의 수려함으로 보면 어느 유명 작가의 시구가 틀림없을 것 같은데 현재로선 확인할 수 없습니다. 다만 가사로 유추해봤을 때 가요극 「춘향전」의 한 주제가인 〈단오날의 아가씨〉 등으로 불려지지 않았을까 하는 막연한 생각이 들지만 지금은 다만 머릿속에 화석처럼 남아있는. 아, 내 어린 날 어머니와 슬픈 얼굴의 여인들은 어쩌면 이런 노래들까지도 제 가슴 속에!

> 덧붙이는 글

　얼마 전 시도 때도 없이 무슨 〈응답하라 199×년〉 같은 유행어가 보이던데 보지 않아 모르겠지만 이곳저곳에서 응용하는 말들을 들어본 제 느낌이 맞다면 그야말로 〈얍삽한 추억팔이〉에 다름 아닐 거라는 생각이 드는군요. 급격한 변화 속에서 개인으로서 사라진 아쉬운 그림들이 겹쳐있겠지만 그래도 그렇지 겨우 10년 전후가 무슨 추억이라고, 모두 버젓이 떵떵거리며 아직 살아있는데. 현대인의 시간과 추억을 참아내는 한계가 겨우…. 아니, 거의 폭력적으로 삭제해버린! 그러니까 현실만으로 존재하는 〈철없는 시대〉라는 말을 듣게 되고…, 〈응답하라~〉란 일견(一見) 재미있는 말장난을 전략적(戰略的)인 카피(copy)로 만들어 팔아먹는 작가란 사람들은 참! 추억은 기왕에 사라진 시대의 심연 속에서 그림자처럼 비쳐오는 것을!

　당시 EBS 교육방송에서 방송된 〈명동백작〉 1~24화 전편을 비디오로 녹화한 후 〈WMV 컴퓨터 파일〉로 변환하여 소장하고 있습니다. 책보다는 내용이 허술하고 듬성듬성 생략된 부분들이 많지만 꽤 깔끔한 화면이어서 가끔 되돌려보며 추억(?)에 젖어보기도 하는. 더불어 시나리오(콘티?)까지도.

　훨씬 뒤 우연찮게 인터넷에서 이 글이 떠돌고 있는 걸 봤습니다. 저처럼 낡은 시대의 감수성으로 존재하는 사람들이 아직도 방황하고 있는 모양입니다만 어쩐지 내용 자체에서 우러나오는 쓸쓸함은 감출 수 없군요.

　일반적으로 강창원(姜昌元?)이 부른 「宵待草」란 노래는 백란(百蘭)이 구르듯 화려한 목소리의 가수 '백난아(白蘭兒)'가 부른 「황하다방(黃河茶房)」이란 노래를 가리키는 걸로 알고 있습니다.

　　목단꽃 붉게 피는 시라무렌 찻집에/칼피스 향기 속에 조으는 꾸냥

내품는 담배연기 밤은 깊어가는데/가슴에 스며든다 아까이 수이렌

조각달 걸려있는 사마로 거리에/플라탄 그늘 속에 한없이 걸으니
꾸냥과 헤어지는 안타까운 이 한밤/저 달이 흘겨본다 쓰기노 아리랑

비오는 부두에서 말없이 헤질 때/가슴에 꽂아주던 리라의 꽃송이
테프를 부여잡고 태종 소리 들으니/꿈 속에 젖어든다 요이마찌 쿠사요

제(36)주 학습지도 계획안

(2012년 11월 26일 ~ 11월 30일)   4학년 2반

양식화(樣式化)의 슬픈 자화상

아이들을 가르치는 학교에서는 일반 사회와는 조금 다른 독특한 문화가 있습니다. 아직 지적 능력이 완성되지 못했고, 정신의 토대가 단단하지 못한 채 미분화된 상태며, 자신과 주변과의 통합적인 균형을 잡지 못하는 아이들을 가르치는 특수한 사회이기 때문입니다. 자칫 방심하면 바람직한 민주 시민의 자질 함양은 고사하고, 사회의 말초적 욕망과 가치들이 무차별 치고들어와 아이들의 인성을 파괴하고, 가지고 있는 소질을 발휘할 기회를 아예 박탈해버릴 수도 있습니다. 요즘 자주 문제가 되는 학교폭력이라든가, 연예인 흉내나 말투 등 일부 어른들의 무분별한 행동을 따라 하려는 모습들은 가치와 판단이 따라가지 못하는 본능적인 흉내의 모습이라고 할 수 있을 겁니다.

그런 면으로 학교에서는 아이들 특성에 맞는 문화가 만들어지고 있지요. 특히 초등의 경우는 잠재된 능력을 통합적으로 이끌어내기 시작하는 시기이기 때문에 섬세한 교육과정과 특별활동, 체험활동 등 다양하고 풍부한 경험의 기회를 부여하여야 합니다. 글짓기와 그리기 등의 기초적인 예능활동과 다양한 체육활동, 독서발표회, 장애 체험, 교통 봉사, 고적 탐

사, 과학 행사… 등등 학교별로 제각기 필요한 활동 등을 선별하여 실시하고 있습니다. 그런 과정을 통해 세상이 이루어지는 원리와 바탕을 체화시키고 있습니다.

그중에서 가장 대표적인 행사로 운동회와 학예회를 들 수 있겠군요. 모두 일제(日帝)시대부터 시작되고 장려된 행사들입니다. 군국(軍國) 일본의 이념과 표상을 심기 위한. 일률과 복종, 책임과 희생이란 강제된 덕목을 우리 한국민에게 이식(移植)하였습니다. 그러니까 일제는 그런 학교 문화의 본질을 오직 일본의 이념과 가치에 맞췄을 뿐입니다. 일본 천황이 있는 동쪽을 향해 절을 해야 하는 동방요배(東方遙拜), 일본의 신을 모신 신사를 찾아 참배해야 하는 신사참배(神社參拜) 등은 그런 군국이념을 가장 뚜렷이 드러내고 있습니다. 학생들은 그런 일본을 구축(構築)하기 위한 소비재였을 뿐입니다.

그러나 해방 이후 동방요배와 신사참배는 사라졌지만 운동회와 학예회는 살아남았습니다. 군국이념은 이승만 정권의 대한민국에서도 필요한 덕목이었고, 자유와 충성, 애국과 보국이란 이름으로 변형(變形)되어서 신생 독립국(新生 獨立國)의 표상으로 자리 잡았습니다. 오히려 힘들고 피곤한 신생독립국의 피폐한 현실을 대신 위로해줄 수 있는 기능으로 널리 장려되기도 했지요. 피란지나 환도 후의 학교에서 대규모로 개최된 운동회와 학예회는 지역의 주민들이 꼭 참여해야 하는 필수 행사였습니다. 아직 사회적인 문화의 틀이 제대로 잡히지 않았고, 그와 함께 눈앞의 가시적(可視的) 모습은 더욱 돋보였으며, 열정과 낭만의 문화가 그런 것을 부추기기도 했습니다. 아이들의 재롱잔치에서 어두운 시대의 고통을 잠시나마 잊을 수 있었고, 지역과 학교, 가족 간의 유대를 더욱 돈독히 할 수 있는 좋은 기회라고 여기기도 했습니다. 이후 시대에 따라 가치가 조금씩 변질되며 이기와 과열의 부작용이 사회문제가 되기도 했지만 조금씩 모습을 달리하며 계속 이어져 내려왔습니다.

21세기 들어 시대가 급변하며 사람들의 가치와 판단, 수단, 방법적 측면에서 삶의 모습이 예전과 엄청나게 많이 달라졌습니다. 굳이 학교의 일률적인 운동회나 학예회를 통하지 않고서도 아이들의 능력을 보여줄 기회는 많아졌고, 개인주의의 확산, 생활환경의 변화, 욕망의 다양화는 대규모 집단의 일사불란(一絲不亂)한 틀이 차츰 몸에 맞지 않는다고 느끼게 되었습니다. 학력이 다른 어떤 능력보다 더욱 우선시되고, 교육환경의 현대화는 아날로그적인 학예회와 운동회를 자꾸 변두리로 몰아가고 있습니다. 모두들 눈앞의 책무와 분주 속에서 정해진 잣대에 휘둘리며 열정과 낭만을 희석(稀釋)시키기 바빴지요. 언제부턴가 집체적(集體的)인 학예회와 운동회의 기억이 가물가물하기도 합니다. 아예 실시하지 않거나 해마다 번갈아 소규모로, 거의 학교 자체만의, 아니 학년별 체육행사처럼 형식적 수준으로 끝내기도 했습니다.

근래 그 존재의의와 가치를 잃어가는 듯하던 학예회, 운동회가 순수와 열정, 축제와 화합의 의미를 띠고 다시 되살아나고 있습니다. 어쩌면 개인들의 내면으로 무너지는 고독, 외부와 격리된 소외, 나약(懦弱)에 빠진 자신에 대한 반작용으로 그 옛날 어려웠던 시절의 꿈과 희망을 향한 열정, 시들어가던 힘과 감성을 원시적인 폭발력으로 되새김질하고 싶은 건 아닌지. 미국의 사회학자 '데이비드 리스먼(David Riesman)'은 현대가 베풀어준 풍요는 각 개인들을 마치 고치처럼 자신만의 세상에 갇힌 존재로 만들고, 사람과 사람의 관계에서 주체의 자세로 나설 용기를 내기가 쉽지 않게 되고, 말을 할 줄 알아도 마음 속의 말을 주고받기 어렵고 불편하게 만들었다고 『고독한 군중-The Lonely Crowd』에서 말하기도 했습니다. 그러니까 고독은 이미 전시대부터 벌써 현대의 주요 의제로 자리 잡고 있었군요. 아마도 디지털 시대의 고독한 유목민들이 옛 학예회와 운동회에서 약동하는 근육질의 불끈불끈하는 힘을 발견하고, 그 속에서 함께 어울리며 통섭(通涉)의 말들을 시원하게 쏟아내고 싶었던 건 아닌가 합니다.

올해 저희 학교에서는 운동회를 좀 더 간단한 학년 단위 체육행사로 끝내고, 대신 가을에 지역 주민들이 참여하는 학예회를 열기로 했습니다. 비록 작은 학교라서 화려한 대규모 행사는 아니지만 우리들은 은연중에 학교 문화에서 가장 비중이 큰 행사로 생각하고 있었지요. 무엇보다 가르치는 처지에서 아이들에게 어린 시절의 좋은 추억을 가슴에 곱게 재워놓는 건 무엇보다 바꿀 수 없는 훌륭한 덕목인 바에야.

그리고-, 엊그제 학예회를 무사히 마쳤습니다. 모두 열심히 연습했지만 생각보다 훨씬 더 다양하고, 짜임새 있고, 화려하고, 볼거리가 많았습니다. 선생님들의 노고가 컸겠지만, 그보다 더 힘든 연습 과정을 이겨내고 훌륭한 무대를 완성한 학생들의 모습을 잊을 수가 없습니다. 돈이 많이 들어가거나, 보여주기 위한, 또는 학생이 주체가 아니라 관객이 주체가 되는 과열된 학예회가 아니라 아이들 스스로가 주체가 되고, 각기 맡은 역할을 소화하여 단결된 주제를 구현하는 차분하고 내실 있는 학예회였습니다. 비록 화려한 옷은 아니었고, 실수하기도 했지만 그런 수수한 모습이 오히려 학생다운 천진함으로 친근하게 다가왔고, 직접 만든 간단한 소도구나 배경들은 공장에서 제조된 것들보다 훨씬 더 무대와 합일되었습니다.(호호! 딴은 제 미술적 경험(?)도 아주 조금은 함께했지만.) 학부모님들께서도 보셨겠지만 저희 반은 「숲 속 친구들의 선물」이라는 이야기를 각색하여 뮤지컬로 공연했습니다. 편하게, 쉽게 접할 수 없는 〈연극(演劇)〉이라는 고급(?) 문화를 변두리 서민들도 얼마든지 향유(享有)해야 한다는 고집과 열정이 저를 이끌었는지 모르지만.

산 속 동물대장 호랑님의 생일을 맞아 동물들이 잔치를 하다 나무를 마구 캐는 벌목꾼을 깨우쳐 환경 보전을 기약하는 중간중간 노래와 춤으로 흥을 돋우는. 만든 소도구였고 어색한 연기였지만 제각기 맡은 역을 혼신을 다해 표현했고, 다양한 구성과 이야기 흐름이 제법 짜임새가 있어선지 학부모님들께서 호응의 박수를 더욱 크게 해주셨습니다. 아이들의 서툰 동작과 말, 그리고 표정과 최선을 다하는 모습이 어쩌면 그렇게 귀여웠던지! 「산중호걸」 노래에 따라 호랑님 역을 맡은 무지막지(?)한 덩치를 자랑하는 '현수'의 춤은 배꼽을 빠지게 했고, 「지구가 아프대요」 노래에 맞춰 아이들이 팬터마임(pantomime)으로 슬픈 표정에 머리를 숙이고 무대를 돌 때는 숙연하기도 했습니다. 「나무를 심자」 노래에 맞춰 '지훈'이의 태엽 장난감 인형을 닮은 뒤뚱뒤뚱 움직이는 모습은 정말 기가 막힐 정도였지요. 아이고! 저는 우리 아이들의 무한한 가능성을 보고 교직에서의 마지막 학예회를 이끌며 감격에 떨기까지 했습니다. 무대 인사를 하고 아이들과 퇴장하며 이제 정말로 이 녀석들과 헤어져야하는구나라는 감정으로 갑자기 눈물이 맺히기도. (학교에서 동영상을 찍었으니 나중 아이들 추억의 소중한 기억이 될 수 있도록 홈페이지에 파일을 탑재하도록 하겠습니다.)

아이들은 그런 학예회를 통해 꿈과 환상, 이해와 배려, 그리고 긍정을 배울 수 있었다고 생각합니다. 우리들이 펼쳐낸 무대가 바로 미래의 아름다운 꿈과 환상임을, 너와 내가 함께 힘을 합쳐 이해하고 서로 배려해야 삶의 무대가 조화롭게 완성됨을, 그리고 무엇보다 세상의 뒤편에서 고통과 어려움을 열정으로 이겨내어야만 목표가 이루어질 수 있다는 긍정의 가르침을.

요정 '오드리 햅번(Audrey Hepburn)'이 출연했던 뮤지컬 영화 『마이 페어 레이디-My Fair Lady』는 긍정이라는 덕목이 인생을 어떻게 바꿀 수 있는지에 대해 다시 한번 되돌아보게 했습니다. 우리들이 펼친 무대처럼 꿈과 노력과 열정으로 남루한 옷과 품위 없는 말투의 햅번이 아름답고 세련된 언어를 구사하는 완벽한 여인으로 변하는 모습을 보여줬습니다. 아마도 그리스 신화의 『피그말리온-Pygmalion』 이야기에서 따온 영화로 알고 있는데 근래 무척 유행했던 〈긍정의 힘〉, 〈꿈은 이루어진다〉란 말처럼 우리 아이들도 그렇게 긍정과 믿음, 기대를 가지고 노력하면 미래의 자신을 완성 시킬 수 있으리라 생각합니다. 이번 학예회는 자신의 꿈을 가슴속에 곱게 수놓는 좋은 기회였다고 생각합니다.

저도 까마득한 60년대 초 운동회나 학예회를 생각하면 지금도 설레는군요. 피난민들이 눌러앉은 변두리 산자락에 있는 학교였지만 학생 수가 많아 운동회나 학예회를 하면 지역 주민들이 모여들어 커다란 운동장과 강당이 미어터질 정도였습니다. 노래와 무용은 기본 프로그램이었고, 지금의 개인기랄 수 있는 몇몇 아이들의 장기 자랑도 펼쳐져서 사람들을 웃기게 만들었고, 일본 소설 『곤지키야샤-금색야차(金色夜叉)』를 한국 이야기로 변용한 「장한몽(長恨夢)-통상 이수일과 심순애」에서 삼월 십오야(十五夜) 대동강변 부벽루(浮碧樓)에서 주고받는 신파 분위기의 꺾어지는 대사는 배꼽을 쥐게 하였습니다.

- 듣기 싫다. 더~ 러운 년! 김중배의 다이야 반지가 탐이 났단 말이~ 냐? 다이야 반지와 네 절개를 바꾸었단~ 말이냐? 에이~, 이 옷을 놓아라. 전당포에서 빌린 망토다. 찢어지면 물어줘야한단 말이~ 다!

학생들을 위한 독자적인 문화가 아주 부족한 시대에 어른들의 가치와 원망이 투영된 거친 시대의 그림들이었지만 그래도 세대를 뛰어넘어 합일되는 현장성으로 가볍게 받아들일 수 있었던 시대의 학예회였던 것 같습니다. 전 코믹한 그 대사와 노래를 4절, 아니 지금은 사라져버린 5절까지도 부를 수 있습니다만. 운동회 마지막에 학생회장과 부회장이 주연으로 등장하는 계백(階伯)장군과 김유신(金庾信)장군의 〈황산벌 전투〉는 TV 방송의 시대극처럼 많은 출연자들이 벌이는 웅장한 분위기를 자아내어 그 시대의 원망을 잘 수렴하며 마무리하곤 했지요.

당시 4학년이던 저는 학예회 때 담임선생님이 연출한 아프리카 토인 춤에 출연했습니다. 검은 옷을 입고. 하얀 분필 가루로 얼굴과 몸에 칠하고, 풀로 만든 치마와 나무 창, 몇 겹의 하얀 종이를 이어붙인 뼈다귀를 코에 걸고(당시 우리는 아프리카 토인이라면 거의 식인종 수준으로만 생각했습니다), 남학생과 여학생이 편을 갈라 「우스크다라-Uska Dara」 노래에 맞춰 전진과 후진을 하며 춤추고 싸우는 코믹 동극이었습니다.

> 우스크다라 바다 건너 찾아갔더니
> 세상에서 다시 없는 신기한 나라
> 거리를 걸어보고 참 놀랬지요
> 이래서야 남자들이 불쌍하잖아요

한국식 가사 때문이겠지만 지금도 뜬금없이 아마존 밀림이나 서역(西域), 오끼나와 남쪽 섬나라, 또는 중국 고산들에는 여자들만 사는 여인국(女人國)이 정말 있지 않을까 하는 생각이 문득 드는 건 순전히 그 노래 덕분입니다.

특히 배경음악으로 사용한 리드미컬하고 경쾌한 리듬, 다양한 악기의 혼성음이 만들어내는 환상적인 소리가 가사와 어울려 신비감을 더했지요. 〈우스크다라 지데리켄 알다다 비리양 무~〉라는 소리에 이끌려 뜻도 모르고 신나게 부르곤 했습니다. 나중에야 우리나라의 아리랑에 버금가는 터키 민요이며 사랑하는 님과 이별하는 안타까운 마음을 나타낸 노래라는 걸 알았지만.

    우스크다라에 갈 때 손수건 한 장을 보았네.
    그 손수건 안에 lokum이 들었네
    … …

lokum은 터키식 젤리라고 합니다만 아무튼 노래 자체는 애절한 내용이었지만 역설적으로 즉흥적인 멜로디 라인에 끌려 뒤에 가사를 바꿔 신나게 부르기도 했습니다.

    두들기면 목탁소리 난다 율부린너 대갈통
    숲속에서 연애하다 들킨 신성일과 엄앵란
    장총의 명사수는 존 웨인이 아니라
    달라스의 이름 높은 오스왈드다.

카리스마 넘치는 눈매와 시원한 대머리로 유명했던 영화배우 '율 브린너-Yul Brynner'는 잘 아시겠군요. 그 후 '케네디' 미국 대통령을 저격했던 '오스왈드(Lee Harvey Oswald)'의 충격적인 사건을 가져와서 젓가락 장단으로 바꿔 부르기도 했습니다

    덩치 크다 자랑 마라 스티브리브스야
    덩치 작은 고재봉은 도끼 들고 찍었다.
    지하의 김광수야 서러워 말아라
    안동의 신하사는 수류탄을 던졌다.

'스티브 리브스-Steve Reeves'는 40년대 〈미스터 유니버스〉 출신의 유명한 근육질 배우입니다. 『폼페이 최후의 날-The last days of pompeii』, 『헤라클레스-Herakles』 등에서 활약했는데 영화사상 가장 우람한, 아니 아름다운 가슴 근육을 지녔고, 지금의 아이돌 못잖은 미남이었지요. 고대의 대표적 조각상인 '미켈란젤로'의 '다비드-David'를 완벽히 **닮았습니다**. (그가 출연한 영화 <폼페이 최후의 날>를 어렵게 구했을 때 참 감동스러워 했던 기억이 새삼스럽군요. 아니, 그보다 좀 더 솔직히 고백하자면 『대장 부리바-Taras Bulba』에도 나왔던 '크리스틴 카우프만-Christine Kaufmann'을 이 영화에서 함께 볼 수 있었기 때문에 더욱 감동스러웠다고 할 수 있을 겁니다. 아마도 영화 역사상 가장 청순(淸純)한, 순수한 마스크의 여배우였습니다. 이 부분은 같은 여성들도 동의하리라 생각합니다만 특히 남성들에게는 거의 여신(女神)으로 매김되는). 그리고 '**고재봉**'이나 '김광수', 신하사 등등 당대 우리 사회를 떠들썩하게 했던 여러 사건들을 짜깁기하여 시대를 풍자하기도 했습니다.
    기타 〈~오디 머피 쌍권총에 케리 쿠퍼 녹았네〉 등등의 가사들도 있는데 좀 민망스럽기도 하고, 그리고 세상을 희롱하는 내용들을 노래에 담아

냈다는 건 『우스크다라』 노래가 그만큼 유명했다는 이야기며, 거기에 시대상을 반영한 다양한 개사(改詞)들로 형님들 연배를 따라 즉흥적으로 바꿔 부르기도 했습니다.(또 옆길로 샜군요. 죄송합니다.)

아무튼 지금도 신기하게 생각하는 게 우스크다라 노래를 어떻게 큰 강당에서 들려줬는가 하는 점입니다. 그 시절은 아주 부잣집이 아니면 턴테이블(turntable) 시스템을 갖출 수 없었습니다. 노랠 들으려면 큼직한 라디오나 벽에 고정된 채 〈ON-OFF〉만 될 수 있는 일종의 유선 스피커뿐이었고, 그 당시 휴대용 전축은 갓 등장한 듯한데 좀체 구경할 수 없는 형편이었습니다. 대중화되기 시작한 건 아직 몇 년을 더 기다려야 했습니다. 아마도 그 선생님은 음악에 관심이 많아 벌써 첨단 기기인 노란 휴대용 전축을 사용하여 돌아가는 레코드판에 마이크를 대고 강당에 들려준 것 같습니다만 지금은 한바탕 아마겟돈(Armageddon)이 휩쓸고 간 것처럼 카세트, 비디오테이프는 물론 CD나 DVD도 낡은 문법이 되어버렸지만.

지금에 와선 아련한 추억으로 남은 희미한 옛 그림자에 불과하지만 평생 잊어버리지 않고 떠올리며 빙그레 웃을 수 있는 어린 시절의 학예회였습니다.

하지만 그런 순기능에도 불구하고 운동회와 학예회에서 일제(日帝) 시대의 일률(一律)과 복종(服從)이란 〈강제〉된 덕목, 답지 않은 〈세련〉으로 제조된, 그리고 현대의 〈양식화〉된 문화의 아이콘들이 혼재된 모습을 발견하는 게 그리 어려운 일만은 아니더군요.

과열이 당연하게 받아들여지던 얼마 전까지만 하더라도 운동회나 학예회를 하려면 선생님과 아이들이 함께 땀을 흘리며 연습을 했습니다. 부모님들을 기쁘게 해드리기 위해서 수업 결손을 각오하고라도 매달려 가르치고, 동작을 익히고, 소리를 지르고, 달렸지요. 프로 못잖은 아이돌 가수와 탤런트처럼 하나하나 세분화해서 정교하게 구성한 장면들에 가장 어울리는 현장성을 꾸몄으며, 부족하면 외부에서 전문가를 모셔서라도 좀 더 세련되고 화려하게 꾸몄습니다. 대중은 지배자의 위치에서 최종적인 모든 기준을 자신들의 기호에 두었고, 선생님과 아이들은 피지배자로서 그들의 기호에 맞춰 좋은 상품을 만드는데 여념이 없었습니다. 그들의 기호에 영합하여야만 열광과 칭찬의 박수를 쳐주었습니다. 그래서 정작 행사를 마치고 나면 보람은커녕 겨우 통과의례를 마친 듯 한숨을 내쉴 수 있었습니다. 아이들에게는 재롱이 아니라 수많은 대중을 모시고 최선을 다해 열연해야 하는 콘서트나 다름없었고, 녹초가 된 선생님은 씁쓸한 속을 한잔 술로 달래곤 했습니다.

그러나 현대에 와서는 강제된 그런 세련이 극단적인 양식화(樣式化)의 단계까지 오지 않았나 생각됩니다. 운동회와 학예회에서뿐만 아니라 사회 구조의 형식으로 양식화는 거미줄처럼 정교하게 구성되고 발휘되고 있다는.

요즘은 운동회나 학예회를 이벤트 전문회사에 맡겨 실시하는 학교가 늘어난다고 하는군요. 대충 열 곳 중 서너 곳 비율이라는 이야기도. 학교에서 준비하다보면 수업 결손이 늘어나고, 방과 후 학원이나 체험 학습의 증가로 준비할 시간이 없다고 합니다. 이벤트 회사에서는 애드벌룬, 게임 용구, 인쇄된 여러 벌의 배경화면, 정교하고 깔끔한 가면이나 복장, 눈에 확 띄는 다양한 색과 모양의 레크리에이션 도구, 사회자와 보조진행자들의 일사불란한 진행…. 2~3백만 원의 돈으로 모두 해결할 수 있는데 일부러 고생할 필요가 없지요. 일정한 공정처럼 양식화시켜놓으면 깔끔하고, 흥미를 유발할 수 있으며, 효과도 만점입니다.

하지만 이벤트 업체는 흥미 위주로 운동회와 학예회를 진행할 뿐입니다. 마치 TV 예능프로그램을 연상시키듯 화려하고 번잡하게 확산(擴散)시켜 모든 사람들을 굴복시키려 드는 것 같군요. 이래도 감동하지 않을 거냐고 으쓱거리듯. 교사와 아동의 상호 작용 속에서 인내와 질서, 진정과 협동이라는 덕목을 거쳐 완성을 향해나가는 교육의 근본 자체를 전도시키고 있습니다. 양식화된 경제 원리에 교육이 허덕이며 따라가기 바쁘군요.

작년엔 현장체험으로 남해 갯벌로 갔습니다. 넘실대는 바다와 미끄러운 갯벌, 싱싱한 고둥과 집게발이 제법 큰 칠게, 만지면 찰싹 달라붙는 낙지와 못생긴 문절망둑, 갈매기가 끼룩 소리 내는…. 그런 원시의 자연을 생각했지요. 이미 많이 이야기 드렸듯 저 자신이 바닷가 뱃놈(?) 출신이어서 봄에는 붕장어(일본말로 속칭 '아나고'), 멸치 통발선을 타고 남해안으로, 이른 여름부터 가을까지 내내 이까발이 배를 타고 동해 최북단인 간성, 고성에서부터 오징어를 따라 계속 남하하며 울릉도, 대화퇴, 속초, 주문진, 묵호, 죽변, 강구 앞바다까지 떠돌기도 했지요. 가끔 선실에서 모두 잠든 밤에 선장 대신 혼자 배를 몰며(이미 배의 기동(起動)을 잘 알고 있었던) 다음 기항지로 내려올 때 검은 바다에서 삶의 심연이 절 빤히 쳐다보며 비웃는 것 같아 까닭 모를 불안과 고독으로 몸을 떨기도 한 기억이 나는군요.

그즈음 어머니가 빚으로 장사를 접고 가족이 흩어져 어렵게 살던 때라 목돈을 벌기 위해 그 전해에도 탔던 〈미조 2호〉라는 9~10톤(?)짜리 아주 큼직한(?) 이까발이(오징어잡이) 배를 타고 여름 내내 동해안을 떠돌았습니다. 묵호, 속초 등지는 휴전선 가까운 곳이어서인지 '야끼다마(燒球機關)' 엔진을 장착한 1~2톤 정도의 작은 배도 신형 디젤 엔진의 우리 배 못잖게 빨랐던 기억이 특별히 나는군요. 그러나 하필 그해 때를 잘못 만났는지 한탕(?) 벌기는커녕 시꼬미(고기잡이 준비)로 당겨쓴 주부식값은 물론 피칭(Pitcing-앞뒤의 흔들림)과 롤링(Rolling-좌우 흔들림)으로 자주 끊어지는 주낙(긴 낚싯줄)과 그 줄에 오징어를 유인하는 돈부(발광체) 및 여러 개 바늘을 빙 둘러 끼운 비싼 낚시 2~30개 값 등등으로 선주에게 빚만 잔뜩 져서 침울한 마음이었지요. 올해는 글렀고, 내년엔 8~90톤이 넘은 커다란 기선 저인망 배를 타고 북해도 동쪽 4~5개월 항차(港次)의 북양 명태나 오징어잡이에 가서 돈 좀 벌어야겠다고 생각하며 남하하다 구룡포 근처에서 저녁 찬거리로 낚시를 내렸습니다. 달밝이(보름달)에다, 커다란 물풍(물속 낙하산의 일종. 해류의 속도와 방향을 일정하게 조절하여 옆 사람의 낚싯줄과 엉키지 않게 조절)도 당연히 내리지 않았지요. 그런데 무거운 쇳덩이 추가 어디 걸렸는지 내려가지 않고 헐렁하더군요. 작은 고랜가 싶어 밤바다를 훤히 밝혀주는 집어등 20개 전부를 켜서 보니 세상에! 바다를 가득 메운 오징어 떼로 부글부글 끓는 것 같았습니다. 그래서 칸막이 의자에 앉아 〈노리다이〉라 부르는 채 낚기 어구에 낚시를 두세 개만 내려 재빨리 잡아 감아올렸지요. 낚시 하나에 한 마리가 아니라 대여섯 마리 오징어가 다대기(가득)로 걸릴 정도였습니다. 그러나 저는 곧 그것마저 팽개치고 뜰채로 퍼 담았습니다. 세상에, 오징어를 뜰채로 잡다니! 마치 귀신에 홀린 듯 두름(20마리)이 아니라 바리(100두름)로 서너 바리 이상씩 며칠 신나게 잡았습니다. 갑판을 가득 덮어 내 것, 네 것 가릴 수도 없었지요. 가을이 되어 남하하는 거대한 오징어 떼를 용케 만나 횡재한 셈이었습니다. 오징어가 내뿜는 먹물을 가득 뒤집어쓴 얼굴로 서로 엄지를 치켜세웠습니다. 세상에 태어나서 처음 〈하느님, 감사합니다〉라고 미소지으며. 오징어가 회유하는 길목을 잘 잡아 일

년 농사를 잘 지었다며 저는 물론 모두 선주의 보너스까지 듬뿍 받았지요. 그렇게 여름 한 철 벌어야 할 돈을 단 며칠 만에 벌어 부산 전포동 골목에서 어머니와 누님이 작은 식당을 열고 가족이 다시 모여 살 수 있게 된 건 특별한 기억이었습니다. 당시 월간지 등에서 무슨 논픽션 공모가 보이던데 응모해서 상금이나 타볼까 하는 허황된 생각을 해보기도.

가끔 해녀들과 동반해 한달 이상 해산물이 풍부한 제주도 서쪽 애월 근처 바다로 원정물질을 가기도 했고, 가을과 겨울엔 아예 남해안에서 살며 후까(상어)배나 곰장어(먹장어) 통발선을 타고 사량도, 욕지도 등의 섬들을 전전하거나, 또는 조류가 센 바닥에 자루 모양 그물을 설치하여 갈치나 잡어를 잡는 안강망(鮟鱇網)배를 타기도 했습니다. 여름부터 늦가을까지 손은 가시에 찔리고 소금 독, 먹물 독이 올라 갈라진 피부 껍질을 떼어내면 누님이 여자처럼 곱다(?)고 했던 제 손도 너덜너덜해졌지요.

제가 특별히 열흘이나 걸려 만든 명품 작살로(흔히 고무줄 새총(Y)처럼 생겼는데 날카로운 미늘이 달린 두 갈래 쇠창살을 곧은 대나무에 단단히 끼운 후 그 시절 귀했던, 속이 뻥 뚫린 굵은 기저귀용 노란 고무줄을 어렵게 구해 대나무 끝에 단단히 묶어 강하고 정확하게 쏠 수 있도록 묶은 후 손잡이에 인두로 제 이름을 새겨 누구나 잘 알 수 있도록 만든) 볼락, 우럭, 고등어 등 작은 고기는 물론 감성돔이나, 낭태, 또는 운 좋을 땐 눈 먼 농어 등등의 커다란 고기를 찍어내기도 했고, 5m 이상 깊이 잠수하여 괭이로(2~30㎝ 정도의 나무에 무쇠 갈고리를 끼워 바위틈이나 돌 밑에 있는 해산물을 캐내는 도구. 부두에서 인부들이 쌀가마니를 찍어 어깨에 멜 때 사용하는) 커다란 굴이나 조개, 홍합, 개불, 해삼 등을 캐거나 다시마, 우뭇가사리, 진주말. 모자반, 운 좋을 땐 해초 더미나 돌바닥에 숨은 물꽁(아귀), 문어 등도 잡아 망태(망사리. 뭐 해녀들이 물에 띄워 놓고 채집한 해산물을 담는 망태를 제주 등 남해 지역에선 <태왁>이라고 부르기도 하는)에 가득 따 용돈(보다 훨씬 많은)은 물론 맛있는 저녁 술안주로 파티를 열기도. (93년경 북구의 <○○국민학교>에서 친목회장을 하며 한 남자 선생님의 고향인 남해 <사량도>로 남교사들끼리 휴양을 갔는데 제가 가물가물한 깊은 물 속에 있는 시퍼런 청각을 따오르며 휘파람 소리를 길게 냈더니 어떻게 그리 오래 물속에 들어갈 수 있느냐고 놀라더군요. 바다라는 삶의 치열한 현장을 잘 알지 못하는 분들에겐 제 잠수가 분명 경이로웠을 겁니다. 시장에서 사면 값이 꽤 비쌀 텐데 김장할 때, 또는 무쳐 밑반찬으로 먹거나 국에 넣어 향긋한 맛을 낼 때 쓰라며 모두 공짜로 봉지에 가득가득!) 뭐 요즘은 톳, 도방, 곰피 같은 해초나 군수(군소), 담치, 거북손, 따개비(삿갓조개) 등등도 따서 별미로 먹는다는데 그 시절엔 돌팍(바닷가 바위)에 널린 그런 꾀죄죄한 것들은 쳐다보지도, 먹지도 않았지요. 하긴 짧은 침의 보라성게를 긁어 올려 꽉 찬 노란 알을 떠서 고추장과 함께 밥에 비벼 먹으면 특식으론 그만이었지만 대신 손톱 깊숙이 가시가 박혀 바늘로 뺀다고 고생하기도.

어쩌면 바다는 거칠고 단순한 인간의 본원성에 가장 가까운 삶의 현장이 아니었나란 생각도 듭니다. 그래서 자연과 떨어져 매일매일 정해진 규율과 수업으로 질식할 것만 같은 아이들에게 해방감과 자연의 광대함을 가르칠 수 있는 좋은 기회라는 생각도.

그러나 그런 제 생각은 미심쩍었지만 당일 바로 작은 바위 둑 안쪽 꾀죄죄한 바닷물을 만나며 가당찮은 착각이었음을 곧바로 깨달았습니다. 좁은 모래톱과 겨우 손톱 크기 칠게나 고둥 조금, 물결에 휩쓸리는 잘린 미역 등등이 떠다니는 더럽고 탁한 바닷물, 그리고 무릎 높이의 물 위에서 십여 명이 고무보트를 타고 실시한 형식적인 해양 레프팅(rafting)! 상업적인 시설이다 보니 많은 사람들이 체험을 오고, 그래서 근처 바다에서 통발로 잡아 온 작은 게, 고둥, 불가사리 등을 미끼로 조금씩 모래톱에 깔아놓는다고 하더군요. 카탈로그와 간판에서 본 화려한 현장은 잘 꾸며진 쇼 윈도(show window)였고, 흥미롭고 다양한 프로그램의 이면에 숨어있는, 양식화된 실제 모습을 본 것 같아 씁쓸했던 기억이 납니다. 제가 경험했던 바다와는 달나라만큼이나 다른 모습으로.

그러고 보니 언제부턴가 학교급식도 당연해졌군요. 아니 사람들이 모인 곳이라면 어디 없이 급식판에 담긴 음식을 매일 먹고 있습니다. 전에는 도시락을 먹거나 동료들끼리 이곳저곳 식당을 찾아 골라 먹는 재미도 있었는데 90년대 중반부터 급식실이 만들어지고, 거기서 만든 똑같은 음식을 수십, 수백 명이 같은 급식판에 담아 먹고 있습니다. 내가 먹고 싶은 건 전혀 고려할 필요가 없습니다. 정해진 식단표에 따라 만들어진 음식을 무슨 공정(工程)처럼 꾸역꾸역 말없이 먹어야 할 뿐입니다. 어쩌면 가축처럼 사육당하고 있다고 할 수 있겠지만 워낙 익숙해지다 보니 아무도 거역할 수 없게 되어버렸습니다. 급식의 양식화는 이미 항상(恒常)적인 습관으로 굳어졌습니다. 잘 정리된 은색 급식판의 일률적인 모양처럼. 언젠가 바빠 혼자 늦은 식사를 하다 급식판에 비치는 스스로를 보고 마치 불순분자로 체포되어 교실에 갇힌 채 허겁지겁 던져주는 먹이에 머릴 박은 것 같은 생각이 들어 씁쓸해한 기억도 나는군요.

전 군대 가기 전 젊은 한때 양복은 물론 와이셔츠도 맞춰 입은 적이 있었습니다. 어머니가 경영하던 중앙동 곰탕집 옆에 각종 옷과 단추, 벨트, 스카프 등을 파는 양품점이 있었는데 양복도 만들어주곤 했지요. 거기서 양복 깃을 제비 꼬리처럼 길게 위로 뻗은 V자 형태로 만들거나, 단추를 반짝이는 더블버튼으로 처리해 바람쟁이처럼 한껏 멋을 내기도 했습니다. 태종대 숲속에서 장발에, 주황색 양복을 입고 시집(詩集)을 든 채 돌 위에 앉아 수평선을 바라보는 댄디(dandy)한 사진도 있는데 쉽게 소화할 수 없는 화려한(?) 패션임에도 불구하고 지금도 전혀 어색하지 않더군요. 게다가 나무색 체크무늬 원단에 한껏 멋을 낸다고 어깨 견장을 달고, 금색 단추에다 색상을 달리한 양쪽 주머니 덮개로 가슴에 포인트를 준 와이셔츠 차림으로 울산 현대조선(아님 울기 등대?) 바닷가 돌 위에서 사색에 잠긴 포즈로 찍은 사진도 있습니다. 지금은 까마득히 낯선 풍경이 됐지만 새삼 쳐다보니 참 젊고 키 크고 잘 생긴(?) 이 청년이 바로 저였군요! 한때 교유하던 친구들과 자주 만나던 용두산 공원 밑 광복동 일본책 거리 입구 〈名文다방〉에서 부산 MBC에서 발간한 「어린이 文藝」라는 잡지를 통해 동시(童詩)로 등단한 아가씨가 그 사진을 보고 멋지다고 치켜 줘서 괜히 가슴 설레던 기억도. 누구에게나 청춘의 봄날, 절정은 있는 모양입니다.

하지만 지금 대부분의 사람들은 기성복을 입습니다. 치수별, 체형별로 양식화된 표준이 있어 대량으로 생산된 옷을 각자 자기 몸에 맞춰 입을 뿐, 개성은 이미 한물간 유행처럼 아무 필요가 없습니다. 개인은 치수의 틈새에서 함몰해버렸지요. 〈통계〉나 〈표준〉은 개인을 지워버리고 양식으로 포장해버리는 현대의 몰개성을 상징하는 덕목(?)이 아닐 수 없습니다.

(여담입니다만 당시 명문 다방은 저녁이 되면 새가 둥지를 찾아 모여들 듯 말 그대로 교수, 작가, 무대 예술가, 방송인 등등 부산의 내로라하는 문화인들이 많이 모여 낭만을, 때론 격론을 벌이는 곳이기도 했지요. 지금은 희미해졌지만 '사르트르(Jean-Paul Sartre)'와 '까뮈(Albert Camus)', 그리고 하이데거(Martin Heidegger)는 현존재(現存在)를 각자 어떤 식으로 받아들이고 달리 이해했는가, '키에르케고르(Kierkegaard)'의 단독자(單獨者)는 인간을 그저 신(神)에게 귀의(歸依)시키는 피동적인 허무주의의 원본이 아닌가 등등 지금 생각하면 당시 열풍을 몰고 왔던 <실존주의(實存主義)>에 대한 저, 또는 각자의 생각들을 열띤 토론으로 펼쳐내기도 했습니다. 겨우 국민학교 교사에 지나지

않는 저였지만 제법 드나드는 사람들과 어울릴 정도는 된 듯하다고 생각합니다만. 저와 눈인사는 나누던 호리호리한 키 큰 젊은 건축과 교수가 '르 꼬르뷔제(Le Corbusier)'가 건물의 공공성이란 개념에 따라 어떻게 확장 배치했는가를(?) 신나게 이야기할 땐 무식하게 '꼬르륵'도 아니고 무슨 그런 이름이 있나 되풀이 물어보기도 한, 같은 국민학교 선배 교사로서 신춘문예를 통해 등단했던 한 소설가와는 '손창섭(孫昌涉)'과 '장용학(張龍鶴)'의 실존적 차이를 <자학(自虐)>과 <열정(熱情)>으로, 그렇게 서로 다른 이미지를 가지고 있다고 풀이해내는 등 지금은 뜬금없이 허황해진 유령을 두고 이곳저곳에서 강의실 같은 토론을 이어갔습니다. 가끔 직접 주방에 들어가 커피를 뽑아내(그만큼 주인 마담과도 격의 없이 가까웠던) 돌리는 심부름꾼 노릇도 했지만 사실 엉터리 겉멋만 잔뜩 들었던.)

아무튼 우리들 삶의 주변은 온통 양식화된 편리와 몰개성이 포위하고 있군요. 고급 아파트는 양식화의 가장 경직된 모습이며, 우리는 그게 케이진 줄도 모르고 편안히 소파에서 똑같은 드라마와 개그를 TV를 통해 보고 있습니다. 결혼식은 웨딩플래너(Wedding planner)가 맞춰주는 양식에 딸린 무슨 공정(工程)처럼 신랑신부가 생산되고, 돌잔치는 이벤트 회사에서 돈을 뜯어내려고 설익은 갖은 양식을 범벅하여 사람들을 감동(?)시키고 있습니다. 전에 우리는 학원이나 과외도 없이 오로지 혼자 밤늦게 공부하고 입시를 치렀는데 지금 수능시험은 개인을 떠나 입시학원이란 전문 학원에서 족집게를 자처하며 모아 가르치고 있으며, 일부에서 구인, 구직은 편리하게 양식화된 전문 헤드헌터(Headhunter)에게 맡기기도 한다더군요. 심지어 세상을 떠나는 사람들도 가족 대신 상조, 장례 회사에서 만든 양식화된 절차를 거쳐 마지막 삼베옷을 입고 떠납니다.

저는 조금 내성적이어서 자주 마음 속 깊은 곳에 가라앉아 있다 보니 현실적인 감각이 부족한 편입니다. 세상의 습속을 미처 따라가지 못하는 어수룩한 면이 많지요. 그래서 현실에서 벌어지는 다양한 모습, 유행, 습관, 양식들을 뒤늦게 깨닫고 따라간다고 허덕이기 일쑤입니다. 그런데 세상은 놀랍게도 제가 따라가려고 허덕이는 그런 모습과 양식들을 벌써 한물간 심드렁한 대상으로 여기는 경우까지도 있는 걸로 압니다. 저와 세상이 현실을 받아들이는 심리적, 감각적인 속도 차이가 일견 더더욱 덜떨어진 저를 만드는 게 아닌가 싶은! 예를 들면-, 저는 뷔페를 가본 적이 거의 없어서 그런지 어쩌다 가면 온갖 화려한, 그리고 엄청나게 다양한 음식들과 실내의 모습이 영 낯설기만 합니다. 남들 따라 음식을 담아 먹어보면 세상에 이런 맛있는 음식도 다 있나 놀라기도 하지요. 어쩌면 이런 음식을 내가 먹을 자격이 없는 것 같아 겁이 나기도. 아직 중학교 입시에 합격하여 어머니가 사주신 중국집 자장면에서 헤어나지 못하는 제 수준에서는 놀라울 따름입니다. 더구나 필경 버려질 게 틀림없을 먹다 남은 호화로운 음식들도. 그런데 사람들은 아무렇지도 않게, 귀찮다는 듯 몇 점 먹고는 심드렁해하더군요. 도대체 이해할 수 없습니다. 그 화려(華麗)가 이미 화려가 되지 못하는 수수께끼를. 이미 세상은 제가 생각하는 그 세상보다 훨씬 더 멀리 점핑해버렸지 싶은.

선생님들과 함께 제주도 여행을 가봤는데 제가 상상하는 제주도는 자유롭고 아름다운 그림들로 가득했지요. 멋진 경관을 자랑하는 곳도 일일이 둘러보고, 맛있는 회나 감귤 등의 특산물도 실컷 먹어보고…. 그런데 꼼짝 못하고 차에 갇힌 채 짐짝처럼 이리저리 왔다 갔다 하기 바빴습니다. 음식도 미리 정해진 커다란 식당에서 전국에서 온 많은 여행팀들과 함께 똑같은 음식을 마치 무슨 공정(工程)처럼 시간에 쫓기며 허겁지겁 먹기 바빴지요. 사람들은 그게 당연한 듯 이쑤시개로 쑤시며 유쾌하게 웃었습니다. 마치 다녀왔다는 증명이라도 남기려는 듯 사진이나 몇 번 찍은 기억밖에 나지 않습니다.

뷔페나 여행은 이미 너무나 당연한 양식이 되어 이젠 설렘과 기대는커녕 심드렁한 보편으로 각인된 것 같습니다. 어쩌면 아직도 만끽에 대한 기대와 가슴 떨림에 빠져있는 저로서는 화살같이 변화무쌍한 시대의 부진아로 도저히 따라갈 수 없는 펄에서 허우적거리는 것은 아닌가 하는 생각이 들기도. 그렇게 점점 더 덜떨어진 허수아비가 되는 것 같습니다. 어쩌면 그런 양식화는 문명의 발전 속에 정교한 회로처럼 미리 예약되어있는 것 같다는 생각이 강하군요.

양식화는 양면성이 있습니다. 편리와 감옥! 만약 기계주의가 인간의 역사라면 그 필연인 양식은 편리를 주었지만 대신 미처 알아차리지 못하는 중에 우리 스스로를 우리 속의 돼지로 사육하는….

인간의 삶은 모두가 쉽게 동일화될 수 있는 틀이 있고, 그 틀 속에서 간결성을 획득하는 것 같습니다. 우리의 정신이 가장 많이, 그리고 편리한 느낌을 주는 형식이 평가되고, 선호되고, 그리고 선택되는 건 아닐까요? 어쩌면 간결한 구조적 형태는 시각적, 미적 쾌감을 주기도 하는 것 같습니다.

그러나 현대적 의미의 양식화는 스스로 능동적인 접촉행위를 시도함으로써 실용성을 가장 중시하게 합니다. 그 실용성을 쫓다 보면 너도나도 강제된 규격 속이 차라리 편안해지고, 어둡고 습한 통 속에서 억압적으로 제조되는 콩나물처럼 그 틀 속의 분자식(分子式)으로 존재하게 되지요. 콩나물은 콩을 강제로 변형시킨 기이한(?) 모습이라던데 우리는 아무렇지도 않게, 푸른색이 아닌, 비실비실 병든 것처럼 노란 새싹을 당연하게 먹습니다. 강제는 편리를 무기 삼아 시간을 잡아먹고, 곰삭은 한식 같은 은근한 정신마저 파괴시키지요. 결국 사람은 양식화의 케이지(cage) 속에서 사육되는 닭과 하나도 다르지 않습니다. 점점이 불 켜진 아파트 속에 제각각 갇혀 있는 우리들이 우리 속의 닭이나 돼지를 보며 의기양양 우월해할 형편이 아님을. 우리 아이들도 그렇게 똑같은 일률로 사육되고 있습니다. 당장 너도나도 머릴 조아리고 빠져드는 스마트폰만 보더라도. 만약 양식화가 역사 속에 이미 예약되어 있다면 인간의 미래는 어떻게 변모되는지, 그 속의 존재들이 가지는 의미는 어떻게 정의되어야 하는지 혼란스럽군요.

어쩌면 세상은 양식화와 그걸 거부하는 정신이 대립하는 역사로 이루어지는 건 아닌지 모르겠습니다.

누군가의 말이 가슴에 처연하게 다가오는군요.

- 육체의 중량만을 가진 채 황금빛 하늘을 배경으로 평범한 윤곽선으로 존재하는 현대의 양식인!

덧붙이는 글

요즘은 그때 오징어잡이와는 또 좀 다르더군요. 사람이 아니라 모터로 돌아가는 기계식이어서 〈노리다이〉와 〈물레〉도 저절로 돌아가는. 우리 때는 물레를 감을 때 상황에 따라 미묘하게 강약과 단속(斷續)을 달리하며 유인하였기 때문에 개인의 기술에 따라 수확량 차이가 꽤 있었는데 지금은 모두 똑같이 나누는 것 같더군요. 물론 선장과 기관장은 몫이 좀 더 크겠지만. 아무튼 모두 자동화시켜 대량 수확만을 목적으로 한 재미없는 〈노동〉이 되어버린 것 같습니다. 바다의 〈낭만〉이라고는 조금도 없는. 양식화는 이미 인간의 노동과 가치라는 측면은 전혀 고려할 필요도 없는 비정한 삶의 거미줄로 존재하는.

> 덧붙이는 글 2

쓰다 보니 추억의 그림들이 또 주마등처럼 떠오르는군요. 제 교직의 출발과 함께했던 화려한 〈학예회〉도. 아니, 솔직히 말한다면 젊은 날 방황하던 제 청춘의 초상, 그래서 어쩌면 여태까지 바다라는 이상스레 엇나가는 이야기 속에서 수상스럽게도 보였을 게 틀림없을 제 정체(?)까지도.

철원 최전방에서 군대 생활을 하다 제대를 하고 딱히 갈 곳이 없었던 저는 마침 시(詩)를 쓰는 친구(최연창, 최연길 형제)의 소개로 사립인 〈○○고등공민학교〉에서 자격증 없는 국어 선생이 되어 학생들을 가르쳤습니다. 형제 친구의 큰형님이 교감이란 직책으로 학교를 운영하고 있었지요. 지금은 어떤지 모르겠는데 그 당시는 배움의 기회를 놓치거나 여러 가지 사정으로 정규학교를 다닐 수 없는 아이들을 가르치는 공민학교(公民學校), 새마을 학교나 사립 여상(女商), 또는 기업체 부설(附設)학교 등이 있었습니다. 거기서 제 평판이 좋았던지 당시 전직 국회의원이었던 모씨가 운영했던 ○○여상에 가서 몇 달 국어를 가르치기도 했습니다. 그분의 따님이 나중 미스코리아가 됐다고 한때 세간에 화제가 되기도. 그러나 출퇴근 거리가 너무 멀어 중간에 공민학교로 되돌아왔습니다. 같은 산하 재단이었기 때문에 사정에 따라 선생님들이 서로 오가기도 했지요.

아무튼 한창 나이에 여러 가지 사정으로 정규학교를 다니지 못해 소외감과 그만큼의 그리움으로 청춘의 변두리를 헤매는 아이들이 대부분이었습니다. 처음엔 제게 반항을 하기도 했지만 따뜻한 마음으로 다가갔더니 제 앞에서는 담배를 피우지 않았고, 별달리 말썽을 부리지도 않았습니다. 지금도 가끔 다대포, 월내 해수욕장에 해양훈련을 가서 찍은 당시 사진을 보면 아직 새파란 학생 모습들을 볼 수 있어 빙그레 미소가 떠오르는군요. 졸업시킬 때 아이들이 저와 사진을 찍으려고 해서 보람을 느끼기도 했습니다. 나중 일반 회사에 잠시 근무할 때 몇몇 잘못된 행동을 하던 여학생 4총사가 찾아와 급하다며 돈 얼마를 빌려달라고 해서 줬다가 연락을 끊어버리는 바람에 더 이상 그 아이들을 만날 수 없게 됐구나 하고 안타까워한 적도. 그림을 잘 그리는 여학생도 생각나는데 미남 선생님이라고 절 보고 잘 웃던 아이는 출석부에 붙여둔 제 증명사진을 보고 초상화를 그려 주기도 했습니다. 자신의 특기를 살려 화가가 되었기를 바라지만 과연 삶의 무게가!

지금도 남아 있는 그 시절의 제 모습들을 보면 꽤 잘생긴 미남(?)이란 착각이 드는 걸 보면 누구나 청춘의 봄날은 있는 모양입니다. 집안 형편으로 이래저래 말썽을 잘 부리던 고등부 '김상수'라는 남학생은 77년 현충일날 학교에서 빌빌거릴 때 마침 학교에 들른 '정순남'이란 여학생과 함께 UN 묘지로 데리고 가서 많은 이야길 나누며 미래를 위해 지금이라도 공부를 하라고 야단 겸 격려를 했더니 뒤에 직장을 가져 열심히 산다고 했습니다. 나중 순남이가 고향인 서울로 갈 때 상수와 '신오홍', '이점이', '김효업'… 등의 아이들과 함께 우정의 단체 사진을 찍으며 아쉬움 속에 떠나보내기도. 사진 속의 남녀 아이들은 앳된(?) 저와 나이 차가 겨우 10살 안팎이라서 지금은 비슷하게 늙어가고 있겠군요. 새삼 그리운 아이들!

역시 그 계통에서는 서로 선생님들이 교환하여 다른 곳에서 가르치기도 했는데 다음 해엔 전포동 뒷길에 있던 〈○○○ 새마을학교〉에서 교감이란 직함을 가지고 중등 국어와 고등 사회 두 과목을 가르쳤습니다. 학교가 두 군데로 나눠 있어 언덕 위 교실에서 수업 마치고 3~4백 미터 아래 큰길 옆 교실로 뛰어가서 수업하던 기억이 뚜렷합니다. 얼마 전까지 이름을 알았는데 이상하게 지금은 죽어도 생각나지 않는 부산진구청장이 졸업식 때 와서 축사를 하고 장학금도 내준 사진이 남아있군요. '이영만' '유향자', '이춘만', '송봉조', '여순옥' 등등 당시에 이미 다 큰 아이들! 한창 나이에 가정형편 등 여러 가지 사정으로 정규학교를 다니지 못해 소외감과 그만큼의 그리움으로 청춘의 변두리를 헤매는 처녀총각들이었습니다.

그때 전포동 자동차 부속골목에서 회사를 운영하던 누군가가 학교 운영권을 매입(?)하여 선생님들이 떠나야 할 때 저도 마침 동래 안락동에 있던 〈도남모방〉이란 부산에서 제법 큰 모직회사 내 부설학교에 교감이란 직책으로 소개받아 갔습니다.

〈도남부설여자실업학교〉에서 저와 나이가 비슷한 다 큰 처녀 직원들에게 국어와 한문을 가르쳤습니다. 공장 안 학교 건물 앞에 있던 등나무 벤치, 그리고 해운대 동백섬에서 휴가로 찍은 희미한 사진 속 처녀 학생들은 아득한 옛날 흔적도 없이 세상 속으로 스며들어가버렸고, 살아있더라도 아마 골골하는 할머니로…! 지난날 쓸쓸한 방황 속을 더듬었던 제 청춘의 초상이 아직도 흘러가지 않고 이렇게 늙어버린 가슴 속에 그림자처럼 끈질기게 들어앉아 있었군요. 지금도 남겨진 사진을 펼쳐보며 흔적도 없이 사라진 학교와 칠순을 마주하고 있을 처녀 제자들 얼굴이 시큰한 눈물과 함께!

그러다 여러 가지 사정으로 잠시 학교를 그만두고 미래에 대한 불안으로 방황하기도 했습니다. 앞서 ○○고등공민학교에서 영어를 가르치다 그만둔 친구가 사직동 입구 사거리 2층에 영어학원을 차리고 있었는데 구석 콘크리트 바닥에 나무토막들을 세워 그 위를 판재로 깔고 만든 차가운 방에서 술을 마시고 덜덜 떨며 자곤 했지요. 어느 날 그 친구가 신문을 내밀더군요. 그 당시 국민학교 교사 부족으로 일반인을 상대로 아마 처음이자 마지막으로 〈국민학교 준교사 자격시험〉을 실시한다는 내용이었습니다. 그래서 같이 정식으로 교육공무원이 되어보자 결의(?)하고 조방(朝鮮紡織) 근처 성남국민학교에서 이틀에 걸쳐 시험을 쳤습니다. 교직 실무, 과목별 수업지도안 짜기와 실습, 음악과 미술 실기 등등이었습니다. 좀 애매한 부분들이 있었지만 최선을 다했더니 다행히 합격할 수 있었습니다. 그 친구는 시험공부 하다 그만두고 배움에 갈망하는 성인(成人) 상대 학교를 만들어 지금은 부산에서 그 계통의 유일한, 가장 크고 역사가 깊은(?) 학교의 이사장으로 근무하고 있습니다.(한번 찾아야

한다는 생각으로 찾아봤는데 자리를 비워 만나지 못했습니다. 그 후론 이상하게 갈 기회가 없었군요. 죽기 전에 만나 방황하는 청춘의 그림들을 가슴 속에서 정리해야겠습니다.)

아무튼 자격증을 받아들고 감격스러워했던 기억이 뚜렷합니다. 그 자격증은 아직도 소중히 가지고 있지요.

그렇게 공식적인 자격증을 소지하고 이어진 국민학교 교육공무원 임용 시험을 거쳐 2학기가 시작되기 직전 80년 8월 21일 북구 사상공단(工團)에 있는 〈○○국민학교〉 3학년 8반 담임으로 발령받아 드디어 정규 교직의 출발을 시작했습니다. 지금도 가지고 있는 학교장 명의의-컴퓨터 시대가 아니라서 타이프로 만든-노란 〈공무원증〉 속 싱싱한 제 모습에 그동안의 방황(?)과 관련되어 더욱 정겹게 다가오는군요.

지금도 그렇지만 국민학교는 중등처럼 교과(教科)담임제가 아니라 전과(全科)담임으로 과목 모두를 담임이 가르치는데 아이들이 1학기 동안 담임도 없이 지내다 제가 발령받아 정식 담임으로 와서 하루 종일 같이 지내게 돼서 그런지 제 옆을 졸졸 따라다녔습니다. 어디 살아요? 저번 선생님처럼 또 떠날 거예요? 이모가 있는데 선생님은 결혼했어요? 라며 이리저리 조잘거리는 아이들이 어찌 그리 귀여웠던지! 제 품에 자꾸 안기려는 녀석도 있어 좀 성가신 부분도 있었지만. 가르치는 틈틈이 여러 가지 이야기들을 들려줬습니다. 신기한 바다 이야기와 군대, 그리고 위인들의 어린 시절과 동화, 만화 등등을 섞어 재미있게 이야기했더니 무척 신기해하더군요. 초롱초롱한 눈과 재잘거리는 아이들이 저를 둘러싸서 그야말로 행복을 만끽했습니다. 그동안 방황했던 시절을 만회하려는 듯 저 스스로 아이가 되어 조잘재잘 같이 장난치며 즐겁게 지냈고, 그래선지 부모님들과도 가까워져 스스럼없던 시절이었습니다. 어쩌면 그때가 본격적으로 세상에 나와 처음 느껴본 행복이었고, 그리고 지금까지도 짜릿한 기억으로 남아있습니다.

그렇게 비가 오면 운동장이 잠기는, 매연이 가득한 회색 공장지대-, 담임도 없는 학급에서 풀이 죽어 지내던 아이들과 생활하다 문득 번개 같은 생각이 떠올랐습니다. 여러 가지로 쓸쓸한 기억만 쌓고 있던 이 아이들에게 가장 아름다운 경험을, 어른이 되어서도 결코 잊을 수 없는 기억을 심어줘야겠다는.

초롱초롱한 눈으로 제 곁을 자꾸 달려드는 순수한 마음에 애잔한 생각이 들어 짠~ 하더군요. 이 아이들을-, 2학기는 곧 지나갈 테고, 저는 중간에 땜질로 그저 쉽게 가르치다 4학년으로 올려보내는 건 제가 느끼던 행복에 대한 배반이란 생각이 들어 받아들이기 어려웠습니다. 짧은 시간이지만 그 안에서 1~3학년, 그리고 이어질 학년과의 연결과 긍정의 보상을 심어주고 싶었습니다. 그래서 생각해낸 게 〈학예회〉였습니다. 보통의 아이들은 초등학교 시절 내내 그런 경험을 하기 쉽지 않고, 그래서 학예회라는 다양한 모습과 가치들을 거치며 담임 교체라는 상처를 치유할 수 있겠다는 생각을 했지요. 제가 대강 내용을 예를 들어 설명하며 아이들과 이야기를 하다 보니 생각보다 훨씬 관심을 가지고 각자 생각들을 말하더군요. 제가 안내를 하고 아이들도 가능한 범위 내에서 종목과 준비물 등을 토의했습니다.

당시 '이수정'이란 급장(級長. 지금은 반장이라고 하지요.) 학생의 부모님을 만나(나중엔 언제나 맘대로 드나들며 밥도 자연스레 먹을 정도가 된) 의견을 들은 후 유인물을 만들어 학부모님들께 나눠드렸습니다.

…아이들과 함께 하는 생활이 너무 행복하다, 저만 쳐다보며 졸졸 따라다니는 이 아이들 초롱초롱한 눈과 미소를 생각해서라도 대강 가르치고 헤어질 순 없다, 저는 중간에 땜질로 가르쳐서 쉽게 4학년으로 진급시키고 싶지 않고, 외로움을 가슴에 담고 있는 이 아이들 마음에 짧은 시간이나마 행복한 추억을 심어주고 싶다, 모든 건 제가 계획을 세워 미리미리 준비하고, 실시해나가겠다, 바쁘게, 열심히 살고 계신 부모님들께 부담을 드리지 않겠다, 그저 간단한 준비물, 그리고 박수와 격려만 해주시면 참 고맙겠다….

그렇게 학부모님들의 동의를 얻어 학예회를 실행할 수 있게 됐습니다.

그리고…, 10월 한 달 동안 겁도 없이 우리 반 아이들과 연습에 연습을 거듭하여 〈80년 11월 8일〉 학예회를 열 수 있게 되었습니다. 지금 생각하면 새내기 초임교사가 어떻게 그런 굉장한(?) 사건을 벌였는지 저 스스로도 믿어지지 않는군요. 어쩌면 초임교사로서의 제 열정을 시험하고 싶었던 건지도 모르겠습니다만.

40년을 건너뛴 지금도 남아 있는 제 학예회 시나리오(? 프로그램)를 보면 갖가지 다양한 종목과 출연 아이들(지금은 50대에 접어들고 있겠군요.) 이름이 빼곡히 적혀있습니다. 개회사와 국민의식(지금의 국민의례)에 이어 첫 순서로 반장인 '이수정'의 「시낭독」, 전체 합창으로 교과서에 나오는 「옥수수 하모니카」, 그리고 담임인 저의 독창으로 꽤 긴장된 마음으로 부른 「섬집 아기」, 무용극 「산아가씨」의 '박은아' 외 10명, 특기 자랑으로 민요창(박국희)을 비롯하여 마술(박경태, 배필환), 칼춤(박은아), 디스코(서보민, 하기영) 등등이 신나게 이어지고 있군요. 「미스(미스터)월드」 뽑기로 한국의 '이성진'과 '허선'을 비롯해 미국(강소정, 서정철), 일본(백경미, 신종호), 프랑스(오선화, 성낙희), 아라비아(김현미, 배필환), 아프리카(이수정, 김태원) 등등 각국의 미남미녀들이 비닐이나 풀로 만든 옷들을 입고 출연했고, 마당놀이로 「수영야류」의 할미(소정희), 할비(김종달), 각시(원선주), 의원(김윤기), 소경(이경수), 그리고 심사위원역으로 학부모 2분도 참여했습니다. 마지막 연극 프로그램으로 당시 3학년 국어책에 나오는 극본 「외다리 거위」를 '조중원', '손창우', '유창우', '남현주' 등 여러 아이들이 왕자와 신하, 요리사, 나팔수 등등의 역할을 맡아 열연한 후 제 축하와 교가 제창으로 끝을 맺는. 다양한 종목에 한 명도 빠짐없이 모두 출연했습니다. 어머니들의 적극적인 참여로 쉽게 구할 수 있는 재료로 직접 소도구나 복장을 만들었으며, 학부모님들은 물론 연습 과정에서 알게 된 교장, 교감 및 여러 선생님들도 와서 참관했습니다. 일개 학반이 아니라 학교 전체 학예회에 버금갈 정도로. 지금 해보라면? 열정과 젊음을 떠나보낸 지금은 당연히 자신 없군요. 무엇보다 그 당시 최우선적으로 생각했던 건 새내기 선생님으로서 아이들을 이용하여 자신의 욕망, 매명(賣名)을 하려는 이상한 선생님(?)의 의미로 변질되지 않으려 무척 신경을 썼고, 그래서 교직의 화려한 〈간판〉으로 매김 되지 않도록 일체의 외연(外延)을 끊어냈습니다. 오직 아이들과만 신나게 놀았고 그 아이들에게 긍정적인 추억을 심어주고 싶었을 뿐입니다. 지금까지 남아있는 단 하나의 사진은-커튼으로 만든 무대 막 앞에서 학생들과 선생님, 학부모님들에게 시작하는 인사말을 하는-제 교직 생활 중에서 가장 보람찬 시간을 되돌아보게 합니다.

그래선지 다음 학교에서는 「꿈나무」란 제목으로 아이들이 직접 쓴 삐뚤빼뚤한 글과 그림으로 꾸민 국판 350쪽의 두툼한 학급문집도 만들었습니다. 대청동에 있던 출판사 사장님이 좋은 책이라며 싸게, 그래도 월급을 몽땅 털어 넣은! 지금도 가끔 읽어보며 보람찬 교육의 한 장(場)이었다는 기억과 젊은 날의 추억을! 아마 그 아이들은 아직도 간직하고 있을 게 틀림없을! 그렇게 제 젊은 날 보석처럼 새겨진 그림들이 있었다는 건 인생 최고의 보람이었다고 생각합니다. 가끔 기회가 되면 아이들 글 그대로 사진판으로 인쇄하여 책으로 출판했으면 하는 생각을 하기도 했는데 과연!

그러나, 그러나 지금은 모두 시간의 함정 속에 매몰되어버렸고, 낡은 유전자로 남은 비실거리는 늙은이로 바뀌었군요. 그렇게 시간은 기억 속 희미한 그림자를 연기처럼 허공으로 날려 보내며 멸망의 어둠 속으로 내던지려고 협박을 하는 모양입니다. 아쉽지만 받아들여야 하는!

제(37)주 학습지도 계획안

(2012년 12월 3일 ~ 12월 7일)   4학년 2반

    어째 여태 어쭙잖은 글이나마 계속 쓰다 보니 어떤 과정, 계획, 설계, 또는 질서 같은 것들이 작용하지 않았나 하는 생각이 문득 드는군요. 생각 자체를 하지 않았는데 가만 보면 어떤 심리의 설계도에 따라 기술되고 있었다는. 글의 전개라든가 생각의 덩어리들이 일정한 순서에 따라 진술되고 있는 듯한. 제 마음속에 깊게 각인된 무언가가 있었던 걸까요? 아마 스스로도 각성하지 않은 가운데서도 삶을 해석하는 큰 줄기가 여기까지 끌고 왔다는 생각이 듭니다. 결과적으로 학교와 교실, 학생들과 연관 없는 이야기들로 채워지고 있어서 죄송한 마음입니다만. 그리고 이왕 여기까지 왔으니 그게 어떤 식으로 이어질지 확신하지 못하지만 지금처럼 가슴을 차지하는 무언가가 이끄는 대로 계속 진술하고 싶은 마음입니다. 호불호, 관심과 주저, 수용과 반발…이 존재하더라도 우리 모두는 사회인이며, 그 속에서 개인의 특별한 내면을 돌아보는 긍정으로 보아주시기를 간절히! 새삼 죄송한 말씀을 드립니다.

잃어버린 원본(原本) - 우리들의 초상

현대의 컴퓨터, 또는 IT 기반 정보기술 산업이 만들어놓은 세상은 참으로 놀라울 정도입니다. 아니 놀랄 정도가 아니라 이미 그런 세상에 둘러싸여 있다고 할 수 있겠군요. 디지털 기술은 아날로그적인 생활의 틀을 완전히 바꿔버렸습니다. 교통, 금융, 교육, 산업, 과학, 예술…. 모든 분야가 컴퓨터와 정보기술을 이용하지 않으면 원시시대로 돌아갈 정도입니다. 그런 세상에서는 카드 하나로 지하철을 타고, 은행에 가지 않고도 돈을 지불하거나 이체할 수 있습니다. 외출 중에도 보일러를 켜거나 조명, 커튼 조절 등을 할 수 있다고 하고, 요즘은 〈바이오-매트릭스〉라고 지문이나 홍채, 안면 인식 기술로 본인확인도 쉽게, 정확히 할 수 있다고 하는군요. 아마 앞으로는 TV나 냉장고, 세탁기 등에도 인공지능이 심어져 말로 명령하면 스스로 알아서 운전하는. 때가 많으니 두 번쯤 돌리라면 세탁기가 〈네 알겠습니다. 깨끗이 세탁해놓겠습니다〉라고.

교육의 틀 자체도 어느 틈에 많이 달라졌지요. 예전에는 교과서로 담임에 따라 제각기 다른 방식으로 특색 있게 아이들을 가르쳤습니다. 도움을 받는다 해도 겨우 「새교실」이나 「교육자료」 같은 월간지뿐인데 지금은 대개 〈T-나라〉나 〈I-Scream. 통상 아이스크림〉이란 사이트에 가입하여 인터넷으로 가르치고 있습니다. 교육과정에 따라 각종 자료나 동영상, 깔끔한 그림들로 가득 차서 교사나 아이들 모두 중독이 될 정도여서 점점 선생님 개인의 특화된 교수법이 설 자리를 잃어가고 있는 형편입니다. 에듀넷(EDUNET)이나 교육정보원 등에서 제공하는 다양한 자료 등까지 더해 어쩌면 기계적, 일률적 교육환경으로 흘러 학생들 개개인에 맞는 언어 발달이라든가 지적인 나름의 훈련 등을 할 기회가 적어 아쉬움을 주기도 합니다. 교육은 인간과의 만남인데 그런 게 무시되고 오직 기계적인 반응만으로.

혹시 학부모께서 아시는지 모르겠는데 교실에서 오르간(풍금)이 사라진 지도 꽤 오래됐습니다. 예전엔 교실마다 교탁 옆에 예쁜 덮개로 감싼 오르간이 있어 그 위를 꽃병으로 장식해놓곤 했는데 이젠 미처 처리하지 못한 낡은 폐품처럼 창고 구석에 처박혀 고색창연한 먼지를 풀풀 덮어쓰고 있지요. 우리가 국민학교, 아니 중, 고등학교 다닐 땐 학교 음악실에 윤기 나는 커다란 피아노가 딱 한 대 있었습니다. 예쁜 여선생님이 단정히 앉아 건반을 누르면 그에 따라 앵무새처럼 예쁘게(?) 앉아 노랠 부르던 기억이 새삼스럽군요. 학창시절에 건반이라곤 도통 눌러 본 기억이 전혀 없습니다. 그래서 음악 수업은 미리 오르간으로 제재를 연습한다고 다른 과목보다 좀 더 고생해야 했습니다. 전담 선생님 제도가 생겨 좀 편해졌지요. 하지만 지금은 교육 사이트에서 프로그램된 악보를 클릭하면 마디별, 단락별로 순차적으로 계이름과 가사가 나와 아이들이 참새처럼 따라 부르는 형편입니다. 제재에 대한 이론적인 부분들도 클릭 한 번으로. 이미 음악이란 가슴 설레는 감성은 휘발(揮發)되고 그저 기계적인 단계를 따라 가르치고 부르는 맹맹한 과목으로 전락한 지 오래됐습니다.(제가 늙다리가 되어 기악 기능이 부족하다 보니 언제나 아이들에게 죄송한 마음입니다. 그저 이론적인 것보다 오르간이나 각종 악기를 이용하여 직접 가르쳐야 하는데 겨우 리코더나 가능할까, 대부분 음악 사이트에서 간접적으로 들려주거나, 가끔 피아노를 잘 치는 여선생님과 교환하여 지도하다 보니 죄송스럽기만.)

그렇지요. 요즘은 교사의 필수품인 분필도 잘 사용하지 않습니다. 아이들 청소 당번이나 시간표 등도 미리 한글 파일로 만들거나 T-나라 등에 있는 알림장 등으로 TV에 띄워 보여주는 경우가 많습니다. 선생님과 아이들은 몸과 소리, 감정을 서로 공유해야 그 속에서 인간의 거리와 마음의 씨앗을 튼튼하게 연결시킬 수 있는데 지금처럼 어정쩡한, 아니 밍밍한 관계망은 그런 연결을 해체 시켜 개인들을 제각각 섬처럼 고립시켜버리지요. 아이들은 분필로 칠판에서 장난치는 게 당연하고, 지금 와선 오히려 반가와해야 할 정돕니다. 우리의 아이들에겐 그런 밀착이 정말로 필요하겠다는 생각이 강합니다.

그래선지 제가 가끔 칠판에 여러 가지 그림을 그려놓기도 했습니다. 저번 시골 학교에 있을 당시 인기 많았던 TV 드라마(꽃보다 남자)의 타이틀을 복사하여 조금 변형시켜 그렸지요. 〈남자〉 대신 제 이름을 짜깁기해서. 다음 날 아침 아이들이 난리 났습니다. 전교 학생들이 모두 저희 교실에 와서 귀가 아플 정도로 와글와글! 수업 때 지우려고 했더니 이 녀석들이 울고불고, 심지어 칠판을 점령하고는 제가 가까이 오지 못하게 막기도. 사실 그림은 전날 오후 저희 교실에서 교무 회의를 할 때 그 드라마 이야기가 나와 옆 반 여선생님이 저보고 그려보라고 해서 5분여 간단히 그렸던 겁니다. 아이들이 좋아할 테니 〈지우지 마세요〉란 글을 교무 선생님이 옆 모퉁이에 직접 쓰더군요.

어떻게 생각하면 우리 아이들은 그런 퍼포먼스를 매개로 서로의 마음과 마음을 일치시켜 삶의 깊숙한 교류를 확인하고 나누는 소망을 절실히 바란 건 아닌지. 그래서 교육은 유치하다 싶을 정도로 아이들 시선에서 출발해야 함을. 덕분에 며칠 시장처럼 아이들로 시끄러웠고 칠판 사용을 하지 못했습니다.

아이들에게는 말보다 몸으로 다가가야 교육의 정당성이 세워질 거라는 생각입니다. 어쩌면 울긋불긋 망가진 피에로가 가장 용이한 접근법이 될지도. 이후에도 몇 가지 주제의 시리즈로 그려봤는데 큰 학교로 옮기며 도통 흥이 나질 않아 저절로 그만뒀습니다. 요즘 슬슬 손이 근질거리는데 이 녀석들 놀려줄까 싶군요. 미진한 음악 대신 그림으로 대신하려는 보상심리는 아닌지! 요즘 칠판을 잘 사용하지 않는데 전체를 꽉 차는 멋진 대작(?)으로 그려볼까 하는 생각입니다. 가만있자, 요즘 아이들이 관심을 두는 게 뭐가 있는지? 비록 빨강, 파랑, 노랑, 하양의 4가지 색뿐이지만 아이들에게 좋은 추억으로 새겨졌으면 합니다.

학년 초 환경정리 같은 것도 예전엔 밤새워 불을 켜고 톱질까지 하며 새내기 열정을 내뿜기도 했는데 이젠 이미 스티로폼으로 깔끔하게 만들어진 타이틀 등을 구입해서 설치하거나 아예 업체에서 환경 전체를 깔끔하게 구성해주기도 하고,

특히 상업적인 디지털 기술의 발전은 놀라울 정도입니다. 예전에도 영화에서 비현실적이거나 환상적인 장면 등은 카메라 기술에 의지해 부실하게나마 처리했는데 근래 디지털 기술은 머리카락 한 올도 실제처럼 정밀하게 표현해낼 정도입니다. 『터미네이터(terminator)』에서 사이보그(Cyborg)가 철망을 투과하는 장면이라든가, 액체금속 상태에서 서서히 사람으로 되살아나는 장면 등을 보며 그 불가능을 깨부순 컴퓨터그래픽 기술에 박수를 치지 않을 수 없게 했습니다. 그러나 터미네이터를 가볍게 낡은 영화문법으로 만들며 『쥬라기 공원-Jurassic Park』이 세상에 온통 공룡을 풀어놓은 후 이제는 아무 영화나 함부로 컴퓨터 그래픽을 이용하기 시작했습니다. 『스타워즈-Star Wars』 4~6부가 내용상으론 후대의 이야기지만 80년대에 먼저 만들어져 2000년대에 새롭게 제작된 1~3부에 비

하면 화면이 훨씬 원시적(?)임을 비교하면 잘 이해할 수 있지요. 시간의 역설, 짜깁기란 아이러니에 어쩐지 씁쓸함을. 그렇군요. 이젠 모든 영화, 아니, 그저 평범한 멜로드라마에도 알게 모르게 컴퓨터 그래픽이 함부로 사용되고 있는 걸로 알고 있습니다. 컴퓨터 그래픽 만능주의는 세상을 엉터리 판타지로 꽉 채워 자물쇠로 단단히 가둬 놓은 것 같아 아쉽기도 하군요. 요즘 『반지의 제왕-The Lord Of The Rings』이나 『나니아 연대기-The Chronicles of Narnia』 등등의 판타지 영화들이 많이 보이던데 우리 아이들의 필수 관람영화처럼 인식될 정도로 굉장한 인기를 얻고 있더군요. (언젠가 컴퓨터 그래픽이라든가 스마트폰 등등 현대의 신화들이 우리들 삶의 전면을 신의 영역으로 격상시킨 듯한, 그러나 사실은 허위로 가득 채워버린 악덕임을 이야기하고 싶군요. 누군가 그렇게 이야기한 사람이 있는지 모르지만.)

어쨌든 그 후 나타난 영화들 중 『매트릭스-matrix』와 『아바타-avatar』가 기억에 남는군요. 원래 매트릭스란 단어는 수학에서 쓰이는 말로 '여러 개의 숫자나 문자를 몇 개의 행(行)과 열(列)로 나열하는 것'을 뜻한다고 합니다. 다시 말하면 개개의 개체들이 어떤 틀이나 구조를 형성하는 걸 말하는데 거기서 더 나아가 촬영한 영화 필름을 작가가 의도에 맞게 편집하는 것도 이야기의 틀을 구성한다는 점에서 매트릭스라고 할 수 있겠습니다. 오늘날은 좀 더 다양한 분야에서 변조(變調)하여 사용하고 있는데 세포 단위의 구성이나 전자부품들의 회로나 장치, 또는 모세혈관과 림프, 신경조직의 네트워크 등을 가리키기도.

결국 매트릭스는 영화와 관련하여 디지털 기술에 기반한 가상의 세상으로서 실재하지는 않지만 우리들이 얼마든지 만들고, 간섭하고, 복제할 수 있는, 그러면서도 인간처럼 스스로 진화하고, 통제하고, 욕망을 분출하는 또 다른 현실이랄 수 있습니다.

그런데 터미네이터, 쥬라기 공원, 매트릭스, 아바타 등과 함께 이 영화들이 표상하는 이미지나 기호가 포스트모더니즘(post modernism)의 주요 경향인 《脫 현대》라는 독특한 생각을 피력하는 일단의 사상가, 이론가들과 닿아있다는 글들이 자주 보이더군요. 그게 현재 우리들을 둘러싸고 있는 현실과 부합한다는 점에서 의미 있는 영화라고 할 수 있을 겁니다.

예전 6~70년대 시내 번화가 사무실 거리에는 〈청사진〉이란 간판을 단 복사가게가 많이 있었습니다. 서류를 감광지와 함께 복사기에 넣으면 글과 그림 등은 하얗게 나오고 대신 종이 전체가 파란색으로 복사되어 나와서 그런 이름을 붙였지요. 초창기 복사기 시대의 풍경입니다. 지금이야 사무실마다 흔한 복사기지만. 또한 그때는 타이피스트, 필경사(筆耕士)란 직업도 있었습니다. 컴퓨터 이전 시대 타자기 글자판에 한 글자씩 손가락으로 자판을 눌러 자모가 뒤쪽 굴대에 걸린 잉크 띠를 종이에 압착하여 글자가 새겨지는. 지금은 컴퓨터 자판기가 그 역할을 대신합니다만. 필요한 서류가 있을 때 깔끔하게 정리해주는 타이피스트는 그 시절 여성들에게는 선망의 직업이었습니다. 아마 그때부터 여직원을 〈직장의 꽃〉이라고 한 것 같은데 주로 단정하고 깔끔한 여성들이 책상에 앉아 타타타탁 하는 소리와 함께 자판을 두들기는 모습은 한 떨기 청아(淸雅)한 백합처럼 아름다웠습니다. 함부로 갈겨 쓴 글씨를 인쇄 글처럼 단정하고 정확한 글자로 정리해서 서류로 건네주면 마치 천사가 마법의 손길을 내미는 것처럼 생각될 정도였지요. 또한 학교나 회사에서 보통 사람들이 쓴 평범한 글씨로는 결제를 맡거나 외부로 보낼 때 조금 문제가 있어 글씨를 예쁘게 잘 쓰는 필경사(筆耕士)가 철필로 정서하여주면 등사하여 활용하기도 했습니다.

90년대까지만 해도 타자기와 등사기는 사무용품의 정점에서 언제나 우리들 곁에 존재했습니다.

그런데 정확하게 말하면 연필로 갈겨쓴 서류는 〈원본(原本)〉이고 청사진이나 타이핑된 서류는 〈복사본(複寫本)〉입니다. 그리고 원본은 쓰레기통으로 가고 소통되는 건 복사물 몫이지요. 칠판에 제가 그린 드라마 타이틀 그림도 복사본이라고 할 수 있고. 영화 매트릭스와 아바타의 무대도 디지털 기술에 기반(基盤)한 가상의 세상으로서 실재하지 않는 복사, 복제의 세상입니다.

이 경우 원본과 복제물과의 사이에 정체성(正體性)의 문제가 발생하는데 현실적으로 더욱 중요한 건 복제물입니다. 그것도 그냥 복제가 아니라 실제처럼 유통되고, 가치를 획득하고, 주체가 되는 이런 가짜, 모조품(模造品)들을 '질 들뢰즈(Gilles Deleuze)', '자크 데리다(Jacques Derrida)', 그리고 '장 보드리야르(Jean Baudrillard)' 등 그쪽 포스트(post) 계열의 사람들은 《시뮬라크르-Simulacre》라고 명명하더군요. 그리고 그런 복제물이 유통되고, 대접받고, 가치를 획득하는 개념을 《시뮬라시옹-Simulation》이라고도. 프랑스 말(?)이어선지 어째 혀가 미묘하게 돌아가서 발음도 어렵고, 헷갈리기 쉬우며, 앞에 언급한 철학자들에 따라 제각기 개념도 달리하여 이해하기도 어렵지만 찬찬히 생각해보면 일면 수긍되기도 합니다.

컴퓨터 시대답게 저는 옛날 사진 중 중요한 몇 장을 스캔해서 컴퓨터 파일로 저장해두었습니다. 생각보다 사진이 쓰이는 경우가 많더군요. 그런데 어느 날 다른 사진이 필요해서 앨범을 찾았는데 도저히 찾을 수 없었습니다. 며칠을 찾지 못하며 이사 자주 다니다 잃어버렸는가 하다 문득 깨달았지요. 예전 나무로 제작되어 사진앨범으로 쓰던 상자가 낡고 부서져서 버리고 대신 문서를 정리하는 비닐 파일에 하나씩 끼워 다른 서류들과 함께 책장에 두었음을. 오랫동안 찾지 않아 까맣게 잊고 있었던 셈이지요.

결국 복제한 사진은 언제든 가까이서 볼 수 있지만 원본은 어디에 있는지도 모를 정도로 저에게서 멀어져버렸습니다. 제 젊은 날들도 파일 앨범에 감금되어 하릴없이 제 손길이 미치기를 기다리는 원본 신세가 되었습니다.

90년대 후반 컴퓨터를 사용하여 처음 아래한글 2.5버전으로 문서를 만들었을 때의 감동을 잊을 수 없습니다. 그저 낙서 비슷한 글 몇 자와 조잡한 표로 된 문서에 불과했지만 인쇄글로 문서를 작성할 수 있다는 것이 꿈처럼 부럽게 쳐다본 여자 타이피스트와 관련하여 무척 감동스러웠습니다. 지금이야 자유자재로 갖가지 문서를 멋있게 꾸밀 수 있지만. 얼마 전 집에서 수업 관련 파일 몇 개를 USB에 담아 학교에서 작업하다 수정할 부분이 있어 고치고 저장했습니다. 집에 가서 USB에 저장된 문서를 본래 문서에 덮어씌웠습니다. 그야말로 순식간에 원본은 사라지고 복제본이 원본이 되어 버젓이 본래 이름으로 저장되었습니다. 그 후로도 계속되는 문서는 어제 쓴 원본에 덮어씌우고, 또 내일의 복제로 자꾸자꾸 덮어씌웁니다.

어느새 세상은 원본은 사라지고 이런 복제본이 원본처럼 우글거리는 세상으로 변했습니다. 전국 곳곳 도심의 영화관에는 사라진 원본인 중생대 공룡들 대신 복제된 공룡이 오늘도 하루 종일 은막에서 커다란 머리통을 흔들며 으르렁거리고, 복제된 모나리자 그림이 빌딩 계단 벽면을 커다랗게 점령하고 신비한 미소를 지어 보입니다. 원본을 구경할 형편이 못 되는 우리는 그저 가짜 그림으로도 고마워하며 '어머나, 역시!' 하며 감탄하지요. 힘들게 꾸민 서류는 파쇄기(破碎機)에서 가루가 되고 대신 복제된 서류가 무역 전쟁의 최전선에서 유통되고, 아예 원본 자체가 없어져도 공장에서 서로서로 무한 복제된 버스와 전철, 택시가 오늘도 시민들의 발이 되어 하루 종일 시내를 누비고 다닙니다. 영화 『토탈 리콜-Total Recall』의

'아놀드 슈왈제네거(Arnold Schwarzenegger)'는 복제된 기억 속에서 지구와 화성을 혼란스럽게 오가고, 『아일랜드-The Island』의 주인공 '이완 맥그리거(Ewan McGregor)'는 자신이 복제품임을 알고는 원본 맥그리거를 찾아 좌충우돌 모험을 떠나지요. 보드리야르식으로 말한다면 세상은 〈시뮬라크르〉들로 둘러싸여 빵빵 시끄럽게 법석대는 〈시뮬라시옹〉으로 변했다고 하겠습니다. 원래의 현실보다 복제된 현실들이 더 실제적인 의미를 획득하는. 아니, 복제가 현실을 베끼는 것이 아니라 현실의 사람들이 그 복제를 보고, 획득하고, 이용하며 〈거꾸로〉 베끼는 역전현상(逆戰現像)이 일상이 되고 있습니다. 홈쇼핑에서는 오늘도 〈복제된 의상〉을 사람들이 획득하고 이용하라고 부추기고, 미장원에서는 표준 양식으로 전시된 다양한 머리 스타일의 〈미용 사진〉을 보고 같은 모양으로 복제하여 꾸미고…. 가상의 매트릭스 세상의 대표주자인 '스미스' 요원이 현실의 '레오'를 위협하듯 원본과 복제가 전복(顚覆)되기도 합니다.

이렇게 볼 때 원본과 복제, 즉 가짜와 진짜의 구분은 무의미한 것 같습니다. 『아바타(avatar)』에서 늘씬하고 파란 인형인 아바타는 원형을 대리하는 대체물, 복제품에 불과합니다. 그런데 영화 속에서 아바타는 바로 주인공의 인생 자체가 되어버리고, 원형으로서의 지구인은 시체처럼 누워있을 뿐입니다. 깜박 잊고 있던 제 사진처럼.

다른 별에서 살아가는 아바타는 가짜 인생일까요?

원본은 어디로 갔을까요? 타이핑 전 연필로 갈겨쓴 종이와, 젊은 모습이 고스란히 살아있는 저의 사진과, 천박하게 변형된 짝퉁이 아닌 신비한 미소가 살아 움직이는 모나리자와, 본래의 자기 머리 모양은? 칠판에 그려논 드라마 타이틀 그림의 원본은 어디에 있는가요? 아니, 복사하기 전 원본으로서의 기원(基源)은 처음부터 없었던 걸까요? 세상은 복제와 꾸밈과 허상으로부터 출발하였을까요? 글쎄, 그건 너무 허무하다는 생각이 드는군요. 존재의 망실(亡失)! 인간의 부재(不在)! 정말 그렇다 하더라도 우리는 만들어서라도 본래적인 어떤 기원, 〈오리진-origin〉을 가져야 할 것 같습니다.

그와 관련하여 일찍 플라톤은 『국가-Politeia』에서 동굴의 우화(洞窟의 寓話)를 통해 〈이데아(idea)〉라는 개념을 제시했습니다. 지하 동굴 속에 갇힌 죄수는 두 팔과 다리가 묶였고, 머리도 결박당해 좌우로 돌릴 수도 없이 동굴의 벽만 보고 삽니다. 등 뒤에서 비추는 횃불에 의해 벽에 비치는 여러 가지 그림자로 된 세상만이 전부로 알고 있지만 동굴 밖에 호수와 나무와 동물들, 그리고 밝은 햇빛이 비치는 세상이 있다는 것을 인식하지 못합니다. 플라톤은 이데아를 동굴 바깥의 세상으로 비유하고, 이데아는 모든 것들의 본질과 원인이지만 현실 세계로 태어날 때 〈레테의 강〉을 건너면서 이데아에 대한 기억을 모두 잃어버렸고, 그래서 모든 감각을 떨치고 명료한 이성으로 봐야 이데아를 기억할 수 있다고 했습니다. 그리고 그 죄수 중 한 명이 탈출에 성공하여 동굴 밖의 호수와 나무와 동물들을 보고 비로소 이데아라는 개념을 되찾을 수 있었다고 했지요.

플라톤의 이데아는 잃어버린 원본에 대한 일종의 향수였습니다. 오늘날 원본, 본래적인 나, 이데아는 복제에 포위되어 사라져버렸습니다. 아무도 자신이 무얼 잃어버렸는지도 모른 채 부나비처럼 욕망의 시뮬라크르들에 둘러싸여 휩쓸려갑니다. 동굴 속에 갇혀서는 밖의 세상을 떠올리지 못하며, 기원의 이데아를 인식하지도 못합니다. 어쩌면 종교는 그런 오리진의 이미지를 찾아 헤매는 인간의 원망(願望)과 연관되어있는 건 아닌지.

버스를 타고 가는데 부산대학교 앞에서 여고생들 몇 명이 타더군요. 그

나이대의 발랄한 학생들처럼 좀 짧은 치마를 입었지만 소위 노는(?) 타입의 아이들은 아닌 것 같고 그저 평범한 학생들이었습니다. 모범생처럼 얌전하게 생긴 아이도 보였지요. 그런데 그 아이 중 2명은 처음부터 손거울을 들고 있었는데 자리에 앉자마자 얼굴을 매만졌습니다. 화장에 대해 잘 모르는 제가 봐도 어울리지 않다고 생각할 정도로 얼굴에 짙은 화장품을 바르고, 입술에 핑크색이 도는 무슨 투명한(?) 루즈를 바르고, 그리고 가위처럼 생긴 기구로 눈썹을 치켜올리더군요. 다른 아이들도 그게 당연한 듯 같이 이야기하며. 버스 타고 가는 내내 손이 얼굴로, 머리로, 그리고 스마트폰으로, 다시 거울을 보며 머리로….

문득 어떤 말이 생각났습니다. 〈페르소나-persona〉! 심리학에서 쓰이는 말로 타인에게 비치는 외연적(外延的) 성격을 나타내는 용언데 원래는 그리스의 고대극에서 배우들이 쓰던 가면(假面)을 일컫는 말이라고 합니다. 그걸 '구스타프 융-(Carl Gustav Jung)'이 차용하여 심리학 이론으로 사용하기 시작했습니다.

융은 인간은 천 개의 페르소나를 지니고 있어서 상황에 따라 적절한 페르소나를 쓰고 관계를 이루어 간다고 합니다. 페르소나를 통해 개인은 생활 속에서 자신의 역할을 반영할 수 있고 자기 주변 세계와 상호관계를 성립할 수 있게 되지요. 그리고 페르소나 안에서 자신의 고유한 심리구조와 사회적 요구 간의 타협점에 도달할 수 있기 때문에 개인이 사회적 요구에 적응할 수 있게 해주는 〈인터페이스(interface)〉의 역할을 하게 된다는 말도.

그 여학생들의 행위를 저의 섣부른 판단으로 가둘 수는 없습니다. 왜냐면 그 아이들은 자신들을 둘러싸고 있는 세계를 받아들이는 방식으로써 필요한 페르소나를 선택했기 때문입니다. 어쩌면 그들이 속한 세상이 그걸 강요하는 면도 있을 수 있고. 그게 가치의 잣대가 될 수는 없습니다. 다만 그 아이들은 자신이 인식하지 못하면서도 타인들이 하는 행위를 복제하고 있었고, 세상과 상호관계를 만들고 있었습니다.

보통의 여성들은 화장을 하지요. 세계 속에서 구성되는 행위를 나타내는 기호입니다. 그 기호는 보편적으로 복제라는 기의성(記意性)과 결합합니다. 사람마다 헤어스타일, 화장하는 방법, 때에 따라 달라지는 표정, 기분에 따라 톤이 달라지는 말…. 그런 것들은 사실 제각각 개성적이고 독창적인 페르소나처럼 보이지만 사실은 그 자체가 남들로부터 베껴서 꾸미고 살아가는 방식일 뿐입니다. 나만의 페르소나는 존재하지 않습니다. 기원은 없어졌지만 무한정 복제되고, 형성된 보편적인 페르소나입니다. 누군가의 헤어스타일을 보고 나도 그렇게 복제하여 머리를 꾸미고, 표정을, 말을, 생각을 복제하여 같이 따라합니다. 한때 엄청난 유행을 탔던 〈워크맨(walk man)〉과 〈MP3〉는 그 복제의 폭풍 속에서 흥망성쇠를 이어가다 지금은 무소불위의 능력을 과시하는 〈스마트폰〉에게 그 자리를 넘겨줬지요. 아이가 말을 배우는 건 복제의 메커니즘이 작동하기 때문에 가능하며, 어머니의 감정을 느끼고 복제하여 일체가 됩니다. 만약 복제의 기제(機制)가 없다면 삶은 통일성이 없어지고, 과열되며, 중구난방처럼 함부로 굴러갈 겁니다. 연속성이 끊어져버립니다. 어떻게 보면 복제는 인간을 연쇄(連鎖)시키고 한 가지로 묶어주는 유대(紐帶)의 의미도 가지고 있군요.

근래 몸에 대한 자각이 많아졌습니다. 다이어트 열풍이 불고, 요가나 수영 등의 운동을 하는 사람들이 급격히 늘어났습니다. 예전처럼 오직 생활에만 매달리지 않아도 되는 여유 때문인지 몇백만 원이나 하는 자전거를 타고 전국을 돌아다니거나, 산과 들을 달리며 고통 속에서도 풀코스를 완주하는 마라토너, 또는 잠수복을 입고 바다를 헤엄치는 사람도. 요즘은 텔레비전에서도 다이어트 프로그램이 있어 적게 감량한 사람을 탈락시키는 모습도 보입니다. 얼마 전에 선생님들에게서 들었는데 무슨 〈렛미인(Let Me In)〉인가 하는 프로그램이 있어 얼굴이나 몸에 대한 콤플렉스가 있는 사람 중에 선별하여 성형(成形)을 시켜주는 기발한, 아니 망측한(?) 프로그램도 있다더군요. 모두 복제의 기호를 선택하여 자신을 드러내고 싶은 모양입니다.

성형은 오늘날 특히 여성들의 키워드(Key Words)라고 생각합니다. 얼짱, 몸짱이란 말과 함께 너도나도 성형의 대열에 합류하는 것 같습니다. 자그만 흉터를 제거하는 것에서부터 각진 턱을 깎는다든가, 팔자주름을 편다든가 하는 것은 기준이 되는 사회적 표상을 정해놓고 자신의 부족한 부분을 메워 그에 맞추려는 복제의 의미가 담겼습니다. 모두 성형외과에서 제시하는 얼굴형을 구매하고 그대로 복사하며 비로소 만족해합니다. 남들과 다르면 극심한 스트레스를 받게 되고, 똑같으면 안심하는 현대인의 초상이 아닐 수 없습니다. 성형외과가 도심지 중심에서 성황을 보이는 건 그런 복제의 전성시대와 맞물렸기 때문이라는 생각이 문득 드는군요. 앞의 여학생 화장처럼. 원본과 같이 복제된 내 얼굴과 만족을 가짜가 아닌 진짜 인생이라고 할 수 있을까요?

우리는 이제 순수하게 우리에게 속하는 원본적인 것과 다른 것으로부터 복제된 것을 구별해내지 못합니다. 〈원형적인 것 또는 근본적인 것〉과 〈복제된 것 또는 첨가된 것〉을 칼로 자르듯 나누기란 불가능해졌습니다. 원본과 가짜는 레슬링 경기처럼 뒤엉켜있거든요. 아니, 가만 보면 이 시대에 원본은 벌써 전에 까마득히 사라져버렸고 모두 복제된 시뮬라크르로만 존재한다고 할 수 있습니다. 우리들 삶은 한바탕 정교하게 꾸며낸 가짜,

이미테이션(imitation-모방. 흉내)의 모습으로 마치 현실의 주인공처럼 존재하는 게 아닐까요? 당신의 얼굴과 표정은 정말로 당신의 모습이라고 자신할 수 있습니까?

저는 사람들과 잘 사귀지 못하지만 〈교사〉라는 사회적 위치로 존재하다보니 가끔 여러 사람들과 어울릴 때가 있습니다. 그럴 때면 상황에 따라 조용히 있거나, 가끔 적극적으로 의견을 개진할 때도 있습니다. 미소를 짓거나, 웃기도 하고, 어떤 때는 시무룩한 표정을 짓기도 합니다. 대개는 조용히 있는 모습이지만.

흔히 현대인의 자아(自我)나 주체성을 표현하는 말 중에 〈연극적 자아〉, 또는 〈거울 자아〉라는 말이 있더군요. 본래의 자신이 아닌 여러 극중 인물을 연기하듯 자기 모습을 그럴듯하게 꾸며 남에게 보이는, 언제나 자신의 모습을 거울에 비춰보며 가식(假飾)하는, 다분히 타자지향적(他者指向的)인 현대인의 모습을 묘사한 말일 겁니다. 살다 보면 여러 가지 인연과 상황들에 마주치게 되고, 그 한계를 살아가는 현대인들은 행동의 메뉴얼을 즉각 찾아 그 맞춤법에 어울리는 얼굴표정을 지을 수밖에 없습니다. 그러지 못하면 탈락과 낙오, 또는 혼란과 폭력이란 비상한 상황이 빚어질 수도 있습니다. 어쩌면 인간이 사회적 행위라는 조건 속에서 존재하는 한 그런 가면-복제된 나는 또 다른 나의 모습으로 굳어버리는 것이나 아닌지.

그렇군요. 가만 보면 사람들은 저를 포함하여 순수함이 많았던 시절을 잃어버리고 온전히 복제된 거짓 표정과 행동으로 자신을 꾸미고 있습니다. 그것도 자신만만한 미소와 함께. 의도적인 복제는 필요악일까요? 아니, 지금의 시대는 시뮬라크르라는 허구들로 구성된 허깨비 시장인가요? 우리는 순수를 잃어버린 허구(虛構)의 삶을 살고 있는가요?

현대는 그런 징후들로 차고 넘칩니다. 우리는 허구를 먹고 허구의 얼굴을 하고 허구의 멋진 폼을 잡고 살아갑니다. 화장과 옷으로 매일매일 변신하고…. 무슨 세포의 증식처럼 똑같이 반복되는 복제의 메커니즘을 수행하는 중간자들로 가득 찼습니다. 마치 개개의 일상을 물처럼 흘려보내듯 자신의 존재를 인식하지 못하며, 무슨 일을 하고 있는지 자각하지도 못합니다. 그런 면으로 영화감독 겸 배우였던 '찰리 채플린(Charlie Chaplin)'은 영감(靈感)이 가득한 천재였습니다. 제목 자체가 시대를 건너뛰어 메아리로 울려오는 1936년 작 『모던 타임즈-Modern Times』에서 그는 복제의 〈너트〉로 거대한 컨베이어 벨트에서 시뮬라크르들을 쉴 새 없이, 강박에 빠져버릴 정도로 복제해냅니다. 그러나 그의 너트는 복제의 요술방망이였지만 대신 자신은 부속품으로도 존재하지 못하는군요. 기계 속에 빨려 들어간 그의 모습은 시뮬라시옹과 화합하지 못하는 기괴한, 인간의 값어치마저도 부정당하는 지극히 상징적이고, 쉽게 볼 수 없는 채플린만의 영상문법이라고 할 수 있을 겁니다. 영화 속에서였지만 대량생산이라는 자본주의의 명제는 개인이란 존재를 부정하고 거대한 메커니즘의 한 모듈(module?)로 치환해버리지요. 먹는 것마저 기계가 대신해주는. 결국 현실이란 복제의 정교한 일관성을 잃어버리고 정신병원이라는 유적지에 내던져지는 신세가 됩니다. 기계에 혹사당하고 모멸 받는 개개 인간-노동자의 추락은 모던 타임즈 속 현대인에게 주어지는 시뮬라크르의 함의(含意)를 명확히 드러내고 있었습니다. 우리 모두는 알고 보면 그렇게 기괴한 〈인간부재〉의 늪에서 바람에 휘날리는 보리밭처럼 허우적거리며 살고 있는 건 아닌지. 마지막 여주인공 '폴렛 고다르(Paulete Goddard)'와 함께 역광(逆光) 속 넓은 신작로를 행복을 찾아 걸어가는 흑백의 실루엣, 그러나 가만 보면 역시 또 목적을 상실하고 계속되어야 할 그의 방랑은 자본주의에 대한 슬랩스틱(slapstick) 코미디, 아니 씁쓸한 블랙 코미디의 시선 속에서 현대인들에게 제공된 복제품 같은, 모래알 같은 존재의 휘발성(揮發性)을 상징하는 미래의 슬픈 구도였습니다. 모던 타임즈는 36년의 시점을 75년이나 건너뛰어 그야말로 2012년 오늘도 관통하고 있는 〈Modern Times〉였군요.

결국 제가 자주 강조하던 과학과 철학은 마치 로봇들의 일사불란한 조립라인 풍경처럼 존재하는 자신을 자각하고 원본적인 존재의 가치를 획득하려는 강력한 도전의 의미를 가지고 있는지도 모르겠습니다. 그러나 동시에 우리들 모던 타임즈는 결국 실패할 수밖에 없는 구조로 꿰여 있으며, 복제의 자화상에서 제각각 절망과 침묵의 방정식 속 고리로 감금되어있는 것 같다는 생각도.

과연 현재도 제각각인 우리 아이들은 어떤 표준을 가지고 자신의 모습-, 초상을 꾸며나갈지 궁금합니다. 바라는 건 이 아름다운 얼굴과 표정을 거친 모던 타임즈의 공격 속에서도 계속 지켜낼 수 있으면, 순수한 생명력을 잃지 않으면 합니다만, 그러나 안타깝게도 우리들 삶을 휘감고 내동댕이치려는 시간의 〈분장술〉에 결국은.

'노자(老子)'가 말했다고 하더군요. 진정으로 행복한 삶은 〈보여지는 나에 대한 남의 평가에 달려있는 게 아니라 진정한 주체로서 나 자신에게 진실로 가치 있고 의미 있는 것을 성실히 추구해 나가는〉 데에 있다고. 가끔 자신의 페르소나-, 가면을 벗어두고 정말로 자신의 주체적 삶을 살고 있는지 돌아봐야 할 겁니다. 비록 현실에 패배하여 그런 가면으로 행세할 수밖에 없더라도. 아마 잠들기 전 어떤 원대한 정신이 그렇게 장하게 살아가는 우리를 따뜻이 위로해줄 겁니다.

그런 면으로 이 아이들의 얼굴을 일일이 기억해야겠습니다. 제각각 다른 얼굴이지만 역시 똑같은 개구쟁이 얼굴들을. 작년 체육 전담을 하며 평가를 위해 학교 전체 학생들 얼굴 사진을 찍어 놨는데 자신의 모습을 그대로 간직한, 본래적인 순수를 아직 잃지 않은 모습을. 아마도 미래의 어느 날 변함없는 그 모습을 발견하고 미소를 지을 수 있었으면 하는 바람으로. 하긴 사진도 복제된 나일 수밖에 없지만.

덧붙이는 글

몇 년 전 한참 뜬 광고가 있었지요. 박카스가 하는 드링크 광고인데 어느 소녀(?)가 기타 종류의 악기를 치며 〈졸리고 나른한 봄날에 카페인 필요한 걸까요? 얘는요, 그런 거 없어요. 참 착하네요.〉라고 부르고 나서 마시는. 제가 볼 땐 현대적인 세련된, 복제된 꾸민 미모(?)보다 단정하고 수수한, 전형적인 대학생 모습에 가까워 참 긍정적이더군요.

그러나 저는 압니다. 이 순박해 보이는 소녀도 그걸 무기로 자신을 팔아먹는 자본의 첨병이 될 것을. 아마도 어느 정도 〈단정〉과 〈순박〉을 팔아먹고는 더 이상 그걸로 효용 가치가 없어지면 다른 많은 변절자(?)들처럼 이 시대 복제의 정석이 되어버린 섹시한 이미지로 꾸미고 온통 TV를 들쑤시는 〈잔혹 동화(殘酷 童話)의 주인공〉이 될 것을. 자본에 꼬리 치는 우리들 처참한 초상으로. 석유등잔 밑에서 밤새 실패 감던, 그러나 화려한 드레스에 보석 귀걸이와 다이아 반지를 끼고 클럽에서 노래하며 춤추는 「에레나가 된 순이」를. 달콤한 자본주의가 던져주는, 아무도 거절할 수 없는 이 치욕적인 복제의 사육을!

그런데 제가 아무래도 그쪽 세상에는 과문한 탓인 듯한데, 그래서 잘못 생각하는지 모르지만 이 소녀는 다른 수많은 엉터리 복제품(?)들과는 달리 아직 본래의 견고한 모습에서 크게 벗어나지 않고 좀 더 잘 지키고 있는 것 같습니다. 단정, 순박을 그런대로 지켜나가고 있다. 많은 시간이 지났지만 TV 등등에서 잘 보이지는 않는데 가끔은. 기억해놔야겠군요. 양철지붕 위에서 자신의 원본을 내던지고 온통 난동(?) 부리며 소비에 최적화된 이 시대 넘치는 시뮬라크르들과 부디 거리를 계속 두기를!

    술을 마시고, 술김에 '손로원(孫露源)' 작시, '한복남(韓福男)' 작곡, '안다성(安多星)' 노래의 「에레나가 된 순이(順伊)」를 오랜만에 들어봤습니다. 비극적인 운명에 휩쓸려 떠내려가야 하는 인간의 아픔에 눈물을 애써 감추며 계속 술잔만! 우리들에게 주어진 미래-, 순이처럼 원본을 잃어버리고 어딘지 모르는 복제의 틈새로 흘러가다 사라져야 하는 인생의 굴레가 아프게 가슴을!

> 그날 밤 극장 앞에서 그 역전 카바레에서
> 보았다는 그 소문이 들리는 순이
> 석유불 등잔 밑에 밤을 세면서
> 실패 감던 순이가 다홍치마 순이가
> 이름조차 에레나로 달라진 순이 순이
> 오늘 밤도 파티에서 춤을 추더라

※ 쓰다 보니 문득 얼굴이 화끈거려지는군요. 무슨 학교와 아이들과 관련된 이야기는 사라지고 엉뚱하게 제 잘난 이야기들만 잔뜩. 아이고, 어쩌면 살아오면서 가슴 속에 아련히 숨어있던 어떤 원망(願望)이 간절했던 모양입니다. 이왕 여기까지 왔으니 학부모님들의 너그러운 이해를 바랄 뿐입니다. 정말 죄송합니다.

| 제(38)주 학습지도 계획안 |

(2012년 12월 10일 ~ 12월 14일)　　　　　　　　　　　　　　4학년 2반

소비. 그 본원적인 프로파간다(propaganda)

저번 주에 '장 보드리야르'를 위시한 일단의 사회철학자들이 〈시뮬라크르〉란 개념을 내세워 현대 사회현상의 이면에 감춰진 모습을 어떻게 해석했는지에 대해 이야기를 해봤습니다. 본래적인 자신을 잃어버리고 타자지향적으로 가식(假飾)하는 복제를 통해 본래의 자신을 잃어버리고 부유(浮遊)하는 현대인의 초상에서 과연 개인으로서의 자아가 존재할 수 있는가란 불편한 회의론도.

그런데 그들 사회철학자들은 복제된 세상이란 개념과 함께 〈소비〉라는 또 다른 중요한 현대의 징후를 포착해서 이야기하고 있더군요. 아마도 60년대 이후 서구 사회의 특징을 정확히 해석해낸 의미 있는 작업이라고 할 수 있을 겁니다. 어쩌면 그들의 시선이 마주친 연장선에 오늘날 우리 사회의 자화상(自畵像)이 선명하게 드러나는 것 같기도. 전부터 이 지면을 통해 현대의 〈소비적 행태〉에 대해 언급을 자주 한 이유도 그런 자화상에 물들어가는 우리의 아이들과 어른들 때문임을 부정할 수 없군요.

《유한계급(有閑階級)-The Idle Class》이란 말이 있습니다. 그야말로 모두들 열심히 생산적 노동에 허덕이고 있음에도 불구하고 소유하고 있는 자산으로 비생산적인 〈한가한〉 소비 활동만 하는 집단을 말한다고 하더군요. 이 말을 처음 만든 사람은 미국의 경제학자 '소스타인 베블런(Thorstein Veblen)'이란 사람이라고 합니다. 그가 살던 19세기는 과학의 폭발적인 발달에 따른 급속한 공업화와 도시화로 신흥부자들이 생겨나던 시기였습니다. 전기, 철도, 석유, 철강, 화약, 자동차, 섬유, 금융 등 산업의 황금기를 거치며 그 이전 구대륙의 모든 재화보다 더욱 많은 재화를 '록펠러(John D. Rockefeller)', '듀퐁(S.T. Dupont)', '카네기(Andrew Carnegie)', '모건(J.PMorgan)', '포드(Ford)' 등의 거상(巨商)들이 독점했습니다. 소위 말하는 〈그랑 부르주아(Grand Bourgeois)들이지요. 아마도 『자이언트-Giant』란 영화에서 하인처럼 지내던 '제임스 딘(James Dean)'이 석유를 발견하여 주인인 '록 허드슨(Rock Hudson)'보다 훨씬 돈 많은 대부호가 되는 모습을 떠올리면 쉽게 이해할 수 있을 겁니다. 제목인 〈자이언트〉란 말 자체가 부를 가져다준 〈광활한 땅〉이란 은유(隱喩)로 제임스 딘에 중의(重意) 시키고 있지요. 아마도 19세기는 그 이전 모든 세기를 통틀어서도 진정으로 자이언트란 언어가 탄생한 〈기원의 시대〉가 아닌가 합니다.

그러나 그들은 이전 14~8세기 이탈리아의 '메디치(Medici)'나 '알베르티(Battista Alberti)', 독일의 '로스차일드(Rothschild)'처럼 예술가, 인문학자, 과학자들을 통해 세상을 새롭게 혁신하는데 기여하기 위해 300년이 넘도록 전무후무할 정도로 엄청난 재원을 후원해온 명망가처럼 사회적 헌신을 하지 못했기 때문에 계급적으로 콤플렉스를 가지고 있었습니다. 그래서 자신의 부와 권력을 과시하기 위해 엉뚱하게 그 아래 중소상인(같은 부르주아라도 이 사람들을 <쁘띠 부르주아(Petite Bourgeois)>라고 하더군요)은 물론 노동자, 농민 같은 일반 사람들은 감히 꿈도 꾸지 못할 정도의 재력으로 엄청난 소비 행태를 보이는 사람들이 나타나기 시작했습니다. 방의 수가 50개를 넘을 정도로 들판 같은 대저택을 짓고는 집안에 동물원을 만들거나 풀장을 꾸미기도 했지요. 승마 그라운드나 골프 코스, 심지어 철도를 깔기도 했다고 하는군요. 파티를 위해 식기를 보석으로 치장하고, 황금으로 화장실을 꾸미기도 했으며, 믿거나 말거나 100달러짜리 지폐로 궐련을 말아 피우고, 다이아몬드 목걸이를 매단 푸들 강아지를 위한 생일 파티를 성대하게 열기도. 연간 유지비만 수십만 달러나 들고 승무원도 스무 명이 훨씬 넘는 호사스런 원양 요트는 그 시절에도 쉽게 소유할 수 없는, 그러나 그들에겐 필수품이었고, 자가용 비행기로 사업장들을 둘러보기도 했습니다. 심지어 철도 때문에 자기 차가 다니기 불편하다며 공공재인 철도를 없애버리는 거만한 배짱을 부리기도. 당시 〈소더비스(Sotheby's)〉나 〈크리스티(Christie)〉 같은 미술품 경매에서 이런 사람들의 싹쓸이는 유명했다고 합니다. 물론 〈돈으로 사들인 문화적 교양도 한몫해서 '램브란트(Rembrandt)' 그림 하나쯤은 벽에 걸어두어야 행세〉할 수 있었기 때문이지요.

특별히 영화 『타이타닉-Titanic』은 그런 소비의 모습을 팔려가는 여주인공의 독백을 통해 명확히 보여주었습니다. 호사스런 왕의 행차와 다름없는 화려한 여행을 하는 대부호는 몰락한 유럽 명문가의 신부(新婦)를, 아니 껍데기뿐인 가문(家門) 이름을 헐값에 〈구입〉하고 타이타닉호를 타고 뉴욕으로 돌아갑니다. 팔려가는 여주인공에게 타이타닉은 다른 사람들에겐 신세계를 향한 〈꿈의 배〉였지만 자신은 손발이 묶여 비명을 지르며 미국으로 팔려갈 수밖에 없는 〈노예선〉이라고 처참하게 말했습니다. 당대 몰락한 유럽 명문가를 향한 〈신부 수집〉은 19세기 황금이 넘쳐 줄줄 흘러내릴 정도로 거대한 소비의 적나라한 모습이었습니다.

그러고 보니 영화 타이타닉은 〈재난〉과 〈사랑〉을 매개로 19세기를 점령했던 막강한 유한계급에 대한 섬뜩한 비판을 기저(基底)에 깔고 있었군요. 산처럼 거대한 배, 수많은 고급 차, 기름기 흐르는 뚱뚱한 사람들…, 아마도 화려한 일등석 연회장에서 벌이는 가식(假飾)과 허위, 진심과 동떨어진 대화와 미소, 눈치로 능청스레 체면을 지켜내는 모습은 그야말로 속물(俗物)들의 경연장이 틀림없습니다. 그러나 구석진 곳에 있는 삼등석 서민들의 왁자하고 격의 없는 파티는 흥이 충만하고 생생한 생명력이 펼쳐지는 다른 세상이었습니다. 〈불편〉과 〈답답〉이 깨끗이 씻겨나가듯 흥겨운. 여주인공이 그런 사람들과 어울려 함께 춤을 추는 모습은 자신의 껍질을 깨뜨리고 새롭게 탄생하는 모습이 분명했습니다. 재난이 닥치자 일등석 사람들은 일부 구명보트를 독점하고 구출되지만, 하급 선원들과 삼등석 서민들은 어쩔 수 없이 죽음과 마주해야 했지요. 물이 차오르는 선실에서 두 아이에게 무슨 이야기(?)로 달래며 함께 죽어간 여인을 비롯한 허술한 옷차림의 서민들과의 대비…. 이런 장면들에서 저도 모르게 눈물을 짓기도 했습니다. 가끔 그런 눈물이 저도 모르게 찌든 정신을 맑게, 깨끗하게 정화시켜줌을 새삼 이해하겠더군요. 아마도 그리스 비극이 주는 역설은 그런 터전에서 출발한 건 아닌지. (쓸데없는 말이지만 영화에서 세계적으로 널리 알려진 <구겐하임 미술관>이란 이름의 원주인인 철강왕 '벤자민 구겐하임-Benjamin Guggenheim' 같은 유명한 사람들도 나왔지만, 그보다는 물이 차오르는 선실에서 두 아이에게 이야기를 들려주며 죽어간 그 여인은 『터미네이터 2 심판의 날-Terminator 2 Judgment Day』에서 미래 인류 지도자인 어린 '존 코너'의 양어머니로 단 세 컷 출연해 액체금속 로봇인 'T-1000'에게 죽는 단역을 맡았는데 여기서도 승선 때와, 갑판에서 불가능한 탈출을 기다릴 때를 포함해 딱 세 장면에서 엑스트라로 나왔군요. 제 눈이 정확한지는 모르지만 '제임스 카메론(James Cameron)' 감독은 곳곳에 그런 자그마한 유닛(unit)들로 정교하게 구성하여 세상의 바탕을 드러내고 싶었던 모양입니다.)

괴물 같은 거대한 타이타닉의 뒤집힌 모습과 살아남은 여주인공의 표상은 19세기가 가지고 있는 그런 의미를 선명하게 드러내는 장면이 아닐 수 없습니다. 아비규환의 침몰선에서 탈출을 포기한 현악 4중주단 단원이 연주하는 유명한 찬송가 〈내 주를 가까이 하려함은~〉은 아마도 19세기 허구의 자이언트를 떠나보내는 장송곡(葬送曲)이 틀림없을. 그리고 보니 카메론 감독은 아마도 현대의 신화들에 대한 섬뜩한 부정과 회의의 이미지를 영상으로 가장 잘 드러내는 감독인 것 같습니다. 『에일리언(Alien)』과 『터미네이터(Terminator)』와 『아바타(Avatar)』와…. 비록 정교한 스토리와 역동적인 액션에 묻혀 동양적인 정치(情致)한 마음의 행로는 아쉽지만, 그리고 컴퓨터 그래픽이라는 역설적인 수단을 통해서였지만 압도적으로 영상의 문법과 생생하게 드러나는 상징을 정교하게 구성하고 펼쳐내는 상상력은 거의 현대의 새로운 신화(神話) 탄생을 눈앞에서 지켜보는 듯 놀라웠습니다.

제 생각으로는 〈유한계급〉이 명쾌하고 직설적인 해석과 함께 미래에도 분명히 존재할 게 틀림없을 자본주의의 턱없는 몰아주기식 자만심으로 대척적 지점에 있는 마르크스의 『자본론』과 함께 앞으로도 시대를 초월해 가장 큰 영향을 미칠 책이 아닌가 싶군요.

현대적인 소비에 관해 또 다른 통찰의 시각을 제공하는 사람이 '피에르 부르디외(Pierre Boudrdieu)'입니다. 그는 주로 예술과 관련하여 〈문화적 구별 짓기〉란 해석을 《**아비투스-habitus**》란 개념을 도입하여 설명했습니다. 아비투스는 일종의 문화적 행동 양식, 혹은 취향을 의미하는데 그 양식의 차이로 지배계급과 피지배계급이 나눠진다고 하더군요.

그는 인간의 행동은 엄격한 합리와 계산으로서보다는 일정한 기억과 습관, 그리고 사회적 전통의 영향을 훨씬 더 많이 받는다고 설명했습니다.

즉 개인의 인식과 행동을 결정하는 것은 순수한 지식이 아니라 사회적으로 구성되고 전수(傳受)되어온 도식(圖式), 표상(表象)이며, 문화의 성향을 만들어내고, 사회적 행위에 일정한 코드를 형성하여 〈계급적 질서가 생산〉된다고 합니다. 예를 들면 영화관에 가는 사람과 전위예술을 관람하는 사람들의 선택은 개인적이고 우연적인 것이 아니라 사회 내의 계급적 위치에 따라 길들여진 독해력에 따라 강요된 것이라고 하는군요.(저를 예로 들면 이해하기 어려운 따분한 전위예술을 둘러보느니 신나는 영화를 보겠습니다. 제 독해력이 별로 고급스럽지 못하거든요. 아무래도 제 계급의 아비투스는 형편없는 게 틀림없습니다.) 그리고 그런 위치는 저절로 얻어지는 게 아니라 어린 시절부터 철저하게 교육된 안목으로 선택한다고 합니다. 즉 자본이 문화를 한정(限定)하고, 계층을 구분하여 지배문화와 피지배문화를 만들게 되지요. 오페라 한 편을 보려면 일반 대중의 한 달 용돈이 고스란히 들어갈 것이며, 미술 관람은 아무나 할 수 있지만 내용적으로 세련된 감식안을 가진 사람은 바로 자본으로 교육된 지배계급에게서만 실현될 뿐 일반 대중에게는 역시 어렵습니다. 예술적 감수성은 교육과 훈련을 거치지 않으면 그저 미로처럼 난무하는 움직임과 소리, 색으로만 남기 쉬울 것이기 때문입니다. 몇억에서 몇 백억이라는 터무니없는 비싼 값으로 거래되는 미술작품들은 〈한정된 계층〉을 구분하는 가장 강력한 지표로서 비싸면 비쌀수록 더욱 높은 아비투스를 과시할 수 있습니다. 저야 도대체 이해할 수 없는 요술처럼 생각되는데 요즘 유명 경매에서 쓰잘머리 없어 보이는 미술작품들도 화가 〈이름값〉으로 엄청난 액수로 매매된다는 소식을 들으면 참으로 씁쓸한 마음을 감출 수 없습니다. 유행에 편승한, 그리고 감각적인 시대의 과시가 득세하며 삶의 정당한 가치관 같은 양식이 허무맹랑해지고, 나아가 부(富)의 범죄적(?) 불균형으로 오히려 현대의 신화처럼 뻥튀기된 그게 정말로 정당한 값인지, 사회적 합의를 얻고 있는지를 알고싶습니다만 과연…. 전 그런 작품들을 볼 기회가 아예 없으리라는 걸 알고 그냥 〈세계의 名畵〉란 제목의, 그러나 이름 없는 화가의 사진 파일 몇백 장을 가지고 있습니다. 바탕화면 배경으로 깔아놓았는데 그런대로 보기 좋군요. 아무튼 유명 작가의 비싼 작품들은 솔직히 말한다면 현대에 새롭게 해석되는 의미도 있겠지만 거의 대부분 있어도 없어도 좋을, 아니, 장난 같은 작품들 모두를 폭파해버리고 싶기도. 한 끼 먹고 살기도 힘든데 〈천년〉을 화려하게 보낼 수 있는 돈을 세상에나 그림 한 점에! 2천 원짜리 칼국수 한 그릇의 맛에 한없는 찬사를 보내는 저에게는 그야말로 허깨비 난전에 다름 없는. 아비투스는 과장과 선동과 과시와 욕망의 가식(假飾)된 가면이 틀림없는 것 같습니다. 그럼에도 폼을 잡는 유명 미술가를 향해 고개를 끄덕이며 흐뭇한 미소를 짓는 소장가, 관람자들은 제가 볼 땐 아비투스란 과장법(誇張法)의 카르텔(Kartell)에 엮인 졸개나 정신이상자들은 아닌지! 그러나 받들어 모시는 졸부들에 둘러싸인 여왕개미는 언젠가는 일개미들에게 조각조각 뜯겨 죽어야 하는. 그래서 아비투스는 아무런 의미가 없다는 뜻이며, 작품 자체도 유령과 다르지않다는 사형선고를. 과격하다고 할 수 있겠지만 장난삼아(?) 만든 한 컷짜리에 불과한 〈소품〉 하나가 수십 년 배를 불려주는 식량보다 우위에 있다는 시장가치가 존재하는 한! 제겐 공짜로 준다고 해도 시궁창에 내던질 작품, 아니 폼을 잡는 여왕개미 자체를 통통에 던져버릴 정도로. 온갖 미사여구로 신화화된 작가보다 진정을 다해 작품을 만들어내는 이름 없는 화가의 소품 하나가 훨씬 아름다울. 1945년 전설적인 표현주의 영화의 거장인 '프리츠 랑(Fritz Lang)' 감독이 만든 『스칼렛 거리-Scarlet Street』란 흑백 고전영화에는-한국에선 『진홍의 거리』란 제목으로 알려진-무명화가의 그림을 둘러싼 주변 인물들의 뺏고 빼앗기는 요절복통을 잘 표현한 명작이었습니다. 허영에 빠진 사람들의 욕망을 생생하게 드러낸.

제 집에는 30호쯤 되는 숲 속 풍경화가 현관에 떡하니 걸려있습니다.

드나들 때마다 흘러내리는 계곡 물소리로 절 쳐다보며 맞이하는. 아무나 척 봐도 진품이 아닌 속성으로 뽑아낸 조악한 싸구려 그림임을 눈치챌 수 있지만 제겐 〈모나리자〉를 준다고 해도 바꿀 생각이 전혀 없는. 어쩌면 제가 예전에 그렸던 만화나 극장 간판이 더욱 정겹고 소중한!

일부 쁘띠 부르주아들도 스스로가 피지배자가 아닌 문화적 혜택을 누릴 수 있는 계급으로 오인하고 명품, 외제차, 루이뷔똥… 등등의 천박한 소비 행태를 보이는 것도 문화적인 아비투스가 높아진다고 오해하기 때문입니다. 아마도 전국민적인 해외여행의 자유화는 일부 그런 오인된 소비의 확장된, 아니 비참한 모습을 보인다고도 할 수 있겠군요. 힐링(healing)으로서의 의미보다 마음의 소비로 더욱 비쳐지는. 지배계급이 자가용 비행기로, 최고 수준의 일류 호텔에서, 화려하고 우아한 사교 파티 속에서 문화를 만끽하는 건 그냥 졸부들의 행진이라 하더라도, 연착된 비행기나 기다리다 지치고, 시장처럼 북적이는 외국 변두리나 구경하고, 더럽고 냄새나는 버스로 문화재를 얼핏 스쳐 지나며 겨우 표피만 〈관광〉했으면서도 그 모든 문화의 알갱이를 살펴봤다는 착각으로 무슨 개인 홈페이진가 블로그에 여행기다, 사진이다 하며 법석을 떨며 으쓱하는. 대부분 너도나도 제멋대로 베껴낸 뻔한 글에다(맞춤법마저 엉망이더군요), 함부로 생산해낸 마구잡이 쓰레기 사진들로 온통 도배한 줄도 모르는. 역사에 남겨지지 않는 일부 쁘띠들의 값싼 허영이 가소롭다기보다는 참으로 씁쓸하고 안타깝군요. 그 뒤에서 진짜 훈련된 안목(?)의 부르주아가 언뜻언뜻 비웃는 모습이 보이는 것 같습니다. 아니, 징그러운 듯 몸을 떠는. 그들의 아비투스는 경계선에 철조망을 치고 출입을 통제하며 징그러운 불순분자들을 수용소로 몰아넣어야 안심을 하는 것 같습니다.

자본이 가르고 빗장 지른 아비투스의 파쇼가 새삼 가슴 아프군요.

소비에 관한 또 다른 시야를 보인 사람으로 '제프리 밀러(Geoffrey F. Miller)'란 사람이 있습니다. 그는 〈**진화심리학**(進化心理學)〉이라는 애매하고 복잡한 개념과 〈**마케팅**(marketing)〉이라는 단순하면서도 기발한 수단을 결합하여 세상의 질서를 소비의 광장으로 불러냈습니다. 그의 논리와 전개는 아마도 '프로이트(Sigismund Freud)'와 '심리학'을 헌신짝처럼 내던지기라도 하듯 고답적인 저에겐 무척 신선하게 다가왔습니다. 그가 지은 『**스펜트**(spent)』란 (<동녘 사이언스>란 출판사에서 발행된-해설을 포함해 650쪽을 넘는 압도적인) 책은 소비 자체보다는 마케팅과 관련하여 활용되는 숨겨진 의미를 깊이 천착하고 있는데 경제에 대해 별달리 개념이나 지식이 없는 저에겐 무척 긍정적인 도발로 다가왔습니다. 어쩌면 그 옛날 「학원(學園)」이란 잡지, 또는 「월간과학(月刊科學)」 같은 잡지에서 '마음의 진화(進化)' 류와 비슷한 해석의 뿌리를 본 것 같기도 합니다만.

소비와 관련하여 간단히 말하면 그는 진화심리학적 관점에서 생물학적인 《**적응도 지표**(適應度 指標)》, 즉 생존과 번식에 유리한 형질. 체격, 운동능력, 건강, 지능, 번식력… 이라는 개념을 내세워 인류가 번식을 위해 그 지표(指標)를 타인들에게 〈광고-과시〉하기 위해 어떤 식으로 표현하는가라고 풀어낸 해석은 흥미진진하더군요.

예를 들면 로마인 어깨를 감쌌던 〈망토〉는 지위를 나타내는 지표였습니다. 황색(黃色-황금색)은 황제에게만 허용되었고, 관리는 두 가지 색, 농민은 한 가지 색으로 물들인 망토만 허용되어 높은 계급의 지위를 〈표시, 과시〉하는 도구의 역할을 했습니다. 색과 관련하여 우리나라에서도 오방색(五方色) 중에서 황색은 우주의 중심을 나타내는 고귀한 색으로 취급되어 주로 임금님의 옷을 만들 때 사용되었다고 하지요? 용을 수놓은 화려한 〈곤룡포(袞龍袍)〉는 오직 임금님만이 입을 수 있었고. 색은 인간의 지위와 계급을 나타내는 가장 뚜렷한 상징으로 지표(指標) 되었습니다

그와 비슷한 의미로 사자의 갈기나 공작의 꼬리, 사슴의 뿔, 코끼리의 상아, 코뿔새의 알록달록하고 거대한 부리… 등등은 생존에 크게 도움 된다기보다는 짝짓기를 위해 우월한 형질을 소유하고 있다는 《과시》를 위한 기관의 역할을 하고 있습니다. 제가 동물 암컷이라 하더라도 풍성한 털로 왕의 위엄을 뽐내는 듯한 사자의 갈기, 화려한 첨단 컴퓨터 광고작품을 보는 듯한 매혹적인 공작의 꼬리, 하늘 높이 뻗은 우아하고 정교한 조각 같은 뿔, 세상의 모든 도전을 걷어챌 듯 하늘을 향해 뻗은 거대한 상아와 부리…. 동물 세계의 모든 수컷들이 과시(誇示)하는 기호들은 오금을 저리게 할 정도가 틀림없을 것 같습니다. 문득…, 그렇군요. 우리나라 야산에서 흔히 볼 수 있는 꿩마저도 그런 과시의 기호로 잔뜩 치장하고 있었군요. 수수한, 아니 형편없는, 그야말로 마른 풀과 다름없어 보이는 까투리(암꿩)에 비해 장끼(수꿩)는 공작만큼의 화려는 아니지만 선명한 붉은 볏과 깃털, 눈과 목을 두르고 있는 고리 같은 새하얀 띠, 하늘을 향해 잔뜩 치켜올린 꼬리를 자세히 보면 암컷을 향한 혈기왕성한 과시의 종합전시장이 틀림없을. 덕분에 매에게 습격당하는 경우도 많지만 그래도 과시는 검붉은 본능인 것 같습니다. 아마도 전혀 실용적이지 못한 명품에 매달리는 사람들의 행태도 이런 짝짓기란 본성에서 출발하는 게 아닌가 싶군요. 예를 들어 출퇴근용으로 자동차가 필요하다면 보통의 국산차로 충분함에도 불구하고 〈포르셰(Porsche?)〉를 구입하는 것은 성 선택의 우월성을 차지하고 사회적 지위를 획득하기 위해 경쟁하는 인간 본성에 기인한 것이라고 해석되고 있습니다. 스스로에 대한 자극과 사회적 과시로 나르시시즘(Narcissism-自己愛)을 채우기 위한 상품을 비싼 대가를 치르고 구매함으로써 자신의 지표-매력을 이성에게 호소할 수 있다고 생각하는 셈입니다. 그런 면으로 우리를 둘러싸고 마냥 뽐내던 《화려》는 겨우 수꿩의 치장술과 다름없는 모습이었던가요?

아, 어디선가 읽은 것 같은데 한국에서 〈페라리(Ferrari)〉는 고속도로에서의 200㎞ 주행보다 길 막힌 강남역 사거리에서 더욱 빛을 발한다는 이야기도 따지고 보면 결국 과시의 메시지에 다름 아닙니다. 남성이 짝짓기에 가장 관심이 많을 때 과시적 소비가 늘어나고, 그 성공률을 높인다는 뜻을 담고 있지요. 영화에서 멋진 차를 모는 남성 옆에 꼭 걸맞은 여성이 동승하고 있는 것도 그런 이유로 설명되고 있습니다. 무척 공감되는 이야기가 아닐 수 없습니다.

여성도 다른 여성보다 높은 지위를 획득하기 위해 명품으로 치장하는 과시욕을 은연중에 드러냅니다. 어쩌면 꿩과는 반대로 인간은 의지와 판단을 과시하는 지성체(知性體)로서 사회관계망 속에서 존재하는 여성성이 남성보다 좀 더 아름다움에 적극적으로 관심을 보이는 경향이 있고, 그래서 자신의 높은 지표를 과시하기 위해 광고를 하는 심리의 기제가 바탕에 깔린 모양입니다. 하긴 명품 마케팅이란 소비도 따지고 보면 인류의 발전이란 커다란 틀을 구성하는 측면에서 그 타당한 값을 가지고 있다고 할 수 있지만.

그런 관찰과 연구를 바탕으로 밀러는 결혼 상대자이자 친구들에게 자신을 과시하기 위해 탐내고, 일하고, 사는 모든 행위가 현대 소비자본주의의 〈구조적 틀〉을 만들어냈다고 말합니다. 그의 연구를 제대로 살펴보지 못했는데 대강 일별하더라도 좀 더 깊고 넓은 이미지들로 책을 가득 채우고 있는 것 같아 언젠가는 완독하여 파헤쳐보고 싶다는 욕심을 불러일으키는군요.

(그런데 사람들은 결국 그런 적응도 지표에 속지 않고 오히려 <마케터(marketer)>에게 속는다든가, 인간이 짝을 유혹하고 자녀를 양육하기 위한다는 건 자신보다 남들에게 <좋은 인상>을 심어주기 위해서이므로 오히려 소비가 최종목적이 아니라는 이야기 등등은 주제에서 벗어난, 본말이 전도된 것 같아 혼란스럽기조차 하지만 좀 더 섬세함이 필요할 것 같은.)

하지만 소비에 관해 가장 독창적이고 섬세한…, 현대인의 마음에 투명한 언어처럼 숨겨진 욕망의 심리학을 가장 예리하게 드러내고 해석한 사람은 역시 〈포스트모더니즘의 고승(高僧)〉이라 불리는 '장 보드리야르(Jean Baudrillard)'입니다. 그의 책이 두어 권 있지만 미처 다 읽지 못했는데 아마도 〈시뮬라크르(Simulacre)〉와 〈소비〉는 그의 사상을 대표하는 큰 타이틀이 아닌가 싶군요. 이 부분을 이해하면 그의 난해한 나머지 각론(各論)들은 저절로 해석되리라 생각되기도. 제프리 밀러와 마케팅이란 부분에서 겹쳐지는 이미지들도 보이지만.

그는 사람들이 물건을 살 때 〈기능〉, 〈효율〉, 〈가격〉을 따지기보다 **《기호(記號)》**를 선택한다는 기발한 주장을 합니다. 쉽게 말하면 치약을 사는데 치약의 기능에 충실하고 가격도 좋은 치약을 사는 게 아니라 〈20대에서 80대까지〉라는 감성적인 카피-기호에 돈을 지불한다는 뜻이지요. 음식을 차게 보관해주는 냉장고 그 자체를 사는 게 아니라 〈여자라서 행복해요〉라는 매끈한 기호도 마찬가집니다. 현대인의 소비는 보드리야르에 의해 〈사물〉을 떠나 무수한 의미의 기호와 코드로 무장한 욕망의 질주를 시작했다고 하겠습니다. 현대에 와서 마케팅의 카피는 드라마에도, 정치적 구호에도, 소설의 제목에도 그런 멋지고 별난 기호들이 와글거리고 있다고 알고 있습니다. 아마도 그의 기호론은 현대인의 욕망을 가장 투명하고 상쾌하게 들여다보는 것 같군요. 제가 그런 쪽으로 잘 몰라서 그렇지 아마 멋들어진 기호들이 생각보다 훨씬 많은 듯. 얼핏 제목으로 기억된 「엄마를 부탁해」 같은 단순명쾌한, 그러나 마음을 콕 잡아끄는 제목에서도 아마 그런 이미지가 덧입혀져 있는 듯싶군요.

예전 한국은 정체(停滯)된 농업 국가였습니다. 산업은 생존에 부합하는 의식주에 머물렀고, 소비는 그 테두리에서 꼭 필요한 만큼만 이루어졌습니다. 그러다 60년대를 거치며 근대화로 질주하기 시작했지요. 고속도로가 뚫리고, 공장이 들어서며 빠르게 경제성장이 이루어졌습니다. 제 어릴 적 의식주도 제대로 해결하지 못하던 시절이 꿈같은 그림으로 사라져갔습니다. 서울올림픽 무렵 벽이란 벽에 모두 붙어 있던 표어가 생각나는군요. 《1000불 소득 100억 불 수출!》 지금 국민소득이 2만 불이라니까 이십여 년 만에 스무 배로, 수출은 5천억 달러를 넘어섰으니까 오십 배나 커졌군요. 오늘날 일개 기업의 수출액이 당시 국가 전체의 수출액을 가뿐히 넘겨버리는 걸 보노라면 상상도 하기 힘들 정도입니다. 그동안 컬러 TV가 방송되었고, 프로 스포츠가 창단되며 열기를 뿜기 시작했습니다. 통금이 해제되고, 자동차가 수출을 위해 부두 야적장을 가득 채웠고, 도시의 라인은 하루가 다르게 솟아올랐습니다.

　노동자는 넘치고, 화폐가 꿈틀거리며 욕망이 분수처럼 솟아올랐습니다. 세계 11위의 경제대국답게 상품과 소비는 급속히 늘어났습니다. 《나는 소비한다. 고로 존재한다》는 말은 대중소비시대의 슬로건이 되었고, 소비가 미덕인 시대에 지난날의 절약 정신은 이제 더 이상 효용 가치가 사라져버렸습니다.

　자본은 온갖 미디어를 동원하여 욕망이라는 주술을 걸고 있습니다. 이 차를 타면 당신은 세련된 도회의 남자가 되고, 비키니를 입은 팔등신 늘씬한 미녀가 육체를 드러내고 음료를 마시면 마치 자신도 그렇게 늘씬해질 것처럼 욕망을 불끈 일으켜 세우고, 버튼 하나로 동작하는 반짝이는 가전제품은 당장 집에 들여놔야 할 우아한 문화의 기호-아이콘이 되어버립니다. 광고에 노출된 현대인은 무의식적으로 세뇌되어 이제 선택의 순간에 조건반사를 일으킬 정도가 되었다고 하더군요. 우유 하나 사면서도 〈아, 이 우유는 DHA가 많이 들어있다고 했지?〉 라는 기호에 마취되어 자동적으로 소비를 선택한다는 이야기도 들려오고.

　광고는 소비자가 필요로 하는 대상을 이야기하는 것이 아니라 소비자의 〈욕망〉을 자극할 뿐입니다. 자동차와 음료와 가전제품은 당장 필요한 것이 아님에도 불구하고 소비자에게 강력한 기호로 굳어졌지요. 〈노스페이스〉의 엠블럼은 기호화되어 산이 아닌 노상에서도 문신처럼 너도나도 몸에 찍어 바르고 있습니다. 학생이고 노인이고를 떠나 너도나도 4천만 국민이 순식간에 〈애니콜〉이라는 기호를 선택하며 사회에서 선택됐음에 안도합니다. 그러나 그것도 잠시, 단순한 휴대폰도 낡은 기호로 추락해버리고 이젠 거의 대부분이 스마트폰으로 완전무장한(?).

　소주 광고는 그 기호의 꼭짓점을 보이는군요. 전지 크기의 커다란 선전 포스터 속에서 벌거벗은 섹시한 여배우가 소주를 마시라고 최면을 겁니다. 사람들은 소주가 아니라 여배우를 소비하기 위해 오늘도 내일도 소주를 마시며 늘씬한 미녀와 눈을 마주칩니다. 심지어 소주잔 밑바닥에 여배우 사진을 인쇄하여 그 잔에 술을 부어 마시기도 하지요. 기호를 소비하면서 실재 여배우를 소비한 것처럼 생각하게 합니다. 과연 소비의 욕망은 자유의지와 선택이 아니었습니다. 주체적으로 숙고해서 취득한 것이 아니라 자본이 구성한 깜찍한 기호에 세뇌되어 스스로 무장 해제한 것에 불과합니다.

　어쩌면 우리는 기능이 아니라 심리의 만족을 더욱 선호하는 본능으로 살아가는 건 아닌가 싶군요. 그냥 옷이 아니라 〈브랜드〉라는 기호로 각인된 명품을 선택해 그 브랜드가 공고히 쌓아둔 차별적인 영역으로 편입되고 싶은. 그러니까 기능보다 남이 알아주고 찬사를 보낼 수 있는 시선이 더욱 중요해졌지요. 예전에는 너도나도 똑같은 제복 같은 상품으로 차별적인 시선이 달리 필요하지 않았지만 지금은 개성적인 제품으로 자신을 꾸미고 드러내어 사람들의 시선을 끌어들이는 일이 무척 중요해진 것 같습니다. 그 역할을 명품 브랜드에 기대 시선을 모아두려고 하는 것인지도. 명품 브랜드는 아마도 상품으로서보다 마음에 맹목적인 선명한 프로파간다(煽動)로 새겨진 것인지도.

그렇지요. 어쩌면 저는 이런 대중에 대한 선동과 그 기법을 본능적으로 체득했는지도 모르겠습니다. 책으로 이해하게 된 건 그리 오래지 않았지만 졸부들의 콤플렉스에 의한 부의 과시, 지배계급의 아비투스로 옹호한 문화적 선민의식, 그리고 과시적 나르시시즘으로 짝짓기의 우월함을 드러내려는 욕망의 틀, 또는 기호들의 환상이 만들어내는 자본의 무한한 식욕… 등의 냄새나, 혹은 귀를 때리는 무성한 소음을 알아채고, 허망한 소비주의에 거세당한 대중에 대한 반역을 꿈꿔왔는지도. 마치도 각성한 선지자나 된 것처럼 무심한 듯, 아니 천박함을 비웃기라도 하듯, 어쩌면 부러움 한 조각 숨겨두고 그렇게 애써 반대로 각성하며 살아온 건지도. 숨어 있는 신처럼 그가 휘두르는 욕망의 마취제에 함부로 휘둘리지 않겠다는 장렬한, 아니 우둔(愚鈍)한 돌격 정신으로 무장하며 살아온 건지도. 그러나 그래도 역시 인간의 본능적인 욕망은 어쩔 수 없고, 삶은 그런 욕망의 집적(集積)에서 이루어지고 있으며, 그래서 제 반역은 결국 허망할 뿐이며…!

제가 타는 차는 3기통 800cc의 낡아빠진 〈티코(Tico)〉입니다. 경차 중에서도 역대 최고의 경차지요. 아마 배우 '김혜수(金憓秀)'가 티코로 남편을 출근시키며 〈손님 차비 주셔야죠!〉라고 말하는 광고가 기억나는 분도 계실 겁니다. 티코 타이어에 껌이 눌어붙어 움직이지 못한다거나, 터널 속에 들어갔다 거미줄에 걸려 대롱거린다는 등의 깨알 같은 추억의 〈티코 개그〉가 한동안 세상을 떠돌기도 했지요. 물론 비하하는 의미였지만. 벌써 오래전에 단종 되어 지금은 대도시인 부산에서도 일 년에 몇 번 정도나 구경할 수 있을까요? 96년부터 탔으니까 벌써 17년을 저와 함께 한 차군요. IMF 시절 집도 잃어버리고 정신을 놓아버린 어머니와 함께 시골 빈집에 들어가 살아야 했던 어려웠던 때 기름값이라도 아끼기 위해 새 차나 다름없던 깔끔한 〈뉴엘란트라(New Elantra)〉를 주고, 덤으로 100만 원을 더 얹어서 바꾼 참입니다.(당시 티코의 인기가 최절정일 때였지요.) 제법 덩치 큰 제가 제일 작은 차를 타니까 어딘지 갑갑해 보인다는 분들도 없지 않지만 바꾸고 싶은 생각은 전혀 없습니다. 정이 들어서라는 말은 하고 싶지 않군요. 뒷 유리창을 개폐하기 위해 회전 레버를 돌려야 하고, 작년부터 카세트데크가 고장 나 좋아하는 노래도 들을 수 없고(당장이라도 바꿀 순 있지만 좀 게을러서. 아마 안에 동전인가 뭐가 들어가서 그럴 거라고 생각되지만), 배보다 배꼽이 크다고 몇 해 전부터 찻값보다 비싼 콤프레샤(?) 고장으로 에어컨이 잘 되지 않아 여름엔 창을 열고 다녀야 하며, 한쪽 백미러가 고장나 일일이 손으로 조정해야 하지만(얼마 전에 제가 순간접촉제로 고무조각을 덧대어 헐렁거리지 않도록 아주 깔끔하게 고쳤습니다.) 아직 기관과 차체 등이 탄탄하고 잘 작동되는데 폐차시켜 그 생명을 끊고 싶은 생각은, 아니 권리가 솔직히 저에겐 없습니다. 인간 존재의 값이 물체보다 얼마나 초월적인 지위에 있는지는 모르지만 〈수고〉는 향유하는 인간이 지불할 수 있는 최소한의 예의가 되기도. 늙고 병들었다고 부모를 버릴 수 없듯이 말입니다. 얼마 전 김천에 다녀올 일이 있어 100km 전후로 달리고 있었는데 다른 차들이 티코를 가소롭다는 듯 빵빵대고 추월하며 누군가 저에게 계속 손가락질을 하여(아마도 쉽게 볼 수 없는 티코가 고속도로를 달리니까 신기해서라고 좋게 생각해보지만) 본의 아니게 삼십여 분 150km 전후로 분노(?)의 질주를 한 적이 있습니다. 수동(手動)이라 단번에 가속되는 역동적인 추력과 제 익숙한 핸들링으로 곧바로 손가락질을 한 대형차를 따돌리고 멀찍이 앞서 달려나갔지요. 무슨 커다란 외제차가 건방지다는 듯 저와 속도 경쟁을 한다고 바짝 따라붙기도 했지만, 그래서 더욱 거침없는 가속 회전으로 내달렸더니 겁을 먹었는지 금방 뒤처지더군요. 아마도 티코가 낼 수 있는 최대의 역치(閾値)로 회전한 게 틀림없을. 다른 차들도 대부분 따라올 생각을 하지 않았습니다. 고속도로에서 감히 티코가…. 아마도 혀를 끌끌 차는 소리가 뒤통수로 들려오는 것 같기도. 하긴 티코 계기판은 160㎞까지 표시되어 있지만 140㎞부터는 흰색이 아닌 빨간색 눈금으로 표시되어 있어 과속경고를 하는데, 그래서 공중에 붕 뜬 것처럼 느껴져 지금 생각하면 과속했다는 반성, 아니 위험했다는 생각도!

그렇지요. 이제 와선 티코는 아무나 〈함부로 탈 수 있는 차〉가 아닙니다. 사회생활을 하며 남의 눈치를 보고 사는 사람으로서 짜증 나는 기호의 쓰나미에 휩쓸려 사라져버린 티코를 배짱 좋게 탈 수 있는 사람은 거의 없으리라 생각합니다. 평균으로 존재하는 것만으로도 눈치를 보게 되는 시대에 더구나 티코라니! 산비탈 기어들어가고 나오는 집에 살면서도 차는 고급차를 타야 하는, 웬만한 월급쟁이도 외제차를 들먹이고, 뚜껑 없는 스포츠카로 폼을 잡은 이 시대엔 턱도 없지요. 어디 모터쇼(?) 같은 게 열리면 사람들로 가득 넘쳐난다던데 저는 온통 화려하게 꾸며놓고 사람들을 홀리는 사기성 행사가 아닐까 싶더군요. 정말입니다. 늘씬한 몸을 드러낸 레이싱걸(?)이 두툼한 젖가슴을 한껏 흔들며 호객행위를 하면, 바람잡이가 나타나 당장이라도 달나라에 갈 수 있을 것처럼 침을 튀겨가며 미끼를 소개하고, 눈치 좋은 고객은 직접 시승해보고 맞장구를 치며 마치 금방 살 것처럼 고개를 끄덕이며 쇼에 동참하지요. 차를 소개하는 현장에 엉뚱하게 고급 창녀 같은 벌거벗은 여자가 존재한다는 것 자체가 진실이 아닌 섹스 사기 쇼로서 소비를 최종 목적으로 하고 있음을 증명하고 있으며, 그래서 마취제에 흠뻑 취한 한바탕 쇼가 끝나면 그게 과연 우리 삶을 이끈 기억으로 남겨질 정도로 의미가 있는 건지.

　차는 이제 편리한 이기의 효능을 뛰어넘어 고급문화의 기호로까지 확대되었습니다. 존재의 전면에서 가치, 사고, 심리의 영역까지 규정하는. 어쩌면 차 자체는 사물로서의 존재를 초월해 정신을 소유한 〈실존(實存)〉으로까지 격상되었다고 하겠습니다. 그렇지요. 분신! 구원의 존재! 사람들은 그런 매끈한 차를 어루만지며 또 다른 자아(自我)를 마주하고 무언의 대화를 나누는 것 같기도. 세상을 다 가진 것처럼 행복해하는 표정도!

　하지만 전 그런 소비의 매끄러운 기호를 잘 이해하기 때문에라도 티코를 넉넉히 타고 다닐 수 있습니다. 고급 소재를 적용한 내·외장 스타일, 첨단 전자기술로 구현한 안전, 편의 사양, 어제가 구식이 되는 차원이 다른 제품 경쟁력 등등 고품격 프리미엄을 뽐내는 차들은 압도적인 현대의 기호로 신(神)적인 권력을 휘둘러대지만 제게 그런 기호는 구토를 동반한 반역기호로 작용하고 있습니다. 차가 작아서 사고 나면 위험하다고요? 그럴 거라고 생각은 하지만 17년이 넘도록 사고 한번 나지 않았는데? 보험회사만 배를 불려준 셈이나 마찬가집니다. 차가 작아서 불편하다고요? 역시 그럴 거라고 생각은 하지만 저는 운전석에서 정교한 메커니즘을 구현하듯 편하게, 손과 발로 핸들과 브레이크, 기어와 클러치를 제어하며 오늘도 신나게 달립니다. 큰 누님과 작은 누님도 몸집이 꽤 큰 셈인데 제 티코를 가끔 탑니다. 처음엔 바꾸라고 자주 이야기하더니 이젠 뭐 익숙해져서 작다는 느낌도, 남 눈치 보이지도 않는다고 하더군요. 〈크기〉는 자본주의가 세뇌시켜 과장한 엄살(?)의 한 부분도 분명 있을 겁니다. 갖가지 껍데기를 벗어버리면 선명히 드러나는 허상! 전 그런 따위에는 조금도 관심 없습니다. 아니 애초부터 느껴보지도 못한. 제 견고한 각성의 최전선에서 티코는 오랜 친구처럼 가장 편안합니다. 만약 모터쇼의 덩치 큰 고급차가 주어진다면 그 매끄럽고 반질반질한 자본과 소비의 이중주에서 촌놈이 고급 양복을 처음 입었을 때처럼 무척 불편하게 될 것 같군요. 아니, 화려하고 반짝이는 차체의 고급스런 윤택에 미리 주눅 들 것 같은. 제겐 애초부터 그런 《화려》가 주어지지 않았으리라는 자학, 아니 자각도 함께, 문화의 자존심으로까지 격상된 차를 당연히 몰아야 하고, 그게 또한 사람들의 〈정당한 삶〉이라 하더라도 티코 역시도 저에게는 정당으로 존재합니다. 정당은 상대적으로 다가오지 일률적인 가치로 규범 되지 않습니다. 타인의 시선처럼 저도 타인이 되어 다른 차들을 쳐다보는. (그런데 사실 정당(?)한 삶이라니까 하는 말이지만 뉴스에 가끔 나오듯 일반적으로 그 정당을 받치는 자본과 권력의 더러운 결탁이나 농간(?)으로 획득한 경우도 있지 않을까 상상만 해도 즐겁군요. 그렇게라도 번쩍이는 고급차를 꼭 타야 하는 집요한 논리와 불쌍한 욕망! 과연 소득이라든가 지위, 명예에 비해 어울리지 않는 경우도 꽤 있지 않을까 의심하는 제 불구화된 생각이 잘못인지.)

하긴 제프리 밀러의 짝짓기를 위한 매력들이 벌써부터 감가상각(減價償却) 되어 엉성한 늙은이를 향해 달려가고 있지만, 그래도 흔들리지 않고 집념에 가까운 균형으로 15년을 훌쩍 넘길 동안 여전히 주저 없이 탈 수 있다는 장한 마음을 버리고 싶지 않습니다. 아하! 그렇다고 생활의 최전선에서 목숨을 걸고(?) 치열하게 살아가는 사람들의 고급차를 흉보는 건 아닙니다. 그건 제 이야기와는 다른 이야기지요. 어디까지나 해당되는 사람들 이야깁니다. 저에게는 티코가 가장 최적화된 타자(他者)입니다.

티코는 그 긴 세월을 저와 함께하며 어느덧 하나의 인격체로 자리 잡아 이젠 제 마음대로 처분할 수 없는 자격으로 당당히 존재하고 있습니다. 앞에서 분노의 질주를 했다고 이야기했는데 어쩌면 저는 반대로 티코라는 사라져가는 존재에 바치는 저 나름의 강력한 실존(實存)의 항변으로서는 아니었는지. 제가 버리면 틀림없이 폐차될 텐데 150킬로를 넘나들며 고속 질주하는 장면을 뒤로하고 형편없이 찌그러지고 눌려져 고철로 변하는 허망을 어떻게 받아들여야 할지 막막하기만 하군요. 그보다는 쉽게 사용하다 내다 버리는 살림처럼 더 쉽게 기억 속에서 사라져간 시간 속의 수많은 얼굴들을 떠올린 건지도.

아, 그러니까 여담입니다만 저는 자동차의 얼굴과 엠블럼(emblem?)을 잘 구별하지 못하는 편입니다. 자본주의와 부의 상승적 가치를 반짝반짝 대변한다는 차를 말입니다. 그래선지 세상 모든 사람들이 다 알고 있는 것 같던데 저만 그러니까 신기한 일이지요. 아니, 아예 관심도 없었다는 게 정확하겠지만. 요즘은 도대체 국산찬지 외제찬지 애매한 차들이 어찌 그리 많은지. 언뜻 탱크처럼 무서운 얼굴을 한 차들도 보이는. 그래도 살아오며 이래저래 이름들은 들어봤기 때문에 아우디, 인피니티, 쿠페 등등 도대체 감이 오지 않는 낯선 차들을 빼곤 대강 알고 있습니다. 역사가 오래된 듯하지만 벤츠(Mercedes-Benz), BMW, 포드(Ford), 시보레, 폴크스바겐(Volkswagen), 롤스로이스(Rolls-Royce), 캐딜락(cadillac), 크라이슬러(Chrysler)…. 예전부터 꽤 들어본 이름들이지요. (하긴 실체는 전혀 기억나지 않는데 어쨌든 6~70년대 젊은 시절 <포드 20M>과 <크라운>이라는 차 이름이 아직도 강력하게 기억으로 새겨진 부분도 있군요.) 하지만 자동차 자체는 관심이 없다 보니 사실 차 모양과 엠블럼인가가 낯섭니다. 기막힌 일이지만 동그라미 안에 풍력발전기 날개 같은 뾰족한 팔이 세 개인 모습은 자주 눈에 들어오던데 무슨 찬지 모르다 그게 바로 벤츠임을 이 글을 시작할 무렵 비로소 알았습니다. 어느 지인이 알려주며 이상하다는 듯 쳐다보는! 자주 봤는데 관심이 아예 없어선지 서로를 매치하지 못했던 스스로도 한심하군요. <메르세데스 벤츠>라고 이미 각인되어 제 입에서도 술술 나오는데 말입니다. 아니, 솔직한 마음으론 스스로도 조금 충격을 받았습니다. 제가 이렇도록 <현대>와 까마득히 떨어져 있었나 싶은. 참, BMW도 이름만으로 알다 둥근 테두리 안에 이니셜이 들어있어 이번에 새삼스레 확인했습니다. 사탕 과자처럼 둥근 모습은 꽤 본 것 같은데 그게 그 유명한 <BMW>였다니! 동그라미만, 껍데기만 무의식처럼 새겨놓고는 이니셜은 행방불명 시킨. 아니, 실체를 외면한. 아무래도 제 의식이나 각성의 구조는 치밀한 면이 있으면서도 또 한편으론 원시인처럼 맹탕 엉터리가 뒤섞여 있는, 롤러코스터 같은 불균형으로 짜깁기 되어있는 게 틀림없는 것 같습니다. 폴크스바겐은 동그라미 안에 'V'인가 'W'가 겹쳐있는 익숙한 엠블럼인데 BMW처럼 역시 이번에 서로 연결되어 제 시선에 잘 포착시켜놨습니다. 근데, 뭐라더라? 요즘엔 〈폭스바겐〉이란 말이 보이던데 혹시 다른 차는 아니겠지요? 시보레는 요즘 〈쉐보레〉로 불리며 납작한 황금십자가(?)가 확실히 눈에 들어오고.(그래도 한참 매치하지 못했습니다. 익숙한 발음으로 쉽게 말하던 시보레가 쉐보레로 불리다니? 도대체가 이해할 수 없는데 가만 생각해보니 아마도 예전 일본식(?) 발음이어서 새롭게 세련된 발음으로 바꾼 것 같은.) 캐딜락은 예전부터 엄청 고급차로 알고 있는데 아마 장례식에 많이 쓰이는 차체가 엄청 긴…. 엠블럼이 전혀 기억나지 않는군요. 근데 자주 본 것 같은데 커다란 원이 서너 개 옆으로 겹쳐있는 건…. 얼마 전 일부러 들어봤는데 또 잊어버렸군요. 아마도 일제 〈오메가〉라던가? 앞에서 언급한 포르셰나 페라리, 또는 롤스로이스 등은 전혀 짐작조차 되지 않고, 크라이슬러는 포드나 GM처럼 예전부터 미국차로 알고 있는데('디트로이트'라는 단어가 이상스레 자꾸 겹쳐지는군요. 아니, 시카고? 자동차 도시라고 알고는 있지만.) 엠블럼이 확실하진 않지만 독수리 날개처럼 좌우로 길고 짧은 선들이 겹친…. 설명하기 힘들군요. 아마도 군대 시절 꽤 본 기억으로. 아, 리무진은 아마 대통령 취임이나 외국 국빈 등을 맞이할 때 사람이 일어서서 손을 흔들 수 있도록 오픈된 최고급 차인 것 같고.

　마치 세상과 담을 쌓고 사는 사람 같습니다. 실제론 제법 상황에 맞는 말도 하고, 나름으로 기발한 이야기도 하지만 언제나 내면으로 돌아와 바깥과 담을 쌓다 보니 가장 가까운, 당연한 것들에서 희극적인 모습을 보이기도.

네? 그럼 어떻게 이런 밝고 정교하게 돌아가는 현대를 살아갈 수 있느냐고요? 그럴 땐 저도 본능적인 눈치가 있어 먼저 입을 닫아버리지요. 그러면 제 정체를 아무도 모릅니다. 외연만으로 당연히 자기들과 같은 〈그룹〉으로 인정해주는. 아무도 모르는 저 혼자만의 콤플렉스(?)에 다름없지만 다른 사람들에겐 이상한, 아니 불편한 마음을 주기 싫어 아예 언급 자체를 하지 않고 있습니다.

아, 그렇군요. 고백하자면 모두 다 반짝이는 새 차로 폼을 잡는 이 시대에 티코가 저와 만나 17년을 배필처럼 함께 해줘서 얼마나 고마운지 모릅니다. 늙고 상처투성이 몸으로도 150킬로라는 노장의 자존심을 굳건하게 버텨주며 끝까지 제 곁을 지켜주는 티코는 〈신의 은혜〉란 생각까지 드는군요. 차에 대해서 아마도 이런 〈특별한〉 고마움을 느껴보는 사람들이 많지는 않으리라 생각되는데 그런 면으로 저는 참 커다란 행운을 가졌습니다. 아마 몇 년 더 타고 20년을 채워 그때 상태를 봐서 이별해야된다면…. 실존의 종말에 한동안 〈실의(失意)〉에 빠져 먹먹해질 것 같군요. 제 성향으론 아무래도 상처가 아물 때까지 다른 차를 소유하지 못할 것 같습니다.

그런데 엉뚱한 이야기지만 사실 티코가 참 잘생겼다는 생각이 자주 드는 건 어쩔 수 없군요. 당시에도 굉장히 고급스러웠던 〈투톤(two tone) 컬러〉에 후면 유리창을 가로지르는 바(barre)는 그 깜찍한 모습으로 무척 매혹적입니다. 크기와 폭과 높이의 균형이 잘 잡혀 고속에서도 바닥에 착 달라붙을 정도로 안정적이고, 곡선과 직선의 흐름이 자연스러워 깜찍하게 다가오는 미녀를 닮았다고나 할까요? 요즘 차들은 어딘가 무서운 얼굴을 하고 마구 들이대는 것 같아 겁이 나던데! 하긴 티코도 일본차를 바탕으로 하여 개발한 것으로 알고 있지만. 아무튼 티코는 경차라는 〈사회적 색맹〉만 벗으면 그 모습이 현대의 최첨단 차와 비교해도 절대 촌스럽지 않은.

아무래도 티코의 최후를 위해서라도 구석구석을 일일이 기억하고, 초상(肖像)으로 사진도 찍어놔야겠습니다. 제 인생의 많은 날들을 함께 해 준 티코에 대한 예의와 의식을! 참, 초상이라니까 생각나는데 보험에 들 때 회사에서 보험 계약을 유지하고 있는 티코는 얼마 안된다고 했던 것 같습니다. 잘못 들었는지 모르지만 어쨌든 전면 번호판과 주행거리가 나오는 계기판 사진을 보내주면 보험료를 깎아준다며. 제 티코는 현재 역사의 기억 밖으로 마지막 주자가 달리고 있는 모양입니다. 형제들이 모두 사라진 〈최후의 인디언〉 같은 존재로!

　가끔, 아니 근래 들어 자주 티코가 저에게 푸념처럼 말을 걸 때가 있습니다. 삶이 구성되는 방식과 그 본질적인 의미들을. 그걸 일부러 외면하고, 오히려 개인의 과도한 생각을 핑계로 호도(糊塗)할 필요까지 있겠는가? 그냥 낡은 유령과 이별하고 세속의 보편을 받아들여 편하게 사는 게 좋을 텐데. 그동안 사실 나도 힘들었는데 그러면 당신에게서 편히 떠날 수 있다고. 그러면 저도 핸들을 쓰다듬으며 말해주지요. 반짝반짝 빛나는 압도적인 현실에서 그래도 외로움 같은 눈물을 느낄 수 있다는 건 오히려 커다란 행운이다, 난 너에게서 그 눈물의 원소들을 치밀하게 느낄 수 있다는 것이 마치 나에게만 베풀어진 신의 은혜 같아 얼마나 고마운지 모른다. 그저 지금처럼 너라는 존재가 주는 많은 것들을 계속 만나고 싶을 뿐이다. 걱정마라. 난 균형과 절도까지도 아울러 생각하고 있으니까. 그러면 티코는 말없이 제 손에 자기 몸을 맡기지요. 영화『그의 충실한 여인-his girl Friday』의 '캐리 그랜트(Cary Grant)'와 '로잘린드 러셀(R Russell)'의 해피엔딩처럼. (그 영화를 소장하고 있습니다. 40년作 흑백영화지만 자막과 더빙판으로 깨끗한. 귀가 아플 정도로 티격태격 쏟아내는 따발총 대사와 함께 결별(訣別)의 줄타기를 하지만 결국 해피엔딩으로 끝나는, 저와 티코의 갖가지 애증(?)을 좀 더 드라마틱(?)하게 부풀린…. 하지만 'Friday'라는 단어는 영국 작가 '다니엘 데포(Daniel Defoe)'가 지은 소설 『로빈슨 크루소-Robinson Crusoe』에서 크루소의 하인 이름에서 유래했다고 알고 있는데 평등이 아니라 주종(主從), 비서 등의 의미가 담겨서 티코와 저와의 관련으로는 어울리지 않는 것 같습니다. 그냥 영화 속 평등한 연인 관계 수준-아니, 뭐 쓸데없는 이야길 장황하게…. 죄송합니다.)

뭐라고요? 그래서 페라리를 줄 테니 바꾸자고요? 후후! 가만있자…, 그래요. 10대를 준다고 해도 값비싼 〈장난감〉 같은 그런 차와는 바꿀 생각이 전혀 없습니다. 모욕하지 마세요. 제 티코는 현대의 유명론(唯名論)으로 칠갑을 하고 뇌쇄적인 펄서를 반짝반짝 쏟아내는, 그러나 결국 〈자동차〉 같은 멍텅구리 사물이 아닙니다. 저와 깊은 교유를 나눌 수 있는 유일한 〈친구〉지요. 17년 세월 속에 담긴 시간들을! (어쩌면 쏟아질 눈물 때문에 자꾸 이별을 유예 시키고 있는지도.)

⇒ 저번에도 쓰다 보니 자꾸 길어져 분재(分載)한 적이 있는데 아무래도 이번에도 그렇게 되는 것 같습니다. 어쩌면 제 글들의 중심축 근처를(? 그런 생각을 해보지도 않았는데 계속 쓰다 보니 자연스레 그런 생각이 드는군요.) 지나면서 제 어하지 못하는 부분도 있는 것 같습니다. 아무튼 개인의 과도한, 그리고 편협한, 어쩌면 굉장히 난삽한 이야기들인데 아무렇지도 않은 듯 여과 없이 진술된다는 게 저도 좀 신기하긴 하군요. 어떤 관성 같은 힘이 잡아끌고 있는 것 같은. 오늘내일 바짝 써서 학급 홈에 게시하겠습니다. 여러모로 죄송합니다.

덧붙이는 글

퇴직하고도 9년을 지나 벌써 칠순을 훌쩍 넘긴 지금 제 티코는 아직도 건재합니다. 작년까지 그래도 두어 번 본 적이 있었지만 올해 전혀! 이젠 세상에서 볼 수 없어져버렸는가요? 자잘한 상처야 없을 수 없지만 마치 방금 회사에서 출고된 것처럼 깔끔한 모습으로. 3년쯤 전 어디 TV에선가 2018년 현재 전국에서 운행되는 티코는 30(?)여 대뿐이라는 뉴스를 들은 것 같습니다. 하루가 다르게 무섭게 사라지고 있다는 말과 함께. 그러니까 티코는 부산에선 이미(?) 사라졌습니다. 무슨 모임이 있어 작년 진주 시골 〈새미골〉이란 곳에 갔을 때 한 농막에 미처 처분하지 못하고 버려진 티코를 봤습니다. 녹이 많이 슬어 이미 운행이 불가능한. 아마도 올해 안에 그런 티코마저도 온전히 사라지겠군요. 아니, 부산에서는 이미 볼 수 없어진. 그러나 제 빨간 티코는 오늘도 고속도로를 쌩쌩 잘 달립니다. 사천, 합천, 서울 등지의 마라톤 대회에 참가할 수 있도록 그 먼 거리도 씩씩하게 데려다주는. 2017년 2월 서울 국회의사당 옆 한강변에서 개최된 〈제14회 동계 풀코스 마라톤 대회〉에 참가한다고 5만원(?) 가득 기름을 넣었더니 부산에서 서울까지 오후 동안 충분히 갈 수 있었습니다. 그 덕분인지 막판에 좀 지쳐 목표했던 기록에는 조금 미치지 못했지만. (저는 대한민국 교통안내 표지판이 썩 잘 되어있다고 생각합니다. 웬만하면 그걸로 어디든 다 찾아갈 수 있거든요. 하긴 포털 지도에서 미리 상세한 길을 메모했지만 워낙 서울 길이 복잡해 막판에 좀 헤매긴 했는데 그래도 아직 GPS 따위에 머리 숙이고 의지하지 않을 정도는 된다는 당당한 마음입니다. 기타 오래전인 18년 풀코스로 〈사천 노을마라톤〉, 〈조선일보 춘천마라톤〉 19년엔 〈섬진강 꽃길마라톤〉, 〈동아 서울마라톤〉, 〈 벚꽃마라톤〉, 〈군산 새만금마라톤〉 등의 여러 대회, 또는 누님과 함께 친척들이 살고 있는 김천 등등 지방에 갈 일이 있을 때마다 제 티코는 어김없이, 상큼하게, 빠르게 절 데려다주었습니다. 어쩌면 근래 남해나 경부고속도로에서 몇 번 상쾌하게 질주하는 빨간 티코를 봤다는 사람들도 있을 것 같은.)

그렇다고 고장으로 정비공장엘 가본 적도 별로 없군요. 저희 동네에 대우자동차 정비공장이 있지만 타이어 공기주입이나 엔진 오일, 또는 필터 교환 등등에만 찾아가지요. 하긴 자잘한 부품도 몇 번 교환했지만. 사장님이 대우자동차에서 표창장을 줘야겠다고 자주 농담하지만 웬걸, 저는 국가 경제발전을 가로막는 〈개인의 옹고집〉 때문에라도 사양해야 마땅하다고 생각합니다. 늙는 건 경제발전에 아무런 도움도, 아니 차라리 생산과 투자, 소비라는 사이클에 태클 거는 것과 같지요. 뭐 늙어 대접받는 건 호박뿐이라는 말을 하던데 전 호박보다도 못난, 아니 몇 년 전에 떠돌았던 말처럼 자본주의의 본질에 대한 아주 자그마한 〈악의 축?〉이란 과장된 표현에 어울릴지도. 삶의 연속성이란 넓은 시선으로 보면 그 자연스런 흐름에 제가 조그맣게 반항(?)하는 것에 다름 아님을. 아무튼 자주 씻고, 닦고, 조이고…, 알뜰살뜰 남들처럼 제대로 잘 돌봐주지 못하지만 말입니다. 그러다 폐차될 때가 되면? 지금 진정으로 바라는 건 제가 먼저 늙어 면허증을 반납하는 순간까지 같이 할 수 있기를. 어쩌면 남들은 느껴보지 못했을 우리들만의 은밀한 만남을 계속…. 화려하고 사치한 현대의 감각으로 온통 업그레이드된 세상에서 수수한 촌색시처럼 저를 향해 은근히 미소 지으며 쳐다보는 숨타는 애정(?)을, 서로 기대 노을을 바라보며 인생의 먼 지점을 가늠하는! 하지만 아직은 아닙니다. 언제가 될지 모르지만 앞으로도 계속. 그렇군요. 제 아이들이 어릴 때부터 서른을 훌쩍 넘겨 어른이 된 지금까지 27년을 하루같이 탔으니까 이제부터라도 조금씩 우리들 이별의 양식을 생각해봐야겠군요. 그 왜 은혼식(銀婚式) 같은, 아니 장장 4반세기에 걸친 대활약에 대한 경의에 찬 마지막 경례를. 보잘것없는 작은 차 하나에 이토록 슬픔을 예비한 마음이! 아니, 진정으로 행복했음을! 제 마음을 잘 알겠다는 듯 아프다는 소리 한번 지르지 않고 언제나 미소와 함께 맞아주는. 갑자기 눈물이 나는군요. 우리 모두는 사라져가는 것들이 바로 우리들 존재의 본질이며, 그래서 좀 더 감각과 화려와 과시의 허상을 꿰뚫어 볼 수 있는 이성의 고향을 돌아봐야 함을. 그 속에서 허깨비들이 아닌 인생의 본질들과 만나는. (2021년 현재 도로를 달리는 차들 중에서 까마득한 그 옛날 기아마스터 〈삼발이〉 트럭이나, 울진 원자력발전소 같은 대형 토목공사장에서 대활약(?)을 하던 힘 좋은 구식 〈인타〉 덤프트럭이 아직도 있다면 모르지만, 그러나 아무래도 제 티코가 최고의 연식에 가까울 것 같군요. 작년까진 한두 번 본 것 같은데 올해 들어선 지금까지 한 번도 보지 못한. 정말 부산에선 이제 전멸인가요?

아무튼 모든 차들은 제 티코를 만나면 〈어르신! 안녕하십니까?〉라며 받들어 모시는 인사를. 후후!)

올해가 지나면 아날로그 방송이 완전히 끝나고 디지털 방송으로 바뀐다고 하는군요. 이미 화려한 영상과 감미로운 프로그램들이 춤추는 방송을 시청하기 위해 대부분의 사람들이 디지털 TV로 바꿨다고 합니다. 3D 방송을 시청할 수 있는 TV도. 양판점을 지나다 보니까 과연 크고 선명하다 못해 현실로 착각할 정도로 화려한 각양각색의 TV가 벽면을 가득 채우고 있더군요. 욕망의 구조를 하나도 빠짐없이 화면에 꽉 채울 듯 당당한, 현미경적인 섬세한 디테일(detail)이 완벽히 구현된. 각 가정의 거실마다 경쟁적으로 커다란 디지털 TV와 최신형 오디오 시설이 현대 교양인의 버킷리스트(bucket list)인양 번쩍이며 자릴 잡고 폼을 잡기도. 저도 몰래 언제 이렇게 현미경처럼 세상이 변한 건지!

    그렇지만 저는 15년쯤 전 부전전자상가에서 중고였지만 새것 못잖게 깨끗했던 23인치 구닥다리 브라운관 TV를 아직도 가지고 있습니다. 현대의 디지털 TV처럼 윤곽이 마이크로 단위로 뚜렷하지 않고, 요즘 들어 자세히 보면 왼쪽 아래 화면이 조금 왜곡되어 보이기도 하지만 뭐 TV가 빛줄기처럼 꼭 선명하고 화려해야만 하는 건 아닙니다. 차라리 배불뚝이 브라운관 TV가 피로하지 않는 선명과 조도로 눈에 부담을 덜 주는 것 같습니다. SD 화면은 말 그대로 〈스탠다드(standard)〉니까요. 삶은 그렇게 딱 잘라내듯 〈화려〉와 〈선명〉으로만 경계되어 있지 않지요. 그 TV는 한때 금성이나 삼성, 대우전자 등에서 〈아트비젼〉이니 〈카멜레온〉, 〈라벤드 브라운관〉, 〈수퍼 미라클〉, 또는 〈중저음 수퍼 우퍼〉 등의 첨단 기능과 걸맞은 이름으로 화려한 각광을 받았던 시절이 있었지요. 그 시절은 없었던 걸까요? 60년대 말 등대 동네 최고 부잣집인 유치원 집에서 14인치 흑백 TV로 지켜봤던 아폴로(apollo) 11호의 달 착륙 모습이 떠오릅니다. 주먹을 불끈 쥘 정도로 감격스러웠지요. 그러나 지금의 방송은 솔직히 아까운 컬러로 방송할 필요가 없을 정도로 쓰잘데 없는, 썩은 냄새가 진동하는 화면들로만 구성된 심심풀이 땅콩에 그치고 있습니다. 세상의 모든 순간과 장면들을 빠짐없이, 낱낱이 체포해 들여다보겠다는 듯 선명한 컬러 속에서 쾌락이 현실 속으로 비누방울처럼 퐁퐁 끝없이 쏟아져 나오고 있습니다. 인생이 그렇게 명백한 선명으로만 전개되어 있을까요? 여백 없이 눈앞을 가득 채우는? 때론 흐릿한(?) 세상이 더욱 삶의 보편성을 이야기하지 않을까요? 제 TV에서는 삶의 여백이 차분하게 펼쳐지고 있습니다.

그러나…, 그럼에도 달 착륙처럼 정말 선명한 컬러로 봐야 하는 프로는 잘 눈에 띄지 않습니다. 아니, 값싼 흑백 TV로도 아까울 정도의 섹스와, 범죄와, 소란과, 장난과, 잡담과, 잘난 체와, 과장과, 선전과, 겉멋과, 편향과, 왜곡과, 저질과, 거짓과 강제…. 도대체가 긍정적인 부분이라고는 눈곱만큼도 찾아볼 수 없는 역겨운, 지금의 TV는 그저 무한쾌락으로 범벅된 복마전(伏魔殿)일 뿐입니다. 누군가가 우리를 그렇게 마음의 〈색맹〉으로 마취시키기 위해 퍼뜨린!

얼핏 TV에서 무슨 걸그룹의 노래를 방송하며 뭐, 〈자랑스러운 우리 문화, 한류〉라고 아나운서가 말하더군요. 떼거리로 몰려나와 노래를 밀어내 버린 그 벌거벗은 섹시 춤이? 아이고나, 제 얼굴이 화끈거리는군요. 도대체 그 아나운서는 차라리 연예인으로 나가지 아나운서 자릴 차지하고는 왜 절 욕보이는지! 세계의 양심들이 〈눈 부끄러운 것〉을 봤다며 고갤 돌리며 혀를 끌끌 차는 소리가 생생히 들려오는 것 같습니다. 자기들 딴에는 섹시를 표현한다며 도전적인 눈을 게슴츠레 뜨고 몸을 비비꼬는 게 꼭 욕정에 함몰해 거의 미치는 모습처럼 보이는데 말입니다. 그들의 춤에-, 보여주기 위해 비틀고, 벌리고, 돌리고… 〈노랫말과 관련하여 어떤 의미와 가치와 메시지〉가 있는지! 아니, 의미는 내팽개쳐버리고, 압도적인 감각으로 무장한 〈청춘의 약동〉으로 호도하기에는 쾌락이 너무나 전면으로 불거진. 하긴 세상에 의미 없는 게 어디 있겠느냐마는. 제가 알 수 없는 삶의 엄청난 비판이나 메타포, 또는 섬세한 기미, 벅찬 감동, 시대의 허무 등등도 있겠지요. 그런 게 없다면 인간의 행위가 아닌 멧돼지의 저돌에 버금갈 무위(無爲)일 테고, 그건 음악 자체가 성립되지 않는 물결이나 낙엽 등의 자연적 움직임과 같은 의미로 매김될 테니까. 딴에는 디테일과 부합되는 감각적 모션으로 현장성을 휘어잡는다고 할 수 있겠지만, 아무튼 움직임의 의미와 이미지의 타당성 등은 제쳐놓더라도 한꺼번에 몰려나와 허벅지와 유방을 흔들며 〈압도적〉인 보여주기식 섹시는 가요의 정당성을 허무하게 만들 뿐입니다. 종(從)이 주(主)에 앞서 행세하는. 예전에도 듀엣(Duet)과 트리오(trio) 등 합창의 앙상블을 보여주는 가수들도 있어 멋진 화음으로 깊숙한 노래의 메아리를 들려주기도 했지만 이건 그런 모습은 눈곱만큼도 없습니다. 그저 뜨내기 장터 약장수처럼 흥청망청 쏟아내는 쓰레기 잔치판일 뿐이지요. 청춘의 발산? 그 섹시, 아니 섹스가? 흐흥흐흥! 제 눈에는 디즈니 만화에선가처럼 목 잘린 돼지들이 서치라이트 밑에서 춤추는! 가요가 아니라 퇴폐적인 지하에서 벌어지는 섹스파티나 다름없는.

아아, 그래도 현대의 문화와 불화(不和)하는 제 생각을 너무 나무라지 않기를. 말을 안해서 그렇지 다른 많은 사람들도 저와 같은 생각을 하고 있더군요. 물론 저도 젊은 시절 특별한 날 등에 동료들과 클럽에서 고고, 트위스트 같은 여러 가지 춤들을 춰보며(그것도 슬쩍 따라 하는 포즈로서) 사람들과 어울리기도 해봤으니까 일부러 가르쳐줘서 새로운 의미를 알게 되면 좋겠지만 그렇다고 그럴 생각은 전혀 없군요. 이미 하급, 아니 쓰레기 문화로 각인되어 있는데 말입니다. 오해를 떠나 그 압도적인 퍼포먼스에 구역질부터 나는데 어떡할까요? 전 고답적이라거나, 혹은 무식이 겁나 솔직한 마음을 숨기고 싶지 않습니다. 앞에서 말했듯 청춘의 발산? 열정? 본능? 허무? 좋군요. 히피처럼 반문명적인 비판? 삶에 대한 새로운 창조성?

몸이 저절로 따라가는 본능적인 표현 방식의 다름? 언더그라운드 해방구의 무정형? 옳거니! 모두 다 절절이 받아들이겠는데 그렇더라도 인정하고 싶은 마음은 역시 조금도 없습니다. 아니, 이미 눈길 자체를 돌려버리는데 어쩌나? 어떠한 방식으로 옹호하더라도 제 마음 속 풍경은 배부른 삼겹살 쓰레기들의 몸짓에서 조금도 벗어나지 않습니다. 그 육체의 〈반질반질〉과 움직임의 〈감각적 화려〉를 위해 하루 종일 붓다시피 퍼부어졌을 시간과, 그것이 민주주의 세상에서 정당한 개인의 권리로 인정된다고 하더라도 말입니다. 세상에 대한 이기적인 향유와, 삶의 정면에 대한 외면과, 그리고 그것이 온전히 정당한 것처럼 미소와 함께 거리낌 없이 드러내어져야 할, 그러나 그만큼 묻혀졌을 찬란한 인간의 정신현상학(精神現象學)은! 역사상 육체를 매개로 가장 추악하게 돌격하는, 무조건적인 일방의 가치로 오욕시킨! 누가 절 악마(?)라고 부른다면 차라리 그렇게 남고 싶군요. 대중문화라는 정당성으로 합리화하려는 건 스스로가 쓰레기라는 고백에 다름아닙니다. 아마도 세월이 지나 그런 몸짓이 보편으로 자리 잡게 되면 제 생각이 화석처럼 낡은 관념으로 매김되겠지만. 아니 이미 늙어버린 삼겹살들이 늘어지고 주름진 육체에 허망해하는!

인간의 내면에 깊이 자리한 사색(思索)과 관조(觀照)는 거추장스럽다는 듯 〈화려〉와 〈섹시〉와 〈액션〉과 〈과시〉와 〈포즈〉로 칠갑을 한 퍼포먼스를 터뜨리며 이성과 감성을 간단히 깔아뭉개는 이 허무한! 〈머릿속이 텅 빈 연예인 나부랭이〉란 속된 말이 떠돌던데 그걸 굳이 확인하기 위해 머리칼 한 올까지 섬세하게 표현할 수 있는 디지털 TV를 구입하라고? 《반질반질한 현대적 세련으로 꾸민 멍청한 로봇 같은 얼굴과, 풍선처럼 통통 아래위로 출렁이도록 사육시킨 유방과, 스스로 한겹한겹 매끈한 삼겹살로 덧칠한 허벅지와, 뒤에서 보면 황소보다 훨씬 더 커다랗게 출렁이는 엉덩이》

의 합창을 더욱 자세히 보기 위해 화면을 클로즈업으로 당기는 디지털 TV를? 갑자기 기술이 그렇게 쾌락을 위해 일방적으로 발전한다는 것에 강력한 분노가 일어날 정돕니다. 어쩌면 '히틀러(Hitler)'나 '스탈린(Stalin)' 등등의 독재자들은 그런 또 다른 분노의 아웃사이더에서 증오와 파괴와 살생의 욕망을 쌓아왔던 건 아닌가 싶은 생각이 갑자기 뇌리를 때리는군요. 감옥과 학살과 파멸과…. 평범한 가장(家長) 같던 나치 독일의 장교 '아이히만(Eichmann)'이 사실은 수백만 명의 유태인을 학살한 장본인이었으면서도 총통 지시에 따라 아우슈비츠(Auschwitz) 수용소로 보냈을 뿐이라고 강변한다든가, 『쉰들러 리스트-Schindler's List』에서 평범하고 감성적인 수용소 소장으로 나온 '에몬 괴츠'('랄프 파인즈' 粉)가 2층 발코니에서 수용소 유태인들을 향해 〈장난같이〉 총으로 쏘아 죽이는 장면 등과 관련하여 '한나 아렌트(Hannah Arendt)'가 말한 《악의 평범성-the banality of evil》이란 말이 자꾸 입속을 떠도는군요. 엉뚱한 오만과 맞춰된 편견에 사로잡힌? 괴물이 된 건가요? 제가?

    (쓰다 보니 고삐 풀린 듯 거칠게 이야기들을 풀어놓았군요. 이야기를 차분히 이어가야 하는데 중구난방 휘날리는 생각을 단속(斷續)하지 못하고 과장시킨, 아니 반역적인. 제가 좀 이렇습니다. 하하! 뭐 그렇다고 지우기는 그렇고, 옳고 그른 걸 떠나 그렇게 생각할 수도 있겠구나 하며 그저 양해 바랄 뿐입니다.)

    되풀이 말하지만 저도 젊었던 시절엔 제 시대의 열정에 어울리는 당대의 세련들을 그렇게 강력하게 멀리 하진 않았지만(앞에서 말했듯 그저 동료들과 함께 따라갔던 것뿐이었지만), 걸그룹의 섹시한 노래와 춤이 현대인의 감각에 맞고, 또한 정당하다고 하니까 그 수준에서 인정하겠으며, 제 생각에 반박하겠다면 흔쾌히 받아들이겠습니다. 청춘의 발산은 무엇보다도 현실로서 존재하니까요. 우리들 젊음의 낭만 감성에 한없는 청춘의 꿈을 실어 준다는 의미에서 어쨌든 인정되어야 하겠군요. 세상이 모두 의미를 부여 하며 열광하고 있으니까요.

그렇더라도, 그들의 언어와 몸짓에 세상에 대한 〈비판〉과 〈냉소〉와 〈깨우침〉과 〈열정〉의 의미가 있다한들(정말 그런가요? 전면에 내세우는 방식의? 포즈로서가 아닌 독립군처럼 목숨을 바칠 정도의 진정이? 괜한 형용사란 의심이 드는데?) 압도적인 음탕한 몸짓과 의미 없는 소음으로 쾌락을 전면에 내세우는 행태는 변함없는 사실입니다. 겉으로는 정당성을 얻은 듯 메시지를 가진 듯 항변하겠지만 제겐 포즈, 감각, 선전, 퇴폐, 과잉…, 〈참으로, 정말로〉 못난 기성에 대한 비판과 냉소는커녕 오히려 현대적인 세련된 양식으로 치장하고, 더해서 젊음의 열정이란 좋은 말로 호도하고는 온갖 위세와, 찰나의 쾌락과, 선택된 향락과, 박수와, 황금과, 퇴폐와…, 마치 복마전처럼 현대를 정복하고는 〈참으로, 정말로〉 못난 위세를 떨치고 있군요. 이미 삶의 메타포(metaphor)는 쪼그라들어 해골 같은 화석 부스러기로 박살됐고, 겸손한 억양은 유배 보내버렸고, 절제(節制)는 무분별의 향락에 숨을 거두어버렸고, 타락은 세상이야 어쨌든 향유 해야 한다는 듯 마구마구 설사처럼 쏟아내고 있습니다. 말로서야 너도나도 쉽지만 오늘도 그런 몸짓과 소리로 온통 세상을 뒤덮고 있군요. 대중문화가 아니라 지하실의 〈퇴폐문화〉가, 아니 이미 음탕을 훌쩍 뛰어넘은 포르노가 뻔뻔하게 지상을 점령하고 마구 횡행하고 있는 건 아닐까요? 당장 TV와 인터넷에서 너도나도 벌거벗고 커다란 유방을 흔들어대며 포즈 짓는 모습은 이미 가수나 배우, 모델, 레이싱걸, 치어리더, 아나운서(요즘은 아나운서도 자신을 연예인이라고 주장하려는 듯 지적인 단단함을 던져버리고 적극적으로 카드 섹션 같이 돋보이는 화려한 명품(?) 옷을 두르고, 좀 더 헤픈 얼굴과 몸매 자랑놀이에 푹 빠진)가 아니라 온통 삼겹살 비계를 팔아먹는, 고급스럽게 꾸미고 전방위적으로 영업하는 〈현대의 창녀〉가 틀림없습니다. 자극적인 타이틀로 꾸민 붉은 등이 여기저기 손님맞이 하려고 뇌쇄적인 펄스를 번쩍이는 것 같군요. 젊음과 청춘과 낭만과 열정이라니! 당치도 않습니다. 자기가 먹을 밥 하나 지을 줄이나 아는지 의심스러울 정도로. 하긴 주범(主犯)과 다름없는 대중의 열광은 외면하고 줏대 없고 멍청한 종범(從犯)에게만 악담을 퍼붓는 제 이런 독선은!

각 시대마다 대중문화의 계층과 양상과 표상이 드러나는바 그 의미가 크게 달라지고, 그게 부정적인 부면이 돋보인다면 제 생각도 의의가 있으며, 그건 긍정에 대해 등가(等價)로 해석되어야 할 것입니다. 무엇보다 나타냄의 표상이 당대들의 전적인 박수를 받더라도 다른 많은 사람들에게서 전적인 긍정으로만 받아들여지지 않는 한에는. 만약 그렇다면 제게 예전 노래나 영화 등등의 문화적 의미들이 가지고 있는 긍정과 부정적인 의미와 대비하며 그 사회현상학적으로 해석해달라면 얼마든지 이야기 드릴 수도 있습니다. 실제 몇 편 적어보기도 했으니까요. 이 시대의 정의는 걸그룹, 아이돌 등등에게 쥐어져 있고, 세상의 찬양을 온통 수렴(收斂)하고 있다고 해서 제 생각이 몽땅 허깨비로, 헛소리로 의미가 없어지지는 않을 겁니다. 과연 걸그룹의 노래와 섹시 춤이 이전의 노래처럼 라디오, 또는 흑백의 텔레비전만으로도 존재할 자신이 있을지? 욕망을 삭제한 그림만으로? 〈어마, 뜨거라!〉며 쳐다보지도 않을 게 뻔합니다. 물론 세상의 모든 젊은이들의 열광과 영향 등 다른 많은 〈긍정〉은 지금 생각하기도 싫군요. 그러고 보니 서로가 상대를 적대적으로···. 하긴 점잖게 돌려 말하지 않고 직설적으로 말해 미안하긴 하군요.

어쨌든 제 생각으론 EBS 교육방송과 KBS I 채널(국가 기간방송으로서의 품위에 걸맞은 매스컴, 또는 기자 정신은커녕 마냥 정권의 개, 시녀, 나팔수, 홍위병, 아니 약장수, 저질 포주 노릇에나 앞장서는 부정적 행태는 여전하지만) 등 한두 개의 공중파

채널을 제외하고 아마도 좋게 봐서도 하루 종일 방영되는 전파의 총량 중 거의 90% 이상이 〈절대로〉 필요 없는, 아니 걸레나 다름없는 내용들로 오염 칠갑을 하고 있다고 생각합니다. 뭐 3류 대중잡지에도 미치지 못하는 상식, 여행, 연예, 토크, 패션, 코미디… 요즘은 예전 동네 유선방송도 아닌 대기업 케이블 채널이 보편적이어서 무려 900단위까지의 채널이 있더군요. 누님 집에 가서 리모컨으로 채널을 돌리는데도 엄청나게 시간이 걸리는. 무슨 〈이코노미 TV〉라고 최소한도인 100번 채널 안쪽인 저로서는 (그것도 어찌된 셈인지 반 이상이 그림만 나오고 소리는 먹통이군요. 그나마 리모컨으로 누르면서도 90% 이상은 단 10초라도 시청해본 적 없는) 도저히 이해할 수 없습니다. 삶을 허비하는 허깨비 채널들이 호화찬란한 영상을 구역질하듯 쏟아내는데 그만 질려버릴 정도입니다. 사람들이 언제부터 이렇게 쓰레기들을 벗 삼고 인생을 자학하고 있었을까요? 자본주의의 방자한 난전(亂廛)에서는 온통 썩은 냄새와 비릿한 오물과 불결한 쾌락이 줄줄, 좔좔, 콸콸, 흥청망청 흘러내리는군요.

요즘은 좋은 의미로 만든 프로라고 생각은 하는데 실제론 일반인들을 참여시켜 교묘하게 오락이나 연예, 또는 일방의 시선과 결합된 포맷으로 편성하는 〈짬뽕?〉 같은 프로들도 꽤 많이 보이더군요. 물론 많은 사람들이 프로에 같이 참여하고 자신의 생각을 표한다는, 일견 민주주의 정신에 부합되는 방식이라고 생각은 합니다. 열성을 다해 주어진 배역을 훌륭히 소화해내며 메시지를 완성시키는. 그러나 가만히 살펴보면 사람들은 프로그램에서 핵심으로 활동하는 것이 아니라 이미 정해진 액션 범위 내에서 들러리 배역에 불과한 엑스트라라고 할까요? 프로그램을 위해 양념처럼, 어릿광대처럼 투입되고 소모되는. 결국 명분은 살리고 실속은 온전히 주연에게, 사회자에게, 제작진에게, 방송국에게 다 돌아가는. 그런 포맷과 방식이 정당하다 하더라도 결론적으로는 일회용 소모품들을 속임수로 동원

하는 쇼에 다름 아닌. 한국 사람들은 정공법(正攻法)보다 그렇게 짬뽕을 좋아하는 것 같습니다. 다시 살펴보면 여태 정말 필요하고, 훌륭한 프로라고 생각했던 것들에서 〈차별〉과 〈시혜〉와 〈이용〉과 〈관리〉와, 그리고 〈무관심〉, 심지어 〈사기〉 등등도 많이 발견할 수 있을 겁니다. 나는 참여하는 것이 아니라 타이밍에 맞춰 자동 반응하는 배경으로 존재하는. 대중은 그저 값싼 일회용 소품에 불과한. 아마 앞으로도 좋은 프로를 위해 출연한다는 착각에 빠진 대중의 〈열광적 환영〉 속에 걱정 없이 더욱더욱 번성할 듯.

아무튼 케이블과 종편은 말할 필요도 없이 썩고 썩은 오물들로 떡칠하고 있지만 민방을 비롯한 공중파도 실제보다 훨씬 과장법으로 덮어쓴 황금색 오물을 하루 종일 끝없이 싸질러대고 있군요. 드라마와, 영화와, 가요와, 연예와, 스포츠와 광고…, 그리고 다시 예능과, 토크와, 퀴즈에 또 광고와 광고! 편성표를 보면 뉴스 빼곤 거의 모든 시간을 그런 오물들을 무슨 명품이라도 되듯 하루 종일 주우~욱! 상업 민방으로서 그럴 수밖에 없겠지만 오락이 그렇게 전방위적으로 구축된 모습이라면 존재 가치 자체도 없겠군요. 방송국 자체가 저질과 섹스와 연예에 코가 꿰어 끌려다니느라 PD 등등이 손을 비비며 아부한다고 고생하는 모습이 안쓰럽습니다. 모든 프로의 저질화, 코믹화, 장난화, 사치화로 삐까번쩍하다가 곧이어 그런 것과 관계없다는 듯 《근엄(謹嚴)하고 심각한 얼굴》로 밤 9시 종합뉴스를 전달하는 걸 보면 어떻게 희극도 이런 희극이 없는 것 같습니다. 두 얼굴의 야누스를 보는 것처럼. 차라리 한창 잘 나가는 모모 개그맨을 메인 뉴스 앵커로 내세워 진행하면 오히려 더욱 잘 어울릴 듯. 〈캬캬캬〉 웃으며 주변을 휘어잡는 소리와 표정 연기 하난 기가 차거든요. 왜? 9시 뉴스는 그렇게 하면 안되는가요? 바로 앞 프로의 저질과 코믹과 장난은 자기와 관계없다는 듯 꼭 근엄으로 꾸며야 하는가요? 근엄이 예능보다 수준이 높단 말인가요? 코믹은 장난이란 말인가요? 연예는 뭐고 근엄은 뭐지요? 아니 앞에 짬뽕은 뭐고 9시 뉴스는 짬뽕으로 포맷해서는 왜 안되는지요? 이미 〈진정〉과 〈체면〉과 〈사실〉은 태생부터 〈텔레비전〉과는 상극이라는 걸 눈치채고 있는데? 하긴 제 생각처럼 되면 소란은 사라지는 대신 〈좀비들의 잔치〉처럼 무거운 침묵의 영상으로만 남겠군요. 제 스스로도 엄청나게 과도한, 편향된 묻지마 아집(我執)임을 인정하고 있으며, 세상의 단 한 사람도 동의하지 않을 테지만.

가끔 텔레비전을 보며 문득 그 오물을 흠뻑 뒤집어쓰고는 실없이 웃고 있는 저 스스로에 흠칫 놀라기도 합니다. 정당한 문화의 향기보다 오직 풍성한 컬러와 디지털 기술, 매끈하고 감각적인 화면들로 떡칠한 현대의 폭식, 아니 이율배반적인 선동(煽動)주의가 삶을 자신도 모르게 허깨비로 포위해버렸습니다. 시청료가 너무 아깝지만, 그래도 몇몇 필요한 부분들이 있어 차마 끊진 못하고 있는 제가 무슨 인질로 잡혀있는 듯. (아마 제가 참혹할 정도로 매도한 상품화된 여성의 육체가 세상을 휩쓸기 시작한 것도 이런 현대적인 디지털 기술의 발전에 따른 선명(鮮明)과 대응되고 있는 게 아닌가 하는 의심이 들기도 합니다만.) 아무튼 현대의 방송은 매스컴이기는커녕 어른, 아이 할 것 없이 전 국민에게 쏟아붓는 《만능 오락키트》에 다름 아닙니다. 없어도 조금도 아쉬울 것 없는. 희망과 이성과 창조를 유배 보낸 기성이야 그렇다 하더라도 놀랄 정도의 창조성으로 가득한 아이들마저 연예와 오락과 감각의 〈귀신〉으로 타락시킨. 매스컴이라니! 절대로 당치않습니다. 매스컴은 쪼그라들어 흔적도 없이 사라졌고, 채널마다 오락과 쾌락의 울긋불긋한 자극적인 간판으로 불야성(不夜城)을 이루는 집장촌 같은. TV에 기대 기생하는 사람들 모두 포주에 다름없는! 차라리 적국에서 전폭기가 침공하여 방송국 건물 자체를 폭파해버린다면, 그래서 황금색 오물을 싸지르는 쓰레기, 세균 같은 종자들도 낱낱이 불태워버린다면 오히려 두 팔을 활짝 펴고 환호할. (아, 이제 보니 제가 무시무시한(?) 괴물이 되었군요! 순진했던 저를 이렇도록 참혹하게 만든 것들은…!)

　제 TV로도 컨버터를 달면 디지털 방송을 볼 수 있다고 하던데 저는 공짜라도 신청할 생각이 전혀 없습니다. 제 TV는 한때 그 자체로 반짝반짝, 정정당당했습니다. 모욕적인 시대를 만나 엉뚱한 컨버터라는 걸 혹처럼 달고 프랑켄슈타인이나 키메라 등의 혼혈, 혹은 잡종으로 변신하여 억지로 연명하고 싶은 생각은, 아니 더럽힐(?) 생각은 추호도 없습니다. 브라운관 TV로도 충분한데 따로 돈을 더 주면서까지 최신 3D TV를 덩달아 사고 싶지 않고, 아니 디지털 방송이 시작되면 브라운관 TV로는 시청할 수 없다고 하던데 그 기회에 지금도 별로 보지 않는 TV와 아예 인연을 끊어 버릴 생각입니다. 아하! 그러고 보니 놀랍게도 지난 5~6년 TV를 본 기억이 별로 없군요. 거실을 주인공이나 된 듯 차지하고선 당당하게 떡 버티고 있는 TV가 주인을 잘못 만나 찬밥 신세가 됐다고 불평하지 않겠는가고 가끔 생각은 해봤는데 그럴수록 냉정히 외면하곤 했지요. 어쩌면 잠들기 전 잠깐 뉴스 같은 것들만 듬성듬성 본 것 같은. 돈을 준다고 해도 보고 싶은 생각이 전혀 없는, 인류 역사상 최고 똥덩어리들의 합창으로 떡칠한 TV를 애써 컨버터까지 달아가며 볼 이유는 조금도 없으며, 선동으로 충만한 소비 시대의 대표적인 신기루이며 그 기만적인 속성에 이끌려 일률적인 소비의 행렬에 끼고 싶은 생각도 전혀 없습니다. TV는 그 많은 장점에도 불구하고 스스로를 타락으로 자해한 현대의 惡德(악덕), 그 대표주자가 되어 버렸습니다. 역사상 가장 환호받았던-, 그러나 사실 심심풀이 땅콩으로 집안을 점령하고는 인간을 가장 비참하게 타락시킨! 아담과 이브의 뱀은 차라리 서사적(敍事的)인 의미를 가진 귀여운 악당(?)이라고 할 수 있을 정도로. 그렇군요. 모두가 똑같은 모습과 잘 조직된 일률적인 세포처럼 변해 버린 버킷리스트는 개성과 만족과 행복처럼 위장한, 그러나 우리가 도저히 알아볼 수 없는 〈지하 소프트웨어〉로 제어되는 강제된 감옥의 헤드라이트처럼 느껴지는군요. 자신이 조종되고 있는 줄도 모르고 흐뭇해하는! 버킷리스트는커녕 제겐 무슨 〈바께츠 리스트〉만도 못한. (역시 노인들이 주로 TV를 보며 힘든 생활의 위안을 얻고 있는 것을 일률적으로 매도하는 건 아닙니다. 얼마 후면 저도 그런 처지가 되겠군요. 그 업종에서 더욱 선명한 TV를 만들어 나라 경제를 떠받치는 사람들에게는 오히려 찬양을.)

문득 양판점(量販店)에 진열되어 있던 수많은 디지털 TV들이 구석구석 숨을 곳이 없다는 듯 반동분자인 절 체포하려고 일제히 헤드라이트를 쏘아대는 것 같습니다. TV는 무슨 수사관처럼 화면 뒤에서 절 감시하는 것 같군요. 과연 누가 그 수갑을 벗어날 수 있을지!

그러고 보니 작은 오디오와 비디오카세트도 TV 위에서 하릴없이 몇 년 먼지를 뒤집어쓰고 외롭고 애처로운 눈으로 절 쳐다보고 있었군요. 한때 자신만만한 폼으로 시대를 온통 휘저으며 전방위적으로 폭력(?)을 일삼았던, 그러나 지금은 참혹할 정도의 침묵으로, 반성과 후회로 연명(?)조차 못하고 있는. 디지털 기기로 대체된 지금 시대엔 무슨 삼국 시대 유물처럼 숨도 쉬지 못하고 생매장된. 갑자기 가슴이 뭉클합니다. 제가 모질지 못한 단점이 있는데 무덤 속에서 반성하는 모습이 안쓰럽고 애잔해서라도 오늘은 책상 속에 〈부장품〉처럼 유폐된 테이프들을 들어봐야겠습니다. '박목월(朴木月)'이 잃어버린 빛나는 청춘의 꿈을 정제된 시어(詩語)에 눈물방울처럼 아로새기고 '김순애(金順愛)'가 혼신을 다해 직조(織造)한 음의 고저에 담아 가슴을 시리게 하는 「4월의 노래」, '손석우(孫夕友)' 특유의 세련되고 감각적인 작사 작곡에 젊은 날 지적(知的)인 아름다움이 돋보였던 '송민도(宋旻道)'의 새침하면서도 고급스런 허스키로 괜스레 가슴 깊은 곳 애잔한 사랑의 정감을 건드리는 「나 하나의 사랑」을. 그리고 전쟁이 앗아간 사랑의 상처가 풀길 없는 수수께끼처럼 불면(不眠)의 가슴으로 아릿하게 저며오는 '김기덕(金基惪)' 감독의 「南과 北」, 매혹적인 눈빛이 그윽한 '샤를르

보와이에(Charles Boyer)'와 짙은 음영이 두드러진 마스크의 '잉그리드 버그만(Ingrid Bergman)'이 섬세한 심리의 시소를 타며 욕망의 파탄 끝으로 달려가는 '조지 쿠커(George Cukor)' 감독의 『가스등-gaslight』을. 화려한 욕망에 찌든 컬러를 배제한 흑백의 단아한 감성이 샘물처럼 심장을 감싸주고, 그래서 더욱 서늘한 눈물로 달래주는!

⇒ 아무래도 하루에 다른 일 다 제쳐놓고 글을 쓰기가 어렵군요. 이번에도 여기서 마무리하고 월요일이나 화요일까지 나머지 부분을 써서 게시하겠습니다. 재주는 비천하고, 생각은 스스로도 생경하고, 어쩌면 형평은 무너지지 않은지도 모르겠습니다. 우선은 이번 주 주제인 〈소비〉를 어서 빨리 완결하고픈 생각입니다. 죄송합니다.

덧붙이는 글

아날로그 방송이 끝나고도 자동으로 기존 〈중계유선방송〉으로 계속 시청할 수 있더군요. 그리고 유선방송회사에서 목소리 예쁜 여자가 다양한 〈케이블 채널〉이 가득한 상품으로 갈아타라고 잊을만 하면 전화로 줄기차게 유혹했지만 단번에 거절하곤 했습니다. 그런데(지금도 똑똑히 기억하는데) 2017년 1월 5일에 중계 유선도 아날로그 방송을 끝내고 디지털 방송으로 전면 바뀌었습니다. 갑자기 화면이 나오지 않아 고장인가 싶었지만 그냥 두다가 한 달쯤 후 목소리 예쁜 여자의 전화가 왔을 때 물어봤더니 이제 예전 TV로는 볼 수 없고, 다만 수상기를 디지털 TV로 바꾸면 아직은 볼 수 있다고 하더군요. 전부터 형님 집에 조카며느리가 시집올 때 가져온, 제가 볼 땐 엄청나게 커다란 〈디지털 TV〉가 있어 제게 준다고 했지만 차제에 TV 방송을 완전히 끊어버렸습니다. 문득 삶과 인생을 돌아보게 하는 심금을 울리는 프로그램들과 헤어져야 한다는 마음의 아쉬움, 그리고 세상에 제 존재의 흔적을 거의 완전히 지우고 스스로를 무화(無化)시켜버렸다는 안타까움이 들었지만, 그보다 더욱 압도적으로 속이 후련해지더군요. 화면을 점령한 꾸미고 넘치는 생각들과 잡담, 인간의 자격(?)을 동물 수준으로 끌어내려 허무한 시간으로 마쳐시키면서도 마치 절대선으로 착각하고 오락으로 칠갑을 한 당치 않은 세련된 그림들, 독약인 줄 모르고 전방위로 쏘아 올리는 무성한 이야기, 아니 농담들, 너도나도 유행어를 만들어 한 탕 뜨리는 듯 오늘도 내일도 새롭게 들려오는 이상한 말들, 논리라고는 전혀 없어서, 아니 내팽개친 듯(그래서 전혀 가치가 없는) 일방의 교묘한 편집으로 강요하는 오도(誤導), 번한 이야기에 제조된 눈물과 감동을 버무려 꾸며낸 두 얼굴의 값싼 이야기들, 엔터테이너를 우상으로 작정한 듯 너도나도 그렇게 꾸민 개성 없는 얼간이들…. (근래 어느, 아니 몇몇 여자 아나운서는 눈에 뜨일 정도로 몸의 굴곡을 돋보이게 하는 밀착된 의상과 찰랑거리는 풍성한 머리, 번쩍이는 고급 하이힐로 꾸미고는 탱탱한 삼겹살 뭉치 같은 가슴과 엉덩이와 허벅지를 한껏 부풀리고 사뿐사뿐 스튜디오를 오가며 〈미소〉를 보내고 있군요. 옷이야 뭐 그래도 받아들인다 하더라도 얼굴 표정과 시선의 각도, 몸의 포즈는 척 보면 알 수 있다. 아마도 태생부터 창년이 싶은 폼으로 네모 상자 속에서 유혹하는.) 구역질이 납니다. 세상의 모든 서식지에서 자신을 팔아먹기 위해 제각각 꾸민 포즈로 휩쓰는. 천하에 다시없을 악착같은 사기꾼들에게서 이제 드디어 벗어났다는 해방감이 마치 오르가즘처럼 뇌수를 휘젓는군요. 이제 공중파라도 보려면 옛날처럼 안테나를 설치하면 가능할까요?

아아, 그렇다고 삼겹살 알레르기가 있는 것처럼 저를 〈과민성 비계증후군〉 환자로 보지 않기를! 전 강박이나 일방, 또는 편견 등은 철저히 사절하니까요. 건강한 육체 언어에 값하는 그림이라면 적극 옹호할 수도 있지요. 그만큼 작금의 〈과민성 엔터테이너증후군〉 환자들의 쾌속 판매(?)가 도를 넘은…. 거의 대부분 사람들이 아마도 절 비난할 것 같지만, 일리가 있다는 사람들도 몇 명은 있겠군요.

아, 가을쯤 종합유선방송회사에서 갑자기 고지서가 날아왔습니다. 6개월 넘도록 내지 않은 유선방송비와, 약정 기한을 채우지 못해 60만 원 넘는 해약금도, 그리고 무슨 컨버턴가 모뎀인가를-, 예전 처음 가입할 때부터 100번 채널 안쪽인 기본

유선 방식의 시청으로 계약했는데 가지고 왔다 필요 없는데도 무조건 떠맡겨 아직 한 번도 사용해보지, 아니 본 적도 없는 것 같은 장비 2개를 분실했다며 그 돈도 함께. 할 말이 없더군요. 조금도 가치 없는, 아니 허깨비 같은 것들이 펀치를 휘두르며 저를 형편없이 구석으로 몰아대는 것 같은 부조리가…! 회사에서는 당연히 해야 하는 말이라고 생각되긴 하는데, 그래도 약정한 기본 채널을 계속 보려고 하는데 그럴 수 없는 건 회사 탓이지 제 탓이 아니라는 좀 일방의 억지를 부려보기도 했습니다. 며칠 뒤 기사들이 두 번이나 와서 제 TV로 볼 수 있는 방법을 연구해봤지만 결국 가능하지 않다는 결론을 내리더군요. 저도 유선 방식의 케이블 방송 배선(配線)의 메커니즘과 실행에 대해선 기사들 비슷한 수준으로는 할 수 있다고 자부하지만(예전 90년대 초중반 지역유선방송 시절, 제가 소장하고 있는 오백여 편이 넘는 영화들을 유선방송사가 빌려 방송하려고 연락을 줘서 연결된 적이 있어 방송, 그리고 동축케이블의 조작과 배선의 메커니즘을 기사들 못잖게 터득했지요.) 도대체 가정에서 거꾸로 디지털 신호를 아날로그 신호로 바꾼다는 자체가 무리한. 마지막엔 40인치 최신 디지털 TV를 새로 3년 약정에 무상으로 제공해주겠다는(자기들로서는) 엄청난(?) 제안을 했지만 단번에 거절했습니다. 원시인은 현대인으로 살 수 없다는 도무지 이해할 수 없는 말과 함께. 그리고 그렇게 제안을 받아들이다보면 그걸 핑계로 새로 3년 약정으로 또다시 코가 꿰여 끌려갈. 그 후 기사가 와서 살펴보더니 다음에 오겠다며 가버렸습니다. (앞에서 말씀드렸듯 저는 아직 〈비디오 카세트-video cassette〉를 사용하고 있습니다. 필요한 영화나 좋은 다큐 등등을 녹화하려고. 비록 최근 몇 년 TV를 보지 않아 잊고 있었지만. 아마도 비디오라는 아날로그 단계를 한번 거치며 디지털 입력 신호 변환이 쉽지 않은 듯.)

다음 해 초에 서울 본사에선가 기술자라는 3명이 또 와서 이리저리 살펴보고는 자기들끼리 이야기를 하더니 다음날 힘들게(?) 구했다는 비닐 커버도 벗기지 않은 아주 〈작은〉 새 컨버터(converter?)를 가지고 와서 TV와 비디오를 이리저리 동축케이블로 복잡하게 연결하더니 결국 방송을 시청할 수 있게 해줬습니다. 시청 방식이 예전 비디오로 채널을 선택하던 것과 달리 TV 채널을 3번에 고정시킨 채 새 컨버터로 채널을 조정해야 하는. 그리고 비록 〈종편(綜合編成)〉 일부를 포함한 반 이상의 유선 채널은 화면이 심하게 흔들리거나, 또는 벙어리처럼 그림만 나오지만 아예 쳐다보지도 않는 악질(?) 채널들이니까 오히려 귀라도 조용해서 더 좋습니다. 2018년 대한민국 마지막 아날로그 시청자로서 〈세상에 이런 일이〉에 나올 법한 희한한 일이라고 말하더군요. 아마도 지금은 사라진 시대의 무슨 유물 같은 〈비디오〉 때문이라는 생각도 해봤지만, 아무튼 저로서는 잘 보지 않더라도 예전과 같이 흘러간 영화나 다양한 다큐 등등 몇몇 프로그램을 계속 시청, 녹화할 수 있게 됐고, 장비값까지 더해 150만 원을 훌쩍 넘는 해약금도 아깝고, 그리고 본사에서 기술자들이 출장(?)까지 와서 시청할 수 있도록 한 감동(?)을 물리칠 수 없어 계속 시청하기로 했습니다. 생각보다 우리나라에서 사업을 하는 사람들이 마냥 이익만 생각하진 않고 오히려 소비자를 위해 헌신과 정성을 다하고 있는 부분도 있구나란 긍정적인 생각도.

한데 근래 재래시장의 좁은 좌판 가게에서도 할머니나 아주머니들이 저처럼 아직도 14인치 작은 브라운관 TV로 연속극 등을 잘 보고 있던데 아마 제 집에 달린 컨버터처럼 그렇게 새로 개발된 제품인지? 해를 넘겨가며 괜히 그 고생을 했나 싶어 어쩐지 유선방송회사에 속은 듯한 생각도. 아마 아직도 그런 TV를 사용하는 곳이 많아 예전 컨버터를 재사용하는 건지도 모르겠습니다만. 그리고 요즘 길을 걷다 보면 가끔 제 것과 같은 낡고 커다란 브라운관 TV가 버려진 걸 볼 수 있는데 이대로 가다간 혹 제가 마지막 브라운관 TV 시청자가 되는 건 아닌지? (오히려 그야말로 제 견고한 의지(?)가 돋보이는 것 같습니다만.)

그런데 아, 이런! 그 후에도 한 달에 한두 번쯤은 목소리 예쁜 여자가 잊을 만하면 화려하고 다양한 프로그램이 가득가득한 케이블 채널로 갈아타라며 어쩌구저쩌구~! 아이고, 그 끔찍한 쓰레기들을? 그야말로 아이고 두야(我耳苦 頭也)》란 과장된 조어가 딱 들어맞는 경우라서 기가 차는군요.

⇒ 이번 주를 넘기지 않으려고 다른 일 제쳐놓고 다음 이야기를 이어서 썼습니

다. 무척 고통스러웠지만 어떤 관성 때문인지 아무튼 이렇게라도 게시할 수 있어 다행이군요. 생각에 따라 받아들이기에는 조금 주저스런, 아니 힘든 내용들일 수도 있을 텐데 그러려니 하고 이해해주시면 감사하겠습니다. 참으로 죄송한 마음 금할 수 없군요.

요즘은 강아지도 여권(旅券)이 있다고 하더군요. 휴가철이면 너도나도 해외로 여행을 떠납니다. 목적이야 제각기 있겠지만 대체로 지친 몸과 마음을 쉬게 하고, 우물 안에 갇힌 견문을 넓히며, 삶의 여유와 충전을 얻으려는 비슷한 의미를 가지고 있을 겁니다. 아마도 주 5일제 이후 더욱 활발해졌으리란 생각도. 배낭여행을 떠나는 대학생들도 있고, 평생 처음 자식 덕분에 해외여행을 가는 노인도 있습니다. 알뜰살뜰하게 값싼 여행사 패키지 상품을 이용하는 사람도 있지만, 일부 부자들은 몇백만 단위의 돈을 단 한 번의 여행으로 소비하기도. 뭐 꼭 그런 의미보다 사업상 상대방 국가를 방문하기 위해, 국제 대회에 참가하려고, 특별히 필요한, 귀하고 좋은 물건을 직접 가서 구하기 위해, 중요한 일을 끝내고 마음의 휴식을 얻기 위해, 선진국 국가경영의 기법을 공부하기 위해…. 다양한 여행의 목적과 변이 있을 겁니다. 가끔 문제가 되는 국회의원들의 본말이 전도된 〈악착같은〉 현지 연수도 그런 면이 없다고는 못하겠습니다. 너절한 여행 자체가 실제 목적이라면 그야말로 세상에 다시없을 불쌍한 사람들이지만.

그렇지만 전 아직 〈여권〉을 가져본 적이 없습니다. 해외에 나가기 위해 알아야 할 것이라든가 필요한 것 등등을 포함하여 어디서 어떻게 해야 하는지 절차 등도 전혀 모릅니다. 여권은 국가 간 왕래란 특성상 아마 주민센터나 구청 수준에서는 취급하지 않고 시청 이상에서 취급할 것 같긴 한데! 뭐 여행과 관련하여 〈면세점〉이란 말도 5년 전 시골 학교에 있을 때 선생님들과 함께 제주도로 현장연수(거창하지요? 저번 36주에 언급한) 갈 때 공항에서 보긴 했는데 세금을 부과하지 않는다는 의미는 짐작되지만 그게 왜 공항과 연결되어 이야기되는지 조금도 알고 싶지 않아 이 나이 되도록 여태 모릅니다. (하긴 제가 생각해도 너무 바보 같아 이번 기회에 나이값으로나마 따져 얼추 꿰맞추고 있다고 생각하지만 그래도 여전히 애매함이 가시지는 않는.) 그렇군요. 〈비자〉라는 말도 익숙한데 새삼 생각해보니 〈여권〉과 정확히 어떻게 다른지도 애매하긴 마찬가집니다. 이 글을 쓰며 곰곰 생각해보니 여권은 다른 나라에 가기 위해 국내에서 허가해주는 서류로 이해되는데, 그것만으론 다른 나라에 갈 수 없을 것 같군요. 무슨 영화처럼 테러리스트가 함부로 자기 나라에 들어오면 큰일이니까. 그러니까 특정 국가에 가려면 그 나라의 허락을 얻어야 할 터이고, 그 허락이 비자인 것 같은데 (제 추측이 거의 맞는 거 같은? 그렇더라도 일부러 그런 말을 확인해보고 싶은 생각은 눈곱만큼도 없습니다.) 만약 10개 국가를 간다면 비자만 10개가 되어야 하는지? 아마 한 개의 수첩에 제각각 도장을 찍은 비자를 첨부한…? 아니, 그보다 비자는 어디서 발급받아야 하는지? 주재 대사관? 항만, 공항에 파견 나온 직원? 그야 아무튼 저는 특별히 가야 할 곳이 있는 것도 아니고, 필요한 것도 없습니다. 실제 현장에 가서 보면 훨씬 이해가 잘 되고 기록으로서의 가치, 또는 진실로 인간의 삶과 세상에 대한 성찰을 얻을 수도 있겠지만 그렇다고 꼭 해외로 나갈 생각은 눈곱만큼도 없습니다. 거기에 쏟아붓는 비용과 대비해서 저에겐 엄청난 과소비로 여겨지는데 그걸 정당화하고 싶은 마음도. 당연히 국제적 감각과 세계 속 우리의 위치, 국가 발전 모멘텀(momentum)의 방향 등에 대한 수준 이하의 이해력, 아니 좁은 시야로 인한 해악(害惡) 등까지 고려하고라도 〈로봇의 행진〉처럼 너도나도 해외로 진군하는 대열에 끼인다는 건 차라리 소름끼치는 일이군요. 국가대표 선수로 올림픽에 참

가하는 것도 아니고, 과학 실험을 하려고 극지방을 떠도는 연구원도, 학술 발표하러 가는 학자도, 어쭙잖은 책 하나 출판하기 위해 취재라는 멋진 구실로 선글라스를 쓰고 폼 잡고 해외로 여행하는 문화인도 아니며, 연암 박지원(朴趾源)처럼 정부의 대표로 청나라로 출장 가서 그 시대 국제 사회의 돌아가는 정세들을 보고 듣고 느낀 점을 「熱河日記」라는 훌륭한 책으로 펴낼 수 있는 센스 있는 정치가는 더더욱 아닙니다. 당연히 땀 흘려가며 번 제 돈이고, 그래서 얼마든지 소비해도 되지만 학교 밑 시장의 2천 원짜리 칼국수 한 그릇에도 감사함 없이 무소불위의 정정당당처럼 당연으로만 받아들이는 것도 조심스러운데 하물며 다른 건 더욱. 문득 이 시대 세상의 번잡하고 화려한 문명과 문화, 그리고 유명(有名) 밑에 깔려 흔적도 없이 사라져버린 찬란했던 인간의 정신들이 시체처럼 어두운 얼음 장벽 속에 갇혀 창백하게 절 쳐다보는 것 같은 그림이 떠오르는군요. 우리들은 너무나 쉽게 순수했던 정신들을 솔선수범(?)으로 떠나보낸 건 아닌지!

갑자기 망발(妄發) 같은, 아니 그래서 사실은 전부터 떠올려본 근사(?)한 생각도 떠오르는군요. '사르트르(Jean-Paul Sartre)'가 노벨상을 거부했다는데 만약 제가 무슨 업적으로 수상자로 지명되어 스웨덴으로 가야 하는 말도 안되는 상황이 닥친다면? 단언하지만 아마도 관계자가 직접 와서 시상한다면 받아들일 수 있을지 모르지만 제가 직접 가서 수상해야 한다면 필연 매몰차게 거부할 게 틀림없을 겁니다. 아니 거부해야겠지요. 제가 왜 꾸역꾸역 머리 숙여가며 찾아가야 할까요? 당연히 받아야 하는《주체》는 제가 되는데 말입니다. 상은 시혜(施惠)가 아니라〈헌정(獻呈)〉이거든요. 아니, 상 따위는 본질이 아닌 세속의 허망한 사교(社交)에 불과함을 잘 아는 제가 받을 이유가 없군요.《미래에도 지워지지 않을 낙인(烙印) 같은 수상자의 명단》에 제가 버젓이 오른다는 것만으로도 소름이 끼칩니다. 세상을

〈멋지고 화려하게 운영〉했을 게 틀림없을 제 흔적이 말입니다. 저는 어쩔 수 없이 시상식에 불참했다는 『고도를 기다리』는 '사무엘 베케트(Samuel Beckett)'도 아닙니다. 아하! 무엇보다 《여권이 없어 노벨상을 타러 갈 수 없다》는 초유의 국가적 희비극, 아니 전지구적 토픽이 벌어지겠군요! 어쩌면 국가에서 급히 나서서 제 여권과 항공탑승권과…. 호호! 상상만 해도 신나는! 하지만…, 아무래도 국민적 성화(?)가 엄청날 것 같아 사이코 같은 제 생각 따위는 어린애 투정으로 치부될 게 틀림없을. 상상 자체를 끊어 **버려야겠군요.** (하지만 제가 그렇게 생각한다 하더라도 노벨상을 탄 개인들과 그들의 업적, 작품들 자체는 과연 위대한 게 틀림없군요. 워낙 흔한 일상적인 일이 되어서 예전만큼 찬양 소리가 크진 않지만, 그러나 '퀴리 부인(Maria Curie)', 『닥터 지바고(Doctor Zhivago)』 등의 인물과 작품 등등은 아무리 칭송해도 모자랄 정도지요. 그야말로 인류의 위대한 전범(典範)임에 틀림없습니다. 노벨상은 앞으로도 영원히 계속되어야 할!)

꼭 필요한 경우가 있다면 어쩔 수 없겠지만 일반적인 여행의 의미에 머문다면 단칼에 베어내고, 차라리 국내에서 좋은 책을 읽으며 영혼의 자유와 제가 모르는 숨겨진 진실, 또는 눈이 번쩍 뜨일 정도로 시선을 끄는 사유(思惟)와, 탄복을 자아내는 절묘한 시구(詩句)나 문장(文章)을 탐구하는 재미를 실컷 즐기겠습니다. 그건 세상의 재미있는 것들 모두를 더한 것보다 훨씬 감동스럽지요. 세상을 그런 글 속에서 이해한다는 건 어쩌면 신이 숨겨둔 퍼즐을 풀어내는 듯한 행복을 주기도 합니다. 이젠 시력과 열정, 도전 자체가 형편없이 찌그러진 형편이지만. 제가 찾아낸 좋은 문장들-, 꽤 많이 있는데 갑자기 생각이 잘 나지 않는군요.

- 시간은 무수한 수수께끼의 터널
- 오래전에 지나가버린 퍼레이드에 손을 흔드는

- 세상은 화려하지도 않고 마분지와 거울로 만든 영화 세트장
- 북만(北滿)의 눈보라와 남항(南港)의 동백꽃을 벗 삼아 떠도는 유랑인생
- 여자의 맹세는 물 위에 적어놓는다
- 부천 복사골에 더 이상 복사꽃이 없듯, 안양에 포도밭이 남아 있지 않듯
- 그리움을 하나씩 가슴에 달고 있는 노인들
- 첫사랑이 이루어지면 돌로 남고, 이루어지지 않으면 보석으로 남는다
- 피라미드를 전세 내고, 스핑크스를 빌려서 당신을 감시하게 했소
- 부지런함이 잠들면 가난은 창으로 넘어온다….
- 태양신의 황금수레가 여명과 황혼을 거느리고 세상을 한 바퀴 주유하던 시대
- 우리 둘이 있는 곳을 빼곤 모두 멀리 있길 바라오. 저 산은 달 위에. 저 바다는 태양 위에

생각보다 꽤 많이 있는데 일일이 기억해내기 어렵군요. 무슨 영화 셰리프(sheriff) 같은 사랑의 달콤한 말들도. 그런데 이제 보니 새삼스레 일부러 멋을 살려 제조(?)한 의혹이 강한 문장-, 〈여자의 맹세는~〉, 〈부지런함이 잠들면~〉 등등도 보이는 걸 보면 마냥 좋기만 한 건 아니군요. 명언집(名言集)이나 무슨무슨 명사(名士)들의 수필집 속에 가득가득한. 앞으로 그렇게 가볍고 멋들어진(?) 문장들엔 빨간 밑줄을 쳐서 지하 감옥에 가둬둬야겠습니다. 두더지처럼 슬금슬금 머릴 내밀라치면 망치로 대갈통을. 감시하는 재미가 꽤 솔솔할. 〈북만의 눈보라와~, 태양신의 황금수레가~〉 등의 문장은 '이문열(李文烈)'과 '이병주(李炳注)'의 소설에서 따온 것 같은데 이번에 문득 생각나서 찾아보니 〈북만의 눈보라~〉는 제가 흘러간 우리 옛날 가요 중 유장(悠長)한 소리의 가수 백년설(百年雪)이 1942년 〈K1810〉이란 번호로 OK 레코드사에서 출반한 SP 레코드 「천리정처-千里定處」라는 노래에 대한 감상, 또는 해설문을 쓸 때 이미 쓰여 있는 걸로 봐서 원전(原典)

이 따로 있을 거라는 혼란스런 생각도.

- 「北滿의 눈보라와 南港의 동백꽃」을 벗삼아 떠도는 몸이라고 했던가? 그는 그야말로 그렇게 떠도는 유랑자였다. 내 학창 시절 이 구절이 그런 유랑자 인생의 허무와 비장(悲壯)에 결합되면서 엄청난 체적으로 가슴 속 심연에 심어졌다. 뒤에 이문열의 어느 소설에서 이 구절이 사용된 걸 알고 나처럼 유랑에 중독된 사람도 있구나 하고 고소를 머금은 기억이 난다.

그러니까 제 학창 시절에 저, 또는 술집 색시들은 이미 이 문장을 알고 있었다는 말이 되는군요. 뭐 그런 건 좀 더 시간이 지나면 관련 옛날가요 연구가 등등에 의해 밝혀질 수도 있겠지만 아무튼 이병주의 문장과 함께 압도적으로 멋을 살린 표현이긴 하지만 그보다는 문학과 철학의 〈낭만〉과 〈서사〉의 특징으로 표현되어 오히려 더욱 보기 좋아졌다고 할 수도 있다. 이런 문장들은 언어의 인력을 뛰어넘어 세상의 섬세한 기미와 결정들을 생생하게 돌아보게 하는 촉매가 아닐 수 없습니다. 어쩌면 황금 따위는 아무런 가치도 없다는.

물론 제가 만든(?) 꽤 괜찮은 문장들도 있지요. 역시 망치로 내리쳐야 할 것들도 있지만.

- 청춘은 영탄법(咏嘆法)으로 가고, 과거는 과장법(誇張法)으로 남는다
- 과학은 세상을 휩쓰는 어쭙잖은 신념과, 정의로 포장된 미신과, 개인에 기초한 오류를 단번에 체포해 가두어버리는 〈신의 도량형(度量衡)〉이며, 철학은 과학이 스며들지 못하는 세상 속 사람들 삶의 현상을 명징하게 해석하는 〈신의 독심술(讀心術)〉이 아닐까?
- 첫사랑이 이루어지면 돌로 남고, 이루어지지 않으면 보석으로 남는다

- 피라미드를 전세 내고, 스핑크스를 빌려서 당신을 감시하게 했소
- 낙화(落花)는 시간의 빗질에 함부로 휘날리는 우리들 청춘의 초상이며, 유수(流水)는 세월의 습기에 침윤(浸潤)되어 영원으로 흘러가는 우리들 인생의 눈물
- 이미 흘러간 노래는 시간의 음표에서 달그락거리는 우리들의 꿈은 아니었을까?
- 서정시처럼 감미로운 입맞춤과 셰익스피어의 연극처럼 극적인 포옹을 사람들은 기대하리라.

등등… 찾아보면 더 많은 멋진(?) 문장들이 있는데 잘 생각나지 않는군요. 무척 설레며 만든 문장들인데 이젠 헷갈려 남의 글을 정말 제가 만든 문장으로 잘못 기억하는지도 모르지만 어쨌든 제겐 문장 한 줄보다 못한 게 해외여행입니다. 삶의 기미를 날카롭게 잡아낸 보석 같은 글 하나는 전 지구를 섭렵하는 여행에서 얻는 것들 모두를 합한 것보다 훨씬 소중합니다. 어쩌면 단 한 줄의 문장이 한 사람의 생을 가름할 수 있기도. 해외여행이 힐링의 의미와 함께 고단한 삶에 주는 배려는 소풍을 가는 아이처럼 가슴을 설레게 하는, 첫사랑과의 수줍은 첫 키스의 추억을, 낭만과 열정의 젊음에 청춘의 마법을 새겨주는, 삶의 파노라마를 풍성하게 펼쳐주는 신의 은혜처럼 당연한 거라고 이해하며, 그래서 저에게도 꼭 필요하지만 지금처럼 지상(地上)의 명제로, 아니 권리처럼 시정의 너무나 당연해진, 그래서 줄 서서 기다리며 〈북적이는〉 압도적 유행으로서는 아닙니다. 누군가의 말처럼 아마도 세상에서 가장 쓸데없는 걱정이 여행사의 여행객 모집이 미달 되지 않을까 싶을 정도로. 거대한 시대의 요구와 필요성은 타인들의 몫이지 그저 이름 없는 개인에 불과한 저에게는 해당되지 않습니다. 꼭 소비를 동반한, 눈과 귀, 혀에 자극을 주는 것만이 힐링이라는 생각에 동의하지 않습니다. 영혼과 진실을 탐구하는 게 얼마나 힐링에 도움 되는지 사람들이 잘 모르는 것 같더군요. 기본적으로 제가 게으르고, 사유의 진폭

과 깊이가 많이 부족하다보니 도처에 가득한 정신들을 찾아보는 시간도 부족한데 그런 따위 넘치고 당당한 〈향유〉를 힐링이라는 과장법으로 정당화하고 싶은 생각은-, 아니 차라리 악덕으로 다가오는군요. 새삼 세상의 지극히 〈당연한 상식〉조차 반역(?)으로 받아들일 수 있음을. 그리고 그 당연을 깔아뭉개는 〈견고한 정신〉도 지극히 당연할 수 있음을.

이제 와서 저는 제 여행의 항목을 월든(walden) 시대의 '소로우(Henry David Thoreau)'나 쾨니히스베르그의 '칸트(Immanuel Kant)'처럼 처녀림이란 엄격으로 남겨두겠다는 치열함을 갖고 싶습니다. 비록 나라나 회삿돈을 펑펑 쓰며 해외여행을 이웃집 가듯 별다른 생각 자체도 하지 않는 사람들에게선 웬 〈몬도가네?〉라는 의아함으로 받아들여지더라도, …그래도 칸트의 말처럼 저는《Es ist gut!-그걸로 충분히 만족합니다.》

몬도가네라니까 기막히게 또 이런 생각도 떠오르는군요. 전부터 가끔 생각해보긴 했는데 예전에는 꿈도 꿀 수 없었지만 지금은 수학여행으로 외국을 가는 게 그렇게 보기 어려운 일이 아니라고 하더군요. 뭐 요즘은 아이들이 더욱 극성스레 원한다던가? 또는 교장 승진 코스로 단체로 연수 받으러 해외여행을 가기도. 그런 여행의 필요성도 있겠지만 아무리 시대의 추세와 격식과 세련이 그렇다 하더라도 그렇게 업그레이드(?)해야 하는 당위를 아직 온전히 이해하고 받아들이지 못하는 제가 그때 만약 담임이라면, 혹은 교장 승진을 앞두고 있다면, 그래서 제 치열함을 거두어야 하는 경우가 생긴다면? 아니면 굳세게 지켜서 담임도, 교장도 될 수 없는 상황에 닥친다면 그게 과연 정당한 상황인지, 제 마음이 반역적인지…. 아무래도, 아니 제 정당은 개인의 고집으로 치부되어야 하겠습니다. 이 글로벌 시대, 치열한 경쟁 세상에서 말입니다. 어쩌면 당연을 뒤집는 코미디 같기도. 물론 제가 이해하고 받아들일 수 있다면 인정하겠지만. 아니, 솔직히 자신의 의지나 신념과 다른 가치들 속에서 현대인의 필수 조건을 채울 수 없어 고민(?)하는 사람이 저 말고 하나라도 있기나 할까요? 제가 생각해도 정말 꼴통에 완벽한 또라이(?) 같아 기가 찰 일이 아닐 수 없습니다. 시대를 외면한…. 당연히 다른 분들의 다른 생각까지 덤터기 씌울 의도는 전혀 없습니다. 그건 다른 분들의, 아니 꼭 필요하고 당연한 인간의 논리니까요. 저도 가보고 싶은 곳들이 있지만, 그러나 제 인식의 인력(引力) 속에서 자꾸만 편향되며 가중되는 세속적 관광(?)으로서의 의미라면 단칼에 잘라낼 것 같군요. 관청을 다니며 여권과 비자를 발급받고, 멋진 포즈로 캐리어를 끌며 공항 길을 걷고, 줄 서서 비행기를 기다리고, 손을 흔들며 미소 짓는…. 전혀 따르고 싶은 생각이 없군요. 그런 향유의 의미라면 정당과 가치의 의미를 떠나 제 스스로 시중의 논리에 함몰되어버리니까요. 하지만…, 저는 과장된 망집(妄執)의 허깨비에 포박당해 시대를 잃어버리고 헤매고 있다고 하더라도 힐링이 필요한 현대인의 〈비극적 표정〉을 위로할 수 있는, 소박한 쉼표의 의미로 이해되는 여행을 폄하(貶下)할 생각은 추호도 없습니다. 그건 각 개인들의 삶의 좌표에서 꼭 필요한 요소일 수도 있으니까요. 앞에서 말했듯 청춘 시절의 아름다운 낭만이라든가 고달픈 삶의 여정에서 여유로운 휴식을 찾고 싶은 의미에서라도 차라리 장려되어야 하겠다는 생각이 들기도 하군요. 평생을 억압적인 직장생활을 하다 과감히 떨치고 세상을 향해 나아가려는 사람, 또는 특정 장소, 예들 들면 북극지방에서 빙하와 오로라를, 남양(南洋)에서 원주민들이 바다를 벗 삼는 원초적인 삶의 모습을 꼭 가보고 싶어 오랜 시간 돈을 모으고, 여기저기 자료를 찾고, 여정을 짜보고… 그런 분들은 제가 돈을 보태서라도 도와주고 싶습니다. 그건 삶의 보람이나 원망(願望)과 관련 있는 의미 있는 행사니까요. 그분들의 바람은 꼭 이루어져야 하는, 어쩌면 눈물겨운 삶의 본질로 다가오기도 합니다. 그래선지 이번 기회에 일부러 여행의 정당성에 대한 긍정의 의미도 찾아봤더니 많은 선현(先賢)들이 이야기했더군요. '다니엘 드레이크(Daniel Drake)'라는 의사는 자신의 직업에 맞게 여행을 〈모든 세대를 통털어 가장 잘 알려진 예방약이자 치료약이며 회복제〉라고 했고, 우리의 저 위대한 동화작가 '안데르센'은 〈정신을 다시 젊어지게 하는 마르지 않는 샘〉이라며 동화 못잖게 그 의미를 확장시켰습니다. 모로코 출신의 유명한 여행가인 '이븐 바투타(Ibn Battuta)'는 〈여행은 당신의 심장에 날개를 달아준다〉라고 여행의 정당성을 한껏 띄워주었으며, 로마의 철학자 '세네카(Seneca)'도 〈여행과 장소의 변화는 정신에 활력을 준다〉고 인간 심리의 근저를 차분하게 펼쳐내기도 했습니다. 어쩌면 더불어 알게 된 그의 다양한 삶의 부침이 여행과 관련 있는지도 모르겠습니다만. 아무튼 여행은 삶에서 최상의 덕목이 틀림없다는 생각이 드는군요. 인간에게는 원시시대에서부터 그런 유목(遊牧)의 여정이 유전자처럼 내장(內藏)되어 있으며, 그래서 인간이란 형이상학적인 존재로 작렬해온. 그런 면으로 강철 같은 저의 옹고집은 오히려 본질적으로 드러내어지는 삶을 억압 또는 적대로 만들 수도 있겠다고 할 수 있겠군요.

    자라나는 우리 아이들이 소비의 최면을 이겨내고 약동하는 미래를 위해서라면 얼마든지 이해할 수 있습니다. 자식들 키우며 고생만 하신 늙으신 부모님에게 생전 처음 해외여행을 보내드리고 싶어 하는 자식의 마음은 참으로 아름답군요. 아, 그러고 보니 저도 여태껏 한 번도 만져보지 못한, 아니 생각해본 적도 없는 우아하게 반짝이는 캐리어를 〈끌고〉 자식들에게 손을 〈흔들며〉 당당히 공항을 〈걷고〉 싶은 그림이 맘속 깊이 숨겨져 있는 건 아닌지. 사실 고백하자면 제 자식들도 지금 몇 년째 외국을 돌아다니고 있는 형편입니다. 딸애는 영어와 독일어를 완벽히 습득하기 위해 그쪽의 대학에 입학까지 한. 그럼에도 솔직히 제 자식들에게는 잣대를 그렇게 견고하게 들이대지 않음을 고백합니다. 하긴 이미 성인이 된 자식에겐 그게 가능하지도 않겠지만. 구구하게 변명하지 않겠습니다. 절 보고 이현령비현령(耳懸鈴鼻懸鈴)이라고 탓하면 겸허히, 아니 통절(痛切)히 받아들이겠습니다. (그러고 보니 6학년 담임을 아주 많이 했는데 다행히(?) 제 시대에는, 그리고 그런 학교에 근무한 적이 없었군요.) 그야말로 제가 온전히 천연기념물 수준인가요?

어쩌면 여태 이 자리를 통해 현대인의 행태에 대해 당당하게 날선 공격과 심할 정도의 꾸중을 할 수 있었던 것도 세상과 삶에 대해 나름의 의식적 거리감이 있었기 때문이 아닌가 하는 생각도 드는군요. 특별히 각성하고 그렇게 살아왔다기보다는 제 존재가 스스로 그런 강철 같은 신념(?)의 울타리 속에서 차츰 적응하며 살아왔다는 것이 옳을 것 같습니다. 또는 언행일치(言行一致)라는 일견 쉽게 사용하지만 실제로는 몸서리칠 정도로 실천하기 어려운 말도. 만약 저도 제 몸과 어울리는 차를 타고, 즐겁게 해외여행을 다니며 사진을 찍고, 스마트폰과 디지털 TV 등… 현대의 화려한 문명의 이기(利器)들을 주저 없이 실컷 향유하며 〈지지배배〉 재미있게 살면서도 이렇게 제 식으로 세상을 비판했다면 겉 다르고 속 다른 속물이랄 수 있을 겁니다. 칸트처럼 철학(?)을 가지고 일생을 보낸다는 건 이 밝은 현대에서 보면 엄청난 구속과 불편을 감수해야 하는, 아니 거의 불가능한 고행입니다. 제가 니체(Nietzsche)가 말한 어디 일방적 의미의 〈超人〉은 아니지만 누구처럼 철학이나 이념이 입 주변에서만 요란하고 손발과 몸뚱이는 딴 살림을 차리는 건 배반의 삶이지요. 그 구속과 불편을 즐겁게 향유하려면 합일된 정신이 아니면 어렵습니다. 요즘 보면 그렇게 말과 행동이 다른 사람들이 더욱 크게 자가발전하는 경향이 많은 것 같기도. 정치가, 소설가, 기업가, 교수, 문화인, 종교인, 스포츠 스타, 연예인…. 옳고 그른 걸 떠나 저에겐 그 이름의 빈도만큼 덕지덕지 달라붙는 욕망의 깡통들이 달그락거리며 귀를 때리는 것 같아 욕이 나올 정도입니다. 왜, 왜 그렇게 자기 이름과 얼굴을 이곳저곳 함부로 내미는지. 좀 괜찮다 싶다가도 그 이름과 얼굴이 자주 보이면 그만 만정이 떨어집니다. 자기 이름을 단속하는 사람이 하나도 없군요. 단속은커녕 얼굴까지 버젓이 이곳저곳 내밀지 못해 안달까지 하는. 단언하지만 자기 이름을 걸고 나대는 사람들 대부분, 아니지요. 모두 다 그렇다고 생각합니다. 현재 유명한 사람들 단 한 명의 예외도 없이 모조리 제 단단한 언행일치의 그물을 빠져나갈 수 없으리라 생각합니다. 당신이 아무리 훌륭하다고 생각하는 사람 한 명 이름을 이야기하더라도 저는 그 사람의 당연한 듯한 모습에서 과시와 뻔뻔과 황금을 얼마든지 뽑아낼 수 있을 것 같군요. 제가 그렇게 느낄 기미를 준 게 그 사람들이거든요. 그 치열한 열정으로 가득한 드높은 학문, 역사를 섭렵(涉獵)하는 신념과 진실을 추구한 작품 세계, 새롭게 인생을 해석해내는 빛나는 예지, 영광과 좌절을 아우르며 국민적 열망을 이끌어낸 스타의 눈물, 삶을 아름답게 채색해주는 헌신과 희생…! 더 없이 찬양받아 마땅하지만, 그러나 강단(講壇)과 책과 작품과 직책과 TV와 그라운드와… 본래의 서식지에서 더 나아가 그것들과 관계없는 〈행사〉와 〈초청〉과 〈受賞〉과 〈판매〉와 〈과시〉와 〈선도〉와 〈광고〉의 자리에까지 나와서 왜 자신을 드러내는지? 변명은 온전히 간과되어야 하겠군요. 제가 그렇게 생각한다는 말입니다. 그런 건 순수가 아니지요. 그렇습니다. 소비라는 건 물질만으로 한정되지 않고 〈이름팔이〉라는 행위에도 확대되는군요. 업적이나 자격, 평가가 아무리 훌륭하다 해도 그걸 미끼로 세속의 장면에 얼굴과 이름을 당당하게 내민다는 건 창녀처럼 자신을 능동적으로 〈팔아먹는〉 것에 다름 아닌 것 같습니다. 차라리 창녀는 삶의 아이러니에 휘둘리는 안타까운 눈물을 담보로 한다는 의미로 오히려 어찌할 수조차 없는 인간의 조건에 얽매인 긍정과 동정으로 받아들일 수 있지만, 이 경우는 소비의 경계를 넘어선 능동적인 《賣春》이 아닐 수 없습니다. 이름과 얼굴을 발가벗은 듯 사람들에게 마구마구 들이대는. 어떨 땐 제가 그 사람들과 정말 엮여있는 게 아닌가 싶은 착각이 들 정도로 선명한 이름과 얼굴과 주렁주렁 달린 프로필이 꿈에서도 나타나 화려한 퍼레이드를 벌이는. 물론 꼭 필요한 경우가 많겠지만, 그리고 '나'는 그런 생각이 전혀 없다고 항변하겠지만 제가 볼 땐 예외 없이 합리화로 꾸민 쓸데없는. 그게 스스로의 마음속에 날카로운 비수로 고집스레 낙인찍는 줄 모르고 흐뭇한 미소를 짓는. 솔직히 말해 세속의 가벼운 관심과 찬양과 선망을 칼날처럼 단칼에 잘라낼 사람이 단 한 명도 보이지 않는군요. 오히려 먼저 요염한 눈길을 던지는, 비실비실 손을 비비며 아부하는. 어쩌면 젊음과 전성기(?)는 그야말로 신기루처럼 아주 짧은 순간에 지나가버린다는 걸 재빨리 눈치채고는 유효 기간 동안 남김없이 유명과 황금을 뽑아내려는 건지도. 그런데도 몇몇 유명했던(?) 사람들이 어째 잘 보이지 않아 이제 세속의 허깨비에서 깨어난 모양이라고 생각하곤 했는데 웬걸, 엄청나게 쪼그라진 모습인 줄도 모르고 철없이(?) 세상의 전면에 다시 나타나 활동하더군요. 딴은 거장이니, 전설이니, 양심이니 떠벌리며 비열하고 더러운 면상(面像)과 이름을 말입니다. 아니 이름은 그렇다 치더라도 이미 세월의 때가 잔뜩 낀 면상은 보는 것만으로도 구역질 나는. 시간은 한번 가면 되돌릴 수 없고, 자기에게 배당된 시간은 그저 역사 속으로 흘러가게 내버려둬야 하는 것을. 영화 『벤자민 버튼의 시간은 거꾸로 간다-The Curious Case of Benjamin Button』는 그런 역설(逆說)의 시간 속에서 돛단배처럼 흘러가는 운명을 애틋하게 보여주었지요. 〈화려〉와 〈처절〉이란 운명의 이중주에 그냥 맡겨 흘러가는 게 인생의 본질임을, 나머지는 바람처럼 희미해지는 겉모습임을. 어린 아기가 된 벤자민이 사실은 그런 역설로 존재하고 있음을! 차라리 세기인(世紀人-100年)이라면 오히려 축복을 보낼 수도 있을.

아무튼 그런저런 세상에 눈을 크게 뜨고 찾아보는 것보다 차라리 제가 눈을 감아버리는 것이 엄청 쉬울 것 같습니다. 하긴 삶이 구성되는 방식이 그런 식으로 짜여있고, 그게 바로 삶의 보편으로 받아들여야 할 수도 있지만 지금처럼 모두 다 지나치게 부풀려 세상을 휩쓸수록 반대로 강력하게 구축한 엄격으로 과도하게 재단하다 보니 제 생각의 함정에 스스로 빠져 그렇게…. 제 자식들이라 하더라도 절대 동의하지 않을. 그러나 어쨌든 제 엄격은 나름으로 더욱 가치를 획득할 수도 있음을. 자신을 숨기는 사람이 단 한 사람도 없는(?) 이 시대의 과장된 자가발전은!

한때 현대문학의 최고 걸작이란 평까지 들었던 소설 『호밀밭의 파수꾼(The Catcher in the Rye)』을 지은 '데이비드 샐린저(J.D. Salinger)'는 공식적인 회견 등을 포함해 문학적 화제에는 일체 얼굴을 들이밀지 않고 울창한 산림 속 오두막집에서 살았다고 합니다. 거리를 걸어가면 아무도, 심지어 친구도 알아보지 못했고, 누군가가 그의 소설에 대해 물어보면 아무 것도 모르는 것처럼 슬며시 사라지곤 했습니다. 아니 실제로 그는 자기 작품에 나오는 인물에게까지 비밀의 장막을 치고 있었습니다. 자신이 창조한 가상의 인물인데도 전혀 모르는. 그저 작품 같지 않을 정도로 슬며시 던져놓은 소설 이외는 스스로를 삭제해버렸습니다. 사라짐! 소멸! 그렇지요. 작가는 작품으로서만 말하지(어쩌면 그것마저도 아닌) 얼굴과 이름, 또는 해설과 잡문으로 말하지 않는다는 올곧은 정신을 실천한 사람입니다. 그런 그를 세상에서는 별스런 옹고집으로 단정지어버렸지요. 세상은 정의와 양심과 지성이 조화를 이루며 잘 영위되고 있는데 그에 적응하지 못하고 강박된 의식 구조에 함몰된 은둔자로, 해괴한 성격파탄자로까지 말입니다. 아무도 그와 함께하지 않았습니다. 기가 차는군요. 도대체 한 인간의 내면 하나 제대로 해석해내지 못하는 세상 자체가 얼마나 수준 낮은 미개(未開)로 점령되어 있으며, 더욱 끼리끼리 교통(交通)하는 사기꾼 세상임을 자각하고 지금이라도 그에게 머리 숙여 빌어야 하며, 동시에 오염의 하수구에서 구더기처럼 꿈지럭거리는 게 바로 자신임을 자각하고 통절히 반성해야 합니다. 물론 저도 그에 대해서 아는 게 하나도 없으며, 그가 재작년 구순(九旬)에 조용히 별세했음을 근래 우연히 알았습니다만.

그렇군요. 전에 언급했던 소설 『향수(Perfume-The Story of a Murderer)』의 저자 '파트리크 쥐스킨트(Patrick Suskind)'도 〈구텐베르크 문학상〉을 비롯한 여러 상을 모두 철저히 거절하고, 인터뷰는 물론 사진 찍히는 것조차 화를 내며 피했다고 합니다. 자신에 대해 누가 선의로라도 이야기했다면 악담을 퍼부으며 부모든 친구든 절연하고 은둔자로 숨어버렸다고도. 어쩌면 〈향수〉라는 소설은 자신의 굳센 폐쇄성을 드라마에 입혀 역설적으로 통쾌하게 세상을 조롱해낸 건지도. 아무튼 샐린저보다 더욱 과격(?)하게 자신을 삭제시켜왔습니다. 오직 자신의 서식지 안에서 이름만으로 존재하는. 그런 괴짜들이 세상에 존재했다는 게 어찌 그리 신기하고 통쾌한지! 박수를 보냅니다. 자신의 시대가 끝났다는 걸 알고 세상에서 자신을 단번에 거두어버린 은막(銀幕)의 전설 '그레타 가르보(Greta Garbo)', 오직 이성에만 눈을 주고 세상과 철저히 단절해버린 철학자 '임마누엘 칸트(Immanuel Kant)'···. 매끄러운 미소와 능란한 동작으로 우아하고 세련된 폼을 지으며 세속의 전면에서 활약하는 사람들의 세상에 저 혼자 유령 같은 관념으로 존재하지 않겠느냐고 생각했는데 그렇게 두텁게 뒤를 감싸주는 사람들이 있었다니! 그들에 비하면 자기를 세상이 맘껏 소비하라며 글이 아닌 얼굴로 시정에, 재능이 아닌 명성으로 신문에, 뛰어난 성과를 자가 발전하며 세상에, 황금과 값싼 대중의 열광에 우쭐한 얼굴로 TV에, 수수가 아닌 번잡과 화려로 SNS에…. 돈으로, 미모로, 명성으로, 성과로 엉뚱한 곳에서 룰루랄라~ 휘파람 부는 사람들은 〈똥통의 구더기〉보다도 더 가여운 사람들이 아닐 수 없습니다. 아마도 똥통인 줄 모르고 향기론 냄새를 피워내는 먹이가 가득한, 안온하고 편안한 세상으로 철썩 같이 믿고 있는. 정말로 지구 전체가 풍덩 구더기 똥통에 빠져버렸으면 하는 생각이 들 정도로. 모든 건 비록 제 과장된 망집 속에서지만. (제가 일부러 자세히 알아보진 않았는데 얼핏 우리나라에도 셀린저나 쥐스킨트 비슷(?)한 면을 보인 사람이 있었다고 기억합니다. 아마도 황순원(黃順元)이 그런 비슷한 성향으로 존재했다고 생각해온 것 같은데? 만약 그렇다면 전 그를 제 신전에 모셔두고 매일 엎드려 경배할 생각입니다. 좀 더 자세히 알아봐야겠습니다만 과연 제 기준을 맞출 수 있을지!)

당신은 세상에 자신을 얼마나 많이 소비시켰나요? 욕망을 적게 가지면 그만큼 행복해진다는 말이 있지요? 뜻밖에 '칼 마르크스(Karl Marx)'가 말했더군요. 《존재가 작을수록, 삶이 덜 표출될수록 더 커다란 것을 얻고, 그러면 삶은 거인처럼 커진다》고. 그의 고단하고 견고한 삶과 관련하여 아마 역설적으로, 반동적으로 말한 듯하지만 어쨌든 삶의 장면에서 마주하는, 세상에서 가장 뛰어난 아포리즘(aphorism)이 아닌가 싶은. 마치 작은 인간을 돋보기로 자세히 관찰하려는 듯. 과연 그의 돋보기 속에서 정말로 거인처럼 커다란 존재가 이 시대에 있기나 하는지? 오히려 얼굴과 이름을 덤핑처럼 마구마구 쏟아내는 이 더러운 구더기 같은!

그렇군요. 사람들은 자신의 이름과 얼굴과 평판을 세상이란 소비의 광장에 주저 없이 던집니다. 맘껏 소비하라며. 아니 굳은 신념과 실천의 그늘 속에 숨겨둔 교묘한 안락과 쾌락과 명예와 권위를 실컷. 어쩌면 그건 인간, 혹은 생명을 약동시켜주는 《본성》이라고도 할 수 있는. 삶이 이루어지는 당연하고 절대적인 열정의 형식으로 짜인. 그러나 인간을 그렇게 무조건 긍정으로 한정시켜버리면 그 또한 도그마에 갇혀버립니다. 우리는 욕심은 욕심대로 다 찾아 먹고도 한없는 성자(聖者)처럼 자신을 꾸밉니다. 가능하다면 드높은 명예마저 차지하려고 하지요. 그런 본성과 속성을 이해하면서도 모두들 굳게 자신을 꾸미는 걸 보노라면 그야말로 인간의 지리멸렬한 존잿값이 아쉬울 뿐입니다. 초인의 반대가 《소인배(小人輩)》라고 누군가가 말했다지요? 니체였던가? 그런 사람들은 영혼을 팔아먹은 사람들입니다. 한 방울의 에너지도 낭비하지 않으려고 하기는커녕 욕심꾸러기처럼 귀한 에너지를 이기적 만족을 위해 함부로 소비하는 지구의 배반자이기도. 입을 닫아버리든지, 아니면 손발과 몸뚱이를 구속하든지. 만약 그런 소인배들의 유명(有名)과 자본(資本)을 제가 가지게 된다면 소름이 끼쳐 한순간도 견뎌내지 못할 것 같습니다. 아니 치욕으로 몸을 부들부들 떨게 될 것 같은. 하긴 저도 절대적 도덕성으로 보면 엄청나게 타락한, 실제로 부도덕한 면도 많은 현실적 삶을 사는 소인배임이 분명합니다만. 부당과 슬픔과 체념과 허무가 이 시대 사람들 가슴 마다에 줄줄이 달려있는데 얼굴을 슬쩍, 아니 악착같이 고귀한 이름을 널리…. 구역질이 나는군요. 왜 인간은 적절한 균형과 절제와 겸양을 할 수 없는지. 오컴의 면도날(Occam's razor)이란 말을 제 나름으로 해석하여 참 좋아하는데 지금처럼 쓸데없는 말을 이리저리 쏟아내는 저를 포함하여 제법 미소까지 띠며 여기저기 두더지처럼 돋아나는 불필요한 소인배들을 모두 단칼에 벼려냈으면 하는 생각이 과한 것만은 아니라는 생각이 드는군요. 하늘이 그들에게 《얼굴 없는 익명으로만 존재하라》고 선고한다면 과연 어떤 선택을 할지. 말할 필요도 없이 너무 자명하겠군요. 피식 비웃는!

우리나라에도 역사를 뒤져보면 그 비슷한 이야기들이 있습니다. 〈토황소격문(討黃巢檄文-귀신들마저 '황소'를 죽일 것이다)〉란 글로 오늘날까지 우리나라는 물론 오히려 중국에서 더 숭앙하는-유(儒), 불(佛), 선(仙)에 통달했던 신라 말의 대시인, 대문장가로서 한문학(漢文學)의 조종(祖宗)으로 불리는 고운(孤雲) '최치원(崔致遠)'은 자신에게 향하던 세속의 화려한 명성과 직위와 부와 존경 등 소비와 연관된 모든 것을 버리고 어느 날 숲속에 〈갓과 신발〉만 남겨둔 채 홀연 깊은 산속으로 사라져버렸다고 합니다. 아마도 산속 토막에서 홀로 수수한 촌부로 살다 죽었거나 아니면 사람들 말처럼 정말 신선(神仙)이 되었거나. 당대 세계 최고의 석학인 그가 말입니다. 하긴 자신의 정견(政見) 등이 조정에서 받아들여지지 않고, 강력한 골품제(骨品制)에 따른 새로운 인물의 등용 등등으로 자신의 자리가 차츰 좁아져가는 실망 때문이라는 해석도 있다고 알고 있지만. 그리고 아마도 지리산이라는 산을 많은 사람들이 드나들며 성가시게 그를 찾았을 게 틀림없고, 때론 그들과 어느 산곡(山谷)에서 인연을 맺기도 했겠지만 결국에는 자신을 〈완전히〉 숨겨버렸습니다. 그의 호 고운(孤雲)처럼 외로이 홀로 떠 있는 구름으로, 세속의 화려한 꾸밈의 삶을 버리고 백지처럼 맑고 깨끗한 자연으로 스며들어갔군요. 아마 그래서 그가 신선(神仙)으로 불리는 모양입니다. 해운대 동백섬에 가면 그의 동상과 시비(詩碑)가 있지요. 35년쯤 전 산업체 실업학교에서 국어교사로 있을 때 학생이지만 저와 나이가 엇비슷한 교양반 숙녀들과 동상 앞에서 단체로 찍은 사진이 있는데 이번에 새삼 살펴보니 평범하고 간단한 그 시들이 〈세상의 것들을 많이 가진 존재〉에 대한 통렬한 비판을 가하고 있더군요. 세상을 버리라고 하는 말이 이토록 깊은 울림을 가지고 있었나 싶어 가슴을 멍하게 합니다. 그는 결국 작품만을 남기고 삶을 삭제해버렸습니다. 그가 그렇게 세상을 버리지 않았으면, 화려한 세속의 감투로 계속 존재했다면 작품뿐 아니라 그 존재 자체도 더럽

혀졌을 게 틀림없을. 역사 속 영웅들도 제 마음속에서 잘라낸 이들이 무척 많거든요. 아무런 뜻도 없는 개인의 옹고집이지만.

아, 그래서 그런지 또 연이어 생각나는데 백발을 풀어헤치고 술병을 든 채 물속으로 들어간 '백수광부(白首狂夫)'와 오늘날 「공무도하가(公無渡河歌)-또는 공후인(箜篌引)」으로 알려진 노래를 부르며 따라 몸을 던져 죽은 그의 아내가 이상하게 겹쳐지기도.

    公無渡河(공무도하)-님이여 물을 건너지 마오
    公竟渡河(공경도하)-님은 결국 물을 건너시네
    墮河而死(타하이사)-물에 빠져 돌아가셨으니
    當奈公何(당내공하)-장차 님을 어이할꼬

아득한 옛날 「구지가(龜旨歌)」, 「황조가(黃鳥歌)」 등과 함께 한자를 빌어 지은 사언체(四言體)의 노래로 오늘날 우리 민족에게 연연히 이어온 한(恨)과 정서(情緖)가 발현된 서정시의 원형으로 매김된 노래입니다. 아마도 그들은 고대의 미치광이로서가 아니라 노래로 자신들을 승화시킨, 아니 역설적으로 현대의 무수한 이름팔이를 희롱하는 존재는 아닌지? 그런 전설처럼 세상의 것을 모두 훌훌 삭제하고 사라지는 사람은 정녕 없는가요? 서정(抒情)에 취해 목숨마저 깨끗이 버릴 정도의 신선 같은 무아(無我), 무류(無類)의 순백한 영혼은? 직함, 기대, 명망, 출세…? 당신은 거기에 얼마나…? 정녕 볼 수 없는 꿈인가요? 추하지 않은! (더 이상 나가면 스스로의 역설을 감당하기 어려울 것 같군요.)

이 시대 아무도 관심을 두지 않고 무한폭식을 당연시하는 때 그에 대해 뜻밖의 야단이나 관심 환기를 할 수 없다는 것은 이 시대 맹목과 뻔뻔과 이기와 무관심이 보편적 선(善)으로 치환되었다는 의미는 아닐까요? 진정과 예의가 사라져 모두가 당당해진 이 시대! 생명이 한 번뿐이란 건 그런 못난 인생에 대한 응징인 것 같은 기분이 드는 건 어쩔 수 없는 제 허무주의 탓인가 합니다.

(어쩌면 우리는 우리도 모르게 악덕(?)이 베푼 시혜에 취해 스스로를 멸망으로 이끄는 건 아닌지. 문명의 발달과 인간의 행복이란 섭리가 사실은 스스로를 파괴시키는 자살특공대의 또 다른 얼굴로 자연의 원대함 속에 미리 예비 되어있으리라는 생각이 문득 드는군요. <소돔과 고모라(Sodoma and Gomorra)>는 그런 못난 인간에 대한 신의 냉정한 심판은 아니었는지? 어쩌면 베스비어스(Vesuvius) 화산에 의해 멸망한 고대 도시 <봄베이(Bombay)>는 그런 우리들 욕망과 소비의 파편으로 묻혀버린 것 같다는 생각도. 그런 예언적인 것도 책임지는 자세가 필요한지도 모르겠습니다.)

지금도 아마존이나 아시아, 아프리카의 원시 부족들은 몸을 가리지 않더군요. 우리라면 부끄러워 가리기 바쁘겠지만 그 사람들은 마르든, 뚱뚱하든 중요 부위만 가리고 온통 온몸을 드러내고 있습니다. 그리고 하루 먹을 만큼만 식량을 구하고, 적으면 적은 대로 전부 똑같이 나눠 먹습니다. 화려한 기호로 떡칠한 옷을 입고, 내 것, 네 것으로 가르고, 맛있는 것을 무한 폭식하는 문명의 관습에 익숙한 눈으로 보면 출렁이는 유방을 드러내는 게, 징그러운 벌레를 먹는 게 미개로 보이겠지만 현대 기계문명인들에 비해 오히려 그들이 그 모든 과전(過電)된 소비에서부터 해방된 〈상쾌한〉 존재가 분명해보였습니다. 문명이 꾸며 놓은 기호들은 모조리 추방됐고, 허구의 이미지는 단순화시켜 생활 속에서 사라지게 했습니다. 요즘에야 무슨 「아마존의 눈물」이니 하는 다큐 등등에서 보듯 압도적인 문명이 함부로 쳐들어가 훼손하고 있지만.

　이미 기성의 역겨운 기호로 도배된 육체에 세뇌된 우리의 여학생들은 손에 거울을 필수품처럼 들고 시도 때도 없이 자신을 가꾸는 소비의 〈쪼올~병〉이 되었습니다. 스스로 의식하지 못하는 사이에 사람들에게 자신을 실컷 소비하라고 광고하는. '소녀시대'는 (물론 다른 아이돌과 마찬가지로 스쳐 지나는 화면으로 흘깃 쳐다본 게 전부지만) 전시용 이미지로 소비의 극점을 치닫고 있습니다. 하나 같이 허연 몸뚱이를 드러내고 엉덩이를 〈틱! 톡!〉 비트는 섹쉬한(?) 허벅지에서 〈A++〉란 파란 소비의 기호가 선명히 찍힌 고깃덩이의 악취가 진동하는 것 같습니다. 개그가, 연예가, 정치가, 스포츠가….

　하긴 조금의 여유도 없이 '스크루지(Scrooge)'처럼 딱딱하게 굳어버린 늙다리의 과도한 관념, 아니 엄청난 옹고집이 쌓아 올린 삶의 자세에 대한 병적인 집착이랄 수 있겠군요. 자신의 내면에 뼈대로 굳혀온 개인의 옳음에 대한 과도한 자신임을. 전면적인 절도(節度)가 되지 못하는 세부적인 개개의 망집(妄執)! 제 스스로도 그렇다고 확신합니다. 어쩌면 자기중심적인 궤변(?)으로 모든 것을 부정하고 세상을 어지럽히는 현대의 〈소피스트-Sophist〉가 바로 저인지도. 그럼에도 세상이 개인에게 지워주는 의미가 퇴색되지 않는 한 제 시선도 온전히 값을 잃어버리지는 않는다고 생각합니다. 비록 문명이 준 이기(利己)와 편리란 소비의 기호에 익숙해진 현대인들은 그런 〈평온〉과 〈낙천〉과 〈관조〉를 오히려 안쓰럽다는 눈짓으로 보게 되더라도.

　인터넷과 스마트폰과, 연예와 게임과, 트위터와 페이스북과, 이벤트와 퍼포먼스와…. 놀랍고도 압도적인 기호들의 연쇄적인 소비 속에서 표류하는 우리 아이들에게 어떻게 세상을 해석하고 존재해야 하는지 가르칠 수 없어 막막하기만 하군요. 하물며 부모님들이야! 저 자신은 소비의 굴레에 꿰이지 않은 독립적인 존재로 매김되고 싶지만 과연!

그런데 앞에 이야기한 최치원의 동상과 시비는 주인의 뜻과 달리 이름이 너무 화려하게, 당당하게, 우뚝…. 그래서 세상 사방팔방으로 판매, 소비되는 《상품》이 된 것 같습니다. 해운대가 그토록 그와 깊은 관련으로 맺어졌는지? 왕을 수행해 잠시 둘러봤다는 이야기가 있는 것으로 알고 있는데 그야말로 관광진흥이란 목적으로 지나치게 부풀린 인연임이 틀림없을 것 같군요. 그저 지리산 등 어느 한 곳을 정해 수수한 나무 말뚝 하나만 버려진 듯 박혀있으면, 그래서 어쩌다 지나는 사람들이 그냥 쳐다보고 고갤 끄덕이며 가면 좋았을 것을 말입니다. 돌(碑石)은 어쩐지 죽어서까지 권세와 과시와 불협화의 고집처럼 다가오지만 옹이가 박힌 굽은 나무는 자연과 합일된, 유무(有無) 자체가 투명으로 어울린 모습으로 다가오거든요. 그런 면으로 배꼽을 잡는 해학(諧謔) 속에 서늘한 눈물을 가득 담은 우리의 저 불우한 천재 시인 난고(蘭皐) '金삿갓'도 후대의 못난 사람들 때문에 동상이다, 유적지다, 문학관이다, 문화제다 하며 불려 다니느라 실컷 고생하는군요. 살았을 때는 모두 쳐다보지도 않았으면서 말입니다. 모두 그냥 없었다는 듯 그들의 수수한 삶처럼 버려두면 좋았을 것을. 드러냄은 오히려 그들을 진열장에 전시하고 팔아먹는 것에 다름 아닌 모독임을, 사람들 마음에 그저 지문처럼 버려뒀으면. 제가 가진 「김삿갓 시집」처럼 낡은 이미지로 남겨뒀으면! (부산시나 해운대구청에 가서 눈곱만한 인연으로 최치원을 더 이상 희화화(戱畫化)하여 모욕하지 말고 커다란 돌덩어리 시비를 모두 걷어내라고 하고 싶지만 저만 정신이상자로 몰려 끌려 나올 게 틀림없어 모른 체하고 있습니다. 행정가들은 대상을 언제나 자신들의 업적으로 치환해버리는 전문가들이기 쉽거든요.)

결국 이번 주는 글이 두서없이 아주 길어져버렸습니다. 200자 원고지로 250장을 가볍게 넘길 듯. 그것도 개인의 가쁜 호흡을 풀어내며 쓰다 보니 스스로도 숨이 막히는 것 같습니다. 틈틈이 생각나는 것들을 메모해 놓곤 하지만 결국 〈소비〉라는 카테고리 속에 삶의 모든 이미지들을 일부러 통합시키려고 하다 보니 길어졌습니다. 어쩌면 한 편의 글을 구성하는 정교한 짜임에서 약점을 보일 수도. 그래도 속이 후련하군요. 여태 써왔던 제 글들 전체를 관통하는 중심 되는 이야기를 풀어내서 그런 건 아닌지. 임금님 귀는 당나귀 귀라고 소리친 복두쟁이(가쁜 호흡 때문인지 갑자기 이 말이 표준말인지 애매해지는군요. 복두장이?) 심정인지도 모르겠습니다. 아무튼 마냥 죄송할 따름입니다.

그런데 써놓고 보니 제가 무슨 끔찍한, 아니, 정신병자처럼 느껴지는 부분도 있군요. 이 글로벌 대중 시대에 반역과 저주의 감옥에서 절규하는! 인정하겠습니다. 다만 그런 기미들도 있을 수 있겠다는 일말의 긍정적 배려로 받아들여주시기를!

오랜만에 김삿갓의 〈난고 평생시(蘭皐 平生詩)-원제는 회향자탄(懷鄕自歎)이라는 말도 들리는〉를 일부러 읽어보았습니다. 그 속에 그림자처럼 박혀 있는, 역설적으로 풀어낸 자학과 해학, 풍자의 맨얼굴 뒤에 담겨있는 평생의 한(恨)을 마주하니 그도 역시 인간이었군요. 그는 아마도 한국이 낳은 최고의 가객이 분명한가 합니다.

제(39)주 학습지도 계획안

(2012년 12월 17일 ~ 12월 21일)　　　　　　　　　　　　　　4학년 2반

치매, 생명에 대한 부채

≡ 겨울철 에너지 절약을 생활화하여야겠습니다. 적정 실내온도인 20도를 유지하고 내복을 입어 체온을 유지하는 것도 좋은 방법입니다. 필요 없는 전열기 플러그는 뽑고, 하루 2번, 2시간(10시-12시, 17시-19시)씩 전기를 아끼는 운동에 동참해야겠습니다. 제 경험으로는 추위에 떨지 않을 정도의 실내온도가 두뇌활동을 가장 활발하게 해주는 것 같습니다. 과도한 온도는 아무래도 몸의 긴장을 해체 시켜 정신줄을 풀어놓는.

≡ 대통령은 시대의 역사가 정당하다는 상징입니다. 그는 우리들 민주주의와 국민들의 삶을 이루어질 수 있도록 앞에서 도와주는 권리를 위임받은 사람이지요. 그래서 자신이 생각하는 후보에게 한 표를 행사하는 건 민주주의를 지켜나간다는 상징이며, 어느 누가 당선되어도 그건 선택됐다는 의미일 뿐 국가를 지키고 국민을 보살펴야 하는 의무는 똑같습니다. 나의 정당과 다른 사람이 선택된다 하더라도 그 역시 나의 정당을 위해 직무를 수행해나갈 테니 축하해줄 수 있는 성숙함이 필요하리라 생각합니다. 이번 수요일 대통령 선거에 모두 빠짐없이 투표를 하였으면 합니다.

≡ 저번 주는 제가 주제넘게도 과도하게(?) 개인적 진술을 한 것 같습니다. 가치는 모두에게 등가(等價)로 주어지며, 각자는 제각각의 가치로 자신을 영위해오는 것을. 어느 누구도 타인의 삶을 함부로 비판과 제단(制斷)할 수 없는 것을. 하긴 제 진술도 무조건적으로 비난받을 것만은 아니며, 일정 부분 세상의 부정적 양상에 다가가는 부분도 있다고 생각합니다만. 그럼에도 불편한 마음으로 읽어주신 분들에게 사죄하고 싶습니다. 절대는 있을 수 없으며, 삶은 다양한 교집합(交集合) 속에서 이루어지는 것을 알고 있으면서도 말입니다. 다만 그런 삶의 양상도 돌아보는 기회가 되었다면 고맙겠습니다.

저는 비교적 빠른 시간에 술과 담배를 배웠습니다. 변두리 해안 지대에서 태어나 마취제 같은 바닷바람과 어딘가 운명에 부대끼는 사람들이 주는 거친 절망감(?) 같은 것인지는 몰라도 일종의 폐허(廢墟) 의식이 언제나 마음속 한가운데 자리 잡고 자주 의식을 각성시켰습니다. 바다를 터전으로 하루하루 살아가야 하는 사람들, 그들의 깊게 파인 주름을 닮은 피폐한 삶, 파도에 밀려온 쓰레기, 구석에 쌓인 부서진 낡은 생선 상자, 허름한 술집과, 유행가와, 술에 취해 쓰러져 울먹이는 색시, 등대를 두드리며 포말처럼 끊임없이 부서지는 파도, 그리고 흔들리는 우중충한 배들…. 그런 을씨년스런 풍경들이 주는 묘한 긍정과 부정의 관념을 상처처럼 가슴 속에 깊게 새겨놓았습니다. 어쩌면 그런 삶의 풍경들은 울고 웃는 인생을 어루만져주는 낭만주의로 길러져 먼 세월을 돌아 나이든 지금까지 몽매에도 잊지 못하는 마음의 짐으로 남아 있는 것 같기도. 그 풍경 속 사람들은 비록 꾀죄죄하고 보잘 것 없지만 잠자리에 들 때면 천정을 가득 채우는 거인으로 자라나 저를 향해 미소를 보내주지요. 우리 집까지 흘러온, 저와 소꿉동무처럼 가까웠던, 그러나 고향을 그리워하며 울던 아직 어린 색시 순이, 절벽에서 떨어져 자살한 동네 형, 같이 배를 타며 동해로, 남해로 떠돌다 사라진 굵은 주름으로 남은 술주정꾼 노씨…. 그들과 이야기를 한참 나누다 보면 어느새 잠이 들고. 그 이야기들로 삶에 대한 글을 좀 써보고 싶다는 욕망이 강렬하여 몇 번 글을 써볼까도 했지만. 언젠가 다른 자리가 주어진다면 그 시절의 풍경을 한번 이야기해볼까 싶기도 하지만 이미 시효 지난 허깨비에 다름 아닌.

그런 우울은 한창 사춘기인 고등학생 때 몇몇 친구들과 어울리며 담배를 배우게 했습니다. 뭐 회화나 문예반 언저리를 돌던 몇몇과 어울리며 호기심과 멋으로 가끔 피워보는 수준이었지만. 술은 학생이어서 역시 많이 마시진 않았지만 이미 해안 지대 생활 속에서 동네 형들에게 배워 꽤 익숙했습니다. 그때부터 마신 술은 평생을 마시게 되었지요. 지금은 많이 약해졌습니다.

아마도 제 기억이 맞다면 군대 가기 전 〈진달래〉부터 피운 것 같습니다. 필터(filter) 없이 종이로 말아 양쪽을 그대로 잘라낸 양절(兩切) 담배로 속칭 막권련이었습니다. 그야말로 구석에서 철없는 아이들 몇이 콜록콜록 멋으로 조금 피우는 수준이었지만. 군에서 지급되는 〈화랑 담배〉는 본격적으로 피우게 된 담배였는데 힘든 생활을 달래주는 좋은 친구였습니다. 진지 작업 후, 혹한기(酷寒期) 훈련 후 전우들과 나눠 피우는 담배는 그야말로 '화랑 담배 연기 속에' 피어나는 전우애를 나눌 수 있는 좋은 매개였습니다.

제대를 하고 사회생활을 하면서부터 참 많이 피웠습니다. 어쩌면 담배는 기호품이라기보다는 당시 앞날을 장담할 수 없었던 피곤한 삶을 잊고 싶은 심리적 기제는 아니었던지.
꼬박 하루 한 갑은 피운 셈입니다. 담뱃대에 담배 가루를 밀어 넣고 피우는 봉지담배 〈풍년초(豊年草)〉도 피워봤고, 산뜻한 지붕 도안으로 상징되던 〈새마을〉, 신라 금관이 가운데 인쇄된 화려한 〈금관〉, 구름과 학으로 꾸며낸 고급스런 도안의 〈청자〉, 화사하고 산뜻한 인쇄가 돋보인 〈개나리〉와 〈한산도〉, 그리고 〈태양〉, 〈은하수〉, 〈거북〉…. 그 시절 영화를 보면 김승호(金勝鎬)가 아내 최은희(崔銀姬)와 딸 엄앵란(嚴鶯蘭)이 함께 이야기하고 있는 안방에서 담배를 피워도 당연하게 생각했고, 만원버스 안에서 피워도 아무도 말하지 않던 시절이었습니다.

그렇게 이십여 년 피운 담배가 언제부터인가 몸에 무척 부담으로 다가왔습니다. 가슴에 무언가가 걸린 듯 답답하고, 목은 언제나 쉬고, 목소리가 제대로 나지 않고…. 담배 때문임을 알았고, 담배의 해악도 익히 알고 있었지만 쉽게 끊을 수는 없었습니다. 몇 년을 끊으려 했지만 의지가 약해 실패했습니다.

그런데 어느 날 목에서 피가 뭉텅 쏟아졌습니다. 빨갛게 물든 이불을 보며 놀라 그날 당장 담배를 쓰레기통으로 던지고 끊어버렸습니다. 피는 그저 감기몸살 때문이었지만 아무튼 그렇게 끊은 게 벌써 이십여 년을 넘기고 있군요. 그 여파로 목은 아직도 자주 쉬고, 그런대로 꽤 불렀던 노래도 이젠 음정이 무너져 높은 소리는 잘 나오지 않습니다. 호흡은 안정되어 제법 건강한 듯하지만 흡연의 기억은 유전자에 변이를 줘 언젠가는 천형(天刑)처럼 드러나 제가 지은 죄(?)의 대가를 치르게 할 겁니다. 암, 치매…. 그 죗값으로 마라톤을 시작했는지는 모르지만.

현대인의 마음에 공포로 다가오는 질병이 바로 〈암〉과 〈치매〉입니다. 그 가장 치명적 원인은 당연히 흡연입니다. 흡연의 죗값은 불치(不治)로 다가옵니다. 물론 당장 죽을 수 있는 다른 병들도 있겠지만. 암으로 확정되면 사람들은 대개 그때부터 죽음이 가까이 다가온 것으로 생각하지요. 어느 날 문득 암을 발견하고는 그동안의 삶과 앞으로 할 모든 것들을 포기하고 세상을 떠날 때를 기다리는 식물생활을 하게 됩니다. 생을 가불하고 정지시키는 무서운 병이 아닐 수 없습니다.

그러나 치매는 특히 현대인들이 암보다 더 무서워하는 병입니다. 수명이 늘어나면서 반대급부로 인간 이하의 치욕적인 모습-, 사람으로서의 존엄을 버리고 짐승처럼 몸과 마음이 변형되는, 소위 벽에 똥칠하는 모습으로 자신이 변한다는 것은 거의 절망적입니다. 오죽하면 사람들의 소망이 '99-88-23-4'라고 하더군요. 〈구십구〉세까지 〈팔팔〉하게 살다가 〈이삼〉일 아프고는 곧 〈죽는〉. 노인들의 가장 큰 소망이라고 하는군요.

그러나 제 과도(?)한 생각으로는 암과 치매는 태어나기 전부터 유전자에 미리 설계되어 있고, 그래서 사람에 따라 각각 시기만 다를 뿐 언젠가는 발현하게 되어있다고 일부러라도 믿고 있습니다. 대개 노년이 되면 걸리는데 젊고 팔팔한 청년에게 찾아오기도 합니다. 그렇다고 90세까지 건강하게 살았다고 안심할 수 없습니다. 91세든 100세든, 그리고 지위나 이름과 관계없이 언젠가는 슬며시 찾아오니까요. 〈노인 세 명 중 한 명이 걸리는〉게 아니라 세 명 모두 치매를 앓게 되어있습니다. 왕후장상(王侯將相)이 따로 없지요. 치매는 우리가 살아오면서 섭취하는 음식이나 담배, 공기, 물 등에 있는 독성, 예를 들면 베타 아밀로이드(beta amyloid), 또는 타우(Tau protein) 등 독성화(毒性化)된 단백질이 뇌에 쌓여 세포 자체가 소멸되는 지극히 생물적인 현상이며, 신체의 꾸준한 변화처럼 모습도, 소리도 없이 찾아오는 자기 암살자입니다. 제가 오랫동안 죽지 않는다 해도 예전에 피운 담배 때문에 결국 암이나 치매가 제 몸을 파괴할 게 분명한 것처럼.

남들이 부러워하는 화려한 전성시대를 산 사람들 중에서도 많은 사람들이 그렇게 치매로 삶을 치욕 속에서 살다 세상을 떠나기도 했습니다. 5~6년 전 영화사상 가장 아름다운 미모의 소유자로 〈세기의 미녀〉라 불렸던 '엘리자베스 테일러(Elizabeth Taylor)'가 치매로 죽어가고 있다는 소식을 들었을 때 도저히 믿어지지 않았습니다. 치매는 일반 사람에게 해당되지 그런 〈화려〉한 사람과는 어울리지 않았거든요. 1944년 12살의 어린 나이로 『녹원의 천사-National Velvet』로 데뷔하고 이어서 『작은 아씨들-Little Women』로 아메리카의 국민 여동생이 되어 〈Star child-별에서 온 아이〉란 찬사를 들었고, 성인이 되어서는 『젊은이의 양지(A Place in the Sun)』, 『자이언트(Giant)』, 『클레오파트라-Cleopatra』 등의 영화에 출연하여 아카데미 여우주연상을 두 번이나 받으며 미국 영화뿐만 아니라 세계적인 〈은막(銀幕)의 여신〉으로 군림했습니다. 뮤지컬의 고전 『사랑은 비를 타고-Singin' in the Rain』의 여주인공이자 절친한 친구였던 노래하는 작은 요정 '데비 레이놀즈(Debbie Reynolds)'의 남편을 빼앗아 결혼하고, '리처드 버튼(Richard Burton)'과 이혼과 재혼을 거듭하는 등 무려 8번이나 결혼식을 올려 세기의 미녀로서의 이름값도 톡톡히 했지요. 맑고 커다란 눈으로 때론 하얀 순수(純粹), 혹은 진한 입술로 붉은 정염(情炎)의 여신이란 찬사로 당대를 섭렵하며 화려함을 세상에 아낌없이 뿌려댔던, 그야말로 영원한 〈현대인〉이었던 그 리즈도 아마 작년 초 결국 치매로 죽은 걸로 압니다. 천년만년 화려의 극치로만 존재할 것 같았던 미의 여신(女神)도 그렇게 잿빛으로 시들어 비참한 삶의 함정으로 굴러떨어졌습니다. 그렇군요. 오랫동안 지켜봤던 아름다운 영상들이 빛바랜 채 눈앞에서 우수수 떨어져 내리는군요.

70밀리 와이드 스크린을 꽉 채우며 질주하는 마차가 압권이었던 『벤허-Ben Hur』의 주인공 '찰턴 헤스턴(Charlton Heston)'도 마찬가지였습니다. 중세(中世)의 묵직한(?) 분위기를 풍기는 용모와 중후한 목소리로 『엘 시드-El Cid』, 『십계-The Ten Commandments』 등 서사적(敍事的)인

역사물에서 영웅적 풍모로 강렬한 인상을 각인시켰던 그도 치매로 기억을 완전히 상실하고 캄캄한 육체의 감옥 속에 갇혀 폐인처럼 지내다 2008년 죽었습니다. 리즈와 헤스턴 같은 대배우들도 자신들의 엄청난 화려함과, 언제나 존재하고 있다는 항상성(恒常性)을 거두고 역사인이 되어 결국 시간의 진열대에 박제되어버리는군요. 그 어떤 영화(榮華)도, 화려도, 부와 명예도 그들의 지리멸렬 파괴된 전두엽(前頭葉)을 되돌려놓지 못했습니다. 인간은 역시 생물학적인 한계 속의 존재라는 비극적인 〈인간 조건〉이 새삼 절망으로 다가오는군요. 어쩌면 그들의 화려한 잔치는 거만한 인간에 대해 신이 마련해둔 달콤한 부채였고, 그 값으로 그들을 육체의 감옥 속에 가두었는지도 모를 일입니다. 봄날은 한번 가면 되돌려줄 수 없다는 냉정한 청구서일 수도.

80년대 초 흑백 TV 시대의 범죄 시리즈 『형사 콜롬보(Columbo)』로 유명했던 미국 영화배우 '피터 포크(Peter Falk)'를 아십니까? 그도 작년에 역시 치매로 죽어갔습니다. 담배를 물고, 낡은 트렌치코트를 걸친 작은 키에 사팔뜨기 의안(義眼)을 굴리는 어수룩한 모습이었지만 본능적인 육감과 집요한 추적으로 범인의 자백을 받아내는 모습에서 우리는 당대 우리 사회에 만연한 울분과 억압, 통제와 침묵, 그리고 박제(剝製)된 감정을 깨뜨리는 통쾌한 카타르시스를 느끼곤 했습니다. 불의와 거짓이 횡행(橫行)하고, 헐벗고 굶주린 절망에 찌들고, 거대한 벽처럼 가로막고 있던 자본과 권위에 짓밟히던 시대 콜롬보는 어수룩함을 무기로 그런 시대를 해체(解體)하는 영웅의 보편성을 널리 퍼뜨렸지요. 그가 언제 호주머니를 뒤져 쪽지 등의 단서를 제시하는지, 돌아서며 나오다 뒤돌아보며 결정적인 한 마디 〈just one more thing!-참, 한 마디 더!〉를 던지는지 조마조마하며 지켜보았습니다. 오늘날 『CSI』나 『크리미날 마인드(Criminal Minds)』 등의 화려한 문명과 자본을 바탕으로 벌어지는 비인간성과 잔인함, 섹스, 황금, 그리고 정교한 과학수사와는 다른 전통 탐정의 전형을 보여준 미국 드라마였습니다. 그런 사람이 범인은커녕 처자식과 형제도 알아보지 못하는 치매를 앓다 죽었다는 것이 믿어지지 않습니다. 제 비디오 속에서 좀 멍청한 표정의 콜롬보는 오늘도 범인을 찾아 뒷골목 쓰레기통을 뒤지는데 말입니다.

미국 서부 영화 배우로 '로날드 리건(Ronald Reagan)'이란 사람이 있었습니다. 구두 세일즈맨의 아들로 태어났지만 나중 영화배우가 되어 많은 여배우들과 구설수를 남길 정도로 미남이었지요. 그러나 그의 배우로서의 명성과 인기는 별로였고, 대신 내심 뜻을 뒀던 정치에 뛰어들어 캘리포니아 주지사를 거쳐 미국 제40대 대통령으로 당선되었습니다. 그가 바로 '로날드 레이건(Ronald Reagan)' 대통령입니다. 재임 때 강경하고 보수적인 태도로 미국의 힘을 한껏 과시하여 당시 국민들의 애국심을 고취(鼓吹)시키기도 했습니다. 그가 활약하던 때가 엊그제 같았는데…, 이름과 얼굴과 대통령의 모습이 어제 저녁처럼 생생한데 이제 보니 대통령직에서 〈물러날 때〉가 제 나이 겨우 40대가 시작되던 해였군요. 앞서 언급한 콜롬보처럼 시간은 바람처럼 슬며시 숨어들어와 청춘을 함부로 축약시키는….

하지만 세계 최고국가의 대통령을 지낸 그도 치매를 피해가지 못했습니다. 퇴임 후 5년이 지나 치매 진단을 받고 10년간 투병하다 2004년 93세를 일기로 돌아가셨다고 합니다. 일체 가십에 오르내리지 않았지만 사실 그 10년 동안 새겨졌을 악몽 같은 치매 증상들은 상상만으로도 끔찍합니다. 다만 그가 치매를 앓던 시절 그의 부인인 '낸시 데이비스(Nancy

Davis)'가 헌신적인 간호를 하였고, 남편이 죽은 이후엔 언론을 피해 조용히 살아가고 있다는 이야기를 듣고 영부인이었던 사람이 그토록 조신(操身)하고 헌신적인 모습을 보인 것에 감동했던 기억이 나는군요.

우리나라도 이제 100세 시대에 접어들고 있다고 합니다. 남자들의 평균 기대 수명은 78세, 여자는 85세라고 합니다. 곧 90세를 돌파할 기셉니다. 어쩌면 나이는 이제 무의미해졌는지도 모릅니다. 전에는 경로당에 60대가 대접받으며 자리를 차지하고 있었는데 이젠 찾아볼 수도 없고, 70대가 제일 젊어 궂은일을 다 해야 한다고도 합니다. 미래학자이며 경영학의 대가인 '피터 드러커(Peter Drucker)'는 〈한가한 때는 존재하지 않는다. 일을 하지 않으면 대신 책을 읽어야 한다. 다시 말해 늘 바빠야 한다〉고 했습니다. 언젠가 90대에 접어든 그가 인터뷰 중에 은퇴에 대한 이야기가 나오자 수첩을 꺼내들고 여름부터 가을에 이르기까지의 빡빡한 일정을 보여주었습니다. 그러면서 〈이게 바로 은퇴일세!〉라고 말했습니다. 은퇴란 없다는 말이지요. 그러고 보니 은퇴(retire)라는 말도 타이어를 새롭게 갈아 끼우는 것(re-tire)에 다름없다는 이야기도 들려오는군요.

드러커만큼은 아니지만 사람들은 이제 은퇴 후 2~30년 이상의 삶에 대해 여러 가지로 걱정하는 이야기도 들려옵니다. 100세 시대에 대한 논문이나 연구서가 많이 발표되고, 건강하고 보람차게 노년을 보낼 수 있는 다양한 접근법이 베스트셀러가 되기도 합니다.

그런 사람들의 주된 관심사가 건강이며, 그중에서도 치매에 대한 걱정을 적잖게 이야기하고 있습니다. 차라리 가난한 건 걱정되지 않는데 치매만은 걸리지 않으면 좋겠다며 나름으로 활발한 사회활동을 하는 사람들이 주변에 많아졌습니다. 은퇴 이후의 삶은 그냥 흘러가는 대로 두는 것이 아니라 새롭게 설계해야 한다고 전문가들은 말합니다. 그래서 젊은 날 가족을 먹이고 가르치기 위해 미뤄뒀던 악기를 꺼내 새삼 연주 활동을 하거나, 젊은 날 꿈으로 남겨두었던 연극의 열정을 펼치기 위해 뜻 맞는 사람끼리 모여 새삼스레 무대에서 땀을 흘리기도 합니다. 더 늙기 전에 좀 더 넓은 세상을 여행하며 새롭게 배움의 갈망을 풀거나 소중한 추억들을 사진첩에 곱게 재어놓기도. 마치 인생 2막을 어떻게 보내느냐에 행복과 불행이 갈린다는 듯.

그러나 치매는 드러커가 더 살았다면 그에게도 분명 찾아왔을 것이며, 새롭게 인생을 설계하는 그 모든 사람들에게도 결국은 찾아오게 되어있습니다. 늙어가는 육체로 존재하는 한 누구도 억지로 미루거나 도망갈 수 없지요. 마치 죽음이 절대적인 운명으로 다가오듯. 아니, 치매보다 죽음이 먼저 다가오는 게 오히려 축복일 수도.

2012년 현재 우리나라 치매 환자는 53만 명 정도라는군요. 이는 전체 노인 인구의 10%를 차지하는 수준으로서 노인 10명 중 1명이 치매의 덫에 걸려 있다는 말입니다. 노인이 있는 열 몇 집에 한 집은 치매 노인이 있으며, 길거리에서 마주치는 노인들 중 상당수가 정신없이 헤매고 있을 수도 있습니다. 이 수치는 실제 생각보다 상당히 높으며, 더욱이 수명이 늘어날수록 치매 노인의 수는 획기적으로 증가할 겁니다. 보건복지부에 따르면 2025년에는 치매 노인이 100만 명을 넘을 것으로 추정하더군요. 아마도 남부끄러운 병이라서 실제로는 숨겨지는 환자가 훨씬 더 많을 겁니다.

그 환자들을 돌보는 사람들은 누구일까요? 자녀? 배우자? 물론 노인장기요양 보험제도에 따라 요양소에서 도움을 받고 있는 사람들도 있겠지만 실제 그 혜택은 일부에 그치고 있다고 합니다. 결국 아직도 대부분 가족이 떠맡고 있는 형편입니다.

A씨의 예를 들면 부인이 치매에 걸려 5년째 돌보고 있습니다. 처음에는 자녀들이 차례로 맡아 간병하기로 했는데 그 약속이 잘 지켜지지 않았다고 합니다. 자녀로서 어머니가 망가지는 걸 도저히 볼 수 없고, 몸과 마음이 지쳐 자신이 먼저 죽을 것 같아 손을 들었다고 하더군요. 나중에는 형제들끼리도 만나면 서로 상대방을 비난하면서 싸우게 됐고. 결국 어머니만 이집 저집 돌아다니다 실컷 고생하고 자식들 마음에 분란만 일으킨 셈입니다. A씨는 할 수 없이 부인을 일 년 만에 집으로 데리고 왔는데 세상에서 가장 행복한 미소를 짓더라고 합니다. 남편은 그래서 자식들에게 맡기지 않고 죽을 때까지 자신이 돌보겠다고 결심했습니다. 그 꽃 같던 아내를 되찾겠다는.

그러나 몇 년 지나며 이제는 체력이 바닥난 느낌이라고 합니다. 치매는 본인은 호강하고 간병인은 고생해야 하는 질병이기 때문이지요. 그러다 보니 마음까지 무너지며 극심한 우울증세가 찾아왔습니다. 사람들을 만나지 않고 세상과 대화도 나누지 않으며 집안에서 갇힌 듯 지내고 있습니다. 지금 바라는 건 부인이 그만 숨이 멎었으면 하는 거라고, 그래야 자신도 마음 편히 죽을 수 있다며.

치매 환자를 돌보는 사람은 대부분 배우자인 노인이 돌보고 있다고 합니다. 자식들은 좀체 부모의 치매를 받아들이지 못하고, 여건상 간병에 전력을 쏟을 수가 없습니다. 그래서 늙은 배우자가 돌볼 수밖에 없습니다. 이른바 〈노노(老老) 간병〉 시대지요. 그러나 지금까지는 젊은(?) 배우자 간병이 많지만, 앞으로는 나이도 인플레 되어 70~80대 노인이 90~100대

노부모를 간병하는 새로운 형태의 〈초노노 간병〉도 증가할 겁니다. 그런 세상에서는 어떤 일이 벌어질까요?

뚜렷이 기억나는 장면이 있는데 2004년 3월인가 부산에서 치매 치료를 받던 늙은 어머니를 을숙도 공원에 버려서 돌아가시게 한 50대 아들이 경찰에 잡힌 적이 있었습니다. 요양원 병원비가 부담스러워 할 수 없이 퇴원시킨 후 돌보다 너무 힘들어 거동이 불편한 어머니를 차에 태워 을숙도 공원으로 데리고 가서 벤치에 홀로 남겨둔 채 자리를 떠나버렸지요. 버려진 어머니는 이틀 뒤 공원에서 4Km 이상 떨어진 다대포 모래톱에서 숨진 채 발견됐습니다.

얼마 전 서울의 한 70대 노인이 치매에 걸린 아내를 돌보다 지쳐 목 졸라 죽이고 자신도 목을 매달았다는 기사를 봤습니다. 이른바 〈간병 살인〉이었습니다. 눈물이 나더군요. 얼마나 힘들었으면 그런 극단적인 생각을, 그리고 앞뒤 없이 열심히 일하며 미래의 꿈으로 살아왔는데도 결국 마지막에 그런 상황으로 내몰린. 자식들도 아버지를 원망하지 않는다는 말을 했습니다.

아직 우리나라는 치매에 대한 인식이나 준비 등이 선진국에 비해 많이 부족한 편입니다. 겨우 걸음마 단계지요. 국력에 걸맞은 기반은 고사하고 무조건 미친 듯 앞만 바라보고 살아왔기 때문입니다. 그 틈새에서 치매에 걸린 개인과 가족은 속절없이 무너져 내렸고, 그동안 쌓인 그들 아픔의 총량(總量)은 우리 사회의 불행한 자화상으로 남았습니다. 누군가의 말처럼 죽음의 기술이 아직 초보 단계를 벗어나지 못한 것 같습니다.

제 부친은 절 낳고 얼마 지나지 않아 전쟁터에서 돌아가셨습니다. 지금의 저보다 20여 년 훨씬 젊은 38살 창창한 젊은 날에. 저는 거의 유복자나 다름없이 태어나고 자랐습니다. 기억은 고사하고 아버지의 사진 한 장도 남아있지 않아 어떤 분인지도 알 수 없습니다. 제가 많이 닮았다고는 하지만. 지금도 가만히 속으로 〈아버지〉라고 불러보면 신기하기도 하고, 그보다는 도저히 이해 못할 감상에 젖기만 합니다.

당시 북한의 남침에 따라 대통령령으로 국군을 도와 탄약을 나르거나 통신, 보급업무를 담당할 민간인을 징발하여 〈보국대(報國隊)〉를 편성했는데 우리 동네에서도 젊은(?) 장정들을 소집했습니다. 그런데 거기 가면 죽는다고 모두 피해 도망가기도 했다는데 착하기만 했던 아버지는 국민된 도리를 피할 수 없다며 스스로 보국대로 갔습니다. 그 후 양평 어딘가에 배속되어 탄약 보급을 하던 중 적탄에 맞아 돌아가셨다고 같이 간 사람이 전해주었지요. 그런데 어린 5남매를 키우기 바쁜 어머니는 신고를 제대로 하지 못해 돌아가실 때까지 국가의 혜택을 전혀 받지 못했습니다. 남은 우리 자식들도. 증인이 되어 줄 수 있는 동네 사람들도 이미 흩어져 사라져버린. 작은 누님이 언젠가 관련 부대를 찾아가서 아버지의 흔적을 찾으려고 했지만 어떤 물증이나 증인을 찾을 수 없어 입증할 수 없었다고 합니다. 어떻게 생각하면 아무도 알아주지 않는 개죽음인 것 같기도 합니다만 아무튼 약삭빠르지 않고 순진하기만 했던, 그래서 나라를 위해 돌아가신 아버지에 대한 원망은 없습니다. 아들이 〈국군유해발굴단(國軍遺骸發掘團)〉에 자기 유전자를 등록하여 부대에서 가끔 연락이 오긴 하지만 기대는 하지 않고 있습니다. 아버지의 빼앗긴 인생을 충분히 보상해드리지 못하는 못난 막내지만 그래도 아버지라는 존재의 증명을 찾을 수 있다면 얼마나 좋을까요!

어머니는 아버지와 10년 조금 너머 함께 사셨는데 두 분의 정이 특별히 각별했다고 합니다. 두 분 다 어린 시절부터 외롭게 자라서 그랬다고 형님과 누님들이 이야기하더군요. 그러나 5~70년대 그 어려운 시절을 살아내며 자식들을 다 키워낸 어머니는 몇 년 치매로 고통받다 13년 전 돌아가셨습니다. 자식들도 번듯하게 살지 못하고 어렵게 살고, 어머니 당신도 돈 한 푼 모을 겨를이 없다 보니 제대로 된 도움도 받지 못한 채.

어머니의 턱없이 무너진 모습을 아버지가 보셨다면 하늘에서라도 얼마나 눈물을 흘렸을까요? 그 옛날 자신이 끔찍이 사랑했던 아내가…. 저로서는 그런 부조리한 장면들을 외면할 수 없었습니다. 시간 속 흘러간 자취들이겠지만 두 분 존재의 흔적을 끝까지 지켜드리고 싶어 저도 미친 듯 살았습니다. 때마침 보증 문제로 제 집도 잃어버리고, 그래서 아내와 아이들을 친정으로 보내고 저 혼자 어머니와 함께 변두리 시골 산속 움막을 전전하며 살았습니다. 당시는 6년여에 걸친 어머니 간병으로 무척 고통스러웠지만 지금 와서 보면 제 행위가 두 분에 대한 마음의 부채를 조금은 보상하지 않았나란 생각이 들어 차라리 행복했다는 생각이 들기도 하군요. 물론 저 나름으로 조홍시가(早紅柿歌)를 불렀지만 두 분은 아마 천상재회를 하셔서 전쟁이 앗아간 못다 한 사랑가를 불렀을 겁니다. 그리고 핏덩이 막내였던 제 이야기를 하며 고개를 끄덕일지도. 눈물이 나는군요. 그래요. 제가 가장 좋아하는 노래의 하나로 '금사향(琴絲響)'이 부른 「님계신 戰線」이란 노래가 있습니다.

    태극기 흔들며 님을 보낸 새벽 정거장
    기적이 울었소
    만세 소리 하늘 높이 들려오던 날

지금은 어느 전선 어느 곳에서
지금은 어느 전선 어느 곳에서
용감하게 싸우시나 님이여 건강하소서

　　국민학교 3학년 무렵 언젠가 학교를 마치고 집에 돌아왔을 때 방에서 청소하고 있던 어머니가 혼자 가늘게 떨리는 소리로 부르던, 저도 그 노래를 잘 알고 있었지만, 순간적으로 그 〈님〉이 아버지였음을 단번에 알아챈, 고갤 돌려 절 멀끔히 쳐다보다 쓸쓸히(?) 미소 짓는 어머니가 10여 년 전 그 옛날의 아버지를 여태도 그리워하고 있음을, 슬픔을 가슴 속에 꼭꼭 숨겨두고 살아왔음을! 그래서 그 후 가끔 지나는 말처럼 아버지 이야기를 나누며 3절까지 어머니에게 불러드렸습니다. 세상에 아버지처럼 그렇게 착한 사람이 없다더군요. 그리고 자신을 그토록 사랑해준 아버지를 만난 건 세상에 다시 없을 축복이었다며. 어느 날 저녁 어머니가 무슨 일로 목욕탕 어머닐 만나러 갈 때 어리광부린다고 어머니 허리를 감싸고 엉덩이를 뺀 모습으로 따라가며 크게 부른 기억도 나는군요. 마지막 구절을 〈님이여 어디로 갔나요〉로 바꿔 부르며. 〈오늘 얘가 왜 어리광을 부리나!〉라며 웃던 모습이 선합니다. 금사향의 소리도 절박해서 좋았지만, 무엇보다 어머니의 절절한 소리를 통한 역설적인 원망(怨望)과 원망(願望)을 잘 표현하여 지금도 술을 마시면 어머니 생각으로 자주 부르는 노래입니다.

　　하지만, 하지만 이젠 모두가 흘러가버렸습니다. 사랑과 슬픔의 기억도, 제 그 미친 듯이 살아낸 세월도…. 제각각 개인들의 눈물이 이렇게 아무도 모르는 역사 속으로 잠겨드는데도 오늘의 세상은 그저 밝기만 하군요. 인생은 제각각 함부로 소비되는지!

고통스럽던 그 당시 어느 날부터 〈문득〉 일기를 쓰기 시작했습니다. 대학노트에 깨알 같은 글씨로 무슨 평생의 원한이라도 되듯 미친 듯 갈겨썼습니다. 재주도 없는 제가 매일 원고지로 열 장 이상 되는 일기를 장장 일년 동안 365일 〈하루도 빠짐없이〉 쓰는 건 중노동이었지만 어머니를 지켜내려는 마지막 임무이기나 한 것처럼. 그보다 더욱 부모와 자식이라는 강력한 실존의 관계가 무(無)의 영원한 나락으로 사라지려는, 그래서 우리들 개인의 인연과 사랑과 역사가 안타까워서라도 더욱 무섭게 애착의 끈을 잡은 것인지도. 아버지의 존재는 지금 없다고 처음부터 없었던 걸로 생각해도 될까요? 그래서 외면해버려도 될까요? 아닐 겁니다. 두 분은 유장(悠長)한 시간의 띠 어딘가에 지금도 사랑하며 존재하고 있습니다. 전 그 희미한 시간의 흔적, 그리고 그 속에서 피어난 두 분의 이야기들을 외면할 수 없었습니다. 일기는 어쩌면 아버지에게 두 분 삶의 완결을 위한, 365일간의 처절한(?) 보고서인지도. 아버지! 걱정하지 마세요. 어머니는 이 막내가 잘 돌봐드리고 있으니까요. 하늘에서 자식 잘 뒀다고 실컷 자랑하세요…. 덕분에 원고지로 약 4천 장 안팎의 방대한 일기가 남았습니다. 솔직히 아무도 그렇게 치열한 마음으로 쓴 일기가 없다는 자부심으로 나중 기회가 된다면 손봐서 책으로 묶어내고 싶다는 생각도. 하긴 내용이야 별 게 없지만 저와 할머니에 대해 자세히 알지 못하는 자식들이 우리들이 어떻게 살아왔는지, 내면의 아픔이 어떤 것이었는지 알아만 준다면…. 일기는 어머니와 함께 그렇게 집도 절도 없이 떠돌아다니던 황폐한 상황을 견뎌내기 위한 나름의 비상구가 아니었나 싶은 생각도 드는군요.

치매에 대한 학부모님들의 마음을 새롭게 가다듬어보는 의미로 일기 중 어느 하루를 옮겨보겠습니다. 돌아가시기 일 년쯤 전 저와 단둘이 살던. 비록 당시 〈비틀린 감각〉과 〈헝클어진 관념〉으로 미로를 헤매던 모습이지만.

  (미리 말씀드리지만 제 어머니를 흉보는 게 아닙니다. 제 마음 속 어머니는 세상의 모든 존재들 앞에서 찬란히 존재하는 분입니다. 어머니는 비록 보잘 것 없는 사람이었지만 저와 함께하며 제 존재와 삶의 근거를 확인시켜주는 하느님 같은 분이셨지요. 당신 자신이 일찍 부모를 여의고 고생했던, 그래서 누구의 도움도 받지 않고 홀로 다섯 자식을 번듯하게 키워낸. 전 그 어머니와 살아오며 만난 모든 사람들과, 바다와, 등대와, 골목과, 사연과, 유행가와…, 눈물과 함께 세상의 의미를 모두 품에 안을 수 있었습니다. 남들은 절대 알 수 없는, 세상 모두를 주고라도 지켜내야 할 그 풍경들을. 비록 시간 속에 사라져버릴 우리들만의 그림 속에서지만 하늘 가득 든든히 버티고 있는 당당한. 엄마! 그렇군요. 눈물이…!)

  어느덧 2학기도 마무리되는 시간입니다. 시간은 생물학적 단계에 따라 분비되는 〈도파민(Dopamin)〉의 양에 따라 다르게 인식된다고 하더군요. 나이가 들수록 줄어드는 도파민으로 영속(永續)되는 시간의 띠 사이사이 틈새들을 자꾸 잃어버려 양적(量的) 부피가 축소되기 때문에 시간의 페이지를 빨리 넘기는 것 같습니다. 그렇게 깜박깜박 사라지는 기억들 때문에 어른들은 축시법(縮時法)의 고수가 되어 시간을 2배, 3배로 과속시키는데 아이들은 활발한 도파민 분비로 시간의 틈 사이사이를 온전히 함께하기 때문에 하루하루가 꽉 짜인 것처럼 느껴져 지겹다고 하는군요. 역사의 주인공은 그렇게 아이들의 몫으로 이월되는 모양입니다. 우리 세대는 아이들이 개인의 찬란한 역사를 축조(築造)하는 과정을 도와주고 떠나는 자의 역할로 만족해야 하는 듯한 느낌도 드는군요. 아마도 퇴직하면 저도 2배 이상으로 빨리 사라지는 시간의 틈새에서 어디서 어떤 모습으로 살아가게 될지! 모든 존재는 현재를 멀리 밀어낸 엉뚱한 〈미래의 당연(當然)〉으로 이항(移項)될 수밖에 없기 때문에. 게다가 〈베타아밀로이드(β-amyloid)〉라는 단백질이 두뇌에 쌓여 뇌세포를 조금씩 죽여 버리기 때문에 2배, 3배로 줄어들면 저도 점점 어머니를 닮아가겠지요. 하하! 뭐 그렇다고 인생의 파노라마가 그렇게 흘러가는 것을 벌써 심각하게 과장할 필요는 없을 겁니다. 쓸데없는 말, 죄송합니다!

이번 방학에는 아이들이 자신의 위치를 깨닫는 시간이 되었으면 합니다. 아버지와 어머니는 어떤 사람이었고, 어떻게 성장해왔으며, 우리 집안이 어떤 과정을 거쳐 이루어졌으며, 어떻게 세상과 소통하며 이해하고 받아들이는지를. 그래서 그 중심에서 아이들이 어떤 몫으로 살아야 하는지를 깨닫고 좀 더 가족이 사랑하고 화기애애한 가정이 되는.
그리고 삶이 마음대로 행복으로만 축조되어 있지 않고 눈물과 고통과 죽음이 배합(配合)되어 있음을 상기하고 좀 더 겸손하고 깊숙한 눈으로 세상을 응시할 수 있도록 성장했으면 합니다. 그래야 부모를 잊지 않고 역사를 이어갈 수 있을 겁니다. 연쇄법의 고리에 인과(因果)된 삶을 위로하고 싶군요.

아이들에게도 말했지만 방학 동안 할 일 없이 빈둥대면 학교로 보내주십시오. 가르쳐줄 것들이 참 많습니다. 학년 초에 계획했던, 그러나 여러 가지 사정으로 실시하지 못했던 연날리기를 이번 겨울 방학에 해볼 생각입니다. 학교에서 연날리기를 하기가 쉽지 않지만, 우리 학교처럼 언덕 위에 하늘과 닿아있는 〈하늘 정원(庭園)〉에서는 가능하리라 생각합니다. 우리 반뿐만 아니라 돌봄반 아이들에게도 말해놨으니 선생님 따라 직접 만들어보고 며칠 차분히 날리는 법을 익혀봐야겠습니다. 방학 끝날 때쯤이면 꽤 잘 날릴 수 있을 것 같기도. 다른 학년 형님 오빠들도 함께 모여 즐거운 경험을 쌓는 기회가 되었으면 합니다. 연은 틈틈이 재료를 많이 구해놨고, 혹시 몰라 일반 연실뿐만 아니라 재봉용으로 구입해둔 질긴 나일론 연실도 많으니까 모두 모자람 없이 날릴 수 있을 겁니다. 나일론 연실로 까마득히 날릴 정도의 실력이 된다면 저보다 훨씬 뛰어나다고 할 수 있겠군요. 아마 아이들이 커서 잠들기 전 추억의 그림으로 떠올려진다면, 그래서 빙그레 미소로 돌아볼 수 있다면 그야말로 축복받을 추억이 되겠지요. 돌봄반에서 따뜻한 어묵국과 빵도 먹고, 「두껍아 두껍아」, 「꼬마야 꼬마야」, 「똑 똑 누구십니까」 같은 줄넘기 놀이와, 햄스터에겐 미안하지만 복도에서 또 달리기 시합도 하고, 그리고 머스마(?) 들은 신나는 뻥축구도!

하하! 어째 어머니 생각으로 가라앉는 마음을 과장시키는 것 같군요. 죄송합니다.

〈첨부〉

〈1998년 1월 14일 수요일〉

비가 온다. 테니스를 하러 가야지 했는데 비가 온다. 이상하게 무언가 맞지 않는 느낌이다. 아이들도 겨우 이틀만 코치에게서 배웠고, 난 하루도 레슨받지 못했다. 그러면서 벌써 이달도 반이 후딱 지나간다. 제대로 배우지 못하리라는 전조나 아닌지 모르겠다. 내가 ○○초등학교로 발령받지 못하게 되든지, 오늘 가더라도 여러 가지 여건으로 테니스를 제대로 레슨받지 못하게 되든지. 오늘 비로 봐선 내일도 틀렸다.

오전 내내 집에 있었다. 밥도 먹기 싫었다. 어머니에겐 뻑뻑한 고깃죽을 만들어 빵과 함께 먹였다.

배고픈 줄도 모르겠다. 특별히 하는 일 없이 누워있었다. 빗소리가 끊임없이 울렸다. 문득 귀신이 나를 유폐(幽閉)시켜놓고 잘 있는지 점호하는 소리처럼 들렸다. 그러자 정말로 깊은 지하실에 유폐된 것 같은 기분이 들었다. 빗줄기 창살 속에서 꼼짝달싹 못하는 오늘!

갑자기 처량했다. 내 곁에 아무도 없다. 아이들도 내 곁에 없다. 나에게 있는 거라고는 어머니뿐이다. 오랜 시간 어머니와 갖가지 씨름(?)을 하면서 고독을 키워 나왔다. 그것은 나의 일상이 되었으며, 나는 그 일상을 당연하게 생각했으며, 애초부터 나에게 주어졌던 거라고 생각했다. 아무리 쓸어내고 털어내도 나에게 꼭 달라붙어 절대 떨어지지 않는 이 고절(苦節)!

이젠 모든 것이 나를 조롱한다. 책이, 볼펜이, 달력이, 바퀴벌레가 내게 남겨진 절실한 친구처럼 나와 함께 하면서도 오늘 같은 날은 오히려 조롱하기 일쑤다. 바보같이 유폐되어 화석처럼 가라앉아가는 나를. 나는 그것들을 노려본다. 그러나 오늘따라 그것들이 더 강력하게 반발한다. 책이 텔레비전 위에서 삐딱하게 쳐다본다, 볼펜은 꼼짝 않고 책상 위에서 뾰족한 혓바닥을 내게 날름대고, 달력은 떨어진 귀퉁이 조각을 혓바닥처럼 내밀고 노골적으로 욕설을 쏟아낸다. 단언하지만 바퀴벌레는 날 아예 바보로 아는지 벽에서 도통 움직이지도 않는다. 이것들은 내 분노 따위는 아랑곳 없다. 무얼 믿고 저렇게 날 조롱하는 걸까? 내가 한번 집어서 날리면 구석에서 와장창 부서질 텐데도…. 전에 실제 볼펜을 들어서 던지려고도 했다. 그때는 잘못했다고 혓바닥을 감추고 빌어서 봐 준 적도 있다. 그러나 오늘은 차갑게 쳐다볼 뿐이다. 볼펜은 전처럼 와들와들 떨지 않았다. 책도 마찬가지였다. 달력도, 바퀴벌레도.

그것들은 내 존재를 비웃을 수 있는 위치에 있는가? 의지와 인식을 소유한 〈인간〉을 〈물체〉가 어떻게 비웃을 수 있단 말인가? 의지와 인식이 그토록 연약한 기반에 근거하고 있단 말인가? 하긴 그것들도 〈현상(現像)〉으로서 내 의식밖에 스스로 존재한다. 내가 내 모습으로 존재하듯. 서로 대등할 수밖에 없지않는가? 다만 내 의지와 인식이 그것들을 〈이용〉하는 수준으로 계약되어 있을 뿐, 우월하다는 식으로 규정되어 있지 않다. 괜히 우월하다는 착각으로 우쭐대다 그렇지 않다는 걸 알고 아차 싶어 불안과, 절망과, 그리고 고독이라는 한계 상황에 빠져 허우적거리다니. 다 내 탓이다. 내 이 어쩔 수 없는 자격지심으로 이렇게 침몰한다.

생각을 바꾸자. 생각을 바꾸면 모든 것이 달라진다. 나는 존재한다. 내 방 모습도 현상으로서 존재한다. 각자는 각자로서 존재할 뿐이다. 나는 달력이, 달력은 나를 필요에 의해 서로를 이용, 또는 사용하기로 조건지어졌다. 그러니 서로를 비웃거나 우월하다고 뽐낼 하등의 이유가 없다. 그래, 계약이란 얼마나 단호하고 단순한 것인가! 그 계약에 의해 조금씩 변질되는 〈관계〉가 제자리로 단번에 끌려오고, 다시는 헛된 망상 따위를 못하도록 단죄한다. 나는 비와 맺은 계약대로 비만 느끼면 된다. 유폐되었다거나 고독, 절망 따위의 변질된 관계로 헛된 망상에 빠질 필요가 없다. 책은 텔레비전 위에 그저 함부로 놓여 있고, 볼펜은 쓰다 만 채 책상 위에 역시 던져져 있다. 달력은 귀퉁이가 찢어져 달랑거리고 있으며, 커다란 바퀴벌레는 추위 때문에 며칠이나 벽에서 죽은 듯 붙어 있을 뿐이다. 볼펜으로 살짝 밀면 귀찮다는 듯 옆으로 조금 움직이는. 나는 유폐되지도 않았을 뿐만 아니라 고독하지도 않고 자유롭다. 내 마음대로 움직일 수 있다.

일어섰다. 그리고 비디오테이프를 들고 나왔다. 달력과 책과 볼펜과 바퀴벌레가 갑자기 날 쳐다본다. 여태 함께 잘 어울려 놀던 놀이를 그만두려는 나를 이상하다는 듯. 그들에게 '안녕. 어머니를 돌봐줘' 라고 이야기하고 집을 나왔다. 과학교육원 영상 자료실에 복사할 만한 비디오테이프들이 많이 있어서 전부터 몇 개 복사해와야지 하고 생각해 왔는데 마침 오늘은 그곳에 가봐야겠다는 생각이 들었다.

전에도 몇 번 가봤는데 담당자가 바뀌었다. 교육 연구원에 있던 강○○ 씨가 전근 와서 근무하고 있었다. 그와는 학습 비디오 복사 때문에 알게 되었는데 마침 〈겨울 과학동산〉 때 몇 개 알아봐 두었던 걸 오늘 복사 부탁하러 갈 작정이다. 비싼 기획물 등도 많이 구입해두곤 하는데 우리 같은 교원들에게 많이 복사해준다. '칼 세이건(Carl Sagan)'의 『코스모스-Cosmos』 같은 큰 반향을 일으키며 방영된 작품들도 있어 전에 복사한 적이 있었다.

영상 자료실이 잠겨 있어서 먼저 총무과에 가서 식권을 끊었다. 아침도 먹지 않아 배가 고파서 식당에 갔다. 바로 밑에 있는 교원 연수원과 식당을 같이 사용하는데 방학 중 영어와 컴퓨터 연수받는 사람들이 가득하기 때문에 점심시간이 되기 전에 먼저 먹어야 빨리 일을 끝낼 수 있다.

밥을 먹고 있는데 오전 연수가 끝났는지 잠시 동안에 수백 명이 늘어선다. 얼마나 다행이냐 싶다. 그 많은 사람들 중 아는 사람이 보이지 않는다. 그런데 식기를 모으는 곳에 두고 나올 때 17~8년 전 ○○국민학교에 같이 있었던 강선생을 만났다. 영어 연수받으러 왔다고 한다. 올핸 나도 받아야 될 것 같다. 그동안 영어 기초라도 익혀놔야겠다.

강주사가 아직도 오지 않았다. 복도 끝 어두운 곳 나무 의자에 앉았다. 햇빛도 잘 비치지 않는다. 조용하다. 오랜만의 적요가 편안하다. 어둠 속에서 눈을 감았다.

어렴풋이 어제 생각해본 '이화자(李花子)'의 얼굴이 떠올랐다. 생전 한 번 보지 못한 그녀가. 아니 어쩌면 동그란 증명사진으로 본 것도 같다. 육덕(肉德)이 푸짐한, 두툼하고 선이 굵은 여인이었다. 아마 1917년 안팎쯤 경기도 부평에서 태어났으리라. 찢어지게 가난한 집에 태어나 겨우 13살의 어린 나이로 술집에 나왔고, 거기서 인생의 쓴맛 단맛을 다 봤을. 비단결같이 곱고 가냘픈 목소리였지만 콧소리에 색정(色情)이 넘쳐 뭇 한량들의 인기를 끌었던 것 같다. 상다리 장단에 세류춘풍(細柳春風) 같이 곱고 연연한 가락이 어울리면 누군들 빠져들지 않겠는가? 게다가 아마도 틀림없이 치마를 살짝살짝 걷어 올려 한량들이 침을 질질 흘리며 혼쭐 빠지게 했을 게 틀림없다. 뒤에 뜨거운 사랑의 염문(艶聞)을 불러일으키게 된 성적 탐닉도 이때 길러졌고.

아무튼 1935년 여름 가수 '김정구(金貞九)'의 이복형인 '김용환(金龍煥)'이 부평에 노래 잘 부르는 술집 여자가 있다는 말을 듣고 찾아와 드디어 가요계에 발을 들여놓게 되었다. '포리돌레코드(Polydor Record)사'에 전속되어 「초립동(草笠童)」을 취입했는데 레코드가 나오자마자 대히트하여 레코드 가게 문전마다 모여든 사람들로 인산인해를 이루었다고 한다. 당시는 레코드 가게에서 가사지를 무료로 나눠줘 스피커에서 흘러나오는 노래를 따라 배우던 시절이라 모두 초립동을 배우려고 모여든 것이다.

이화자 이전에 '왕수복(王壽福)'이나 '신(申)카나리아', '선우일선(鮮于一扇)', '박부용(朴芙蓉)' 등 많은 민요 가수가 있었는데 그녀가 나오자 갑자기 그 빛을 거두게 될 정도로 그녀의 노래는 독특했다. 창의 멋을 그대로 살리면서도 〈아리아리 살짝 쿵 흥~, 스리스리 살짝 쿵 흥~〉 하며 간드러지게 넘어가는 타령은 천부적인 색정이 철철 넘쳤다. 아무도 그런 소리로 부르지 않았다. 그녀는 그야말로 삽시간에 가요계의 여왕이 되어 2천만 민족의 애인이 되어버렸다. 이어서 「꼴망태 목동」, 「화류춘몽」, 「목단강 편지」 등이 스피커를 타고 흐르자 세상은 온통 그녀의 노래 일색(一色)으로 변했다. 일본에서는 극장에 손님을 끌기 위해 가짜 이화자 소동까지 벌어지고, 〈조선 악극단(朝鮮 樂劇團)〉 같은 공연단체에 특별 출연하여 만주로, 함경도로 지방공연까지 이어졌다. 풍류 한량(風流 閑良)들이 그녀를 보기 위해 은쟁반에 그때 돈으로도 어마어마하게 큰돈인 백 원, 이백 원을 자기 명함과 같이 바쳐도 며칠 후에나 겨우 〈알현(謁見)〉의 통지가 올 정도였다고 한다.

여러 남자를 거치는 중에도 그녀는 면사포 한번 써보지 못했는데 아마 자신의 과거가 작부(酌婦)였다는 강박 때문이 아닌가 싶다. 남들과 다른 출신, 갑자기 닥쳐온 인생의 절정, 거기서 그녀는 인생의 허망한 본질을 본 건 아닐까? 골초에 아편까지 손대기 시작하고, 성(性)의 환락에 빠져든 것도 지울 수 없는 정체성의 혼란이지 싶다.

그녀의 시대는 어느덧 썰물처럼 빠져나가고 팍삭 늙은 모습으로 몇 번 무대에 섰다가 1949년 어느 날 불기 없는 냉방에서 혼자서 쓸쓸히 죽어갔다. 50년이나 지난 지금 나는 그녀를 조상한다. 아무런 관계도 없는 내가.

나는 이 여인을 살려낼 것이다. 바람처럼, 구름처럼 흔적도 없이 사라져 가는 인간의 이야기가 얼마나 아름다운지, 얼마나 진득한지, 얼마나 장려(壯麗)한지 증명할 것이다. 시간의 쓰레기통 속에서 이미 썩어버린 그녀를 끄집어내 새로 살을 붙이고, 화장하고, 옷을 깨끗이 입혀 시간의 진열대에 올려놓을 것이다. 그녀를 보고 모두들 〈화려〉와 〈처절〉이라는 엇갈린 운명이 주는 인간의 아픔이 어떤 것인지, 아니 패배 되지 않으려고 발버둥 치는 몸부림이 어떤 것인지, 그러면서도 속절없이 패배 되는 그녀에게서 오히려 인간이 얼마나 찬란한 존재인지를 역설적으로 발견할 수 있게 할 것이다.

성급하진 않으리라. 충분한 조사와 상상력, 그리고 극적 구조를 구축한 뒤에 쓸 것이다. 아마 2년은 걸리지 않겠나 싶다. 하나씩 하나씩 찾아보고, 물어보고….

강주사가 늦게 왔다. 복사할 테이프를 찾아내어 공테이프와 함께 넘겼다. 멀기 때문에 찾으러 오기 힘들고 마침 박선생이 컴퓨터 연수 중이니까 며칠 뒤 찾아오라고 해야겠다.

오면서 메가마켓에 갔다. 돈은 만 오천 원뿐인데 라면이나 하나 사야겠다. 요즘 사재기가 일어난다는데 있을지 모르겠다.

그러나 물자는 풍부했다. 금액만 다소 올랐을 뿐. 라면 한 상자를 사니 마음이 넉넉해진다. 예전엔 연탄 10장만 들여놔도 온몸이 훈훈했고 보리 한 말만 사도, 김치 다섯 포기만 있어도 배가 불렀다. 그 시절 어려움에 비하면 지금은 얼마나 풍성한가?

어느 시인은 밥이 왕이라 했다.

- 하루 세 번

　　한 끼도 거름 없이

　　너를 향해 머리 조아리는

　　이 거룩한 시간

　　밥은 곧 왕이다.

식량에 대한 고마움과 풍성함, 그게 주어졌다는 것은 존재를 정당화시켜주는 동인(動因)이다. 이 어려운 IMF 시대에 그래서 어느 교수는 신문에서 이 시를 인용했지 싶다.

불안한 마음으로 서둘러 방으로 들어오니 벽과 바닥이 온통 대변으로 어질러졌다. 어머니 입가엔 대변도 묻어 있다. 보니 작은 소변 그릇에 누기는 했는데 종이가 엉망으로 흩어져 있고, 변이 손에 반죽이 되어 바싹 말라 있다.

한두 번도 아니고 이젠 익숙한 풍경이다. 거리낄 것 없다. 대변이야 얼마든지 치울 수 있다. 다만 잊어먹고 아침에 손가락으로 미리 뽑아내지 못하고 나와서 이럴 뿐이다. 그런 건 얼마든지 감당할 수 있다.

그러나 혼자 방에 남겨져 자존심을 내던지고 그저 달력이나 볼펜처럼 〈주어진 물체〉로 존재했다는 것에 눈물이 핑 돈다. 어제는 짜증이 나서 어머니를 잡고 소리도 질렀는데…. 아서라, 어머니는 육체의 감옥에 갇혀 비명을 지르고 있는데 아들이 그 마음을 몰라준다면 얼마나 슬퍼하겠는가. 어머니는 그 옛날 날 먹이고, 씻기고, 재워주셨다.

물을 데워 어머니를 씻기고 닦았다. 몸에 묻은 더러운 것들이 마치 천

년 동안 어머니를 덮어 누르는 돌덩이나 되듯 빠짐없이 닦았다. 땀이 흠뻑 난다.

얼굴이 깨끗하다. 처녀 시절 모습이 언뜻 비치는 것처럼 느껴진다. 하지만 시선이 흔들린다.

- 어머니, 무슨 생각합니까?
- 몰라. 넌 누군데?
- 당신 아들이잖아요. 막내아들! 제 이름이 뭡니까?

그러나 한참 보더니 고개를 가로젓는다. 그리고 옆으로 스르르 무너진다. 오늘따라 기억이 온전히 사라졌는가! 어머니의 정신을 일으켜 세우기 위해 노랠 불렀다.

눈보라가 퍼붓더라도 험한 파도 밀려 닥쳐도
술잔 위에 흘린 그 청춘 남매 위해 바친 그 모습
어머님 굳센 정에 쇠사슬도 풀리웠네
성녀~ 성녀~ 아름다운 어머니.

제목을 모르지만 내가 어머니에게 바치는 헌가(獻歌)다. '진방남(秦芳男)'의 「어머님 사랑」보다 훨씬 더 절절한 노래가 아닌가? 등대에서 술집까지 하며 홀로 우리 다섯 자식을 키운 어머니! 운명에 휘둘리던 모정(母情)에 바친 성스러운 사미인곡(思美人曲)임이 분명하다. 그런데 그 어머니는 지금 이렇게 인간의 행동을 잃어버리고 그냥 던져진 존재로 있을 뿐이다. 눈물이 난다.

그런데 어머니가 두 소절 만에 단번에 따라 부른다. 저 형편없이 녹아버린 뇌 속 깊은 곳에 인생의 울음소리, 풍경 같은 것들이 아직도 사라지지 않고 남아 있단 말인가? 인간의 파편이나마 남아있단 말인가?

비록 의식은 없지만 노래를 따라 부른다는 것은 내 무너지는 슬픔을 충분히 위로한다. 나는 신이 나서 계속 불렀다.

울지마라 문풍지야 외로웁게 살아가는 어머닌데
늙으신 어머님과 단둘이 사는데 너마저 왜 우느냐
아~ 험한 세상 파도 속에 시달리는 모자등아
눈물 속에 세월은 간다.

이번에는 고개를 갸우뚱한다. 어머니 애창곡인데도. 2절도 불렀다. 그랬더니 내 안다며 먼저 부른다.

아~ 자식 하나 잘못 두고 고생하신 어머님
목이 메어 사죄합니다.

나는 그만 어머니 손을 잡고 눈물을 흘렸다. 아, 어머니! 당신은 어쩌면 그렇게 훌륭합니까? 제가 이끄는 대로 달려오신 당신이 너무나 훌륭합니다. 아아, 어머니! 당신을 사랑합니다. 제가 당신을 〈당당한 존재〉로 돌려놓겠습니다. 어머니!

나가이 다비찌노 고까이 오예떼
후네가 미나또니 도마루 요루

일본말을 몰라 그냥 들은 대로 배운 일본 노래지만, 그래서 엉터리 단

어들이겠지만 그러나 등대를 살았던 어머니는 '미소라 히바리-美空 ひばり'의 『항구의 13번지-港町 十三番地』를 잘 불렀다. 그랬더니 어머니는 역시 단번에 따라 부른다.

    우미노 구로오 구라수노 사께니
    민나 와수레루 마도로스 사까바
    아~ 미나또 마찌 주산반찌

그렇다. 어머니는 아직 온전히 과거와 결별하지 않았다. 겉으로는 형편없는 몰골이지만 저 몸속 어딘가에는 지난날 5남매를 데리고 등대에서 힘든 현실을 감당하는 당당한 존재로 살 때의 기억이 오롯이 들어있다. 누가 이 어머니를 가소롭게 볼 것인가? 비록 귀신같은 모습이지만 어머니는 내게 안타까운 과거의 신호를 보내고 있지 않는가!

    붉은 등 푸른 등 네거리 반짝일 때
    사랑하는 님을 두고 나 홀로 떠나갑니다.
    사요나라, 사요나라, 오레와 사비시인다
    아노고오 와까레데 히도리 다비혜 유꾸

나는 끈질기게 어머니를 현실로 불러올렸다. '후랑크 나가이(フランク 永井)'의 『오레와 사비시인다-내 마음 쓸쓸해』를 익숙한 우리말로도 바꿔 불렀다. 그러나 이번에는 쉽게 현실로 귀환하지 못한다. 지쳐서 그런가? 어머니는 다시 뇌수 안쪽 깊은 감옥으로 잠겨 드는 모양이다. 그 어두운 지하에서 어머니는 시간이라는 괴물에게 얼마나 희롱당하고 있을까? 혹시 날 간절히 부르는 건 아닐까. 제발 살려달라며….

모욕을 당하는 어머니의 비명이 분명히 들린다. 안된다. 어머니를 그렇게 무책임하게 검은 함정에서 희롱당하게 둘 수 없다. 내가 구출해 과거의 기억 속에서 편안한 시간을 보내게 해야 한다.

잘 아는 노랜데 왜 기억나지 않을까? 다시 2절도 불렀다. 〈미가에루 아 노마찌 호시모 나이떼 이루~〉

그러나 내 눈물겨운 노력에도 불구하고 어머니는 함정 속으로 끌려 들어가고는 다시 현실로 돌아오지 못했다. 나는 절망의 한숨을 쉬었다. 내 간단없는 노력은 결국 실패했다. 언제나 그렇게 실패로 끝나기만 했다.

오랜만에 달걀까지 넣어 라면을 두 개 끓였다. 너무 맛있다. 어머니도 후루룩 잘도 받아먹는다. 난 라면을 조금 남겨 안주 삼아 소주를 마셨다.

학부모 한분이 전화를 했다. 지난 일 년 동안 아이들과 돈독한 정으로 이끌고 가르쳐 주셔서 감사하다고 말한다. 그리고 저녁을 한 그릇 꼭 대접하고 싶다고. 거절하지 못해 모레 16일이 출근일이니까 그때 연락드리겠다고 했다.

먹는 게 걱정 없다 싶으니 배포가 커진다.

덧붙이는 글

위 노래 중 '눈보라가 퍼붓더라도~'는 〈눈물의 여왕〉이란 애칭으로 유명했던 배우 '전옥(全玉)'(배우 '최민수'의 외할머니)이 주인공으로 출연해 58년 개봉한 유명한 영화 「눈 나리는 밤」의 주제가로 '김세일(金世一)'이란 가수가 불렀습니다.(지난 9월 26주 차 주안에서 인터넷에서 다시 확인해봐야 할 자료를 검색하며 무려 20여 화면 뒤쪽에서 겨우 찾을 수 있었다고 했는데 바로 이 가수를 찾았습니다.) 제목은 「어머니의 사랑」. 메인타이틀인 「눈 나리는 밤」이란 제목의 노래 〈몸부림치고 울며 굳세던 성녀/청춘도 한 시절 눈물에 시들어 떠도는 신세/아~, 울고 가네 눈길을 밟고 가네〉는 '백연(白蓮)'이란 예명(藝名)으로 활약한 '오정심(吳貞心)'이란 미녀 가수가 불렀지만 크게 히트하지 못했고, 오히려 서브타이틀인 이 노래는 히트하여 변두리 특별한 계층에서 꽤 많이 불려졌습니다. 일제 시대 활발했던 악극(樂劇)을 개작한 영화로 주정뱅이 남편 밑에서 아들을 판사로 키워낸 어머니가 결국 남편을 죽이고 그 아들에게서 재판받는다는 비극적인 내용이었지요.

흐릿하게 기억나는 장면이 있는데 눈 나리는 밤에 집에서 엄마를 기다리다가 엄마가 오지 않아 어린 남매가 찾으러 나갑니다. 엄마가 돌아와서 아이들이 없으니 이번에는 엄마가 남매를 찾으러 나가지요. 하얗게 눈 나리는 밤에 이렇게 서로 오가며 어긋난 길을 헤매는 장면이 국민학교 1학년에 지나지 않는 제 기억 속에서 뚜렷이 생각나는군요. 특히 제 어머님의 인생을 표상하는 듯해서 이 노래에 대한 절절한 감상문을 썼더니 옛노래를 좋아하는 사람들에게 많이 알려져 그 세계에선 이제 너도 나도 좋아하는 유명한 노래가 됐습니다. 가사 중 〈성녀〉는 영화 주인공의 이름으로 〈최성녀〉였지만 영상의 실체는 모호한 상태로 어머니와의 관련 속에서 거의 〈聖女〉로 전의(轉義)하여 기억한 것 같습니다. 그만큼 어머니는 저에겐 삶의 기미와 의미, 그리고 표상 전체로 자리 잡고 있었지요. 지금도 가끔 혼자 허공에 대고 〈엄마!〉라고 불러보고는 눈물짓는.

'울지마라 문풍지~'는 가요황제 남인수(南仁樹, 1918~1962)의 모창(模唱) 가수로 유명한 '남강수'의 〈눈물의 모자등〉이란 노래로 역시 어머니와 저 사이의 교감과 잘 연결되는 노래로 특별한 의미를 지니고 있습니다.

일본 노래들은 아마 80대 전후의 연배에서는 들어보셨으리라 생각되는군요. 새삼 발굴하여 되살려준 노래를 사랑하는 사람들에게 고마움을 전합니다. 다만 그 시절 변두리 등대를 터전으로 살아오던 사람들의 마음속에 심어진 감상의 조그만 풍경으로 이해해주시기를. 혹 현대의 엉뚱한 이념적인 접근과 제단(裁斷), 시비는 여기서는 당연히 사절입니다.

영락원에 모셔둔 어머니의 유골은 15년 뒤인 2015년 계약 기간이 끝나(재계약할 수 있지만) 영원으로 떠나보내기 위해 찾았습니다. 어머니를 동굴 같은 조그만 상자 속에 갑갑하게 가둬둘 수는 없었지요. 어머니는 저 우리들 찬란했던 영광의 시절, 번성했던 삶의 현장, 그 등대로 보내드려야 마땅하다고 생각합니다. 활기 넘치던, 펄떡이는 생선 같은, 그래서 세상의 모든 안타까운 운명들이 모여들던 그곳, 어머니의 신산(辛酸)스런 삶이 펼쳐졌던 그곳은 어머니 자신도 간절히 바랄 게 틀림없을. 큰형님과 함께 유골을 들고 오랜만에 남부민동 등대를 찾았습니다. 비록 오래전에 바다를 매축하며 반이나 육지로 변했고 나머지도 테트라포트로 둘러싼 지네 같은 흉물(?)로 남아 기억 속의 모습은 아니었지만 바다 내음과 파도 소리와 기억 속에 오롯이 남은 모습들은 그래도 우리와 어머니를 안온하게 거두어주겠지요. 어머니의 고운 뼛가루를 한 움큼씩 외해 쪽으로 뿌리며 기억 속 우리들 전성시대와 작별을 고했습니다. 어머니와 함께 우리들도 이젠 등대의 음울한 해명과 거기 실린 흐릿한 그림들과 이별해야 할. 어머니! 우리들 인생은 그렇게 제각각 영원의 세상으로 떠나겠지요. 그 기억의 꼭지에서 어머니가 제 어머니였음은 저의 행복이었고, 자랑이었고, 영광이었습니다. 저는 어머니 앞에서 언제나 철없는 어린이로 남았으면 합니다. 어머니의 옷을 잡고 콧물을 흘리며 쳐다볼 때의 그 커다란 어머니의 미소를. 아아, 어머니! 당신을 영원히 사랑합니다. 아마 얼마 지나지 않아 저도 그 영원으로 달려가 어머니의 품에 파고들 겁니다. 어깨춤을 추며 못다 한 어리광을 실컷 부려보고 싶습니다.

남은 제 인생, 외롭더라도 지난 시간들을 생각하며 추억의 터널 파노라마 속에서 행복했던 기억으로만 살겠습니다. 그때까지 안녕히 계십시오. 엄마! 엄마!

제(40)주 학습지도 계획안

(2013년 1월 28일 ~ 2월 1일)   4학년 2반

당신은 모든 생각과 행동의 뒤쪽으로 가세요

　　갑자기 40주 학습지도안을 배부하라고 하는군요. 방학 마지막 주인 1월 30일(수), 31일(목), 2월 1일(금) 3일분을. 처음에는 별생각 없이 개학과 함께 내면 되겠다고 간단히 생각하고 일기니 뭐니 하며 부산을 떨었는데…. 제가 지도안에 대한 압박이 많아서 그런지 모르지만 아무튼 여러모로 생각이 짧았다고 생각합니다. 개학일인 수요일에 바로 수업을 하니까 학습계획안을 보시고 방학 과제와 교과서, 토요스쿨 준비물 등을 모두 챙겨옵니다. 아, 수저 없으면 밥 못 먹어요. 후후!

　　마음은 급한데 새벽에 일어난 꿈마저 뒤숭숭합니다. 그런데 그 속에서 어떤 이미지가 떠오르더군요. 가끔 그 비슷한 혼란스런 꿈들을 꾸곤 했는데, 앞이 아닌 뒷전에서 그림자같이 비밀스런. 그래서 전부터 이런 흐릿하고 가슴이 아릿한 그림들을 떠올리며 언제 한번 글로 표현했으면 하는 욕망도 했는데…, 그래서 오늘 그야말로 떠오르는 대로 써봤습니다. 얼핏 우리 선조들의 정취가 가득 벤 고가(古歌)를 빌어서. 지난 지도안에 첨부했던 글들처럼 무슨 목적적인 의미나 주제, 그리고 틀을 가졌다기보다는 그냥

함부로 다가오는 마음으로 만나면 오히려 제가 몽롱하게 느끼는 마음에 더욱 잘 다가설 수 있으리란 생각도. (그런데 쓰다가 짝을 맞춰야겠다는 생각이 뒤늦게 들어 일부러 고향 등대의 이미지로 꾸민 뒷글을 만들어 이어붙이다 보니 조금 어울리지 않는 느낌도 드는군요. 뭐, 그저 제 마음의 풍경을 담긴 했습니다만,) 아무튼 죄송합니다.

1

환영으로 잠을 자다 깨다 했다. 흐릿한 풍경이 눈앞을 가득 채운. 눈을 감았다. 조금씩 호흡도 잦아든다. 환영은 어느덧 남자로 형상되어 앞을 걸어간다. 꿈결에 몇 번 봤던 어깨가 처진, 피곤함을 등에 매단. 누군데 저렇게 발뒤꿈치가 천근이나 되듯 힘겹게 한 걸음, 한 걸음을….

아-, 나는 고개를 끄덕였다, 그의 발뒤꿈치를 뒤따르며 달그락거리는 조각들을! 비록 현실에서 패배한 얼굴로 뒷골목을 터전으로 살아가지만 그의 가슴에는 화면을 가득 채우는 빛나는 이야기가 보석처럼 숨겨져 있음을. 그 이야기들이 그를 천사처럼 뒤따르며 내게 들려주고 있음을!

그가 나를 돌아보고 손을 흔든다. 손에는 시든 꽃 한 송이가 들려있다. 꽃을 들고 흔들며 싱긋 미소를 보낸다. 조각들이 모여 그림을 그린다. 그 옛날 고향 물레방앗간에서 가슴 설레던 처녀와 꿈결 같은 사랑을 나눈 아름다운 청년의 그림이. 그는 꽃을 들고 「헌화가(獻花歌)」를 부르려는 모양이다. 절대의 아름다움을 남루함 속에 담아 둔.

  딛배 바고 갓희 (붉은 바위 가에)
  자ᄇᆞ온 손 암쇼 노히시고 (암소 잡은 손 놓으시고)

나홀 안디 붓그리샤든 (나를 아니 부끄러워 하신다면)

곳흘 것가 받조오리이다 (꽃을 꺾어 바치오리다)

그는 그 기억만으로도 세상에 패배되지 않으리라. 비록 현실의 그늘에서 먼지로 풀풀 흩어지더라도, 오히려 낙화유수(落花流水)의 처량을 벗하며 거대한 환상을 눈물겹게 꽃피우리라고. 어쩌면 소를 치는 견우(牽牛)였던지도!

2

어떤 여자가 내 곁을 스치며 지나간다. 낡은 수건을 머리에 두르고 보자기를 든 힘없는 발걸음으로. 그 뒤를 쓸쓸한 바람이 휘~잉 뒤따른다. 뒤돌아보는 얼굴이 주름지고 거뭇하다. 낯익은, 어쩌면 까마득한 기억 속 등대에서 유행가를 부르던? 아! 그래, 순이! 겨우 열여덟에 어머니의 집으로 흘러왔던. 풋사랑에 어화둥둥 다가온 아기는 먼저 하늘로 떠났는데, 그래 이제 자신도 병들어 저자를 다니며 꿈속을 더듬는…. 한(恨)과 기다림의 정읍사(井邑詞)로 위로해보려 한들 전락(轉落)한 서푼짜리 인생은 벌써 등대와 함께 사라졌는데도 아직…?

둘하 노피곰 도두샤 (달님이시여 높직이 돋으시어)

어긔야 머리곰 비취오시라 (아아, 멀찍이 비추십시오)

어긔야 어강됴리

아으 다롱디리

전져재 녀러신고요 (님은 저자를 다녀가시는가)

어긔야 즌ᄃᆡ를 드디욜세라 (진흙을 드디(踏)할까 걱정입니다)

어긔야 어강됴리

아으 다롱디리

어디이다 노코시라 (다 놓아버리시이다)

어긔야 어강됴리

아으 다롱디리

어쩌면 아직도 달을 보고 아이 꿈을 꾸는, 자신처럼 진 데를 디딜까 두려워하는! 우리네 인생은 어둠의 침묵으로 잠겨들지라도, 오히려 지상의 꽃들을 곱게 피워 달빛의 여신으로 돌아오는. 그래, 순이는 달빛으로 젖은 길을 고읍게 짜는 직녀(織女)는 아니었던지!

3

갑자기 비가 온다. 굵은 빗줄기 위로 도시의 직선(直線)이 차갑게 자리 잡는다. 모든 자신만만함과 당당함과 고집과, 그리고 명예와 부(富)의 번잡함이 잡초처럼 직선 위에서 돋아난다. 어디에도 견우와 직녀는 없다. 그러나 나는 달콤한 솜사탕을 입에 머금고 그들이 사라져간 비밀의 공간으로 미소를 보냈다.

눈을 떴다. 내 눈에 눈물 한 방울이 맺혔다.

당신은 모든 생각과 행동의 뒤쪽으로 가세요

아름다운 환영이 피어나는 곳으로.

시든 꽃을 바치리라

부끄럽지 않아요.

자신만만하지 못하지만
당당하지도 않지만
내 사랑, 그저 꽃을 기억하면 족하오.

아이를 바치리라
곱게 키워주소서
돈은 필요없어요
명예도 바라지 않으리라
내 사랑, 그저 빛나는 달을 닮으면 족하오.

환영은 메아리로 사라지고
꿈은 신기루로 흩어지고
눈물은 거품처럼 사라질 뿐이지만
새벽의 환영은,
치열한 상술로 닳아빠진 얼굴을 쓰다듬어주고
화려한 주인공의 열변으로 들뜬 목을 축여주고
빛나는 보석으로 치장한 마음을 달래주고...

내 환영은
아아! 솜사탕처럼 눈물겹다

- 2013년 1월 28일 새벽

우리 아이들, 아니 모든 사람들이 인생의 뒤란, 그 유적지처럼 한랭한 곳의 풍경을 보듬을 수 있는 눈을 가졌으면. 앞이 아닌 뒤편에서 낙화유수

(落花流水)로 살아가야 하는 인생을 이해할 수 있는 입체적인 눈을 가졌으면. 부와 명예와 정의와 자신만만함과 당당함보다 헐벗고 이름 없는, 작고 꾀죄죄한, 자꾸 움츠러들고 자신 없어 하는 사람들을 깊숙이 바라볼 수 있는 사람으로 자랐으면. 아아, 정말 꿈속에서라도 읽어낼 수 있는!

3학년 교과서에 「미운 돌멩이」라는 이야기가 나옵니다. 이리저리 굴러다니다 개울가에 자리 잡은 평범한 돌 이야깁니다. 그런데 사람들이 자꾸 예쁜 돌만 주워가서 남은 건 자기처럼 미운 돌멩이뿐이었습니다. 지나가는 하늬바람에게 물었더니 〈사람들이 가지고 간 돌멩이는 겨우 방 한 칸을 꾸미지만, 넌 이 지구를 아름답게 꾸미고 있지 않니?〉라고.

안데르센(Andersens)의 동화 『미운 오리새끼(The Ugly Duckling)』도 그런 면으로 많은 것을 생각나게 하는 이야기였지요. 다른 오리는 물론 칠면조, 심지어 병아리에게서까지 미움받지만, 그러나 결국 화려한 백조로 자라나 커다란 날개를 활짝 펼치고 힘차게 날아오르는.

사람들은 가끔 착각을 합니다. 어쩌면 일상의 마취주사를 맞고 망각하고 있는지도 모르겠습니다. 자신이 바로 고귀한 사람임을. 미운 오리처럼 여기서 천대받고, 저기서 괄시받고… 그래서 스스로 죽는 사람들도 있지만 사실 미운 돌멩이를 닮은 사람들이 바로 우리 사회를 지탱하는 가장 중요한 사람임을. 자신이 고귀한 견우와 직녀임을.

※ 생각나는 대로 함부로 갈겨 써 연결과 표현이 자연스럽지 않은 글이지만 마음만은 치열하군요. 오늘은 이상하게 고양된 나 홀로 감상을 위하여.

제(41)주 학습지도 계획안

(2013년 2월 4일 ~ 2월 9일)　　　　　　　　　　　　　　　　　4학년 2반

귀거래사 – 歸去來辭

　　교감선생님이 제 교실로 와서 교육청에서 〈정부포상 근정훈장〉 교사 추천이 왔는데 제가 해당되니까 어떻게 할까 물어보더군요. 우린 서로를 꽤 잘 알고 있습니다. 속 깊은 이야기는 별로 나눠보지 않았지만 일상에서 자주 대화를 나누며 친구처럼 지내기도 하거든요. 이 〈학교에서 부치는 편지〉도 교감 전결(專決)이니 제 생각들을 잘 알고 있습니다. 하긴 외부로 절대 발설하지 말라고 협박(?)해놨지만. 그 훈장으로 다른 잘못한 일이 있어도 감경(減輕)해준다는 믿거나 말거나한 이야기도 있지만 뭐 이젠 아무 필요도 없고, 그래서 그 자리에서 바로 훈장을 포기한다는 각서를 써줬습니다. 훈장으로 저를 치장, 아니 가두고 싶지 않거든요. 제가 말했습니다. 당신도 결국 교장이 되지 못하고 교감으로 교직을 마치는데, 그래도 당신은 받아야 할 거라고. 씁쓸한 웃음으로 절 쳐다보더군요. 축하를 해줬습니다. 학부모님들도 여태 이 편지를 읽으며 제 심리의 굴절을 어쩌면 이해해 줄 수도 있을 거라고 생각은 듭니다만!

　　퇴직하고 여유가 있다면 고향 등대로 가서 예전처럼 뱃사람이 되고 싶습니다. 아, 그렇군요. 매축하여 지금은 반이나 육지로 변했고, 나머지도

이상한(?) 모양으로 달라졌으며, 더구나 바다의 온갖 오물로 더러워진 남항과 등대는 고기잡이로는 언감생심(焉敢生心)인. 해운대나 송정 끝머리엔 아직 작은 어촌이 있으니 가능하겠지만 제겐 역시 타지나 마찬가지인. 아무튼 1톤쯤 되는 작은(혼자 타기에는 그래도 꽤 커다란) 발동선 하나 구입해 가까운 남해안 근처 등대를 닮은 곳을 찾아 뒤늦게라도 귀거래사(歸去來辭)를 유유자적 읊고 싶지만 장담은 못하겠습니다. 황혼에 바다를 방황하는 유령 같은 그림이 아직도 남아있다니! 아니 교사가 뱃놈이 되다니! 저 스스로도 무슨 서글픈 코미디 같은 이야기라고 생각을 합니다만, 그러나, 그러나 죽어도 잊을 수 없는 등대는!

배는 매일 같이 동거(?)해야 말썽을 부리지 않습니다. 날씨에 따라 등대 안으로 피난도 시켜야 하고. 가끔 육지로 끌어올려 배 밑바닥에 달라붙은 따개비나 거북손, 미역 등을 떼어내거나, 바다에 박힌 돌을 스치며 갈라진 밑창도 수리하고, 콜타르나 끓인 벙커C유(油)로 덧칠도 자주 해줘야 하고…. 하긴 그물과 낚시, 기름값 등을 생각하면 비용이 만만찮을 겁니다. 아무래도 생존보다 낭만적인 소망이 분명 크다고 할 수 있을. 하여튼 부산 근교나 남해안 해변과 섬마을들을 돌아보고 가능하다면 돔이나 숭어 등의 고기나 문어, 게 등등을 잡으며 〈바다 通信〉 같은 글을 남겨보고 싶기도. 이제야 먼 길을 돌아 땀과 함께 하는 분주한 삶의 현장으로 들어가 〈삶의 철학〉을 만끽하고 싶지만 이미 시간을 놓쳐버린, 아니 망상이 분명할.

저번 18주에 발목이 아프다고 이야기한 적이 있습니다. 테니스와 마라톤을 할 때부터 무릎과 발목이 조금 아팠지만 특수반 선생님의 요청으로 아이들과 학교 뒤 윤산을 탐험하다 2미터가량의 절벽에서 떨어져 인대가 일부 찢어졌다는 진단을 받아 수술해야 할 것 같다고. 뭐, 마라톤을 하며 그만큼 아프지 않은 사람이 없는데…, 그래서 대수롭지 않게 넘겼고 생활에 크게 불편한 점도 없어 단단히 조여 주는 발목 보호대를 차고 그냥 달리기도.

하지만 근래 발목이 점점 더 아파오고, 가끔 계단을 걸어 올라가는 게 쉽지만도 않더군요. 오후가 되면 꽤 아파 교실에 자리를 펴고 계속 누워있기도. 한번 정확한 진료를 받아야겠다고 생각했습니다.

지난 금요일 오후 교감에게 이야기하고 해운대 〈효성시티병원〉엘 갔습니다. 그 병원 바로 옆에 있는 학교에 근무할 때 학생들에게 멀리뛰기 시범을 보이다 엉뚱하게 모래에 박혀 있는 꽤 큰 돌에 발뒤꿈치가 충격을 받아 족저근막 파열 진단을 받고 일 년 동안 지겹게 물리치료를 받은 적이 있었기 때문에-아직 온전히 낫진 않고 밍밍한(?) 감각은 그대로-일부러 그쪽을 택했습니다. 낯익은 의사 선생님을 만나보고 사진을 찍었는데 왼쪽 종아리 아래에서 발바닥으로 내려가는 큰 인대에 검은 선 같은 것이 보이더군요. 인대가 찢어졌고 뼈도 금이 가 있어 수술해야한다고 했습니다. 아이고!

좀 어리석은 이야긴데 마취하지 않고 수술할 수 있느냐고 물어서 웬 풍딴지 소리냐는 핀잔을 듣기도 했습니다. 하긴 술 때문인지 속이 많이 쓰려 그 선생님이 내시경으로 제 위를 살펴볼 때 마취를 하지 않겠다고 하여 고개를 끄덕여주긴 했지만, 그러나 이건 피부만 가르는 것도 아니고 인대를 잘라내고, 뼈를 망치로 깎아내고, 톱으로 썰어야 하는데 그런 말을 했으니 제가 생각해도 기가 차더군요. 전신마취를 해야 하는데 이순신 장군도, 무슨 만화에 나오는 무림(武林)의 고수도 아닌 제가!

어차피 해야 할 수술이라면 빨리 해야했습니다. 이번 기회를 놓치면 보험 혜택도 어떻게 될지 모르고, 여러 관련 서류들도 현직에 있을 때 준비해야 어렵지 않기 때문에. 미리 보험사 직원과 이야기도 맞춰봤습니다. 수업에 크게 지장이 없는 7일 수술한다고 교장, 교감 선생님과 여러 선생님들에게도 말했습니다.

그리고-, 수술이 끝나고 의식을 찾았을 때 붉은 소독약이 가득 묻은 사진을 보여주더군요. 제 이름과 날짜가 적힌 종이 아래 왼쪽 발목 피부를 사각형으로 갈라 무슨 집게 같은 기구로 벌려 고정해 논. 붉은 근육과 하얀 인대, 피범벅이 된 살덩어리와 잘린 뼈가 드러나 토할 것만 같았습니다. 간단한 수술로만 알았는데 이렇게 큰 수술이었다니! 석고 다리에 목발을 짚고 몇 걸음 움직여보니 그런대로 견딜 만했습니다. 며칠 입원하고, 그 뒤에도 계속 병원엘 다녀야한다고 했지만 바쁜 학년 말이니까 집에서 다니겠다고 하고 퇴원했습니다. 그래도 교직을 마무리하며 내내 신경이 가던 문제를 해결해 마음은 편했습니다만 20㎝를 훌쩍 넘는 반원형 수술자국은 평생을 함께 할.

문득…. 정부포상 근정훈장 이야기 때문에 지난 33년을 돌아보니 제 결혼과 어머니가 돌아가실 때 6~7일간(그것도 토, 일요일이 낀) 출근하지 않았다는 생각이 드는군요. 물론 그건 〈결근〉이 아니라 당연한 삶의 연결고리로서 〈권리〉라고도 할 수 있겠지만 저는 그것에서마저도. 언제나 학교에서 아이들과 만나며 〈현재〉를 흠뻑 느끼며 살아간다는 것에 행복해했습니다. 물론 걸맞게 좋았던 선생님이라고 자신할 순 없지만. 요즘은 아이들도 6년 개근상을 받지 않으려고 일부러 결석하기도 한다더군요. 저는 조금의 여유 자체에도 스스로를 엄격으로 몰아갔다고 생각합니다. 학교는 제 존재의 표준문법이었습니다.

제(42)주 학습지도 계획안

(2013년 2월 11일 ~ 2월 15일)　　　　　　　　○○초등학교 4학년 2반

구	월(2/11)	화(2/12)	수(2/13)	목(2/14)	금(2/15)
1교시	설날 연휴	사회 3. 사회 변화와 우리 생활(12/14) 우리 주변에서 볼 수 있는 소수자	국어 7. 삶의 향기(12/14) 배경과 인물의 특성을 생각해보기	과학 과학(13/14) 주제탐구활동	국어 국어(14/14) 단원평가
2교시		도덕 5. 하나 된 나라~ (3/3) 통일을 이루기 위해 내가 할 수 있는 일 찾기	창의적 체험 자율활동 (22/24) 적응활동	체육 5. 여가활동 (12/13) 배운 내용 확인하기 (156쪽)	졸업식
3교시		국어 7. 삶의 향기 (11/14) 배경과 인물의 특성	오름길수학 오름길수학 (10/10) 급수에 따른 계산	음악 27. 음악회를 열어요(4/4) 음악회(68-71)	
4교시		과학 과학(12/14) 주제탐구활동	체육 5. 여가활동 (11/13) 전통 놀이 한 마당 (154-155쪽)	수학 8. 규칙 찾기와 문제 해결(3/6) 문제를 해결하기	창의적 체험 활동
5교시		오름길수학 오름길수학(9/10) 급수에 따른 계산하기	음악 27. 음악회를 열어요 (3/4)음악	국어 7. 삶의 향기 (13/14) 배경과 인물의 특성 알아보기	종업식 행사 참석

사랑의 선물

드디어 그날이 다가왔군요. 일부러 외면해왔던! 교문 입구까지 경사가 큰 언덕길과 그 밑 올망졸망한 집들이 들어찬 마을, 교통 당번을 서던 횡단보도, 매일 보던 학교와 아이들, 죽은 햄스터를 묻어 준 화단과, 축구하며 함성을 지르던 운동장, 아이들과 연을 날리며 신나게 웃던 담벼락, 방학 때 홀로 학교에서 현관 지붕의 국기를 내리던, 아이들과 회동 수원지 밑 수영천에서 고기를 잡던, 일찍 출근한 저와 보일러실에서 같이 세수하던 야간 당직 김주사님과…. 모두 헛헛한 기억으로, 아니 세상에서 온전히 삭제되는. 이미 흘러간 꿈이 되었음을. 당연했던 그림들이 이제 당연하지 못하는 시간 속 마법의 소용돌이 속으로 사라지는. 시간은 우리들 마음 속에 들어앉아 매일매일 마취제를 흩뿌린.

저저번 시골 학교를 마치고 떠날 때 어느 학부모님이 아이 공책에 곁들여 보내주신 글로써 마무리할까 합니다. 놀랄 정도로 잘 쓰셔서 무척 감동했습니다. 이런 글을 쓰시는 학부모님들이 계시는데도 전 제 잘난 듯 그때나 지금이나 멋 부리며 콧대를 높이고, 어깨를 으쓱거리고 있었군요. 가슴이 뜨끔합니다. 아이고, 겸손이 가장 무서운 줄도 모르고 함부로!

과분한 칭찬에 몸 둘 바를 모를 정도로 황송스러웠습니다. 전 그 언저리에도 미치지 못하는데 그분의 글은 향기롭기 그지없는, 눈이 죄스러운, 아니 황홀한! 이런 글을 〈마지막 선물〉로 받은 저는 세상에서 가장 행복한 교사가 아닌가 합니다. 점점 퇴색될 교직의 낭만을 그래도 한껏 맛볼 수 있게, 아니 제 스스로 흠뻑 느껴볼 수 있다는 응원, 또는 정당으로 받아들이고 싶은 엉뚱한 자위인지도.

제 글 규격으로 맞췄지만 글자 하나 고치지 않았습니다.

사랑의 선물

월요일, 큰 아이가 학교에서 우렁이를 잡았다며 연신 얼굴이 함박꽃이었다. 집에 돌아오기 무섭게 우렁 이야기를 좌악 펼쳐놓는다. 마치 아이의 몸과 마음에 행복 바이러스가 스멀거리는 듯.
아이의 얘기를 들으며 나는 이미 타임머신을 타고 국민학교 시절로 되돌아가고 있었다.
추억의 앨범에 곱게 재어놓은 우렁이, 미꾸라지, 개구리를 잡으며 소리치던 함박웃음이 뽀얗게 되살아났다. 잊지 못할 고향의 내음과 내 단발머리 소녀의 환한 미소도 같이.
'그래, 내 웃음과 내음과 미소를 우리 아이도 느끼고 있구나!'
아이가 선생님께 소중한 선물을 받은 것 같아 감사했다.

사랑도 받아본 사람만이 사랑을 줄 수 있고, 행복도 느껴본 사람만이 다른이의 행복을 빌어줄 수 있는데. 그런 소중한 사람인지 모르고 그저 새털처럼 가볍게만 살아가는 아이들, 아니 우리들…!

수년 전 한 시집을 읽으며 내 삶의 뒤안을 조용히 돌아볼 수 있는 기회를 가진 적이 있었다. 많은 걸 생각해봤는데, 그 후로 주변을 느낄 수 있는 여유를 가지게 되었고, 놀랍게도 스스로를 향기로움으로 마주할 수 있었다.

그 신선한 충격이란!

지금 알고 있는 걸 그때도 알았더라면

지금 알고 있는 걸 그때도 알았더라면
내 가슴이 말하는 것에 더 자주 귀 기울였으리라.
더 즐겁게 살고, 덜 고민했으리라.
…

진정한 아름다움은 자신의 인생을 사랑하는 데 있음을 기억했으리라.
부모가 날 얼마나 사랑하는가를 알고
또한 그들이 내게 최선을 다하고 있음을 믿었으리라.
…

설령 그것이 실패로 끝난다 해도
더 좋은 어떤 것이 기다리고 있음을 믿었으리라
지금 내가 알고 있는 걸 그때도 알았더라면.

- 킴벌리 커버거

그래, 신이 아닌 이상 인생을 어찌 알 수 있을까? 아쉽게도 우리는 인간이기에 모두 경험하거나 생각할 수 없고, 그래서 시간이 내 모든 것을 삼키고 유야무야(有耶無耶) 흘러간 후에야 알게 된다. 내가 인생의 주연으로서가 아니라 조연으로서, 방관자로서 살아왔음을, 그게 한 번뿐인 내 인생임에도 불구하고.

아이들은 사랑받기 위해 세상에 태어났다. 가슴 속에 '사랑'이라는 둥지를 튼 아이들은 연습이 주어지지 않는 인생 무대에서 자신감과 당당함으로 자신을 아끼고 사랑하며 살아가리라. 자신이 얼마나 왜곡된 눈으로 세상을 보았는가를 까맣게 잊고 '사랑'의 충만을 흠뻑 느끼며.

사랑은 한지에 조용히 번지듯, 요란과 화려한 뒤쪽에서 은근하고 수줍게 흐른다. 절대 메마르지 않지만, 그러나 여백같이 너무 푸근해서 알아채기도 어렵다. 하물며 감정표현이 서툰 요즘 아이들임에야.
그러나 내 아이가 너무 자랑스럽다. 그런 선물을 이미 알아버린!

지금은 알고 있는데 그땐 몰랐던 게 무엇이었을까요? 아마 우리 아이들도 상급학년으로 올라가는 지금은 느끼고 있을 것 같습니다. 뒤늦게 사랑의 선물을 주신 그분께 고마움을 표합니다!

교감선생님이 말렸지만 졸업식에는 목발을 짚고 참석할 생각입니다. 작년 가르친 아이들인데, 아니, 수시로 제게 붙잡혀 축구다, 등산이다, 동네 정화 활동과 방과 후 돌봄 활동이다 하며 끌려다닌. 참 수고 많았습니다. 졸업을 축하합니다.

이제 와서 보면, 아니 진작부터 아이들과의 이야기가 아닌, 턱없는 개인의 내밀한 생각, 고백을 스스로 그 잘났다는(?) 착각에 빠진 글재주로 폼을 잡고 함부로 토해낸 게 틀림없는. 하지만 그렇더라도 그 과정이 쉽지만은 않았던. 일주일 내내 주제(?)를 생각했고, 자료를 찾는다고 고생도 많았습니다. 모두 엊그제만 같은데 이제 미련을 끊고 모두 놓아버려야 하는!

갑자기 어떤 소리가 들려오는군요. 둘째 주에 〈언제나 마음은 태양〉이란 영화 소개를 하며 드린 말.

- 세상은 너희들을 기다리고 있어. 너희는 멋진 아이들이야!
- 선생님, 사랑해요!

지금도 생생하게 들려오는 그 말을 새삼 떠올리니 가슴이 울컥합니다. 이제 정말로 이별해야 하는. '헨리 반 다이크(Henry van Dyke)'의 『무명교사 예찬시』에서처럼 저를 향해 불어주는 나팔 소리와 황금마차는 없지만, 금빛 찬란한 훈장이 가슴을 장식하지도 않지만 사랑한다는 그 말을 가슴 속 깊숙이 새겨두고 힘들 때마다 떠올리며 살아가겠습니다.

너희들 모두, 돌봄반 모두, 아니 1~6학년 한 명, 한 명 모두 기억의 보석함에 소중히 담아둘게. 이해하고 베풀어주신 부모님들께도. 모두모두 감사를 드립니다.

안녕히 계십시오!

덧붙이는 글

2020년 무렵부터 조금 충격적인 소식이 들려오더군요. 낙후된 지역 재생사업의 일환으로 주변 학교들과 함께 통폐합된다는 소식이. 개발 바람이 불어오는데 어쩌면 제가 알던 고만고만한 낮은 건물들과 구석구석 좁다란 골목 자체도 사라지고 아파트 단지로 변할 게 틀림없을. 그리되면 제 추억의 대부분은 깜깜한 시간의 침묵 속으로 가라앉겠지요. 어쩔 수 없는 일이지만 그렇게 인생은 다른 세상으로, 허망한 추억 속으로 사라져야 하는. 언제 한번 시간을 내어 추억이 사라지기 전 마지막 순례를 해봐야겠습니다. 설마 교문 앞 육교와 칼국수를 파는 서동시장은 그대로?

저번 38주에 저의 차 티코에 대해 이야길 한 적이 있습니다. 그리고 정기검사 시기가 다가와 〈2021년 2월 2일〉 해운대 검사소에서 검사를 받았지요. 그런데 배기계통 손상으로 유독가스가 기준치보다 많이 배출된다는 판정을 받았습니다. 5일간 시간을 줄 테니 정비하여 새로 검사를 받으라고 하더군요. 불합격하면 환경오염 때문에라도 〈폐차〉해야 한다며. 그래서 며칠 연산동 쉐보레 서비스센터나, 제가 가끔 가는 동네 서비스센터, 그리고 경남 덕계의 자동차 고물상 등등을 찾아다녔는데 다른 부속은 있었지만 배기 계통의 부속들은 구할 수 없었습니다. 너무 오랜 세월이 지나 아마도 찾을 수 없을 거라고 하더군요. 몇 가지 구하기 어려운 다른 부속들도. 결국 얼마 남지 않은 이별의 시간을 헤아리며 안타까워해야 하는. 다른 분에게는 대수롭지 않을, 아니 차라리 잘됐다고 하겠지만 제 티코는 그 작은 몸으로도 4반세기를 넘긴 장장 27년을 하루도 빠짐없이 한 몸처럼 함께 해왔으니까요. 제 마음을 잘 안다는 듯 시간의 틈새에서 티코가 빼꼼 고갤 내밀고 오히려 절 달래주었습니다. 기나긴 그 시간 동안 늙은 자신을 버리지 않고 잘 돌봐줘서 너무 고마왔고, 그리고…, 이제 영원으로 가서 쉬어야겠으니 그만 놓아달라고.

모든 존재의 진정한 의미는 산뜻한 모습 뒤에 숨겨진 또 다른 멸망의 그림자가 아닌가 합니다. 우리는 현실의 시간 속에서 곡예를 타고 있지만, 그러나 결국은 슬쩍 다가오는 그림자에 형편없이 패배할 수밖에 없는 존재일 뿐!

밤 깊은 시간, 유령처럼 일어나 온천천 옆 철망 담벼락에 주차해 둔 티코의 구석구석을 쓰다듬었습니다. 핸들과, 수동변속기와, 잡다한 것들로 가득한 수납함! 그리고 괜히 창문 개폐 단추, 시트를 밀고 당기기도. 영원으로 떠나보내야만 하는 고독한 길벗, 아니 제 영혼의 반려자와 기어이 이별해야만 하는! 숨 쉴 수 없을 정도로 고통스런 눈물이 앞을 가렸습니다.

　골목 옆 2층집에 사는 똥보 영감님이 어떻게 알았는지 문을 열고 나오더군요. 가끔 천변 간이 의자에 앉아 함께 술을 마시던. 자기가 타는 커다란 은색 SUV와 비교하며 바꾸라고 자주 이야기하면서도 티코에 대한 제 마음만은 알아주던. 폐차하기로 했다고 말했습니다. 제 손을 잡아주더군요. 막상 듣고 나니 자기도 어느새 익숙해진 티코와의 마지막이 아쉬운 듯.
　티코도 고개를 끄덕이며 마지막 미소를 보내주었습니다. 기나긴 시간-, 사랑해 준 기억만을 가지고 멸망으로 가겠다는.

　그 밤, 늦도록 어두운 적막 속에 바닥의 돌을 휘감아 도는 천변 물소리가 하염없이 가슴을 때리는!

　그리고, 그리고 마지막까지 남겨둔!

　어머니가 등대에서 장사하던 〈김해집〉까지 흘러온 어느 나이든 색시가 남겨둔 메모도 서랍 속에 아직 남아있습니다. 등대가 전해주는 흔해빠진 감상이 가득한 낙서에 가깝지만 삶의 회한과 아픔이 물컹 담긴. 그 색시들은 삶의 무게를 지고 허덕이다 벌써 전에 등대와 함께 어둠 속으로 퇴장해버렸지만, 당시 중학생이었던 저는 본능적으로 낡은 그 메모를 무슨 보물처럼 아직도 간직하고 있는. 어쩌면 저도 그렇게 어딘가로 흘러가게 될 예감에 떨며, 아니 실제로 그렇게 바다를 떠돌게 됐지만. 아마도 등대의 마지막 전성기 센티(sentimental)한 수작(秀作), 아니 유작(遺作?)이 아닌가 합니다.
　귀엽이, 순영이. 경자, 요시꼬 누나들…. 옥순, 애자, 윤정이, 하가이 이모들….
　우리 집을 거쳐 삶의 뒤편으로 흘러간, 아! 바라노니 살아만 있어준다면. 어머니와 함께 시간의 그림자 속으로 스며든 그들을 조상합니다.

회한(悔恨)

그래 주정부리는 년은
꽃을 좋아하면 귀신이 잡아가니?
작부 좋아한다 늙은 뱃놈 주제에.
왜? 이래봐도 ○○고녀 출신이야
대신동 꽃마을에서 왔어

뭐라구?
불타던 가슴이 재 되어 흩어졌다구?
얼씨구! 시시한 소리 그만해
센치멘탈이 밥먹여주던?
나라구 그런 추억 없는 줄 알아?

빌어먹을 폐병쟁이.
등대사진만 남겨두고 뒈질 건 또 뭐야
정 때문에 나도 울만큼 울었다구.
달없는 창가에서 어쩌구저쩌구!
왜? 술집계집은 울면 안되냐구?

근데 뱃놈, 노래나 불러봐.
젓가락 장단은 내가 쳐줄테니.
이왕이면 뒈진 놈 좋아한 추억 불러봐.
도미 있잖아.
전주에 깔리는 나레숀이 멋있는.

젠장! 눈물은 왜 흐르는거야.
피곤해 죽겠어.
꽃도 인생도 이렇게 흐르나봐.
아, 근데 저 벚꽃 좀 봐. 우수수!
고은정 소리처럼 아름답다. 그치!
숨막혀 죽겠어.

어이, 뱃놈. 늙은 색시라고 욕만 하지 말고
술 한잔 줘.
난, 난 말이야... 죽을 거야.
얼마나 좋아.
모두 기다리고 있다구.
술마시고 하늘로 갈거야.

    제 생전 이렇게 가슴을 후벼 파는 글을 만난 적이 없습니다. 꿈 같은 추억의 그림 속에서 벌써 전에 영원으로 흘러가버린! 읽으면서도 눈물이, 아니 인생이 마주해야 할 아픔이 가득 가슴을 휘젓는군요.
    제목이 없었지만 그래도 있는 게 좋을 것 같아 제가 붙여봤고, 알아볼 수 없는 희미한 부분들도 채웠습니다. 오늘날 지난 시절 번성했던 등대와 거기까지 흘러와 살아가던 변두리 술집의 아픔을 이해하고 받아들일 수 있는 사람이 과연 남아있을지!

    그 누님의 삶을 되돌아봤습니다. 아마도 어머니가 장사하던 〈김해집〉을 거쳐간 색시들 모두의 애절하고 안타까운 얼굴이 녹아있을 게 틀림없는, 아니, 등대 자체도 시간의 그림자 속으로 벌써 전에 속절없이 흘러가버린. 제 작은 누님과 함께 찍은 사진 한 장만 남겨둔!

쓸데없는 부록 같은 이야기가 틀림없습니다만, 글 속에 언급된 노래 「추억」은 아무래도 '월견초' 作詩, '백영호' 作曲, '도미(都美)'의 노래가 아닌가 합니다. 위의 메모에서도 〈달없는 창가에서~〉란 노랫말이 나오지요. 전주에 귀뚜라미와 흐르는 물소리가 시간의 터널로 안내하다, 곧이어 60년대 라디오 연속극에서 화려한 콤비로 드날렸던 성우 '이창환(李昌煥)'과 '고은정(高恩晶)'의 내레이션이 꿈결처럼 흘러나오는 멋진, 아니 눈물겨운 노래였습니다.

(휘파람 소리~. 이어진 대사)
고은정-영민(?)씨, 저 달은 왜 이렇게도 휘영청 밝고 다정할까요?
이창환-정애씨 얼굴이 더 예뻐보이려고.
고은정-아이, 싫어요.
이창환-소월의 시도 있잖아. 못 잊어 생각이 나겠지요. 그런대로 한세상 지
        내시구려. 사노라면 잊힐 날이 있으오리다.
고은정-(전주 시작) 홀로 잠들기가 참 외로워요. 밤이면 사무치게 그리워요.
이창환-우리가 늙어지면 오늘 이 밤도 추억이 되겠지요.
고은정-아~, 추억!

1. 아득한 로맨스가 내 사랑 실어가고
   불타던 내 가슴은 재 되어 흩어졌네
   몸이여 늙어도 추억은 젊어가는
   아~ 아~ 달 없는 이 창가에서
   옛노래 불러본다.

2. 고요한 물결 따라 내 사랑 흘러가고
   뜨거운 몸과 마음 지금은 식었고나

밤이슬 맞으며 거닐던 언덕길을
아~ 아~ 그대의 추억 찾아서
이 밤도 묻고 왔소

　2절은 1절이 끝난 후 위의 2절 가사와 똑같은 고은정의 내레이션이 흘러나오고 이어서 노래가 시작됩니다.

　일반적으로 너무 감상으로 흐른 노래임이 분명한데 한 개인에게 새겨지는 인간의 흐름, 운명, 회한 같은 이미지로서는 그만큼 절절한 노래도 없을 것 같군요. 그림자마저도 시간 속으로 흘려보낸 애자 이모와 경자 누나들. 오호! 제발 오늘 밤 꿈에서라도 나타나 내 추억 속 잃어버린 등대라는 안온한 고향의 품에 안겨 위로받을 수 있다면, 그래서 오늘도 배회해야 하는 인간의 아픔도 어루만져주었으면!

　(인터넷으로 노래를 찾아보니 어렵지만 보이기는 하는데 대사가 없는 노래들뿐이더군요. 물론 저는 '이창환'과 '고은정' 콤비의 내레이션이 들어있는 원곡을 가지고 있습니다만. 화려한 소리의 주인공들-, 이창환은 이미 돌아가셨고, 고은정은 아직 생존해있다고 알고 있습니다.)

사랑의 선물

학교에서 부치는 편지 2부

2012학년도 서곡초등학교 4학년 2반

1판 1쇄 발행 2021년 11월 01일
2판 1쇄 발행 2025년 9월 10일

저자 우길주

편집 윤혜린　**마케팅·지원** 이창민

펴낸곳 (주)하움출판사　**펴낸이** 문현광

이메일 haum1000@naver.com　**홈페이지** haum.kr
블로그 blog.naver.com/haum1000　**인스타그램** @haum1007

ISBN 979-11-7374-126-5(03800)

좋은 책을 만들겠습니다.
하움출판사는 독자 여러분의 의견에 항상 귀 기울이고 있습니다.
파본은 구입처에서 교환해 드립니다.

이 책은 저작권법에 따라 보호받는 저작물이므로 무단전재와 무단복제를 금지하며,
이 책 내용의 전부 또는 일부를 이용하려면 반드시 저작권자의 서면동의를 받아야 합니다.